普通高校国际经济与贸易应用型本科系列规划教材

国际市场营销

第2版

主　编　查道中　吴　杨
副主编　马　荣　杨承刚

中国科学技术大学出版社

内 容 简 介

国际市场营销学是一门指导企业进军国际市场的理论与实践相结合的应用性课程,为国际经济与贸易、市场营销等专业的核心课程。本书内容包括国际市场营销概述、企业进入国际市场的方式、国际市场营销的环境、国际市场营销调研、国际市场营销组合策略、国际市场营销管理、国际市场营销新思维等12章内容。通过本课程的学习,能够促进学生掌握现代国际市场营销的基本原理,培养学生的市场营销实战才干,提高学生分析和处理国际市场营销问题的综合能力。

本书适用于国际经济与贸易专业、市场营销专业、工商管理专业及相关专业的大专生、本科生,以及国际营销从业人员和企业高级经理人。

图书在版编目(CIP)数据

国际市场营销/查道中,吴杨主编. —2版. —合肥:中国科学技术大学出版社,2020.7
安徽省高等学校"十三五"省级规划教材
ISBN 978-7-312-04942-2

Ⅰ.国… Ⅱ.①查… ②吴… Ⅲ.国际营销—高等学校—教材 Ⅳ.F740.2

中国版本图书馆 CIP 数据核字(2020)第 109523 号

GUOJI SHICHANG YINGXIAO

出版	中国科学技术大学出版社
	安徽省合肥市金寨路96号,230026
	http://press.ustc.edu.cn
	https://zgkxjsdxcbs.tmall.com
印刷	合肥华苑印刷包装有限公司
发行	中国科学技术大学出版社
经销	全国新华书店
开本	787 mm×1092 mm 1/16
印张	18.75
字数	468 千
版次	2015年8月第1版 2020年7月第2版
印次	2020年7月第3次印刷
定价	56.00 元

总　　序

随着经济全球化和科技革命的发展,国际服务贸易、跨境电商、跨国并购等贸易投资方式不断升级,多边主义受到冲击,国际金融市场震荡,全球贸易投资规则正面临重大变革。党的十九大报告提出"拓展对外贸易,培育贸易新业态、新模式,推进贸易强国建设""大幅度放宽市场准入,扩大服务业对外开放"。全球经济贸易和中国对外经济贸易的新发展对当前高校国际经济与贸易专业建设提出了新要求。

教材建设是高校专业建设的重要组成部分,更是一流专业建设和专业综合改革的落脚点与抓手。高校国际经济与贸易专业教材体系的改革和实践,要将教材建设与专业师资队伍建设、课程建设、实践教学建设等相融合,充分利用现代信息技术手段,建立微课、慕课等在线教学平台,逐步建设电子教材和纸质教材共享资源平台,实现多层次、连续性专业教材体系建设。要创新教材呈现方式和话语体系,实现理论体系向教材体系转化、教材体系向教学体系转化、知识体系向价值体系转化,使教材更加体现科学性、前沿性,进一步增强教材的针对性和实效性。

安徽省国际经济与贸易专业建设年会已连续举办七届,会议讨论内容涉及国际经济与贸易专业人才培养方案修订、专业综合教学改革、特色专业建设、前沿学术问题、教材建设等方面。年会分别由安徽省内高校相关院系承办,为安徽省国际经济与贸易专业的教学科研团队提供了一个良好的交流平台,同时展示了安徽省高校国际经济与贸易专业教学团队团结、合作的精神风貌。基于多年来安徽省国际经济与贸易专业建设研讨会成果,中国科学技术大学出版社陆续出版了国际经济与贸易专业系列教材。该系列教材自发行以来,受到国际经济与贸易专业教师和学生的好评。

本套规划教材是2017年安徽省高等学校省级质量工程项目"国际经济与贸易专业应用型本科系列教材"(2017ghjc120)建设成果,项目负责人为安徽财经大学冯德连教授。其中部分教材入选2018年安徽省高等学校省级质量工程一流教材建设项目。

本套规划教材有以下特点:

(1) 政治性和新颖性。深入学习领会习近平新时代中国特色社会主义思想和十九大报告精神,将新的研究成果带进课堂、融入教材。在原教材的基础上增加新时代中国特色社会主义经济的新思想、新观念、新趋势,增加国际经济与贸易学科和产业创新的新内容和新案例,突出新时代国际经济与贸易专业发展的新特色。力求准确阐述本学科先进理论与概念,充分吸收国内外前沿研究成果。

(2) 实践性和启发性。结合国际经济与贸易专业实践特点和专业人才培养要求,增加实践教学的内容比重,确保理论知识在专业实践中的应用。浓缩理论精华,突出理论、实践、创新三方面教学任务的相互协调,实现知识传授、能力训练和智慧启迪。充分发挥学生主动性,加强课堂师生的互动性,在课堂中让学生的主体性体现出来。贯彻素质教育思想,着力培养学生的学习能力、实践能力和创新能力。

(3) 系统性。突出系列教材之间的有机协调。遵循国际经济与贸易发展的逻辑规律,并以之协调系列教材中各本教材之间的关系。各教材内容既相对独立又具有连贯性,彼此互为补充。

(4) 规范性。编写体例上进一步完善和统一。各章都编写了"学习目的与要求"。每章节相关知识点关联之处设计"分析案例",使学生在轻松有趣的学习中,加深对相关知识、数据、实例和理论的理解和掌握。各章后设计有"思考题""思考案例""应用训练",检验学生学习效果。

(5) 数字性。纸质教材与数字资源相结合,提供丰富的教学资源。本套教材通过二维码关联丰富的数字资源,为学生提供丰富的学习材料,同时为教师提供教学课件等教学资源。

本套规划教材整合安徽省各高校国际经济与贸易专业教学实践、教学改革的经验,是安徽各高校国际经济与贸易专业教师合作的成果。我们期望,该套规划教材能够帮助国际经济与贸易专业的老师和学生更好地开展教学和学习,并期待他们提出意见和建议,以便我们持续修订和改进。

冯德连

教育部高等学校经济与贸易类专业教学指导委员会委员

安徽财经大学副校长,二级教授,博士生导师

2019 年 8 月

第 2 版前言

信息社会时代,经济贸易飞速发展,当前激烈的市场竞争引发国际市场营销最深刻的变革。各种新型的市场营销策略层出不穷,国际市场营销战略的发展呈现许多新趋势,主要是市场竞争全球化、市场营销个性化、市场营销网络化、客户主导化、媒体多元化等。当前我国的对外贸易日新月异,许多企业在国内立足之后,纷纷将眼光投向了国际市场,中国市场营销在国际上的影响力越来越大,企业的品牌在国际市场上更具有竞争力,这不论是对企业自身经济效益还是对国家经济发展来说,都是有推动作用的。在经济全球化的大趋势下,国际市场经营环境更加复杂,企业要提高自身竞争力、寻求更好的发展空间,还需要做到与时俱进,不断加强国际市场营销策略的创新,促进企业自身营销策略制定水平的提高。国际市场营销的变化,让我们对国际市场营销这门课程有了更深刻的认识。

《国际市场营销》一书自出版以来,得到众多高校营销管理专业教师、学生的欢迎,也受到了许多企业营销管理者的关注,他们在使用此书过程中,以不同的方式提出了许多宝贵意见。本教材获批2017年安徽省省级质量工程省级规划教材,经过三年多的深入研究和教学实践,决定对教材进行修订再版。

教材的修订得到了安徽省教育厅和淮北师范大学等高校以及众多企业的大力支持,在他们的帮助下,我们对教材修订的研究不断深入,对企业实际的了解更加丰富。尤其是企业提出的许多建议和意见,对修订再版有极大的补益。

本次修订保持和延续了原有教材的定位,仍适用于高等学校国际经济与贸易专业主干课程,同时也可作为工商管理等专业的教材。在修订过程中,保持了原书的系统性、前瞻性和实践性等一些优点,对前瞻性问题进行了更为深入的研究,对这些问题的阐述更为细致和完善。本次修订主要针对原书理论上不够深入、实践上不够具体和教材体系不完善等问题进行补充和修改。

在理论上,适当增加了整体营销传播理论、绿色营销、文化营销、网络营销等理论,以增强国际市场营销的系统性、前瞻性。当然这些问题的研究还有待深入,但适当增加这些内容可以提高国际市场营销的科学水平。

在实践上,结合专业特点和人才培养要求,增加案例教学比重,改革实践教学内容,创新实践教学模式,增加综合性、设计性案例,倡导自选性、协作性案例。通过近几年外贸企业实施电子商务营销,很多企业在国际市场营销的具体操作上积累了更多的经验,在修订中都尽量体现出来,使本书内容更具有操作性。对外贸企业更为关注的一些问题,如对跨境电子商务问题、微信营销等内容进行了补充,同时对个别不太适用的内容进行了删改,更加突出了专业特色。

在教材体系上,根据三年多来各校教学的实际要求,更新了学习目的、课后习题、思考案例和应用训练,并修改、增加了营销案例和资料链接。需要说明的是,国内案例是作者根据本人所了解的和相关报道编写的;国外案例是从相关报道和同行所编写的案例中摘编而来的,没有褒扬或批评之意,只是客观地剖析,以供同学们讨论。请教师在教学中把握分寸,注重案例的启发性。

  本书是2017年安徽省高等学校质量工程省级规划教材(2017ghjc133)项目的建设成果。修订大纲由查道中教授起草,并由全体参编人员多次讨论修改完善最后定稿。本书由查道中教授、吴杨教授担任主编,马荣、杨承刚担任副主编,由于图书第1版的两位作者工作调动等原因,本次修订更换了两位作者。新修订人员具体分工如下:查道中(淮北师范大学)编写第一章、第七章,张敏(淮北师范大学)编写第二章,马荣(淮北师范大学)编写第三章、第四章,杨承刚(合肥学院)编写第五章、第十二章,吴杨(铜陵学院)编写第六章,张毅芳(安庆师范大学)编写第八章,高思安(皖西学院)编写第九章,汪陈友(淮南师范学院)编写第十章,张保花(铜陵学院)编写第十一章。查道中教授对全书进行了统稿和定稿工作。

  需要说明的是,在本书的编写、修订中参阅了国内外大量资料,尽管在参考文献中列举了一些,但仍有不少文献资料未能一一列出,疏漏之处敬请这些作者谅解,对他们在学术界的贡献,我们表示深深的敬意!书中列举了一些案例,有的是转引自有关专家的著作,有的是根据网络资料整理,对这些作者也表示由衷的敬意!由于作者的水平所限,书中一定仍有许多不妥之处,敬请各位读者批评指正。

编者

2020年3月

前　　言

　　企业发展到一定阶段,走国际化道路是一种必然的战略选择,在当今经济全球化和全球市场化浪潮的席卷下,国内市场与国际市场联系更加紧密,进入国际市场的中国企业越来越多,企业之间的竞争也日趋激烈。如何在激烈的竞争中能够脱颖而出,是我国已进入和即将进入国际市场的企业必须考虑的现实问题。企业要"走出去",就是要进行国际市场营销,一方面是企业在本国经营多年的市场已经饱和,企业必须向国外发展,为企业打开一个更广阔的市场;另一方面是企业要想获得更高的利润,必然实行"走出去"的战略,只有进行国际市场营销,让企业的产品经营于全世界,并且利用世界各地不同的生产力水平和生产条件,才能使产品质量最优、成本最低。而且在竞争机制的引进下,许多企业对市场的控制力大为减弱,为了在竞争中寻求生存和发展,本国企业不得不将目光转向国际市场。同时国外先进的科学技术、管理经验和雄厚的资金吸引企业向国外拓宽市场。

　　一个成功走向国际的企业,必然有一个完美的国际市场营销体系,而掌握进行国际市场营销的手段,是每一个企业必做功课,在世界的竞争中取得优势的地位,走向国际市场的中国企业急需一批既拥有良好的外语水平、又能掌握国际市场营销知识的专业人才来破解困局。正是在这种背景下,在中国科学技术大学出版社的支持下,安徽省高校经管学科联盟编写安徽省高校经管学科"十二五"规划系列教材,本书由一批多年从事国际市场营销一线教学经验丰富的专业教师撰稿编写而成。

　　本书共分12章,第一章系统介绍了国际市场营销的相关概念、基本理论、中国企业进入国际市场的必要性及国际市场营销学研究对象、研究方法与内容;第二章深入分析了企业进入国际市场的方式;第三章至第五章全面剖析了国际市场营销环境及其构成因素;第六章详尽阐述了国际市场市场调研内容和方法;第七章至第十章是本书的核心内容,即国际市场的4P营销组合策略,分别论述了国际市场产品策略、国际市场产品定价策略、国际市场产品分销渠道策略和国际市场促销组合策略;第十一章介绍了国际市场营销管理的相关知识,包括国际市场营销计划、组织及控制等内容;第十二章分析了国际市场营销新思维,介绍了国际营销最新理论、国际网络营销等内容。

　　本书的主要特点表现在以下几个方面:

　　一是理论性与实践性相结合。本书吸收和借鉴了国内外国际市场营销学的研究成果,努力展示前沿的研究成果和国际市场营销的发展方向,系统介绍了国际营销最新理论、国际网络营销等内容。结构完整,内容新颖,案例丰富。在介绍相关的国际市场营销概念与理论体系时,力求简洁、清晰,案例选择尽可能用耳熟能详和身边国内外知名企业案例,以便于读者在较短的时间内迅速理解与掌握。

二是知识性和应用性相结合。在每章的开篇部分均有导入案例,并对其进行了精辟分析;每章内各节穿插了知识链接及案例分析,旨在提高读者对企业营销活动中实际问题的分析能力及拓展读者的营销视野。每章后有本章小结和关键词,以便读者更好地把握所学内容。

三是针对性和实用性相结合。突出了技能的培养,加强了专业训练设计,在每章后设计有多种类型的练习,如复习思考题、思考案例和应用训练,便于学生课后练习,巩固所学专业理论知识,以培养学生的创造性思维和分析实际问题的能力。

本书编写大纲由查道中教授起草,并由全体参编人员多次讨论修改完善后定稿。本书由查道中教授、吴杨教授担任主编,马荣、周正平、杨承刚担任副主编,具体编写分工如下:查道中(淮北师范大学)编写第一章、第七章,周正平(铜陵学院)编写第二章,马荣(淮北师范大学)编写第三章、第四章,杨承刚(合肥学院)编写第五章、第十二章,吴杨(铜陵学院)编写第六章,张毅芳(安庆师范学院)编写第八章,高思安(皖西学院)编写第九章,胡蕾(安徽三联学院)编写第十章,张保花(铜陵学院)编写第十一章。查道中教授对全书进行了统稿和定稿工作。

在编写过程中,我们参考、吸收、采用了国内外众多学者的研究成果,部分书目已列于参考文献中,这些文献资料为本书的编写成稿奠定了基础,对本书借鉴和吸收的大量国内外有关研究成果、文献著作的著作者和出版者致以衷心的感谢。我们在本书的编写过程中,还采集了近期报刊和互联网上的大量信息资料,由于网上的信息资料大都没有署名,又由于篇幅有限,我们未能将所引用的资料的作者的名字全部列上,在这里我们向这些未曾谋面的同仁们,致以衷心的感谢和崇高的敬意!是大家的共同努力推动着国际营销理论和实践的发展,我们的努力只不过是沧海一粟。写作也得到了国内营销学界一些学者的关心和支持,在此表示衷心的感谢。当然最感谢的是中国科学技术大学出版社对本书的始终关注和鼎力支持。

本书作者在编写过程中,力求准确、创新,但由于作者水平有限,不当之处在所难免,恳请各位读者不吝赐教,以便我们修订时完善。

编者
2015 年 5 月

目　　录

总序	（ⅰ）
第2版前言	（ⅲ）
前言	（ⅴ）

第一章　国际市场营销概述 （1）
第一节　国际市场营销的基本概念 （3）
第二节　国际市场营销的理念及演进 （7）
第三节　国际市场营销学的研究对象和任务 （13）

第二章　企业进入国际市场的方式 （22）
第一节　企业进入国际市场的方式概述 （24）
第二节　出口进入方式 （27）
第三节　合同进入方式 （31）
第四节　对外直接投资进入方式和互联网进入方式 （35）

第三章　国际市场营销的经济环境 （41）
第一节　国际市场营销的国际经济环境 （42）
第二节　国际市场营销的目标市场国经济环境 （50）

第四章　国际市场营销的政治和法律环境 （61）
第一节　国际市场营销的政治环境 （62）
第二节　国际市场营销的法律环境 （68）

第五章　国际市场营销的文化环境 （81）
第一节　文化的定义与构成要素 （82）
第二节　文化环境与国际市场营销 （89）
第三节　文化的动态演化与国际市场营销 （93）

第六章　国际市场营销调研 （98）
第一节　国际市场营销调研概述 （99）
第二节　国际市场营销调研方案设计 （105）
第三节　国际市场营销调研资料收集 （110）
第四节　国际市场营销调研的程序和组织机构 （114）
第五节　网络国际市场营销调研 （120）

第七章　国际市场产品策略 （126）
第一节　产品的整体观念和产品的标准化与差异化策略 （127）

ⅶ

第二节 国际市场产品生命周期 …………………………………………………… (133)
第三节 国际市场新产品的开发策略 ……………………………………………… (139)
第四节 国际市场产品的品牌与包装策略 ………………………………………… (144)

第八章 国际市场价格策略 …………………………………………………………… (156)
第一节 定价基础 …………………………………………………………………… (157)
第二节 出口定价 …………………………………………………………………… (162)
第三节 跨国公司定价 ……………………………………………………………… (168)
第四节 国际营销的定价挑战 ……………………………………………………… (174)

第九章 国际市场分销渠道策略 ……………………………………………………… (184)
第一节 国际市场分销渠道概述 …………………………………………………… (185)
第二节 国际分销渠道的成员类型 ………………………………………………… (188)
第三节 国际分销渠道的设计 ……………………………………………………… (195)
第四节 国际分销渠道的管理 ……………………………………………………… (200)
第五节 电子商务营销 ……………………………………………………………… (205)

第十章 国际市场促销策略 …………………………………………………………… (209)
第一节 国际营销中的广告 ………………………………………………………… (210)
第二节 国际营销中的人员推销 …………………………………………………… (223)
第三节 国际营销中的营业推广 …………………………………………………… (229)
第四节 国际营销中的公共关系 …………………………………………………… (233)

第十一章 国际市场营销管理 ………………………………………………………… (239)
第一节 国际市场营销计划 ………………………………………………………… (241)
第二节 国际市场营销组织 ………………………………………………………… (245)
第三节 国际市场营销控制 ………………………………………………………… (251)

第十二章 国际市场营销新思维 ……………………………………………………… (264)
第一节 整合营销传播理论 ………………………………………………………… (265)
第二节 绿色营销 …………………………………………………………………… (267)
第三节 文化营销 …………………………………………………………………… (271)
第四节 网络营销 …………………………………………………………………… (275)
第五节 微信营销 …………………………………………………………………… (279)

参考文献 ………………………………………………………………………………… (286)

第一章　国际市场营销概述

本章结构图

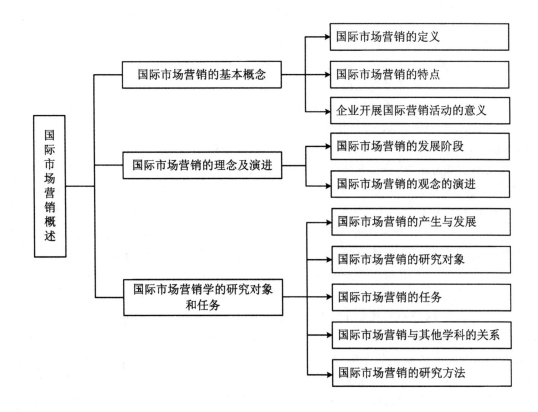

学习目标

通过本章的学习,掌握国际市场营销的相关概念;明确开展国际营销活动的意义;掌握国际市场营销的基本理论及国际市场营销观念的演绎过程;理解国际市场营销学的研究对象、任务和方法;熟悉国际市场营销与国内市场营销、国际贸易等学科的区别和联系。

导入案例

奇瑞汽车:从"走出去"到"走进去"的国际化战略

奇瑞汽车股份有限公司(简称"奇瑞")于 1997 年 1 月 8 日注册成立,现注册资本为 54.7 亿元。该公司于 1997 年 3 月 18 日动工建设,1999 年 12 月 18 日,第一辆奇瑞轿车下线。

2001年，第一批10辆奇瑞轿车出口叙利亚，奇瑞由此迈开了以开拓国际市场为标志的"走出去"步伐。以2010年3月26日第200万辆汽车下线为标志，奇瑞进入打造国际名牌的新时期。2018年奇瑞集团共销售汽车75.28万辆，同比增长11%。其中，出口12.70万辆，同比增长18%，连续16年位居中国乘用车出口第一；新能源汽车销售9.05万辆，同比增长146%。多年来，奇瑞不断推进国际化战略，目前已跨入了"具有国际化远见的、技术先导的、值得信赖的中国汽车品牌"的发展阶段，产品受到全球消费者青睐。

奇瑞汽车国际化发展经历了以下两个阶段：

第一阶段，以实现50万辆出口为标志，其目标是：在2002年至2010年初步完成国际市场布局，即首先通过国际贸易，并在一些发展中国家和新兴市场建立、健全销售服务网络；其次，在一些重要市场建立生产基地，具备一定的周边辐射能力；第三，海外市场销量达到一定规模，占到总销量的20%以上。

第二阶段，从"走出去"到"走进去"，奇瑞国际化战略进入新的发展阶段。在这一阶段，奇瑞与海外合作方的合作广度和深度将不断提高，包括针对当地市场所做的产品适应性开发，同时合作形式和合作关系多样化，包括合资合作。通过与国际一流企业加深资本与技术合作，全面进入包括欧美等发达国家在内的全球市场。

奇瑞先后与博世、拜耳、富士通、法雷奥等十余家世界500强企业展开合作，合作内容涉及发动机技术、新材料技术、信息技术、汽车电子、内外饰、汽车照明等汽车产业链上、下游的诸多领域。随着在汽车核心技术创新方面的不断突破和积累，在汽车核心零部件以及整个产业链上的影响力越来越大，奇瑞顺应国内外市场环境发生的巨大变化，实施从"走出去"到"走进去"的战略转型，逐步在一些重要市场建立了生产基地。目前，奇瑞已深度覆盖亚洲、欧洲、非洲、拉丁美洲等市场，产品销往80多个国家和地区，在海外建立了由16个生产基地、1100余家经销网点和900余个服务站组成的海外营销服务网络。这些生产基地和销售网络的建成，有力支撑了奇瑞海外市场的销售，成为海外销售扩张的根据地。奇瑞汽车的国际化之路在2014年8月踏上新征程，其首个海外独资工厂——巴西工厂落成投产，奇瑞汽车进入了海外本土化的新阶段。巴西工厂验证了奇瑞的理念，涂装车间率先采用世界上最先进的水性漆技术，使具有挥发性的有机化合物排放量降至最低；巴西籍员工目前占员工总数的70%，未来这一数字还将达到90%；中巴员工在业余时间一起踢球、举办烧烤晚会……奇瑞巴西工厂具有技术环保高效、多国文化融合、深度本土化等显著特征。奇瑞还计划通过在整车组装厂周围建立分厂，集聚一批零部件供应企业，以完整的产业链形式在巴西实现本土化生产，逐步与国际跨国公司的运营模式接轨，最终成为一家真正的国际化公司。未来，奇瑞还将把巴西工厂作为南美重要的生产基地，辐射整个南美汽车市场，进一步带动当地就业以及经济发展，奇瑞巴西CAOA合资公司新产品布局效果显现。2018年，奇瑞欧洲研发中心正式启动，全球化开发体系更加成熟。在海外市场，奇瑞继续深耕"一带一路"，阿尔及利亚工厂、埃及KD合作项目取得突破。

奇瑞多年来始终坚持国际化发展战略，努力开拓国际市场，因而打下了深厚的基础。虽然由于全球金融危机的影响，奇瑞出口受到冲击，但由于奇瑞全球研发体系、全球采购体系、海外生产基地、全球营销服务体系等方面的建设取得实质性成果，奇瑞的国际化实现了从简单的"走出去"——向国际市场出口整车产品，逐步过渡到"走进去"——立足全球市场研发、采购、销售和服务。

资料来源：根据多家媒体报道整理。

第一节 国际市场营销的基本概念

一、国际市场营销的定义

(一) 市场营销与市场营销学

市场营销(marketing),又称为市场学、市场行销或行销学,简称"营销",是指个人或集体通过交易其创造的产品或价值,以获得所需之物,实现双赢或多赢的过程。它包含两种含义:一种是将其作为动词理解,指企业的具体活动或行为,这时称之为市场营销或市场经营;另一种是将其作为名词来理解,指研究企业的市场营销活动或行为的学科,称之为市场营销学、营销学或市场学等。

菲利普·科特勒(Philip Kotler)下的定义强调了营销的价值导向:市场营销是个人和集体通过创造产品和价值,并同别人进行交换,以满足需求和欲望的一种社会和管理过程。

资料链接 1-1

现代营销学之父:菲利普·科特勒

菲利普·科特勒博士生于1931年,是现代营销的集大成者,被誉为"现代营销学之父",是美国西北大学凯洛格管理学院终身教授、S.C.强生荣誉教授,具有麻省理工大学等多所大学的博士及荣誉博士学位,曾任美国管理科学研究所市场营销学院主席、美国市场营销协会会长、杨克罗维奇咨询委员会成员。除此以外,他还是许多大公司的营销顾问。他曾多次获得美国国家级勋章和褒奖,是美国市场营销协会(AMA)第一届"营销教育者奖"的获得者,也是至今唯一3次获得过《营销杂志》年度最佳论文奖——阿尔法·卡帕·普西奖的得主。科特勒博士著作众多,许多著作被翻译为多种语言,其著作被多个国家的营销人士视为营销宝典。其中,《营销管理》一书更是被奉为营销学的"圣经"。

市场营销的含义是随着企业营销实践活动的发展而发展的。在20世纪初,企业营销主要限于流通领域的推销和促销活动,因而市场营销的含义较狭窄,与"推销"是同义语。随着市场经济与市场趋势的发展,特别是买方市场出现,企业营销活动逐步发展,营销的含义也随之扩大了。

美国市场营销协会于1960年给市场营销下的定义为:"市场营销是引导货物和劳务从生产者流向消费者或用户所进行的一切企业活动。"20世纪70年代后,市场营销应用范围从工商企业扩展到社会领域、政治领域,营销不再仅包括有形产品,还包括无形产品,诸如服务、思想等。因而,市场营销的含义亦扩大了。1985年,美国市场营销协会对市场营销下的定义为:"市场营销是(个人和组织)对思想、产品及劳务进行设计、定价、促销及分销的计划和实施的过程,从而产生满足个人和组织目标的交换。"这一定义比前面的诸多定义更为全面和完善。主要表现是:① 产品概念扩大了,它不仅包括产品和劳务,还包括思想;② 市场营销概念扩大了,市场营销活动不仅包括营利性的经营活动,还包括非营利组织的活动;③ 强调了交换过程;④ 突出了市场营销计划的制订与实施。2004年的定义为:市场营销既是一种组织职能,也是为了组织自身及利益相关者的利益而创造、传播、传递客户价值,管理客户关系的一系列过程。本次定义用"价值"代替了以前的"产品、服务"等说法,而且强调了和利益相关者关系的维护。2008年的定义为:市场营销既是一种行为、一套制度,也是创造、传播、传递和交换对消费者、代理商、合作伙伴和全社会有价值的物品的过程。本次概念进一步明确了"利益相关者"的内容,最大的变化是强调了对"全社会"的价值。上述不同阶段的概念也有共性,即营销不是一个简单的环节,而是一个过程。

市场营销学研究企业营销活动及其规律,即研究企业如何从满足消费者的需求与欲望出发,有计划地组织企业的整体活动,通过交换将产品或服务从生产者传递到消费者,以实现企业的营销目标。

市场营销学是在总结企业营销活动的成功与失败经验的基础上建立起来的。市场营销学的产生与发展是与企业营销实践、企业经营哲学的发展相适应的。市场营销学在西方国家经历了其形成、应用及变革阶段。20世纪50年代以后,市场营销学开始同企业经营管理相结合。市场营销从应用于流通过程扩展到生产领域及售后服务领域,从而使市场营销学从传统的市场营销学演变为现代市场营销学。20世纪70年代,市场营销理论扩展应用于社会领域、政治领域、服务行业,从而出现了社会营销学、政治营销学及服务营销学等。市场营销理论应用于国际营销从而出现了国际市场营销学。

（二）市场营销的功能

市场营销的根本任务,就是通过努力解决生产与消费的各种分离、差异和矛盾,使生产者各种不同的供给与消费者或用户各种不同的需要与欲望相适应,实现生产与消费的统一。因而,市场营销在求得社会生产与社会需要之间的平衡上发挥着重要作用。

1. 便利功能

便利功能是指便利交换和物流的功能,包括资金融通、风险承担、信息沟通、产品标准化和分级等。借助资金融通和商业信用,可以控制或改变产品的流向和流量,在一定条件下,能够给买卖双方带来交易上的方便和利益。风险承担是指在产品交易和储运中,要承担某些财务损失,如产品积压而不得不削价出售;产品损坏、腐烂而造成的经济损失。市场信息的收集、加工和传递,对于生产者、中间商、消费者或用户都是重要的,没有信息的沟通,其他功能都难以实现。产品的标准化和分等分级,可以大大简化和加快交换过程,方便产品储存、运输和顾客购买。

2. 市场需求探测功能

企业面临的是动态市场,市场环境在一刻不停地变化,消费者的需求也在不断变化。如服装,年年推出流行色,随时可能流行新款式。在令人眼花缭乱的变化中,要准确识别,根据趋势成功地预测消费者需求是一件很难的事。对企业来说,不能随时把握消费者的需求,就意味着不能获取、满足它,更谈不上企业目标的实现。有效的市场营销活动可以成为市场需求探测器,使企业清楚地了解消费者需求的方向、结构及其分布,从而为企业寻找到生存、发展的良机。

3. 产品开发推进器

企业要不断地改进原有产品、推出新产品和进行产品更新换代,目的是为了满足消费者的需求。不了解消费者需求,作为新产品开发承担者的科研、技术部门就会迷失方向,失去动力。有效的市场营销,通过市场需求信息的反馈,为产品改进、开发和换代指明了方向,并督促、推动了产品开发系统的快速运转。

4. 维护客户的凝聚器

市场营销不仅把握并满足了消费者的需要,而且通过售前、售中和售后服务,以及不断横向扩展服务范围,对顾客形成吸引力,使顾客自发、自愿地向企业靠拢,保持和增加对企业或品牌的忠诚度,扩大产品的潜在市场。这种维持和增加消费者忠诚度的任务,在供需矛盾突出的买方市场上是非常艰巨和重要的,只能依靠市场营销这个凝聚器来完成。此外,市场营销的信息沟通功能把市场需求具体地反馈给生产者,有助于生产出适销对路的产品,从而对产品形态效用的创造发挥着重要作用。

(三)国际市场营销与国际市场营销学

国际市场营销(international marketing)是指企业向本国以外的消费者或用户提供产品或劳务,通过满足其需要,实现利润最大化的跨越国境进行的市场营销活动。

国际市场营销的内涵主要体现在以下几个方面:① 国际市场营销的主体是企业;② 国际市场营销的范围是本国以外的一国乃至全球市场;③ 国际市场营销活动的内容是提供产品或劳务,但具体形式包括出口产品、转让生产经营管理技术或投资当地生产等;④ 国际市场营销活动的目的是取得最大的经济利益。

美国著名营销学家菲利普·R. 凯特奥拉(P. R. Cateora)在《国际市场营销学》一书中指出,"国际市场营销是指在一国以上把企业生产的商品或劳务引导到消费者或用户中去的经营活动"。随着经济全球化的发展,各国企业经营活动日益同国际市场发生紧密的联系,许多企业由过去考虑"应该在国内什么地方建立新厂或开辟市场"发展到现在考虑"应该在世界什么地方制造或销售新产品"。也就是说,企业将跨国经营,不仅把国内生产的产品销售到国际市场,而且在海外投资建厂生产及在国外销售产品。美国通用汽车、国际商用机器(IBM)、苹果、可口可乐、麦当劳等公司都是典型的跨国公司。

国际市场营销学是在市场营销学的基础上延伸与发展起来的。国际市场营销学吸收和借鉴了市场营销学的基本观念和理论,用以指导企业在更加复杂的环境中从事经营活动。国际市场营销学是研究以国外顾客需求为中心,从事国际市场营销活动的国际企业经营销售管理的科学。具体来说,其研究企业如何从国际市场顾客需求出发,依据国内外不可控制的环境因素(人口、经济、政治法律、社会文化及竞争环境等),运用企业可控制因素(即产品、定价、分销及促销),制订、执行及控制国际营销计划,实现企业营销目标。如著名的美国摩托罗拉公司原是一家生产汽车收音机的小企业,却在较短时间内迅速发展壮大成为全球500家最大公司之一,拥有10万名员工并成为世界电子产品生产和服务领域的领先者;其国际市场营销成功的秘诀就是该公司制定并严格执行了符合上述定义的正确企业理念,即"为用户提供品质超群、价格公道的产品和服务,满足社会需要;企业也在这个过程中获得收益,不断发展壮大"。20世纪90年代中期,美国摩托罗拉公司进军中国市场,除了在天津建立独资公司外,还在四川乐山建立乐山-菲尼克斯合资公司,公司投产后,在相当长的一段时间内,一直在世界上的同类产品中保持着4个世界第一:产品数量世界第一,产品质量世界第一,产品销售世界第一,产品成本最低世界第一!彰显了外资企业与本土企业合资后的旺盛生命力和强劲的市场竞争力。

二、国际市场营销的特点

国际市场营销以跨越国界为主要特征,与仅在国内市场开展的营销活动相比,具有很大差异。美国学者菲利普·R.凯特奥拉认为这种差异主要是"实施营销计划的环境不同",环境不同导致营销战略和策略的内容、制定和实施,营销管理的制度和程序等方面都有着显著不同。国际市场营销的特点主要表现在以下几个方面:

(一)营销环境的复杂性

企业在国内从事营销活动时,因为熟悉国内的政治法律环境、经济环境、社会文化环境等因素的发展趋势,比较容易分析与预测。但是,企业在国际市场从事营销活动所面临的环境因素,却因国家不同而相差甚远。这是因为各国经济发展水平不同、政治法律制度不同、社会文化和价值观念也不一样,加之国际营销人员往往习惯于用其在母国所形成的价值观念来分析和判别国际市场的环境发展趋势,使得正确分析国际营销的难度增大,这也是国际市场营销学特别强调环境分析的原因所在。特别是所去的目标国市场的环境在很大程度上成为国际营销活动直接和主要的影响因素。如产品国际质量认证标准 ISO 9000 系列,当没有通过该认证的企业生产的产品销到国外时,会被很多国家拒之门外。由此可见,国际市场营销环境比国内市场营销环境要复杂得多,营销人员必须对国际营销环境的复杂性有足够的认识。

(二)营销战略的整体性和协调性

国际市场营销战略无论是战略的思考、制定,还是实施、完善等方面,都比仅在国内市场生存发展的企业的营销战略的要求要高。对于企业是否要跨国营销、究竟去哪一个国家、采取什么方式、选择什么产品及营销组合、建构什么样的组织体制和管理机制等问题,都要进行全面的、整体的考虑,所以对营销活动的管理要求更高;同时在国际营销活动开展过程中,由于所去的每个子市场都有其特殊性,市场与市场之间在战略执行和协调上有很多问题需要解决,如全球化问题和本土化问题等,必须对各国的营销活动进行统一规划和控制,以便充分发挥企业整体优势和保证跨国经营的效益。

(三)营销策略的组合多样性和灵活性

国际营销与国内营销相比,不但面临着如何开发市场的课题,还面临着怎样突破市场障碍和及时进入市场的课题。另外,在运用现有营销组合策略方面,国际营销与国内营销相比,则更加复杂和多样化。例如,产品策略方面的标准化与差异化选择,由于经济水平和消费习惯的不同,国外消费者对产品的质量、服务、包装等方面的要求与国内顾客相比可能相差较远,而且不同国家消费者的要求也不尽相同;在定价策略上,国际营销人员除了考虑成本、市场供求、竞争对手情况、利润水平外,还应考虑关税、汇率、利率、保险及目标市场国的法律法规等;在分销方面,由于各国分销渠道不一和各国中间商的规模不同,导致企业在选择渠道模式和筛选中间商时,面临许多国内分销所不曾碰到的问题;另外,还有促销策略方面的促销方式的选择等。这些策略的制定都得根据每一个目标市场国具体的市场状况来考虑。因此,在营销策略上很难做到把某一个市场总结出的好经验在其他市场直接推广,如果因其有共同性而进行推广,也大多会在进入另一个市场时进行一定适应性修改。

三、企业开展国际营销活动的意义

（一）开拓更广阔的市场

产品在国内市场上已相对饱和的企业可在国际市场上找到新的发展机会和市场。在国外还可以找到更为有利的生产同样产品的条件，如有的国家政治局势稳定，人工费用低，技术人员多，居民购买力强，投资条款优惠等，国内公司当然愿意到该国去投资设厂。有的跨国公司甚至提出"哪里的成本低，就在哪里生产商品"的口号，它们的目标是在全球基础上谋取收益和市场份额，而不是在狭隘的地区市场或国内市场上追求最高的利润。企业开展国际市场营销可以开拓国外更广阔的市场；可以绕过关税和非关税壁垒，顺利进入国外市场；可以通过母公司与子公司、子公司与子公司之间的内部交易，实现市场内部化。

（二）发挥竞争优势

① 避开国内市场的竞争锋芒，在国外寻找新的生存空间；② 可以延长产品生命周期，发挥竞争优势；③ 可以锻炼和提高企业的竞争能力。开展国际营销，有利于促进企业提高生产技术和经营管理水平。由于国际市场上的竞争对手要比国内更强，企业开展国际营销必须使用国际标准，使产品的质量、品种、包装、服务等都能达到国际水平，这就要求企业不断提高其生产技术和经营管理水平。

（三）获得更广泛的资源

开展国际营销，利于引进先进技术和利用外资。通过出口产品换取外汇，可以用于从国外引进先进技术，所需费用、外汇的取得主要依靠开展国际营销。企业参与国际竞争，可以获得自然资源以及技术、信息等资源。

（四）取得更大的利润

① 企业可以通过扩大产品销量，实现规模经济效益；② 通过享受本国及东道国的优惠政策，取得更大的收益；③ 通过投资海外，利用国外丰富的资源条件，生产出成本更低的产品，增加收益；④ 通过企业内部运用转移价格策略，使企业整体利益最大化。

第二节 国际市场营销的理念及演进

一、国际市场营销的发展阶段

从企业参与国际营销活动的程度看，国际市场营销的发展历程大体经历了三大阶段。

（一）出口营销阶段

出口营销阶段出现在 20 世纪 60 年代以前，此时企业经营市场导向以国内为主，在国际市场上主要销售国内市场上的同类产品。

1. 非直接对外营销阶段

20 世纪 50 年代以前，以国内市场为导向。在这一阶段，企业在无计划甚至不清楚的情况下,产品已经到达国外市场。公司并不积极地培植国外客户,产品主要是通过本国的中间商或直接找上门的外国客户销售到国外。处于这个阶段的国际营销活动由于是无意识的、被动的,因而只能算是萌芽状态。这一阶段又称被动出口营销阶段。

2. 非经常性对外销售阶段

生产水平和需求的变化所产生的暂时过剩会导致非经常性的对外销售。由于这种过剩是暂时的,因此,只是在有货的时候才对外销售,很少打算或者没有打算不断地维持市场。当国内需求增加,吸收了过剩,就会撤回对外销售活动。在此阶段,公司组织结构和产品很少变化甚至没有变化。如今属于此类的公司很少,因为当今的客户更愿意维持长期业务关系,而且也不乏能提供长期业务的公司。

3. 经常性对外营销阶段

20世纪50年代中期到60年代,由国内市场导向转为出口导向。其间又经历了由少量、偶然地出口营销到经常性、频繁地出口营销的阶段。在有计划出口营销的开始阶段,可能是因为国内需求的波动,造成部分产品滞销或剩余,企业偶尔开展一些出口营销。但因剩余产品是不定量、不定期的,有多少就卖多少,企业在国外市场无法保持稳定的客户和市场地位,等到发现国外市场需求迅猛增长,由此产生的获利机会增加时,企业也发展到一定程度,已经具备固定的生产能力,可长期供应国外市场所需产品,国外市场逐渐成为企业的主要市场。产品可以通过本国或国外的中间商销售,也可以通过自己设在海外的销售机构和销售队伍销售。但在企业的战略规划中国内业务仍占重要地位,公司组织结构和产品线的设置变化不大,只是相应做了一些调整。这一阶段又称积极出口营销阶段。

资料链接 1-2

Meter-Man 公司的出口营销

Meter-Man 公司是一家位于美国明尼苏达州南部的仅有25位雇员的小公司。该公司生产农用测量装置,是一个典型的"经常性对外营销"公司。1989年,已有35年历史的公司开始尝试出口,到1992年,公司产品销往欧洲。到20世纪末,Meter-Man公司产品销往35个国家,外销额占三分之一。公司营销负责人说:"开始出口时,心里暗想,这只是在蛋糕上加层糖而已,而现在,走向国际对我们生死攸关。"

(二) 国际营销阶段

20世纪60年代末兴起至今,以国际营销为导向。企业营销活动跨越国界,企业到最有利的地方投资进行生产和销售。此时,企业已经完全投身于国际营销活动中,在世界各地不断地寻找市场机会,并有计划地生产和提供各国市场所需的产品或服务。它们不仅在世界各地营销,而且在全球各地(包括本国国内)生产。在这些企业看来,各国市场相互间存在许多差异,因此,它们针对各国市场的特点设计和实施不同的营销策略。目前大多数跨国公司正处于这个阶段。这时,公司成为国际的或跨国的营销公司。因此这一阶段又称跨国营销阶段。

资料链接 1-3

飞达仕公司的国际市场营销之路

室内空调机生产厂家飞达仕公司(Fedders)是美国最大的空调机生产商,它在美国国内市场亦面临着一些制约因素。尽管销售量稳步增长,但是由于空调机(该公司唯一产品)的销售是季节性的,故有时国内销售额甚至不能弥补固定成本。此外,美国市场业已成熟,大多数顾客只买替换机件。任何销售增长只能来源于竞争对手的市场份额减少。而它的对手——惠而浦(Whirlpool)和松下(Panasonic)都是难以战胜的。飞仕达意识到成长的唯一出路就是到国外发展。飞仕达管理层认为亚洲由于气候炎热,中产阶级不断壮大,是他们的最好机会,其中中国、印度和印度尼西亚前景最好。他们选中了中国,因为当时的中国5年中室内空调机的销售量从50万台增长到400万台,而且仅占北京、上海和广东这样的大城市家庭数的12%。公司看好中国具有极好的增长潜力。经过仔细研究,飞仕达与一家正在寻求合作伙伴的中国小型空调机公司成立了一家合资企业——Fedders Xinle。他们马上发现,必须为该市场重新设计产品。中国人还喜欢分体式的空调机——分开安装的室内的风机和墙外的热交换器,而当时的飞仕达本部是不生产分体式空调机的。于是他们着手设计了一种新产品。这种新产品重量轻、节电、自动调节风速,而且带有遥控器。该合资企业很成功。公司正在探讨向日本和其他亚洲市场销售的可能性,甚至将把为中国市场开发的新产品返销到美国。随着飞仕达扩展到其他市场以及开展其他的国际业务,它将逐渐演变成一个国际公司或跨国公司。它可以像多数公司一样,停留在国际营销阶段,也可以改变观念使自己成为一家全球公司。

(三) 全球营销阶段

20世纪80年代初兴起至今,以全球市场为导向。在全球营销阶段,最深刻的变化是公司的市场导向及其计划,在这一阶段,公司企业把全世界作为其一个大市场,为全球市场有计划地生产和销售产品。20世纪80年代初,企业对全球营销的认识局限于标准化和统一性上,认为世界各国人们的需求和消费行为具有共性,且还在不断地挖掘新的共性。依据这些发现,它们发展和实施适用于各国市场的统一的营销策略,相信这种全球标准化的营销活动必然导致最佳规模效益。但是在全球营销战略实施过程中,跨国公司遇到了障碍和阻力,原来认定的世界各国人们需求和消费行为的共性,由于各国和各地区文化的差异和环境的动态变化而越来越不确定或发生变化,统一的营销策略的实施越来越难,因此跨国公司纷纷调整全球营销战略,在不同的国家实施相对不同的营销战略和策略。"思想全球化,行动本土化"的口号也相应地被提了出来,并被许多实施全球营销战略的企业接受。

随着市场全球化,世界经济相互依赖,以及越来越多的来自发达国家和发展中国家的企业加入竞争行列,争夺世界市场的竞争日趋激烈。人们经常使用全球公司和全球营销这两个术语来描述此阶段公司的经营范围和营销管理导向。

资料链接1-4

可口可乐公司的全球化

可口可乐前总裁罗伯托·戈佐塔曾说:"可口可乐的文化已经从一家美国公司在国际上开展业务变为一家总部碰巧在亚特兰大的全球公司。这一变化在我们的组织中到处可见……如果回过头去看看我们1981年的年度报告,你会发现'境外'销售或'境外'收入的提法。而如今,'境外'一词在我们的公司语言中已是门外话了。"他接着说,在全球化流行之前,可口可乐公司就已经全球化了。

戈佐塔先生所说的变化指的是组织变革。该变革能更好地反映公司的全球性。可口可乐公司成为全球公司已有多年,但组织变革是最后的事情。起初,所有国际分部都向负责国际经营业务的执行副总裁汇报,该执行副总裁以及负责美国国内业务的副总裁向总裁汇报。新的组织由6个国际分部组成——5个可口可乐分部和1个可口可乐食品分部。美国经营单位的盈利只占20%左右,并已降级为公司全球地域中6个国际经营单位中的一个。新的结构并不降低公司北美业务的重要性,只是将其置于与其他地区同等地位之中。然而,公司意识到,未来的成长将来自美国以外的新兴市场。

上述三个大的可能有重叠的阶段可以描述一家公司的国际营销参与程度。尽管国际营销阶段是按照线性顺序排列的,不应由此认为一家企业总是从一个阶段发展到另一个阶段,相反,一家企业可以从任何阶段开始,或者同时处于几个阶段。例如,由于许多技术产品的产品周期较短,加上市场分散、交易不旺,许多高科技公司,无论大小,把整个世界包括国内市场都视为一个单一市场,并且努力尽快地争取所有可能的客户。

不管采用什么样的手段进入国外市场,从营销的角度来看,一家公司也许并无市场投资,也就是说,它的市场参与仅限于销售产品,而很少考虑是否控制市场。或者,一家公司会彻底参与,投入大量资金和精力获取并保持一定的永久性市场份额。一般来说很少有公司只属于这五个国际营销阶段的任何一个阶段。公司可以从一个阶段开始,然后转向另一个阶段或者停留于某一阶段。处于不同阶段的公司对于国外经营业务有着不同的态度,而且随着公司从一个阶段演变到另一个阶段,它们对于国际经营的导向和态度也会发生变化。

经验表明,当企业依赖于国际市场吸收永久性的生产过剩,依赖于境外利润的时候,国际导向会发生重大的变化。从国际参与的第一阶段到最高阶段,国际营销活动的复杂性不断加剧,管理层走向国际化的决心不断加大。这样的决心将影响企业的具体策略和决策。

二、国际市场营销观念的演进

国际营销观念反映企业对国际营销活动的态度和指导思想,直接影响企业国际营销活动的参与程度和活动范围。国际市场营销观念是在市场营销理念的基础之上产生的,两者自诞生之日起,一直处在不断的演变过程之中,而且,在世界各国众多专家和学者的推动下,新的观念不断涌现。

公司营销活动复杂性的差异取决于采用什么样的国际营销管理导向。每一个理念所表达的内容都反映了与公司国际经营演变过程有关的经营思想。在国际营销的不同阶段,有着不同的导向,从偶尔出口到全球营销。

根据指导公司开展国际业务活动的国际导向差异和对国际市场的不同态度,可以概括出以下三种国际市场营销观念。

（一）国内市场延伸观念

国内市场延伸观念把国际营销视为国内营销的延伸。这种观念认为,企业从事国际营销活动的动机就是为了解决国内市场无力吸纳的过剩生产能力,或者是为了推销国内市场无法卖掉的过剩产品。在企业发展战略和业务活动中,占据首要地位的是国内市场的营销,国内业务得到优先考虑,国外销售被视为国内业务有利可图的延伸,企业没有必要花费精力制订专门的国际营销计划,即使寻求国外市场需要花费巨大的精力,企业的导向也基本上是国内的。它对国际销售的典型看法是：如果产品可以在新加坡销售，就可以在世界上其他任何地方销售。企业很少针对国外市场调整营销组合方案。这时，企业选择的是与国内市场具有相似需求或偏好的海外市场，提供的是国内市场生产与销售的产品，采用的是国内市场行之有效的营销策略。这种市场延伸策略可能会带来很多利润。出口企业，无论大小，都是从这个角度看待国际营销的。国内市场延伸观念反映的是"民族中心"的思想导向，在企业国际市场的初始进入阶段表现得尤为明显。

（二）国别市场观念

又称多国市场观念。多国市场观念强调海外市场的差异性和海外业务的重要性。具有这种观念的企业强调国别市场之间的差异，认为国际营销活动的成功取决于企业营销计划与策略组合适应这种差异的能力。具有这种观念的企业，追求的不是国别市场之间的共性和标准化营销的效益，而是适应不同国别市场的差异化营销，在管理体制和组织结构上实行典型的分散化经营，以适应差异化营销的需要。以此为导向的企业是以国别为基础进行销售的，对于每一个国家，分别采取不同的营销策略。

各子公司独立制订营销计划和目标，国内市场和每个国家市场都有单独的营销组合方案，彼此之间几乎没有相互影响。针对每个市场调整产品，并没有考虑到与其他国家市场的协调问题。广告活动当地化，定价和分销决策也是如此。具有这一观念的公司并不寻找营销组合因素之间的相似性，而是强调适应每一国家市场。它们相信每个市场的特殊性要求本地的营销投入和控制，因而控制权通常下放。多国市场观念反映的是"多元中心"的思想导向，常常在企业国际市场扩张阶段居主导地位。

（三）全球营销观念

全球营销观念强调企业营销活动的全球化，以此导向或观念为指导的公司通常被称为全球公司，它的营销活动是全球营销，它的市场范围是整个世界。具有全球营销观念的企业，选择的是标准化营销策略，即优质的产品、合理的价格、统一的分销模式和标准的促销信息，追求的是规模经济效益。全球营销观念的关键是其前提，即"世界市场趋同"，寻求以近乎相同的方式满足市场需求和欲望，因而在世界范围内构成对同一产品具有相似需求的重要细分市场。依据这一导向，公司尽其所能试图在全球范围内实施标准化。一些决策在全球范围内普遍适用，而另一些决策则需考虑当地影响。整个世界被视为一个市场，企业制定全球营销策略。可口可乐公司、福特汽车公司、通用汽车公司和其他一些公司可以被称为全球公司。全球营销观念将一组国家市场（不管是国内市场和一个别的国家的市场，还是国内市场和100个别的国家的市场）视为一个单位，把具有相似需求的潜在购买者群体归入一个全球细分市场，只要成本低，文化上可行，就制订谋求标准化的营销计划。这可能意味着，公司的全球营销计划包括标准化的产品和因国而异的广告；或者是对于所有的国家都采用标准化的主题，但根据不同国家、不同文化的独特市场特征做一些形式上的调整；或者是标准化的品牌和形象，调整产品满足特定国家的需求，等等。换句话说，从全球角度制订营销计划和营销组合方案。只要营销组合可行就寻求标准化效益，只要文化的独特性要求调整产品和产品形象等，就予以调整。无论何时何地，只要可能，公司就将其工艺、标识、大部分广告、店面装潢和布局等标准化。然而，在马尼拉有菲律宾风格的香辣汉堡、在泰国有猪肉汉堡、在新德里有蔬菜麦当劳汉堡……所有这些都是为了迎合当地的口味和习俗。全球化是一种观念，一种寻求市场共性、实行跨地区或跨国家标准化的方式。

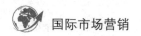

按照全球营销观念,可以根据国际市场消费者的需要,开发与生产"国际综合性产品",参与同一生产过程的国际分工与交换。还可以投资国外办企业,实行多方位、多形式的国际合作,获取比较利益。总之,全球营销已成为国际市场经营企业的基本趋势。

资料链接 1-5

A. O. 史密斯公司的中国营销之道

A. O. 史密斯公司(简称"史密斯")是全美热水器行业的最大制造商之一。1998 年,由于对全球最庞大市场的觊觎,史密斯公司管理层不远万里来到中国,在南京成立了艾欧史密斯热水器(中国)有限公司。在东、西方文化的激烈碰撞下,他们小心翼翼地开始了新的跋涉。面对一个陌生而且特别神秘的国度,史密斯有自信的理由:他们能做全世界最好的热水器,有上百年历史的品牌,而追求美好幸福的生活质量应该是全人类的共同愿望,中国人应该也会追求"最好的产品"。

单纯对技术和质量的笃信却使史密斯公司在中国市场陷入了尴尬,按自己的方式潜心修炼好内功后,史密斯热水器在技术进步、质量保证方面已经无可挑剔,但市场是检验企业的标准,尽管在行业内已具备了极好的口碑,但这种口碑太沉重,使史密斯在中国走得步履艰难。历史的惯性常常成为桎梏。在美国,热水器作为暖通设备由房地产开发商配备,其品质与技术都会有极专业的考核,这使处于质量和技术顶端的史密斯公司如鱼得水,屹立百年而不倒,其追求"一种更好的方式"的经营理念也成为一种美谈;而在中国,热水器是一种家用电器,需要向每一个消费者进行诉说,"好酒也怕巷子深",行业内无可比拟的至尊地位并不代表一定会被消费者认同。

温凉的市场反应让史密斯公司倍感困惑:"在中国,我们知道怎么做最好的热水器,但不知道怎么卖热水器!"正是执着于对产品技术和质量的不断改进,使史密斯公司不得不面对产品与市场的两难。它无法摆脱专业制造公司的严谨作风,为适应中国"国情",史密斯公司每年从销售额中提取数百万元专款用于广告宣传。让他们吃惊的是,文章也发了,重点市场的广告也打了,但在权威媒体的广告监测报告上竟然看不到一点踪影!

与此同时,史密斯公司开始利用自己的资金、管理优势进行扩张,新近并购了深圳一家电机厂,为未来的大发展继续夯实基础。而这种墨浸宣纸式的扩张战略开始初见成效。史密斯在南京的热水器市场占有率达到了 50% 以上;在上海达到 20%;在北京、沈阳、贵阳等城市,这个数字也达到 10% 以上。他们相信:中国市场的不成熟是短期现象,经历了太多信息轰炸和假冒伪劣袭击的消费者最终还会趋于成熟与理性,返璞归真回到产品本身。市场最终也会选择优良的产品和有强大抗风险能力的企业。

第三节 国际市场营销学的研究对象和任务

一、国际市场营销学的产生与发展

(一) 国际市场营销学的产生

国际市场营销学是市场营销学的一个分支。国际市场营销学(international marketing)简称国际营销学,也称高级营销学(advanced marketing),在20世纪60年代诞生于美国。在第二次世界大战中,绝大多数西方工业国家的经济遭到战争的严重破坏,美国则是唯一未受到战争破坏的国家,其经济不但未遭到战争破坏,而且因大量生产销售军用物资而得以快速发展和成熟。第二次世界大战结束后,美国趁世界各国经济都需要恢复的时机,开始面向欧洲、亚洲、拉丁美洲等地区的国家大量销售其战争剩余物资,从而以强劲的势头开始了国际贸易和国际营销活动。20世纪50年代开始,亚洲的日本和西欧的英国、法国、德国、意大利、荷兰等主要资本主义国家很快恢复了被战争破坏的经济,而且随着世界新技术革命的深入,经济水平大大超过了战前的水平,这些国家也加入到以美国为首的国际营销活动大军中。与此同时,世界各大洲和各地区也成立了诸如欧洲共同体、经互会、安第斯共同体等不同形式的区域经济集团组织,导致地区组织内部各国之间的国际贸易和国际营销活动频繁。

为了在竞争中获胜,一些大公司开始将市场营销学原理应用于国际市场的开拓,制定进入国际市场进而占领国际市场的策略。许多市场营销学专家也开始着手国际市场营销理论的研究。国际市场营销学著作在20世纪50年代末首先出现在美国,1956年,爱德华·E.帕拉特正式使用"export marketing"(出口市场营销学)一词,1959年,R. L. 克莱姆最早把国际市场营销理论系统化。之后,国际市场营销理论不断完善,逐步形成了一门独立的专门学科。

上述一切说明,从20世纪50年代开始,以美国为首的西方工业化国家以及世界各大洲的一些国家进入了工业化进程,这些国家的一些大中型企业开展了波及全世界的国际营销活动。但国际营销毕竟与国内营销不同,特别是营销环境,诸如文化、政治制度、经济体制与国内存在着巨大差异,其竞争也较国内更为激烈。为此,企业在国际营销中进行了大量实践和探索,同时广大学者也进行了研究和创新,终于在跨国公司大发展的20世纪60年代中期,随着企业国际营销活动的发展,逐步形成了国际市场营销学。

(二) 国际市场营销学的发展

第二次世界大战后的20世纪五六十年代,在世界新技术革命的推动下,西方资本主义经济高速发展,特别是工业生产"三化"(电气化、连续化、自动化)的普及使生产力达到了空前的水平。相对于世界大市场,任何一个国家的国内市场终究是一个小市场。这时西方资本主义工业化国家的国内市场全面饱和,国内市场全面出现买方市场,企业便自觉地到国外去发展,比如输入国外的原料在国内加工成产品后出口到国外,或直接在国外的原料产地就地生产出产品,然后在当地销售或再出口到别的国家。20世纪70年代出现石油危机后,西方资本主义工业化国家的经济发展速度普遍放慢,进入低速增长阶段,西方资本主义工业化国家及世界大部分中小国家为了限制外国产品进入本国市场,普遍采取了各种形式的贸易

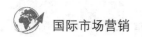

保护主义保护本国市场,同时这些国家的政府还双管齐下,从政策上鼓励本国企业到国外生产,避开外国的贸易壁垒,合法地进入外国的市场。各国企业在既有内部的动力又有政府的推力的情况下,加快了进行国际营销的速度,同时也加大了力度。从20世纪70年代起,世界各国企业的国际营销活动处于高速发展阶段,其标志之一就是作为国际营销活动主力的跨国公司不仅数量多,而且实力雄厚。20世纪80年代以来,西方国家的工商管理学院(Business School)普遍开设了国际市场营销学课程。

二、国际市场营销学的研究对象

国际市场营销的对象与国内营销相比,国际市场营销更加复杂、多变,有更大的不确定性和风险性,由此导致国际市场营销学在研究对象方面也产生了一些变化。概括起来说,国际市场营销学的研究对象就是企业为实现其经营目标而组织的超越国境的营销活动及其规律性,主要是研究如何在国际市场的前提下将产品和劳务转移给消费者,国际市场营销的核心就是满足国际消费者的需求。

国际市场营销学的研究对象,具体包括三个方面,即世界市场需求、世界市场营销活动以及世界市场营销规律。

(一)世界市场需求

世界市场需求是国际市场营销学研究的中心,也就是说,国际市场营销学是以市场需求为中心进行研究的。消费者需求是国际市场营销学研究的起点;研究消费者需求贯穿国际市场营销活动的全过程;国际市场营销活动的终点,仍然强调的是对消费者需求的研究。由于各国的社会文化、经济发展水平等存在较大差别,国际消费者的需求比国内消费者也更为复杂多样。

(二)世界市场营销活动

企业的世界市场营销活动是国际市场营销学研究的重点。所谓企业的世界市场营销活动,是指企业根据全球市场需求情况,有计划地组织企业的整体营销活动,为消费者提供满意的商品和服务,以获得最大限度的利润。获得最大限度的利润是企业追求的目标,而实现这一目标的前提,是必须更好地满足消费者的需要。

(三)世界市场营销规律

世界市场营销的规律是国际市场营销实践的总结,也是研究国际市场营销的归宿。国际市场营销是最近几十年才广泛开展的一种国际性经营活动,国际市场营销学也是一门十分年轻的学科。这一领域的规律,虽然有许多专家做过研究,但限于时间较短,只能说是刚刚开始,今后随着实践的发展,还有大量的研究工作要做。

三、国际市场营销学的任务

国际市场营销学的任务是企业使用其决策中的可控因素去适应客观环境中的不可控因素,以达到营销的目的。

在国际市场营销中,企业可控制的因素通常包括产品、价格、分销渠道和促销。对企业可控因素和不可控因素进行有机组合、综合运用,是企业营销获得成效的全部秘密之所在。

企业在国际市场上要把商品或劳务提供给消费者,生产一种适销对路的产品,为其制定合适的、产需双方都能接受的价格,选择一种或几种销售产品的通道并配以有效的促销手段,这些是企业策略和战略的核心。任何企业都必须抓好这些可控因素,并进行最佳组合。但这些因素的组合并不是一成不变的,它可以根据不断变化的市场环境和企业的目标进行及时调整和改变。

企业的不可控因素(外部因素)则比国内市场营销复杂得多。国际市场营销中企业所面临的不可控因素至少有两个层次。

第一个层次的不可控因素是来自本国的不可控因素,包括本国的政治法律因素、经济环境和竞争格局。这些因素对企业国际营销产生直接的影响:

(1) 就政治法律因素而言,主要涉及政府立法及外贸政策,如美国在国际贸易中依据"301法案",对任何拒绝向美方开放国内市场的国家动辄予以制裁,致使企业所在国与美国经济关系恶化,这对企业的国际市场营销活动有着直接的影响。关税及外汇政策方面,如果出口关税低,有利于本国企业出口产品;如果进口关税高,有利于保护国内市场而不利于外国产品的进入。

(2) 就国内经济状况而言,当国内经济状况不佳时,将会限制对外投资及向国外购买;如果国内经济繁荣,会扩大对外投资及增加对外购买。外汇汇率变化也影响国际市场营销任务的制定,如果本国汇率高,出口产品价格会提高而削弱出口产品的竞争力。反之,如果汇率下降,货币贬值,对增强出口产品的竞争力起积极作用,但同时使进口减少,即影响购买国外产品的数量。

(3) 国内竞争对国际营销者的任务也会有深刻的影响。就国内竞争状况而言,当国内市场竞争激烈,意味着国内市场已饱和,从而驱使企业积极寻觅国外市场;当国内市场需求旺盛时,竞争不剧烈,企业不愿进行跨国界经营。如柯达过去一直统治着美国胶卷市场,有把握实现目标利润,为在外国市场投资提供了资本。由于无需为公司丰厚的利润操心,管理层有时间和财力策划雄心勃勃的国际营销计划。然而,富士胶卷在美国市场降低销售价格,耗资3亿美元兴办工厂,赢得了12%的美国市场,竞争结构随之发生了变化。柯达不得不把精力和财力放回美国市场。

第二个层次的不可控因素是目标市场所在国的不可控因素,国外不可控因素主要包括经济因素、竞争因素、技术因素、政治法律因素、社会文化因素、地理与基础设施因素、分销结构等。这些因素是国际营销者在确定营销任务时必须考虑的。这些因素将在营销环境各章中详述。

对于一个要开展国际营销的企业来说,其拥有的国际市场越多,所面临的不可控因素就越多越复杂;另外,A国的外部环境与B国可能大相径庭,企业不可以把解决A国的办法照搬到B国。对于在国内开展业务的企业来说,预测本国的外部环境及其趋势并相应采取措施,无疑比预测、分析国外环境要容易得多。同时在若干国家开展营销活动又加剧了这种不可控因素的复杂性。企业在开展国际营销活动中应对目标市场所在国的不可控因素投入更多的注意力。为完成国际市场营销的任务,企业必须开展一系列活动,这些活动将在本书后面章节介绍。

国际营销者在制定营销任务时,不仅对各国营销环境的共性进行了了解和分析,更重要的是对每个国家营销环境进行了逐个的研究,掌握各国环境的差异,制定出适应不同国家的营销任务。国际营销者不仅重视制定好营销任务,还必须监测各国环境的变化,不断调整企业营销计划,其中文化的适应较困难,也是较具挑战性的,营销者要格外谨慎,以免失误。

四、国际市场营销学与其他学科的关系

(一)国际市场营销与国内市场营销的联系与区别

1. 国际市场营销与国内市场营销的联系

(1)理论基础和营销技巧相同。国际市场营销学主要是运用营销学原理的基本概念和方法,研究企业进行跨国界营销的特殊问题。国际市场营销与国内市场营销活动相同的是,国际市场营销首先需要确定顾客的需求,然后制定出适当的产品、价格、渠道和促销策略。

(2)最终目的和使用的手段也基本相同。国际市场营销的目的及其达到目的的手段与国内市场营销一样,都是通过制定和实施整体营销策略(4P),通过满足顾客需求来实现企业的经营目标的。

2. 国际市场营销与国内市场营销的区别

国际市场营销是在两个甚至两个以上的国家间进行的经营和销售活动。但国际市场营销并不一定意味着产品的跨国界转移(进出口),只要营销决策具有"跨国"性质,其营销活动就属于国际市场营销的范畴。国际市场营销的跨国性质导致了其与国内市场营销活动有明显的区别。

(1)企业面临的不可控制的环境因素不同。国际市场营销是一种对交叉文化的管理(cross-cultural management),国际市场营销活动与国内市场营销活动面临着完全不同的环境因素,如不同的经济发展程度、不同的语言和价值体系、不同的政治制度和法律体系等。这些不可控制因素(uncontrolled factors)的国际差异,必然导致在各国需求、竞争、经营惯例和习俗等方面的差异性,从而影响到企业的营销决策。

(2)国内与国际营销的可控因素也不一样,需要制定不同的营销策略组合。可控因素主要是指企业可以施加控制的营销组合因素,包括产品、定价、分销渠道和促销等。一般来说,由于各国市场上的不可控制因素存在差异,企业在每一个国外市场上提供的产品和产品线、成本结构和价格构成以及促销方式都有可能存在差异。

(3)国际营销需要进行多国协调和控制。国际市场营销强调全球性营销战略(globe marketing strategies),要求使企业的整体利益大于局部效益之和。当企业在许多国家有营销业务时,营销管理的任务并不仅仅局限于把每个国家的营销活动管理好,还需要对各国的营销活动进行统一规划、控制和协调,使母公司和分散在世界各国的子公司的营销活动成为一个灵活的整体。所以,国际市场营销是国内市场营销活动的延伸。国际市场营销的这种"跨国"性质,大大增加了其复杂性、多变性和不确定性。

(二)国际市场营销与国际贸易的联系和区别

1. 国际市场营销与国际贸易的联系

(1)国际市场营销与国际贸易都是以获取利润为目的而进行的跨国界的经营活动。

(2) 两者都是以商品与劳务作为交换对象；两者都面临着相同的国际环境。

(3) 两者的理论基础都是早期的"比较利益学说"及"国际产品生命周期理论"。

国际贸易是国与国之间的商品和劳务交换，它的诞生已有数千年的历史，应该说，国际市场营销是伴随着国际贸易的产生而产生、发展而发展的。国际贸易与国际市场营销两者都借助着市场的大舞台，相得益彰，共同促进世界经济的发展。

2. 国际市场营销与国际贸易的区别

(1) 两者商品和劳务的交换的主体不同。国际贸易是国与国之间的商品与劳务的交换，是各国生产的拓展和生产在流通领域的对外延伸。它的交换主体是国家，国家是国际贸易的组织者；国际市场营销作为跨越国界的营销活动，执行这个职能的主体是企业，是站在企业这个角度，研究如何生产适合国外目标市场需求的产品，制定合适的价格，选择对企业最为有利的分销渠道与促销手段。买主可能是国家或企业或个人，还可能是本企业的海外子公司或附属机构。例如，一家中国企业向美国出口机械设备，那么可以说这家企业从事了国际贸易活动，也可以说这家企业从事了国际市场营销活动。但是，当这家企业在美国从事生产制造并就地销售时，没有产品或劳务的国际转移，因此就不能说这种企业活动是国际贸易，但此时却可以说该企业从事了国际市场营销活动。

(2) 两者的理论产生时间不同，所依据的理论立足点也不同。应该说，英国的古典政治经济学家亚当·斯密(Adam Smith)首创的"绝对优势说"以及英国的另一位古典政治经济学家大卫·李嘉图(David Ricardo)所创立的"比较成本说"奠定了现代国际贸易的理论基础，这些理论都诞生在200余年前。与此不同的是，市场营销理论的问世，仅仅是20世纪初的事，而把国际市场营销学作为一门专门的学科，从市场营销学中分离出来专门讨论，只是近三四十年的事。国际贸易所立足的理论是比较利益，只要存在着比较利益，就可将货物从一国运到另一国，从一地运到另一地。但国际市场营销则是站在企业的角度，所考虑的问题是如何使企业利润最大化。当然比较利润与利润最大化之间也存在着内在的联系，但并不存在绝对的必然的联系。

(3) 商品流通形态的不同。国际贸易的商品流通形态是跨越国界，其参加交换的产品或劳务必须是从一国转移到另一国；国际营销的商品流通形态则多样化，产品既可以是跨国界的，也可能不需要跨国界，有些营销活动如组装业务、合同制造、许可证贸易、海外设厂生产等都没有产品或劳务从一国到另一国的转移。

国际营销也不同于进出口业务，进出口业务是讲述进出口中的具体业务规范，如信用证的种类、如何开具信用证、信用证如何议付；各种价格术语的内容、使用范围；如何报关、如何投保、如何制造单证等。这些都是开展对外业务中不可缺少的知识，属于具体业务中的程序性的业务操作知识。而国际市场营销则是从战略高度出发，运用自己的资源在复杂的国际市场中制定出能战败竞争对手、获得对外经营成功的战略与策略。当然，国际营销人员也应了解进、出口的实物，以便更好地开展营销活动。国际贸易与国际市场营销的比较如表1.1所示。

表1.1 国际贸易与国际市场营销的比较

内　　容		国际贸易	国际营销
主体		国家	公司或企业
产品跨国界		是	不一定
目的		利润	利润
信息来源		国际收支平衡	公司营销记录
营销活动	购销	是	是
	物质分销	是	是
	定价	是	是
	市场研究	一般没有	有
	产品开发	一般没有	有
	促销	一般没有	有
	分销管理	没有	有

五、国际市场营销学的研究方法

国际市场营销学主要研究企业如何通过科学的营销方法与手段进入国际市场,这其中既有企业可控制因素,也有企业不可控制因素。因此,在研究学习国际市场营销学这门课程时,要结合国内外市场营销的实际情况,要多种方法并举。

(一)宏观分析和微观分析相结合的方法

国际市场营销所研究的对象既有宏观方面的内容,也有微观方面的内容。宏观方面如国际市场营销环境,包括政治、经济、科技、文化、自然等层面的内容,微观方面如产品的研发策略、定价策略、分销策略及促销策略等。因此,在研究这些相关内容时,就要运用宏观分析和微观分析相结合的方法分析各种问题与现象,以便企业能够把握各种市场机会,制定出相应的营销战略与策略,更好地掌控市场,开展国际市场营销活动。

(二)静态分析和动态分析相结合的方法

当今国际市场风云变幻莫测,国际市场上的各个企业也在随着市场环境的变化不断地调整自己的营销战略与策略。然而,在某些国家及区域市场,政府的政策、法律及其他市场环境相对稳定,所以,企业在制定相应的营销战略与策略时,要运用静态分析和动态分析相结合的方法,积极地去适应不同的市场情况,以使自己能够在千变万化的市场上站稳脚跟,进而更加主动地把握国际市场。

(三)定量分析与定性分析相结合的方法

企业在从事国际市场营销活动时,对于国际市场需求的预测、产品价格的确定、经销商和代理商绩效的评估等都需要运用定量分析与定性分析相结合的方法。如果仅仅使用其中的一种方法,很难得到比较科学和合理的结果。例如,在确定某国市场或地区的市场销售潜力时,既要考虑到该市场现在的经济发展状况和未来的发展趋势,同时还要考虑该市场居民的实际收入以及购买力水平,这时就需要用定量分析与定性分析相结合的方法。

(四) 理论分析与实证分析相结合的方法

国际市场营销学的产生和形成是众多专家学者长期研究的智慧结晶,但同时它又是一门实用性很强的学科;其理论也来源于国际市场营销的实践活动,又被应用于实践中;指导实践环节的新国际市场营销理论层出不穷,这也正是基于国际市场营销活动新的变化而形成的。因此,在研究国际市场营销学时,就必须使用理论分析与实证分析相结合的方法。例如,在多变的市场格局下,要开展有效的国际市场营销活动,不能仅仅使用已有的营销策略,还要根据实际情况不断创新国际营销策略,只有这样,各种营销活动才能取得理想的效果,甚至超乎想象的结果。

◆ 本章小结

国际市场营销是指企业向本国以外的消费者或用户提供产品或劳务,通过满足其需要,实现利润最大化的跨越国境进行的市场营销活动。它是国内市场营销的延伸与扩展。国际市场营销与国际贸易有共同点,也有差异。国际市场营销的发展历程从企业参与国际营销活动的程度看,大体经历了出口营销、国际营销和全球营销三大阶段。国际市场营销理念的演进经历了国内市场延伸观念、国别市场观念和全球营销观念三种导向。国际市场营销学的研究对象就是企业为实现其经营目标而组织的超越国境的营销活动及其规律性,主要是研究如何在国际市场的前提下将产品和劳务转移给消费者,国际市场营销的核心就是满足国际消费者的需求。国际市场营销学的任务是企业使用其决策中的可控因素去适应客观环境中的不可控因素,以达到营销的目的。

◆ 关键词

国际市场营销 出口营销 多国营销 全球营销 国际市场营销理念

◆ 复习思考题

1. 如何理解国际市场营销的概念?
2. 试述国际市场营销三种基本观念。
3. 简述国际市场营销发展的几个阶段。
4. 营销的可控因素与不可控因素有哪些?
5. 国际市场营销与国内市场营销的联系和区别有哪些?
6. 国际市场营销与国际贸易的联系和区别有哪些?

◆ 思考案例

宝洁之道

创立于1837年的宝洁(P&G)公司已经成功地守业180多年了。全世界很少有公司能够像宝洁一样,通过理解和把握消费者价值,将食品、纸品、药品、洗涤用品、肥皂、护肤品、护发产品以及化妆品等300个品牌,如此成功地畅销于160多个国家或地区。

宝洁为什么如此成功?宝洁前董事长艾德·哈尼斯的解释是:"虽然我们最大的资产是我们的员工,但指引我们方向的却是原则及理念的一致性。"这个原则及理念就是著名的"宝洁之道"。"宝洁之道"由以下三方面组成:

(1) 强调内部高度统一的价值观。为了保证价值观的统一,宝洁甚至做到了中高层只

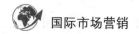

从内部选拔,从 CEO 到一般管理人员,宝洁基本上没有空降兵。

(2) 领导消费趋势的经营理念。宝洁的市场理念是"尽早发现一个发展趋势,然后领导这种发展趋势"。宝洁拒绝接受传统的产品生命周期观念,相信只要不断地进行品牌管理与创新,就能保持消费者忠诚。例如,象牙香皂有 100 多年的历史,汰渍洗衣粉的历史也近 50 年,但每个产品都仍然是行业中的领先者。

(3) 建立在对消费者负责之上的业务管理系统。全球第一个品牌经理就出在宝洁,著名的产品经理管理体制也是宝洁的发明。在宝洁,高层管理者会亲自参与许多重大决策,如所有新产品的启动,投资 10 万美元以上的项目,三层级别内的任命及提升等。

问题:运用国际市场营销理念分析宝洁为什么如此成功。

◆ 应用训练

海尔的国际营销战略

海尔集团(简称"海尔",下同)创立于 1984 年,成长在改革开放的时代浪潮中。30 多年来,海尔始终以创造用户价值为目标,一路创业创新,历经名牌战略、多元化发展战略、国际化战略、全球化品牌战略四个发展阶段,是国内最大的家电厂商,也是世界十大综合家电厂商之一。海尔是我国家电行业中第一家通过 ISO 9001 国际认证和美国 UL 认证、德国 VDE 认证、加拿大 CSA 认证等 10 余项认证的企业,被公认为中国家电第一名牌,目前已发展为全球白色家电第一品牌。

海尔国际营销战略的成功使海尔迅速发展成为新型的公司,海尔主要的目标是创国际名牌。海尔的观点是"国门之内无名牌",作为一个具备全球竞争能力的企业,在全球市场一体化的背景下,应该创建一个国内外两个市场相互呼应的市场体系。在 1996 年,海尔提出了自己的三个三分之一的国际化战略,即海尔希望在国际化的背景下,调整自己的全球产品格局,形成内销三分之一、外销三分之一、海外生产三分之一的产业格局,并且在五年内创出经销全世界的中国家电名牌。在具体的方法上,海尔采取先信息后产品,先代理后建厂的发展模式,然后在重要市场发展销售渠道,以目前最强的白色家电产品进入国际市场,逐渐延伸到黑色家电及其他信息产业的产品,并考虑在发展中国家,如墨西哥、巴西设厂,在设厂国及周边发达国家销售;而在国际化市场开发战略上,海尔则采取了先难后易的市场战略,率先开发发达国家市场,以缩短与其他国际竞争对手的差距(当然也包括国内竞争对手)。海尔国际化战略的一个重要举措是本土化战略。首先,海尔利用设在全球的 10 个信息站和 6 个设计分部,整合全球科技资源,开发出适合不同国家和地区要求的产品,之后海尔利用融知、融智、融资的方法积极进行市场网络的建设。最后,海尔采取的第三步战略就是在海外设厂。1996 年,海尔开始与印度尼西亚合资生产海尔牌家电产品并在当地销售,这是海尔在海外的第一家分厂,到目前为止,海尔在全球已有贸易中心 56 个、设计中心 18 个、工业园 10 个、工厂 46 个,建立起覆盖全球的生产基地。海尔分布世界的生产、销售、研发网络,初步形成了利用全球资源、开拓全球市场的跨国公司雏形。海外的经销网点达到将近 4 万个,产品销往 160 多个国家和地区,初步形成了覆盖全球的营销网络。

(1) 课程论文:结合海尔国际化的案例,研究在中国加入 WTO 和全球经济一体化的条件下,我国企业是如何展开全球营销活动的。

(2) 问题讨论:① 你认为对于大量欲进入国际市场竞争的中国企业来说,海尔的国际化成功经验哪些是具有普遍借鉴意义的?② 你认为海尔发展到今天的规模,其最成功的地方在哪里?③ 全球化对企业而言既是机遇也是挑战,你认为今天的海尔面临着哪些风险?如果你是海尔领导人,如何通过进一步的运作来消除或降低这些风险?④ 营销大师米尔顿·科特勒(Milton Kotler)在接受中央电视台的访问时曾提出疑问:为什么海尔这样的企业在开拓美国市场时竟然没有找专业的管理(营销)咨询公司寻求合作?如果你是张瑞敏,你将如何回答米尔顿·科特勒先生的问题?在本案例中海尔是如何规划美国市场的?采用的是哪一种市场进入方式?

第二章　企业进入国际市场的方式

本章结构图

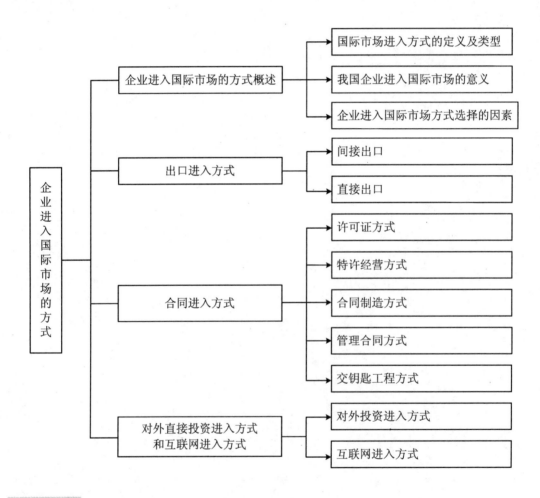

学习目标

通过本章的学习,了解国际市场进入方式类型;熟悉企业进入国际市场方式选择的因素;掌握国际市场进入方式(出口进入、合同进入、对外投资进入和互联网进入四种类型)的内涵及优缺点。

第二章　企业进入国际市场的方式

导入案例

华为的海外扩张之路

华为技术有限公司是一家生产销售通信设备的民营通信科技公司，于1987年在深圳市注册。华为是全球领先的信息与通信技术(ICT)解决方案供应商，专注于ICT领域，在电信运营商、企业、终端和云计算等领域构筑了端到端的解决方案，为运营商客户、企业客户和消费者提供有竞争力的ICT解决方案、产品和服务，并致力于实现未来信息社会、构建更美好的全联接世界。

1996年，华为与长江实业旗下的和记电讯合作，提供以窄带交换机为核心的"商业网"产品。华为的C&C08机打入中国香港市话网，开通了许多内地未开的业务，为华为大型交换机进军国际电信市场迈出了第一步。在中国香港取得成功后，华为将目标转移到发展中国家市场，重点是发展潜力大的俄罗斯和南美市场。1997年，华为在俄罗斯建立了首家合资公司，采取的经营战略是本地化模式。从2000年开始，华为开始在亚洲、中东、非洲等地区持续发展，如在泰国市场，由于泰国华人覆盖率较大，华为销售额呈持续增长状态。在亚、非、拉等地区的国家取得成功后，华为将目标转向了被几大通信巨头霸占的欧洲市场。

在欧洲市场，华为首先采取的策略是与欧洲本土较大的代理商建立合作关系，通过委托代理的方式将产品推入市场。2001年，华为以10g SDH光网络产品进入德国，随后相继进入法国、西班牙、英国等国家。华为于2004年开始面向发达国家的通信运营商开展通信设备销售活动。以英国通信运营商BT公司的采用为开端，在欧洲和日本成功拿到了订单。目前华为在欧洲市场有5000多名员工，有60%以上来自当地，使华为的产品和服务更加符合当地人的需求。

在进入国际市场初期，华为主要采取了直接派出销售人员与通信运营商沟通的直销方法，随后逐渐在海外建立起分支机构，从最初的国际部全权负责海外业务，逐步建立起其独有的海外营销体系。

由于对发达国家市场缺乏深入了解，包括社会文化、法律法规、语言沟通等方面，华为从本土派出的营销人员难以在该市场大展拳脚。在这样的背景下，华为采取了与当地企业合作，以创建合资公司的方式打开市场。

华为深知技术创新对企业的重要性，在海外创建了众多的技术研发中心，吸收全球范围的优秀研发人员，并拥有了国际领先技术的自主知识产权。华为在瑞典斯德哥尔摩、美国达拉斯及硅谷、印度班加罗尔、俄罗斯莫斯科等地设立了研发机构，通过跨文化团队合作，实施全球异步研发战略。华为在全球共设立了20多个研究所，并与领先运营商成立30多个联合创新中心，把领先技术转化为客户的竞争优势和商业成功，为积极融入和支持主流国际标准并做出了积极贡献。

截至2017年年底，华为云已上线14大类99个云服务，以及制造、医疗、电商、车联网、SAP、HPC、IoT等50多个解决方案，现已发展云服务伙伴超过2000家。物联网战略持续推进，NB-IoT技术日趋成熟，全球部署超过50万个基站，商用连接突破1000万。华为与1000多家生态合作伙伴共建生态，开启物联网黄金时代。华为在全球签署超过350个NFV和380个SDN商用合同，部署超过30个CloudAIR无线空口云化商用网络。在全球十余个城市与30多家领先运营商进行5G预商用测试，性能全面超越国际电信联盟(ITU)要求。目前，197家世界500强企业、45家世界100强企业选择华为作为数字化转型的合作伙伴。

华为智能手机全年发货1.53亿台,全球份额突破10%,稳居全球前三。

2018年,华为荣获《财富》世界500强企业第72名;荣膺《福布斯》2018年世界最具价值品牌排行榜第79位;国际权威品牌研究机构Interbrand发布2018全球最佳品牌排行榜中,华为名列第68名,继2014年以来仍旧是中国唯一上榜的企业。

资料来源:根据网站http://www.fx361.com/page/2017/1122/2494744.shtml和华为官网进行整理。

第一节 企业进入国际市场的方式概述

一、国际市场进入方式的定义及类型

(一)国际市场进入方式的定义

所谓国际市场进入方式,是指企业在开发和拓展一个外国市场的营销机会时所采用的合法有效的经营方式。企业在进军国际市场时,应根据目标市场以及企业本身的状况,选择合适的方式进入。

(二)国际市场进入方式的类型

国际市场进入方式包括出口进入方式、合同进入方式以及投资进入方式三种类型。各种方式所包含的方法如表2.1所示。

表2.1 国际市场进入方式

进入方式类型	内容
出口进入方式	间接出口方式 直接出口方式
合同进入方式	许可证方式 特许经营方式 合同制造方式 管理合同方式 工程承包方式
投资进入方式	合资进入方式 独资进入方式

1. 出口进入方式

出口进入方式,是指生产企业将在本国生产和加工的产品输往国际市场的方式。采用这种方式时生产地点不变,劳动力、资本也没有进入国际市场。出口进入是在进入国际市场的初期经常被采用的一种方式,具有低风险、低控制度、高灵活性等特点。出口进入又可分为间接出口和直接出口两种方式。间接出口依靠本国的中间商,由中间商办理出口业务;直接出口则一般可以依靠目标市场国的中间商来销售。

2. 合同进入方式

合同进入方式,是指从事国际营销的生产企业与目标国家的法人通过签订协议,将自己的无形资产使用权授予目标市场国法人组织,允许其制造、经营本企业产品或劳务,或提供服务、设备、技术支持等,以进入国际市场,取得对对象国企业的某种控制权,从而获得收益。合同进入区别于出口进入的关键在于,它已不是单纯地出口有形产品,而是以知识和技能转移为主要形式,如许可证贸易、合同生产和特许经营等形式。

3. 投资进入方式

投资进入方式,是指生产企业将资本连同企业的管理、技术、销售、财务以及其他技能转移到目标国家或地区,建立受本企业控制的分公司或子公司,在当地组织生产并在国外销售,从而进入国际市场的方式。投资进入既可以是设立独资企业也可以是设立合资企业,与前两种方式所不同的是它已经是一种股份制的联合。

二、我国企业进入国际市场的意义

随着世界经济、科技的飞速发展,世界范围的专业化生产和协作的国际化程度越来越高,经济全球化已经成为世界经济发展的主流,各国经济已经在更大范围和更深程度上融进了世界经济之中,于是中国市场与国际市场的对接成为必然。企业的国际化经营、全球化发展是当今世界一个共同的话题,日益受到各国的重视。

国内市场的不断开放和加入WTO后,国际企业之间的激烈竞争已经大幅度地延伸到国内。特别是近些年来,世界500强大举进入中国,展开了大规模的、系统化的投资。在国内市场竞争加剧和企业自身发展的要求下,中国企业如果还固守在原来的市场、原来的模式下裹足不前,是很难取得长足进步的。在世界经济一体化的今天,走向国际市场成为了中国企业发展的基本出路和必然选择。

国际市场的进入是一种广泛的现象和必然的趋势。企业只有进入国际市场,进行国际市场营销,才能不断降低产品成本,保证企业利润;保持企业竞争优势;保持并扩大企业的市场,企业也才能生存和发展。

目前,在许多西方大企业中,国际市场营销成为维持企业生存和发展的第一大支柱。它们在世界范围内组织生产和销售,成为多国性的跨国企业,其主要的经营管理活动就是国际市场营销。例如,荷兰飞利浦电子跨国公司的各种产品由遍布全球的420个工厂生产,并在世界范围销售,在其每年300亿美元的营业额中,欧洲占59%,美国和加拿大占24%,南美洲占6%,非洲占2%,亚洲和大洋洲占9%。2007年,泛美航空公司、埃克森、德士古、莫尔比等公司的国外营业额都超过了各自营业总额的60%;可口可乐、福特、杜邦、吉列等公司的利润中有50%来自国外。而且,当前西方国家企业跨国化的潮流还在继续扩大。大公司如此,中小企业也日益重视国际市场营销,据统计,在美国制造业中从事国际市场营销的企业超过25000家,并且在不断增加。

因此,国际市场的进入将呈现给我国企业的是更广阔的市场和更激烈的国际竞争。如何充分利用入世后的有利条件走出国门,更好地开发国内、国际两种资源,更充分地利用国内、国际两个市场,积极参与国际市场竞争,使我国的经济真正融入经济全球化的浪潮之中,是我国企业必须面对的重大课题。

三、企业进入国际市场方式选择的因素

(一) 目标国家的市场因素

市场规模和竞争结构。如果目标国家的市场规模较大,或者市场潜力较大,则企业可以考虑以投资模式进入,尽可能地扩大销售额;反之则可以考虑以出口模式和合同模式进入,以保证企业资源的有效使用。如果目标市场的竞争结构是垄断或寡头垄断型,企业应考虑以合同模式或投资模式进入,以使企业有足够的能力在当地与实力雄厚的企业竞争,如果目标国家的市场结构是分散型的,则以出口模式为宜。

(二) 目标国家的环境因素

1. 政治和经济环境

如果目标国家的政局稳定、法制健全、投资政策较为宽松、人均国民收入比较高、汇率稳定,则可以考虑采取投资进入方式,反之则以出口进入或合同进入方式为宜。

2. 地理和社会文化环境

如果目标国家距离本国较远,为了省去长途运输的费用,则可以考虑合同进入或投资进入方式。如果目标国家的社会文化和本国文化差异较大,则最好先采取出口进入或合同进入方式,以避免由于文化的冲突造成的摩擦成本。如果目标国家的生产要素的价格比较低、基础设施比较完善,则比较适合采取投资进入方式,否则应采取出口进入方式。

(三) 国内因素

国内因素主要包括本国市场的竞争结构、生产要素和环境因素三个方面。如果本国市场是垄断竞争或寡头垄断型,企业可以考虑以合同进入或投资进入方式进入国外市场。如果本国市场的竞争程度比较高,则企业可以采取出口进入方式。从生产要素来看,如果本国生产要素比较便宜且容易获得,则企业可以采取出口进入方式进入国际市场。所谓的本国的环境要素是指本国政府对出口和对外投资的态度。

(四) 企业产品因素

1. 企业产品因素的密集度、价值高低和技术含量

劳动密集型和资源密集型产品主要以具有丰富自然资源的国家为生产基地,如果目标国家具备这些条件,那么可以采取投资进入方式,就地设厂,以节省出口的中间费用。如果企业生产的产品价值高、技术复杂,考虑到目标国市场的需求量,以及当地技术基础的配套能力,则以出口进入方式为宜。

2. 产品的服务性和适应性

如果客户对产品的售后服务要求比较高,以及那些需要做出大量适应性变化以销售国外市场的产品,企业最好采取合同进入或投资进入方式。另外,企业的主线产品、核心技术在进入目标国市场时,大多采取投资方式,且以独资为主。

(五) 企业的核心竞争力

就核心竞争力而言,企业可以分为两类:一类企业的核心竞争力是技术诀窍,另一类企

业的核心竞争力是管理诀窍。当企业的竞争优势建立在技术诀窍上时,应尽量避免许可协定和合资企业的经营方式,以降低技术失控的可能性。当企业的竞争优势建立在管理诀窍上时,以管理技巧为基础的大多是服务性企业(如麦当劳、希尔顿国际饭店等),这些企业重视的是它们的品牌,而品牌是受国际标准化法律保护的,因此可以采取特许经营和建立子公司相结合的方法。

(六)企业资源与投入因素

企业在管理、资金、技术、工艺和销售方面的资源越充裕,企业在进入方式上的选择余地就越大。如果企业的资金较为充足,技术较先进,且积累了丰富的国际市场营销经验,则可以采取直接投资进入方式进入国外市场。反之,则以出口进入方式和合同进入方式为宜,待企业实力增强,积累了一定的国际市场营销经验后再采取直接投资进入方式。

我国企业与西方发达国家国际企业相比存在很大差距,但进入国际市场不必具备绝对优势。由于国际市场的多样性和多层次,企业在一定条件下,具有相对竞争优势就可以进行国际化经营。因而,我国企业不必照搬发达国家跨国公司的发展模式,应根据自身的特点,充分利用各个国家或地区需求层次的相对差异性,采取渐进式与跨越式并用,扬长避短,灵活进入国际市场,参与国际竞争,创造和发展自身的竞争优势,尽快形成综合优势和规模效应。

随着中国整体经济竞争力的增强和市场进一步开放,越来越多的中国企业将在国际舞台中崭露头角,吸引国际资本市场的目光。

第二节　出口进入方式

出口贸易是国际市场营销最普遍、最初级的形式。出口模式包括间接出口和直接出口两种方式。

贸易出口就是用中间商将产品直接或间接地出口到海外市场的出口模式。中间商主要包括代理商、经销商、批发商、零售商四大类。

代理商对产品无所有权,与所有者只是委托与被委托关系,它主要有三种形式:经纪人、独家代理商、一般代理商。

经销商对产品拥有所有权,自行负责售后服务工作,对顾客索赔需承担责任,最常见的有独家经销商、进口商和工业品经销商三种。

批发商是指靠大批量进货、大批量出货,以赚取差价的中间商,它也有三种:综合批发商、专业批发商、单一种类商品批发商。

零售商是向最终消费者提供产品的中间商,依据其经营品种不同,可分为专业商店、百货商店、超级市场、超超级市场等种类。

一、间接出口

(一)间接出口的定义

间接出口(indirect export)是指企业通过本国的中间商或出口代理商由其负责产品进

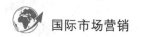

入东道国市场。如定义所述,间接出口有两种基本形式:一是利用出口商;二是利用出口代理商。所谓出口商,是指以自己名义在国内购进产品向国外市场销售,承担产品从购进到售出的风险,赚取商业利润的企业。所谓出口代理商,是指接受国内企业委托,在协定条件下,代委托人向国外市场销售产品,以佣金为其收益的企业。出口代理又分为间接代理和直接代理两种。间接代理是指出口代理商以自己名义出口委托人的产品,并承担风险。直接代理是指出口代理商以委托人的名义出口委托人的产品,不承担风险。中国的出口代理一般采取间接代理的形式。

此种方式下,企业可以利用中间商现有的销售渠道,不必自己处理出口的单证、保险和运输等业务。同时,企业在保持进退国际市场和改变国际营销渠道的灵活性的情况下,还不用承担各种市场风险,初次出口的小企业比较适合运用间接出口的方式。

(二) 间接出口的方式

就国内外企业的营销实践来看,间接出口大致有5种具体形式。

1. 专业外贸公司

专业外贸公司由于拥有人才、资金、广泛的渠道联系、多年积累的信誉、灵敏的信息网络、一定的政策优惠等优势,迄今为止,仍然是中国的出口主力军。但是,随着中国改革开放的深入,越来越多的生产企业获得了出口自主权以及外资企业的介入,这种主力军的地位正在被动摇。

专业外贸公司一般既从事进口,又从事出口。就从事出口而言,它们既扮演出口商的角色,又扮演出口代理商的角色。但是如上所述,因为中国的出口代理一般是间接代理,专业外贸公司仅收取有限佣金而要承担风险,所以它们对扮演出口代理商角色缺乏积极性。

2. 国际贸易公司

国际贸易公司的早期代表是英国的东印度公司,现代的典型代表是日本的综合商社。日本的综合商社资本雄厚、人才济济,尤其是信息网四通八达,24小时保持运转。它们内外贸兼营,从事从营销调研到市场开拓,从营销、管理咨询到外汇的套期保值和信贷,从参与制造到负责分销等多种多样的业务,在促进日本产品的出口方面取得了很大成功。日本的许多中小型企业,甚至一些大型企业的产品都是通过它们打入国际市场的。它们控制近60%的日本对外贸易,是除汽车和电子产品以外几乎所有产品的主要出口者。

随着改革开放的深入,中国已经出现一些类似的国际贸易公司,中国的许多专业外贸公司也正在向这一方向发展。可以预言,国际贸易公司将是中国企业间接出口的一支重要力量。

3. 出口管理公司

这种中间商管理企业的出口业务,一种专门为生产企业从事出口贸易的公司,同时收取一定费用。一般采取直接代理的方法,这种公司的优势在于拥有外贸营销人才以及渠道和信息联系,弱点在于一般规模比较小,熟悉的市场有限,往往只代理几种产品,很少能包办生产企业在全球市场的出口业务。

这种公司在美国比较多见,在中国则较少见。但是,考虑到一些外贸专业公司跳槽人员以及企业人员在或明或暗的从事类似业务,一旦中国企业都能拥有出口自主权,这种公司可能会大量出现,成为中国企业间接出口的又一支生力军。

4. 合作组织

合作组织代表几个制造商进行出口活动,初级产品制造商常常利用这种出口方式。合作出口有两种形式:一是由若干小企业组成松散的合作组织,以该组织名义从事出口业务,包括营销调研、贸易洽谈、统一定价和联合运输等;二是一家生产企业或者为了发挥规模效益,或者因为产品的互补性而利用自己的出口力量和海外渠道为另一家生产企业出口产品。两者之间的关系可以是买卖关系,也可以是代理委托关系。

这两种形式在美国不是企业间接出口的主要渠道,在中国更是少见。

5. 外企驻中国采购处

一些外国企业的大型批发商、零售商和国际贸易公司往往在其他国家设有采购处,主动寻求合适商品销往本国或海外市场。

(三) 间接出口的特点

1. 间接出口的优点

第一,企业可以利用国内其他组织机构在国外的分销渠道和经验,迅速地将产品销售到国外市场。

第二,企业可以在一定程度上摆脱在出口贸易资金方面的负担,而且不必承担外汇风险以及各种信贷风险。

第三,进行间接出口时,由于产品是利用中间商销售到国际市场的,因此企业不需要设立出口专门机构,不需要增加国际市场营销人员,节省直接渠道费用。

2. 间接出口的缺点

第一,对产品流向和价格控制程度较低,甚至不能控制。

第二,难以迅速掌握国际市场信息,难以根据国际需求及时改进产品和提高产品的适应性与竞争力,从而不利于提高产品对国际市场的适应性、扩大销路和竞争力。

第三,无法获得跨国营销的直接经验,而这种经验对从事国际营销工作来说是十分重要的。

第四,难以建立企业在国际市场上的声誉。

因此,间接出口主要是一些缺乏足够实力的中小型生产企业采用的方式。对于一些资源雄厚、经验丰富的大型企业来讲,间接出口的方式只是同时采取的几种出口方式中的一种。

二、直接出口

(一) 直接出口的定义

直接出口(direct export)就是企业拥有自己的外贸部门,将产品出售给国外市场上独立的经销商或进口商的出口方式。严格说来,采取直接出口的方式,企业才算真正开始从事国际市场营销。直接出口和间接出口的区别在于企业要独立地完成出口管理任务,这就意味着企业要花费一定的资金和精力来从事出口管理工作。

(二) 直接出口的方式

企业的直接出口可以有4种方式:

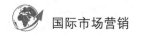

1. 设立国内出口部

该部门负责实际的对外销售工作,它通常由一名出口销售经理和几名职员组成。它有可能演变成为独立的出口部门,负责企业所有有关出口的业务,甚至还可能成为企业的销售子公司,单独计算盈利。

2. 国外经销商和代理商

国际经销商直接购买企业产品,拥有产品所有权;而国外代理商代表企业在国际市场推销企业产品,不占有产品,但要抽取佣金。在企业不了解国外市场又想尽快地进入国际市场时,可以把产品卖给国外经销商,或委托国外代理商代售。

3. 设立驻外办事处

设立办事处实质是企业跨国化的前奏。办事处可从事生产、销售、服务等一条龙服务。其优点一是可以更直接接触市场,信息回馈准确迅速;二是可以避免代理商的三心二意,而集中力量攻占某个市场。但其缺点是设立国外办事处需要大量投资。

4. 建立国外营销子公司

国外营销子公司的职能与驻外办事处相似,所不同的是,子公司是作为一个独立的当地公司建立的,而且在法律上和赋税上、财务上都有其独立性,这说明企业已更深入地介入了国际营销活动。

(三)直接出口的优缺点

1. 直接出口方式的优点

企业利用直接出口进入国际市场有许多好处。

第一,能较迅速地掌握国外市场动向,据以制定更加切实可行的营销策略,从而有利于企业改进产品,提高产品对国际市场的适应性和竞争力。

第二,企业对拟进入的海外市场进行选择,有利于积累跨国营销经验和树立企业在国际市场的信誉,从而有利于开拓国际市场。

第三,可以使企业摆脱中间商渠道与业务范围的限制,企业拥有较大的海外营销控制权,可以建立自己的渠道网络,增加企业对产品流向和价格的控制能力。

2. 直接出口方式的缺点

直接出口方式同时也要承担更多的风险,对企业的不利之处在于:

第一,企业要增加国际市场营销人员,或增设负责出口的专门机构,这样就增加了市场营销费用。

第二,加重了资金周转的负担,增加了风险。

第三,企业必须亲自经营出口业务,工作量大,责任较重。从事直接出口时,还会遇到各种国际问题,如外国政府对产品的要求、货币兑换率的变化等。

第四,对一个初次进行直接出口的企业来说,在很多的情况下,直接出口的成败关键在于选择外国市场的经销商,如何寻找国外客户,如何建立自己的国外渠道,这些困难如果解决不好,企业将无法顺利进入国际市场。

资料链接 2-1

广交会的由来

由商务部主办的广交会是中国历史最悠久、规模最大、商品种类最齐全、参展商最多、在世界上知名度最大的"中国第一展"。时任外贸部驻广州特派员根据1955年秋至1956年春在广东省外贸系统举办的三次小型物资出口交流会的经验,大胆提出"借鉴国外大型展览会的形式,吸取中国传统庙会和集市的经验",举办全国性出口商品展览交流会的建议,并得到周恩来总理的重视和批准。1956年11月,"中国出口商品展览"在广州开幕,这就是广交会前身。1957年4月25日,它在广州再次举办并正式定名为"中国对外贸易公司联合举办出口商品交易会",是为第一届。据说,第一个使用"广交会"简称的是周恩来总理。此后每年春季(4月)和秋季(10月)举办两次广交会。2006年10月15日第100届广交会开幕,101届广交会更名为"中国进出口商品交易会"。

资料来源:http://www.lzbs.com.cn/rb/2007-04/04/content_1069241.htm.

第三节 合同进入方式

合同进入方式,又称契约式进入方式,是国际营销公司和目标国家的经济实体间的长期非资产式联合。它涉及该公司的技术和人力资源向目标国家经济实体的转移。

合同进入方式有着进入程度浅、灵活性高、经营风险低,克服东道国对进口与对外国直接投资的限制,帮助分摊研发成本等优点,但也存在一定的不足。首先,企业的控制程度低;其次,企业易培养潜在的竞争对手。

一、许可证方式

许可证方式(license mode)是指企业在一定时期内向国外法人单位转让其工业产权(如生产技术、商标、专利、产品配方、公司名称或其他有价值的无形资产等)的使用权,以获得提成或其他补偿的一种模式。

(一)许可证进入方式的形式

1. 独占许可

在规定区域内,被许可方独占使用权,连许可方也不能再使用。

2. 排他许可

在规定区域内,只有许可和被许可方可以使用,其他第三方不能使用。

3. 普通许可

许可方可以再转让给第三方、第四方等。

4. 区分许可

在特定区域内的"分许可",即被许可方可以在规定的区域内再转让给第三方。

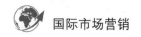

5. 交叉许可

交叉许可指相互交换技术。

(二) 许可证进入方式的特点

1. 许可证方式的优点

第一,许可方企业面临的经营与财务风险小。
第二,绕过了进口壁垒,如关税与配额制的干扰。
第三,政治风险比股权投资小。

2. 许可证方式的缺点

第一,许可方企业有可能失去对国际目标市场的控制。
第二,企业本身性质限制该方式使用。例如,企业不一定拥有目标市场国客户感兴趣的技术、商标、公司的名称。
第三,许可方企业对国家目标市场容量的充分使用受到限制。

(三) 许可证经营中的报酬支付问题

1. 报酬支付的两种方法

许可证经营在其报酬支付过程中一般有两种方法:一是按价格支付,二是支付提取。

2. 许可证经营中的控制问题

许可证经营的控制要解决好两个方面问题:一是对所授权的工业产权的保护问题,如华伦天奴授权后的知识产权保护;二是对授权生产的产品质量水平的控制问题。

二、特许经营方式

(一) 特许经营方式的含义

特许经营方式(franchising mode)是指特许者将自己所拥有的商标(包括服务商标)、商号、产品、专利和专有技术、经营模式等以合同的形式授予受许者使用,受许者按合同规定,在特许者统一的业务模式下从事经营活动,并向特许者支付相应的费用。特许经营是美国发展最快和渗透性最高的商业模式,有40%~50%的零售业销售额来自特许经营商,年销售量达到1万亿美元,目前大约有75种工业采用特许经营作为分销方式。

自2000年以来,中国特许经营总体呈稳定快速的发展趋势,截至2006年年底,中国的特许体系数量超过2600个,加盟店近20万个,分别比上年增长13%和16%。特许企业为社会提供就业岗位超过300万个。目前中国特许经营已经覆盖了该分类的所有13大类别、80多个细分行业和业态。

(二) 特许经营方式的特点

1. 特许经营方式的优点

首先,特许方不参与被特许方内部具体管理,减少投入,在获得定量回报的同时,能以最小的资本风险实现市场扩张的目标。

其次,特许方有可能更广、更快地分销,迅速形成规模,扩大品牌影响力。

再次,特许方有权检查被特许方经营管理,有权终止合同,有效防范风险。

最后,政治风险较小。

2. 特许经营方式的缺点

第一,特许方盈利有限,受合同严格制约。

第二,特许方难以保证被特许方的产品和服务质量达到统一标准,导致标准化、规范化程度降低,而引起特许方规模经济效益递减。

第三,特许方与被特许方之间的矛盾冲突不可避免。

资料链接2-2

麦当劳及可口可乐的特许经营

麦当劳是运用特许经营的公司,前身是由莫里斯·麦当劳和理查德·麦当劳兄弟于1940年开办的一家汽车餐厅。如今,麦当劳已在100多个国家和地区开设了3万多家分店,年销售额已达175亿美元,2倍于它的最大对手汉堡王,3倍于第三位的温迪汉堡。麦当劳的股票已从1994年12月份的29美元,上升到2019年2月份的183美元。

麦当劳全球连锁经营模式,即所谓的特许经营体系使得它的供应商、特许经营店主、雇员以及其他人员共同向顾客提供了他们所期望的高价值。该公司通过授权加盟麦当劳向符合条件的特许经营者收取首期使用费,并按特许经营者每月销售额收取服务费和许可费。

可口可乐已有100余年的历史,在碳酸饮料行业有着无可匹敌的占有率。正是可口可乐神秘配方使得可口可乐能够在今天给全球各地的分公司做授权生产方式。可口可乐公司总部提供"可口可乐原液",其余99.67%的原料,比如水、碳酸、砂糖、香料和各种添加物全部由当地调配。各地分公司的生产和销售的基本方式、广告宣传、员工教育都由总部来决定,具体业务由各地分公司自己来开展,这包括各种瓶子、罐子、装罐机器、输送工具、冷却机、搅拌机、纸杯等。可口可乐的授权生产方式使得它可以在世界各地建立销售网络,建立良好的零售线路。

资料来源:根据互联网资料整理。

(三) 国际特许经营方式的种类

1. 按特许权的内容划分

特许经营按特许权的内容划分为以下几种类型:

(1) 产品品牌特许经营。这种类型是指特许者向被特许者转让某一特定品牌产品的制造权和经销权。特许者向被特许者提供技术、专利和商标等知识产权以及在规定范围内的使用权,对被特许者所从事的生产经营活动并不做严格的规定。这类特许经营形式的典型例子有汽车经销商、加油站以及饮料罐装和销售等。目前在国际上这种模式逐渐向经营模式特许经营演化。

(2) 经营模式特许经营。人们通常所说的特许经营就是这种类型。它不仅要求加盟店经营总店的产品和服务,还要求质量标准、经营方针等都要按照特许者规定的方式进行。被特许者缴纳加盟费和后继不断的权利金(特许权使用费),这些经费使特许者能够为被特许者提供培训、广告、研究开发和后续支持。这种模式目前正在国内外快速发展。

2. 按特许双方的构成划分

特许经营按特许双方的构成划分为以下几种类型:

（1）制造商和批发商。软饮料制造商建立的装瓶厂特许体系属于这种类型。具体方式是，制造商授权被特许者在指定地区使用特许者所提供的糖浆并装瓶出售，装瓶厂的工作就是使用制造商的糖浆生产饮料并装瓶，再按照制造商的要求分销产品。可口可乐是最典型的例子。

（2）制造商和零售商。汽车行业首先采用这种特许方式建立了特许经销网。在石油公司和加油站之间有同样的特许加盟关系。它的许多特征同经营模式特许经营有相似之处，并且越来越接近这种方式，汽车制造商指定"分销商"的方式已经成为经营模式特许。

（3）批发商和零售商。这种类型的业务主要包括计算机商店、药店、超级市场和汽车维修业务。

（4）零售商和零售商。该类型是典型的经营模式特许，代表企业是快餐店。

3. 按授予特许权的方式划分

特许经营按授予特许权的方式划分为以下几种类型：

（1）单体特许。单体特许是指特许者赋予被特许者在某个地点开设一家加盟店的权利。特许者与加盟者直接签订特许合同，被特许者亲自参与店铺的运营，加盟者的经济实力普遍较弱。目前，在该类被特许者中，相当一部分是在自己原有网点基础上加盟的。单体特许适用于在较小的空间区域内发展特许网点。

（2）区域开发特许。特许者赋予被特许者在规定区域、规定时间内开设规定数量的加盟网点的权利。

（3）二级特许。特许者赋予被特许者在指定区域销售的特许权。

（4）代理特许。特许代理商经特许者授权为特许者招募加盟者。特许代理商作为特许者的一个服务机构，代表特许者招募加盟者，为加盟者提供指导、培训、咨询、监督和支持。它是开展跨国特许的主要方式之一。特许者与特许代理商签订代理跨国合同，必须了解和遵守所在国法律；代理商不构成特许合同的主体。

三、合同制造方式

合同制造方式（contract manufacturing mode）是指企业与目标市场国的企业订立供应合同，向东道国企业提供零部件由其组装，或向东道国企业提供详细的技术要求、质量标准等规格标准由其生产本企业所需产品，由企业自身负责营销的一种模式。

（一）合同制造进入的类型

（1）合作双方分别生产不同的部件，再由一方或双方装配成完整的产品在一方或双方所在国销售。

（2）一方提供关键部件和图纸以及技术指导，另一方生产次要部件和负责产品组装，并在所在国或国际市场销售。

（3）一方提供技术或生产设备，双方按专业分工共同生产某种零件或部件或某种产品，然后在一方或双方市场销售。

（二）合同制造进入的特点

1. 合同制造方式的优点

（1）企业进入国际市场较快，风险极小。

(2) 企业还可以输出劳务和管理等生产要素以及部分资产,可为自身的生产要素寻找新的业务增长点。

(3) 有助于企业与国外制造商建立合作关系。

2. 合同制造方式的缺点

(1) 理想的合同制造企业物色不易,投入不菲,然而利润有限。

(2) 对制造过程控制少。

(3) 当涉及零部件或生产设备的进、出口时,可能会受到贸易壁垒的影响。

四、管理合同方式

管理合同方式(management contract mode)是指由外国企业提供资金,并根据与海外目标国家的企业签订的合同而承担合同期内该目标企业的一部分或全部管理任务,以提取管理费、部分利润或以某一特定价格购买该公司的股票作为报酬的一种进入国际市场的模式。

1. 管理合同方式的优点

(1) 风险小。

(2) 利用管理而不发生现金流出获取收入。

(3) 更方便、更深入地接触合作企业所在国的其他企业与政府。

2. 管理合同方式的缺点

(1) 阶段性很强。

(2) 其他方式的利用能获得更多的利润。

五、交钥匙工程方式

交钥匙工程方式(turnkey engineering mode)是指企业通过与目标东道国的政府部门、公司、企业或项目所有人(一般称工程业主或发包人)签订合同,完成某一工程项目,并最终将该项目交付给对方从而进入国际市场的模式。

1. 交钥匙工程方式的优点

(1) 该模式是劳动力、技术、管理甚至是资金等生产要素的全面进入和配套进入,有利于发挥工程承包者的整体优势。

(2) 该模式签订的合同往往是大型的长期项目,利润由合同保证。

2. 交钥匙工程方式的缺点

合同的长期性增加了该模式的不确定性。

第四节 对外直接投资进入方式和互联网进入方式

一、对外投资进入方式

对外投资进入方式,是指生产企业将资本连同企业的管理、技术、销售、财务以及其他技能转移到目标国家或地区,建立受本企业控制的分公司或子公司,在当地组织生产并在国外

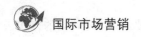

销售,从而进入国际市场的方式。分为国外装配、合资进入和独资进入方式。

(一)国外装配

国外装配是指企业在国外投资开设装配制造的分厂,将国内总厂制造的零部件、主机等出口运抵国外的装配分厂组装、调试成最终产成品,再进行出售或交货。

优点:
(1) 比在国外全部生产投资少,较为简单。
(2) 相对于整机或最终产品的出口而言,还可以节省运输成本、关税及其他费用支出。
(3) 可以使大部分生产、增值、技术等留在国内,能够得到更好的控制。

(二)合资进入方式

合资指的是与目标国家的企业联合投资,共同经营、共同分享股权及管理权,共担风险。合资企业可以利用合作伙伴的成熟营销网络,而且由于当地企业的参与,企业很容易被东道国所接受。但是也应看到由于股权和管理权的分散,公司经营的协调有时候比较困难,而且公司的技术秘密和商业秘密有可能流失到对方手里,将其培养成将来的竞争对手。

1. 合资企业的优点

(1) 在当地所遇到的心理障碍和政治障碍要比独资进入小。
(2) 利用合作伙伴的专门技能和当地的分销网络,从而有利于开拓国际市场。
(3) 分享东道国政府对当地合作伙伴的某些优惠政策。
(4) 通过当地伙伴可以迅速熟悉当地法令、商业惯例、文化习俗等,有利于企业的稳健经营。

2. 合资企业的缺点

(1) 合作中的矛盾和问题。背景、兴趣、动机等不同对企业经营目标的选择不同,同时文化和习俗不同造成管理方法、管理风格的差异。
(2) 对跨国公司来讲,其全球战略难以得到很好的落实,所习惯的管理方式也难以全面贯彻实施。
(3) 对东道国来说,由于经验与技术水平方面均与跨国公司有较大的差距,因而容易受到跨国公司的控制,甚至是欺骗,遭受意外的损失。

资料链接2-3

可口可乐公司进入中国市场的战略

第二次世界大战结束以后,随着大批参战的美军回国,可口可乐公司在海外铺下的大摊子,当时要独立支撑,简直无法应付,海外市场面临着迅速萎缩的危险。在这种背景下,伍德鲁夫提出了"当地主义"政策,其主要原则是:① 在当地设立公司,所有员工都用当地人;② 由当地筹措资金,总公司的原则是不出钱;③ 除了可口可乐"秘密配方"的浓缩原汁以外,一切设备、材料、运输、销售等,都由当地人自制自办,总公司只提供技术服务;④ 销售方针、生产技术、人员培训由总公司统一负责。"当地主义"使可口可乐的海外市场得到了奇迹般的扩大。

1979年中美建交后,可口可乐才又"东山再起"。它在中国主要经历了三个阶段。这三个阶段有一个清晰的发展脉络,那就是可口可乐的本土化经历。可口可乐系统目前在中国拥有可口可乐、健怡可口可乐、雪碧、芬达、阳光系列、皇庭系列调酒饮料和中国品牌饮料"天与地"系列果汁饮料、矿物质水以及"醒目"果味汽水等系列产品,24个投资、合资企业,年产值近200亿元。这三个阶段为:

第一阶段,特许灌饮。1981年,由可口可乐公司提供设备的第一个灌装车间在北京丰台建立。这一时期可口可乐在中国的发展是艰难的,是中外双方相互磨合的阶段。

第二阶段,合作投资。1983年,中国政府批准可口可乐公司在澳门装瓶商李宝田先生的珠海企业合资,建立珠海可口可乐灌装厂,以此为标志,可口可乐公司开始在华直接投资。"集中生产主剂,分散灌装饮料"是可口可乐的基本经营方式。到1992年,可口可乐参与投资建立起13家合资企业,它们分布在广州、上海、北京等发达地区。

第三阶段,全面发展。1993年,可口可乐公司与原轻工业部签署合作备忘录。至此,可口可乐公司在华投资已经实现了从广州、北京等"点",发展到东部沿海一线,最后到覆盖全国一片的发展历程。

可口可乐参与投资的若干项目取得成功、正常运行后,可口可乐公司往往撤出自己的股份转让给其他合资伙伴。可口可乐公司与这些企业的联系从资产纽带变成主要为特许授权经营的关系。可口可乐公司进入中国市场伊始,就选择了我国在饮料、食品方面最有实力和优势的贸易合作伙伴——中粮集团有限公司作为独家代理。该公司不仅有资金,更重要的是有一定的销售渠道和良好的政府关系,为可口可乐快速打开市场缺口奠定了基础。与此同时,可口可乐又同我国最有投资实力的中国国际信托投资公司合作,采取"移花接木"的方式,建立了几家雪碧和芬达灌装厂。

总结以上三个阶段的战略可知:首先,可口可乐公司的合作伙伴都是有投资实力和管理经验的公司。虽然可口可乐公司实际投资并不多,但整个系统累计投资已超过11亿美元。用这些资金,建成了具有先进生产水平和一定规模的灌装厂,利用他人的资金,快速占领中国市场,实现"少投入、多产出"的目的。其次,要有影响合作伙伴资金流向的办法。目前在中国有3家合作伙伴享有可口可乐灌装权,分别是太古饮料公司、嘉里饮料公司和中可饮料公司。在三大合作伙伴中,可口可乐公司分别占有12.5%、12.5%、35%的股份。这充分体现了"在全球的可口可乐灌装厂中,可口可乐都是小股东"的特征。尽管如此,由于可口可乐公司是品牌所有者和浓缩液的唯一供应商,通过控制浓缩液供应、影响广告费用支出、调整销售区域等方式,对合作伙伴加以控制,仍能较好地影响合作伙伴资金流向。这也是在全世界推行"锚式"合作方式的精髓。第三,不轻易同合作伙伴签订独家代理协议。可口可乐刚进入中国市场时,同中粮集团有限公司签订了独家代理合同,如果合营企业没有中粮的参与,就不能生产可口可乐,但是仅靠中粮公司实现不了可口可乐公司庞大的发展计划。好在可口可乐公司采取了"移花接木"等策略,解决了这一问题。

资料来源:http://www.docin.com/p-514056513.html.

(三) 独资进入方式

独资是指企业直接到目标国家投资建厂或并购目标国家的企业。独资经营的方式可以是单纯的装配,也可以是复杂的制造活动。企业可以完全控制整个管理和销售,独立支配所得利润,技术秘密和商业秘密也不易丢失。但是独资企业要求自己投入很大,而且市场规模的扩大容易受到限制,还可能面临比较大的政治和经济风险,如货币贬值、外汇管制、政府没收等。

独资企业的优点是:内部的矛盾和冲突比较少;有利于保护技术秘密和商业秘密;独享营销成果。

独资经营的缺点是:投入资金多;可能遇到较大的政治风险与经济风险。

(四)合资进入方式与独资进入方式优劣势比较

合资进入方式与独资进入方式的优劣势比较如表2.2所示。

表2.2 合资进入方式与独资进入方式优劣势比较

进入方法	优 势	劣 势
独资	高控制能力	高投入,高风险
合资	减小资本投入, 减少综合风险, 利用合资双方优势	文化差异导致的冲突战略, 目标矛盾引起的冲突

资料链接 2-4

大宗跨国并购引领并购风潮

最近几年,跨国并购活动的迅猛增长,主要归因于大宗跨国交易的繁荣。2005年交易额超过10亿美元的大型跨国并购的数量为141笔(一共6134起),大型跨国并购交易额达到4542亿美元,约占全球跨国并购总交易额的63.4%。更加引人瞩目的是那些并购额超过100亿美元的超大型跨国并购交易。2005年并购额超过100亿美元的跨国并购交易就有4起:第一名是英国的壳牌运输贸易公司与荷兰皇家壳牌石油公司合并成立荷兰皇家壳牌石油公司(Royal Dutch Shell),交易额高达743亿美元;排名第二的跨国并购案是意大利联合信贷银行以183亿美元并购德国第二大银行——巴伐利亚贷款与合作银行;第三名是法国目标收购公司(Goal Acquisitions Ltd)以144亿美元收购英国酒业巨头——英国联合道麦克公司;第四名则是埃及Sawiris家族成员企业Weather Investments Srl斥资128亿美元收购意大利电信商Wind Telecomunicazioni SpA。

中国通过对外直接投资进入国际市场的方式:以新建企业为主,海外并购日益受到青睐。(1)2005年至2007年,我国以并购方式实现的对外直接投资为196亿美元,比重只有40.3%,明显低于世界平均水平,特别是发达国家水平。(2)2007年并购投资额有所减少,为63亿美元,占当年流量的23.76%,较上年的82.5亿美元减少了31%。(3)预计2008年将大幅增长。这同2007年第四季度以来全球资本市场相继缩水、中国企业抓住机遇参与危机中的跨国并购有很大关系。

资料来源:http://bbs.pinggu.org/biaoqian/binggouanli/。

二、互联网进入方式

随着互联网在全球范围的应用,互联网日益成为全球商品交易的载体,成为企业备选的市场进入战略。Internet网络的普及,网络营销已成为企业重要的营销手段,网络营销的价值已经得到越来越多企业的认可。进入21世纪中国网络营销迅速发展,近几年又出现了明显的新特点,如搜索引擎营销得到广泛应用、网络会员制营销快速发展、网络营销服务市场初步形成等。但是网络营销在中国的发展并没有预测中那么理想,而网络营销所暴露出来的问题却是一大堆,如网络营销中的欺诈行为更为突出,垃圾邮件对网络营销的影响也更加严重。

虽然网络营销存在着众多的问题和缺陷,但网络营销必然是将来的大势。企业用户如果想在新经济体制下有更好的发展,就必须利用网络营销,让网络营销为之服务,为之带来利润。

◆ **本章小结**

国际市场进入方式,是指企业在开发和拓展一个外国市场的营销机会时所采用的合法有效的经营方式。国际市场进入方式主要可以分为三大类:出口进入方式、合同进入方式以及投资进入方式。企业在进军国际市场时,在国际化的大趋势下,只有审时度势,根据目标市场以及企业本身的状况,充分考虑影响企业进入国际市场的因素,充分了解各种国际市场进入方式的优缺点,选择恰当的国际市场的进入方式,积极参与国际竞争,才能取得长久的国际竞争优势。

◆ **关键词**

国际市场进入方式　出口进入　合同进入　投资进入　互联网进入

◆ **复习思考题**

1. 分析企业进入国际市场的各个方式。
2. 分析间接出口的优、缺点及其适用条件。
3. 分析直接出口的优、缺点及其适用条件。
4. 合同进入方式的优、缺点是什么?
5. 企业进入国际市场方式选择的因素有哪些?

◆ **思考案例**

对外直接投资应把握好"渐进"与"突破"的度

在"走出去"战略和构建全方位开放新格局与新体制的指导和激励下,近年来我国对外直接投资有了长足发展。2014年,我国对外直接投资首次破千亿美元,预计2015年将实现历史性转变,成为对外净投资国。在这样的背景下,以产业升级为导向,如何进一步发挥优势,更加科学和合理地进行对外直接投资的产业选择,就具有重要的理论和现实意义。

1. 双向并进:在全球价值链中所处位置决定的产业选择方向均衡策略

世界各国,特别是美、日等发达国家对外直接投资的经验表明,一国对外直接投资的方向,与其国内产业在全球价值链中的位置密切相关。我国产业处于全球价值链中低端这一基本事实,决定了我国产业升级应该遵循价值升级和结构优化两个方向。

与此相对应,我国以促进产业升级为目的的对外直接投资产业选择也应该分为"向上"和"向下"两个不同的方向,即一是向全球价值链高端进行投资,以带动我国产业价值升级;二是根据比较优势原则向全球价值链低端进行投资,将我国过剩产能和不具备比较优势的产业向产业结构层次更低的国家和地区转移,将国内资源集中于优势产业的发展。

由此可见,由于我国产业体系齐备、产业规模庞大和产业升级动力多元化的现实,"向上"和"向下"任何一个方面的对外直接投资都不足以单独承担促进产业升级的任务,只有两个方向均衡发展,才能充分发挥对外直接投资促进产业升级的作用。

2. 渐进突破:发展中国家经济属性决定的产业选择次序均衡策略

发达国家对外直接投资的经验都表明，一国对外直接投资所采取的产业战略与其经济发展水平和阶段性特点密不可分。举例来说，日本的对外直接投资起源于19世纪末20世纪初，但真正发展则从20世纪50年代开始。当时，日本实行的是以对外贸易为主导的出口导向型经济战略，为满足工业化对自然资源的大量需求，对外直接投资以获取能源和自然资源为主。到了20世纪70年代，日本在经过了经济高速发展之后，劳动力和资源成本不断攀升，以轻纺工业为代表的一批传统制造业失去竞争优势，进行制造业等边际产业的跨国转移，成为当时日本对外直接投资产业选择的主流。而进入20世纪90年代以来，随着日本产业结构得到进一步优化升级，其对外直接投资产业选择也在发生着新的变化，在继续保持制造业对外投资的同时，金融保险业、商业、服务业和房地产业投资份额迅速扩大，形成以第三产业为主、第二产业为辅的对外直接投资产业格局。由此可见，日本对外直接投资产业选择遵循了以资源开发为主的初级产品对外投资——以制造业为主的边际产业转移——服务业对外投资的渐进路径。

可见，日本对外直接投资产业布局的渐进式发展过程，反映了对外直接投资产业布局演化的一般规律，而这一规律也为我国对外直接投资产业选择策略提供了可资借鉴的先行经验。

综合考虑我国目前经济发展阶段、产业结构特征和经济发展方向等诸多因素，作者认为，我国对外直接投资的产业选择既不能走盲目突进的路子，超越经济发展阶段进行高端产业大规模对外直接投资，也不能长期维持在低端产业水平，而应选择整体平稳推进与个别适度突破相结合的对外直接投资模式，在"渐进"与"突破"的均衡中积累优势，随着经济发展水平的提高，渐次提高对外直接投资产业层次，促进对外直接投资整体水平的提高，带动国内产业升级。

3. 多维协同：大国经济不平衡特点决定的产业选择宏观均衡策略

在制定以国内产业升级为导向的对外直接投资产业选择策略时，除了要考虑微观层面上的产业选择的方向与次序，还应从国家整体来考量宏观协调的因素。这方面，作者认为，主要应关注以下三个方面的协同：

(1) 政府规制与市场力量的协同。应该看到，对外直接投资活动中存在着企业目标和国家产业升级目标、微观经济利益和长远综合利益之间的矛盾，需要国家以政策引导和制度规范的方式，从宏观角度统筹协调各产业、行业、地区甚至企业的对外直接投资活动，在实现微观经济利益的同时，达到促进国家产业升级的宏观目的。

(2) 产业选择与区域发展协同。其本质是根据国家产业升级总体框架下区域产业结构优化的要求，确定不同地区对外直接投资的重点产业。

(3) 产业选择与区位选择协同。在以产业升级为导向的对外直接投资中，确定投资产业之后，将这些产业投向世界哪些地区就成为关键问题，因为世界不同地区有着不同的经济和产业特点，与我国产业升级的关联度也不相同，只有通盘考虑产业选择和区位选择，才能真正有利于促进我国产业升级。

资料来源：http://www.ceh.com.cn/cjpd/2015/06/860478.shtml。

问题：我国对外直接投资企业如何把握好"渐进"与"突破"的度？

◆ 应用训练

什么是阿里巴巴出口通？如何应用？

第三章　国际市场营销的经济环境

本章结构图

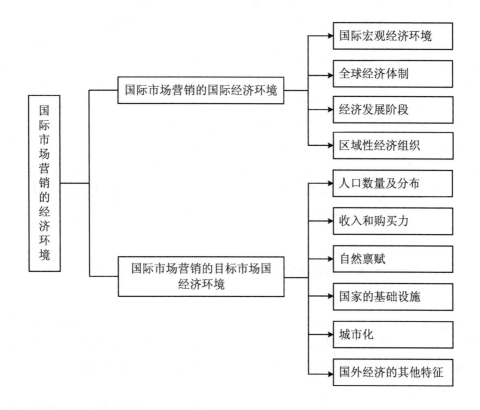

学习目标

通过本章的学习,了解国际市场营销国际宏观经济环境;了解目标市场国经济环境对企业国际市场营销活动的影响;掌握本国以及目标市场国的自然环境、城市化以及目标市场国经济指标对企业国际市场营销活动的影响。

导入案例

经济环境帮助长铃集团成功进入喀麦隆

喀麦隆是撒哈拉以南非洲国家中最具发展潜力的国家之一,其地理、气候、资源囊括了非洲大陆的所有特点,故有"小非洲"的美称。喀麦隆全国人口数为1430多万,人口年增长率为3.1%。人口密度为每平方千米30人,年龄结构极其年轻,60%的人口在20岁以下,男女性别比例为49:51。由于年龄结构轻,所以较容易接受摩托车作为交通工具。喀麦隆是个农业国,自然条件优越,这为摩托车进入市场提供了契机。长铃摩托车的主要目标消费者在农村,农民把摩托车作为交通工具和运输工具,这正和长铃 AX100 和 CM100ZH 摩托车的用途特点相吻合。自1960年后,喀麦隆推行"有计划自由主义""自立自主平衡发展"和"绿色革命"等政策,经济发展较快。特别是1982年比亚执政后,强调优先发展农业和中小企业,大力引进外资,合理开发和利用本国资源,经济持续增长。20世纪80年代初期,喀麦隆国民生产总值增长较快,到1986年,已增长至118亿美元。在经历1987年的国际局势巨变和多党民主化浪潮的冲击后,1990年起,喀麦隆实行经济自由化,取消进口许可证和基础产品出口审批,废除国家大部分垄断价格,同时创办自由工业区。1994年后,喀麦隆经济连续三年增长,并呈现出继续增长的趋势,有望进入一个稳定发展的新阶段。良好的经济环境有利于合资合作的正常开展。喀麦隆公路运输较发达,10个省会及较大城市之间均有沥青路相连,路面本身质量较好。喀麦隆拥有公路5万千米,其中3.4万千米的公路由喀麦隆公共工程部负责,有4000多千米为优等沥青路。而喀麦隆铁路全长约1300千米,尚不发达。发达的公路条件和尚不发达的铁路运输为摩托车进入市场创造了机会。长铃摩托车公司的选址定在杜阿拉,这个城市拥有喀麦隆约80%的工业,被誉为"经济首都",杜阿拉港地理位置优越,为中非贸易的最大港口。为进一步改善杜阿拉港的航运条件,更好地为喀麦隆经济发展服务,喀麦隆政府正在对杜阿拉港主要航道进行疏通,以提高该港口的运输能力。港口高度发达的建设条件促使相关部门对于进出口业务的办理提出了更高的要求,使进出口企业的相关手续简便而高效。长铃集团正是正确运用了营销环境分析,抓住了经济环境中的优越性,利用自身优势在激烈的竞争中抓住了机会,成功地进入喀麦隆市场。

第一节 国际市场营销的国际经济环境

随着世界经济发展的加速,经济全球化已经成为一种必然趋势。国际化已经渐渐成为一种经济存在方式。任何国家和企业在进行经济活动时都会与世界经济产生千丝万缕的联系,其经济活动不可能独立存在。对从事国际市场营销的企业来说,应该充分考虑经济环境对自身产生的影响。

当企业进入国际市场时,一定会面临新的经济环境,因此国际市场营销人员必定要适应国际经济环境。国际经济环境比一国经济环境更复杂,所涉及的范围更广,所以,作为国际市场营销人员必须对全球经济环境有全面、透彻的了解。

一、国际宏观经济环境

当前世界经济主要呈现出以下特征:

1. 经济将在低速增长中徘徊

国际金融危机后,各国都采取了经济刺激措施,世界经济出现了一段时期的恢复性增长。目前,虽未脱离艰难复苏的轨道,但复苏的基础十分脆弱,各种制约复苏的不稳定因素依然存在。

2. 国际贸易面临重重阻碍

国际贸易的恢复性增长仍没有完全回到危机前的增长轨道上,在国际金融市场剧烈振荡的不利因素冲击下,国际贸易又蒙上重重阴影。发达国家贸易增长疲弱继续拖累全球贸易增长。各种形式的贸易保护主义抬头。

3. 国际资本大量流向新兴经济体

伴随着制造业全球化,大规模的国际直接投资(Foreign Direct Investment,FDI)从发达国家流向新兴经济体;之后,在金融全球化趋势下,流动性资金也开始从发达国家流向新兴经济体。预计未来,发达国家的金融组合投资将以更大的规模流向新兴经济体,如退休基金、共同基金、保险基金和私募基金等,这些基金规模巨大。

4. 产业结构将深度调整

当前,世界经济面临着新一轮产业结构大调整。这次产业结构调整表现出两个明显趋势:一是发达国家产业趋向实业化,二是新兴产业将加速发展。

5. 国际产业转移再现新高潮

伴随着世界各国产业结构的调整和新兴产业的崛起,产业在国际间转移也将再现高潮。第一,产业转移的规模更大;第二,产业转移的层次更高;第三,产业转移的速度更快;第四,产业转移的内容更加广泛。

二、全球经济体制

根据资源配置方式的差异,经济制度可以划分为三类,即市场经济体制、计划经济体制和混合经济体制。

1. 市场经济体制

市场经济体制是指以市场机制作为配置社会资源基本手段的一种经济体制。市场经济体制建立在高度发达的商品经济基础上。在市场经济体制下,资源分配受消费者主权的约束,生产什么取决于消费者的需求(市场需求),生产多少取决于消费者有支付能力的需求水平;经济决策是分散的,作为决策主体的消费者和生产者在经济和法律上的地位是平等的,不存在人身依附和超经济强制关系;信息是按照买者和卖者之间的横向渠道传递的。经济动力来自对物质利益的追求,分散的决策主体在谋求各自的利益中彼此展开竞争,决策的协调主要是在事后通过市场来进行的。整个资源的配置过程是以市场机制为基础的。

2. 计划经济体制

计划经济体制是对生产、资源分配以及产品消费事先进行计划的经济体制。由于几乎所有计划经济体制都依赖于指令性计划,因此计划经济也被称为指令性经济。计划经济的特征是生产资料归政府所有,经济的管理实际上像一个单一的大公司。在这种体制下,用计划来解决资源配置和利用问题,产品的数量、品种、价格、消费和投资的比例、投资方向、就业及工资水平、经济增长速度等均由中央当局的指令性计划来决定。

3. 混合经济体制

混合经济体制是在基本经济制度既定的条件下,为促进稀缺资源的合理配置,由一系列有机联系并相互制约的机制、制度、组织、决策等方式而形成的复合体。混合经济是多种所

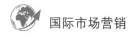

有制结构、多种经济主体、多种资源配置方式、多种市场结构、多种分配方式的混合。

资料链接3-1

2018年全球经济自由度指数

美国智库 Heritage Foundation 2018年2月4日发布了《2018年经济自由度指数》(2018 Index of Economic Freedom)。2018年世界经济水平评级为"中等自由"(moderately free),这意味着整体而言,全球经济自由度再次上升,实现连续六年增长。

国家(或地区)经济自由度指数从1995年开始每年发布,主要通过评估影响国家(或地区)经济自由的四大政策领域(法治、政府规模、监管效率、市场开放)及12项指标(财产权、司法效能、政府诚信、租税负担、政府支出、财政健全、经商自由、劳动自由、货币自由、贸易自由、投资自由及金融自由)。另外,参考了世界银行(World Bank)、世界经济论坛(WEF)、美联储(IMF)、经济合作暨发展组织(OECD)等相关报告。2018年的评估时间范围为2016年7月至2017年6月,全球平均得分为61.1分,达到近24年以来历史最高峰。这一水平比1995年发布时的指数上涨了3%。

这份报告涵盖了186个经济体,102个得分有所提高,75个得分有所下降。其中,6大经济体赢得了"自由"(80分以上)的评级指数,其余90个被评为"大部分自由"(70~79.9分)或"中等自由"(60~69.9分)。因此,总共有96个经济体(超榜单一半以上)提供了体制环境,即个体和私营企业至少保证可以从适度的经济自由中受益,以追求更大的经济发展和繁荣。

但是,经济"不自由"(低于60分)的经济体仍然很多:63个被评为"大多数不自由"(50~59.9分),21个为"受限"(低于50分)。这一指数反映,在经济上更自由的国家,人均收入要高得多。2018年指数中"自由"或"大部分自由"的经济体收入是其他国家平均水平的两倍多,是"受限"类经济居民收入的5倍以上。

中国香港地区(90.2分)的指数分数均上升,其中香港连续24年蝉联榜首。其后的几个国家——新加坡(第2名)、新西兰(第3名)、瑞士(第4名)、英国(第8名)分数都出现了上升,而爱尔兰(第6名)的分数上升幅度最大。澳大利亚(第5名)的分数仅下滑0.1%,爱沙尼亚(第7名)下滑0.3%。阿联酋指数得分提高了0.7分,排名第10位。亚太四强跻身全球前五的局面得以保持。

美国的排名今年出现了下滑,但经济自由指数上升到75.7分,高于2017年分数(指数历史最低点)0.6分,时隔10年止跌反弹。今年美国在全球排名第18位,它仍保持在"大部分自由"水平,在地区排名上升,部分原因是智利的得分下降了1.3分,成为美洲地区第二经济自由的经济体(落后于加拿大,全球排名第9位)。

中国大陆排名第110名,总体得分57.8分,但各项指标进步空间很大。表现最佳的指标分别是财政健全(85.9分)、贸易自由(73.2分)及政府支出(71.6分);而评比最差的指标有2项——投资自由只拿到25分,金融自由则是20分。

中国台湾地区排名第13名,总体得分为76.6分。表现最佳的指标为经商自由(93.2分)、财政健全(90.8分)、政府支出(90.4分)。

韩国(73.8分)降低0.5分,下滑4名,居全球第27名。报告指出这主要是因为韩国在投资自由指标上的上升不足以抵消政府清廉指标的大跌。德国、日本、法国分列第25、30、71位,俄罗斯升至第107位。

资料来源:https://t.qianzhan.com/caijing/detail/180205—a5d720c1.html.

三、经济发展阶段

国家所处的的经济发展阶段,会直接影响该国的生产、投资和消费等活动,进而影响该国市场的供给与需求。按照不同的经济发展阶段的划分方法,世界各国可以划分为不同的阶段。

(一)罗斯托的经济发展阶段划分法

罗斯托在《经济增长的阶段》一书中,采用增长阶段分析的方法,提出世界各国经济发展要经历的五个阶段,1971年在《政治和成长阶段》中增加了第六阶段。

(1)传统社会阶段。传统社会是在生产功能有限的情况下发展起来的,是围绕生存而展开的经济,而且通常都是封闭或孤立的经济,缺乏大力提高生产力水平的能力,尤其缺乏对现代科学技术方法的系统应用,文化水平及其他公共支出的水平普遍比较低下。非洲撒哈拉沙漠地区的一些国家至今还处于这一发展阶段。

(2)起飞准备阶段。这一阶段是摆脱贫穷后走向繁荣富强的准备阶段,它的特征是社会开始考虑经济改革的问题,希望通过现代化来增强国力并改善人民的生活。这一阶段的一个重要任务是经济体制改革,为发展创造条件。这一阶段的主导产业通常是第一产业或者劳动密集型的制造业,要解决的关键难题是获得发展所需要的资金。

(3)起飞阶段。在这一阶段,经济由落后阶段向先进阶段过渡,经济增长已经成为一种发展的常态,人力资源得到开发,公共支出不断增长,足以支持稳定的经济增长。随着农业劳动生产率的提高,大量的劳动力从第一产业转移到制造业,外国投资明显增加,以一些快速成长的产业为基础,国家出现了若干区域性的增长极。起飞阶段完成的标志是国家在国际贸易中的比较优势从农业出口转向了劳动力密集型产品的出口,开始出口大量的服装、鞋、玩具、小工艺品和标准化的家电产品。一些主要资本主义国家经历起飞阶段的时期如下:英国为1783年至1802年,法国为1830年至1860年,美国为1843年至1860年,德国为1850年至1873年,日本为1878年至1900年。中国则在1977年至1987年实现了起飞。

(4)走向成熟阶段。在这一阶段,经济保持持续增长,现代技术被应用到经济活动的所有领域。国家的产业及出口的产品开始多样化,出现了大批高附加值的出口产业,厂家和消费者热衷新的技术和产品,投资的重点从劳动密集型产业转向了资本密集型产业,国民福利、交通和通信设施显著改善,经济增长惠及整个社会,企业开始向国外投资,一些经济增长极开始转变为技术创新极。几个主要资本主义国家进入成熟阶段的实践如下:英国为1850年,美国为1900年,德国为1910年,日本为1940年。中国目前也已经进入了这一发展阶段。

(5)大众高消费阶段。正在这一阶段,主导部门转向耐用消费品和服务业,奢侈品消费攀升,生产者和消费者都开始大量利用高技术的成果。人们在休闲、教育、保健、国家安全、社会保障项目上的花费增加,而且开始欢迎外国产品的进入。目前主要的发达国家都已进入这一发展阶段。

(6)超越大众消费阶段。罗斯托对超越大众消费阶段以后的社会并没有一个清晰的概念,不过他认为该阶段的主要目标是提高生活质量。随着这个阶段的到来,一些长期困扰社会的问题有望逐步得到解决。

罗斯托对经济发展阶段与分销渠道之间的关系也做出了阐述。他认为,经济发展阶段越高的国家,其分销途径越复杂和广泛。

(二)联合国的三类国家划分方法

联合国按照人均国民收入来划分一个国家所处的经济发展阶段。

(1)较发达国家,是指人均收入较高的工业化国家,常称为发达国家、工业化国家、后工业化国家,或是第一世界国家。这些国家中服务部门占GDP的比重较高,知识作为战略资源比资本更具有优势,智力技术比机械技术更有优势,科学家和专业人员比重较大。

(2)欠发达国家,是指刚开始参与世界贸易的发展中工业化国家。这类国家处于工业化进程中,国内消费者市场不断扩大,为从事国际市场营销的企业提供了广阔的市场机会。

(3)最不发达国家,是指工业不发达、国民经济中以农业为主、农业人口占比重较大的国家。这类国家人均收入水平极低,市场极为有限,对于从事国际市场营销的企业来说,最不发达国家不是一个具有吸引力的市场。

(三)经济发展阶段与企业的国际市场营销的关系

一般而言,在欠发达国家,市场发育程度较低,非货币化的生产活动所占比重较大,在处于经济起飞阶段的发展中国家,往往会走上工业化道路,第二产业发展迅速,第三产业也逐渐得到孕育、发展;在发达国家,以第三产业为主,物质产业大量转移到海外,产业"空心化"明显。此外,农村人口与城市人口比重的进一步变化和教育水平的提高也体现出一国从不发达向发达转变的进程。这一切无疑也对市场产生深刻的影响。总之,一个国家的经济发展所处的阶段不同,居民收入水平明显不同,消费者对产品的需求也就不一样,因此会直接或间接影响到企业的国际市场营销活动。

从市场分销制度看,经济发展水平高的国家,其市场分销制度偏重于大规模的自主性零售业,如超级市场、巨型市场及购物中心等。而经济发展水平低的国家,其市场仍着重于家庭式及小规模经营的零售业。

从消费品市场看,经济发展水平高的国家,在市场营销方面强调产品的款式、性能及特色;强调运用大量广告及销售推广活动;其品质竞争多于价格竞争。而在经济发展水平低的国家,则较侧重产品的功能及实用性;产品推广着重于顾客的口头传播介绍,价格因素比产品品质因素更为重要。

从工业品市场看,在经济发展水平高的国家,一般劳动者的教育水平与技术水平较高,复杂的机器维修工作比较容易进行,着重于投资较大而且能大量节省劳动力的生产设备。在经济发展水平低的国家,生产设备应偏重于多用劳动力而节省资金,以符合该国劳动力对资本的合理比率。因此,经济发展水平低的国家往往会变成经济发展阶段高的国家旧设备与机器的输出市场。

从产品的生命周期看,由于收入与技术的差别,某些消费品在发达国家的市场上早已大量推销,产品的生命周期已经进入到成熟阶段,市场也接近饱和,在发展中国家的市场上却是初期推销阶段,可能刚进入成长期,如彩电、电脑、轿车、空调、微波炉等。经济发展水平不同,各国市场上同种商品所处的生命周期的阶段也不可能相同。

四、区域性经济组织

区域经济一体化也称为区域经济集团化,是经济生活国际化和各国、各地区之间经济联系与依赖程度不断加深的产物。目前,世界上有上百个区域经济一体化组织,对全球经济发展产生重要影响。

(一)欧洲联盟

欧洲联盟(European Union,EU)简称欧盟,总部设在比利时首都布鲁塞尔,是由欧洲共同体发展而来的,初始成员组织有 6 个,分别为法国、联邦德国、意大利、荷兰、比利时和卢森堡,截至 2014 年欧盟共有 28 个成员组织,正式官方语言有 24 种。初始成员组织于 1951 年结盟,此后,丹麦、爱尔兰和英国(1973 年),希腊(1981 年),西班牙和葡萄牙(1986 年),奥地利、芬兰、瑞典(1995 年)先后成为欧盟成员组织。2004 年 5 月 1 日,欧盟实现了有史以来规模最大的扩盟,波兰、捷克、匈牙利、斯洛伐克、斯洛文尼亚、塞浦路斯、马耳他、拉脱维亚、立陶宛和爱沙尼亚 10 个国家同时加入欧盟。2007 年 1 月 1 日,保加利亚和罗马尼亚加入欧盟。2013 年 7 月 1 日,克罗地亚入盟。此外,欧盟还启动了与冰岛的入盟谈判;将土耳其、马其顿、黑山列为欧盟候选国;与阿尔巴尼亚、塞尔维亚和波黑签署了《稳定与联系协议》。

1991 年 12 月,欧洲共同体马斯特里赫特首脑会议通过《欧洲联盟条约》,通称《马斯特里赫特条约》(简称《马约》)。1993 年 11 月 1 日,《马约》正式生效,欧盟正式诞生。

欧盟的条约经过多次修订,截至 2014 年,欧盟的运作方式是依照《里斯本条约》,政治上所有成员组织均为民主国家,经济上为世界上第一大经济实体(其中德国、法国、意大利、英国为八大工业国成员),军事上绝大多数欧盟成员组织为北大西洋公约组织成员。

欧盟是世界上经济最发达的地区之一,经济一体化的逐步深化又促进了该地区经济的进一步繁荣。据欧盟公布的数据,2018 年欧盟 28 国实际 GDP(采用 2010 年欧盟各国的物价)约为 14.49 万亿欧元,按 2018 年当年市场价格计算,欧盟 28 国名义 GDP 为 15.87 万亿欧元,人均国内生产总值为 29002 欧元。欧盟为世界货物贸易和服务贸易的最大进出口方。欧盟对外贸易中,美国、中国、俄罗斯、瑞士为主要贸易伙伴。欧盟也是全球最不发达国家的最大出口市场和最大援助者,是多边贸易体系的倡导者和主要领导力量。

(二)美国-墨西哥-加拿大协定(USMCA)

其前身北美自由贸易区(North American Free Trade Area,NAFTA)由美国、加拿大和墨西哥三国组成。美、加、墨三国于 1992 年 8 月 12 日就《北美自由贸易协定》达成一致意见,并于同年 12 月 17 日由三国领导人分别在各自国家正式签署。1994 年 1 月 1 日,协定正式生效,北美自由贸易区宣布成立。三个会员国彼此必须遵守协定规定的原则和规则,如国民待遇、最惠国待遇及程序上的透明化等来实现其宗旨,借以消除贸易障碍。自由贸易区内的国家货物可以互相流通并减免关税,而贸易区以外的国家则仍然维持原关税及壁垒。美墨之间因北美自由贸易区使得墨西哥出口至美国受惠最大。

北美自由贸易区是第一个由一个发展中国家墨西哥与两个发达国家美国和加拿大所组成的自由贸易协定,合作内容主要是自由贸易。2014 年,北美自由贸易区人口数达 4.7 亿,国内生产总值超过 20 万亿美元,成为当前世界上最大的自由贸易区。

2018 年 11 月 30 日,美国总统唐纳德·特朗普、加拿大总理贾斯廷·特鲁多、墨西哥总统恩里克·培尼亚·涅托签署新协定《美国-墨西哥-加拿大协定》,代替施行 24 年的《北美自贸协定》。

（三）亚太经济合作组织

亚太经济合作组织（Asia-Pacific Economic Cooperation，APEC）是亚太地区层级最高、领域最广、最具影响力的经济合作机制。1989年11月5日至7日，澳大利亚、美国、日本、韩国、新西兰、加拿大及当时的东盟六国在澳大利亚首都堪培拉举行APEC首届部长级会议，标志APEC正式成立。APEC旨在通过推动自由开放的贸易投资，深化区域经济一体化，加强经济技术合作，改善商业环境，以建立一个充满活力、和谐共赢的亚太大家庭。

亚太经济合作组织成立之初是一个区域性经济论坛和磋商机构，是亚太区内各地区之间促进经济成长、合作、贸易、投资的论坛。亚太经济合作组织始设于1989年，现有21个成员经济体。亚太经济合作组织是经济合作的论坛平台，其运作是通过非约束性的承诺与成员的自愿，强调开放对话及平等尊重各成员意见，不同于其他经由条约确立的政府间组织。经过十几年的发展已逐渐演变为亚太地区重要的经济合作论坛，也是亚太地区最高级别的政府间经济合作机制。

亚太经济合作组织采取自主自愿、协商一致的合作原则，所做决定必须经各成员一致同意认可。亚太经合组织的组织机构包括领导人非正式会议、部长级会议、高官会、委员会和专题工作组等。其中领导人非正式会议是亚太经济合作组织最高级别的会议。

2014年，亚太经济合作组织的21个成员组织GDP总量达到40万亿美元，总量达到全球的60%。这一组织在全球经济活动中具有举足轻重的地位。亚太经济合作组织在推动区域和全球范围的贸易投资自由化和便利化、开展经济技术合作方面不断取得进展，为加强区域经济合作、促进亚太地区经济发展和共同繁荣做出了突出贡献。

（四）东南亚国家联盟

东南亚国家联盟（Association of Southeast Asian Nations，ASEAN）简称东盟。前身是马来亚（现马来西亚）、菲律宾和泰国于1961年7月31日在曼谷成立的东南亚联盟，1967年8月7～8日，印度尼西亚、泰国、新加坡、菲律宾4国外长和马来西亚副总理在曼谷举行会议，发表了《曼谷宣言》，正式宣告东南亚国家联盟成立。东南亚国家联盟成为政府间、区域性、一般性的国家组织。1967年8月28～29日，马、泰、菲3国在吉隆坡举行部长级会议，决定由东南亚国家联盟取代东南亚联盟。在20世纪90年代以前，东盟优先考虑的是政治而不是经济，奉行所谓政治优先主义；在谋求加强成员组织之间的经济合作方面，由于内外种种原因进展未如人愿。进入20世纪90年代，在世界政治、经济格局发生重大变化，特别是以欧共体和美国为中心的世界经济区域化趋势日益明显的形势下，东盟国家认识到，不调整策略、不加强成员组织之间的经济合作，必将处于不利地位。在1991年10月8日第28届东盟经济部长吉隆坡会议上提出了推进地区经济合作的建议，各国一直同意采取建立制造业产品自由贸易区的形式加强地区经济合作。1991年1月，东盟六国在新加坡举行的第四次首脑会议上，签署了《1992年新加坡宣言》《东盟经济合作框架协定》和《共同有效普惠关税协定》。这些宣言和协定的签署，标志着东盟在经济合作方面跨入了自由贸易区的新阶段。采取的主要措施有：通过分阶段降低相互贸易的税率，向自由贸易区过渡；在工业、矿业、能源、金融等方面加强合作，扩大经济合作领域。东盟日益重视与日本、中国、韩国扩大经济合作。东盟自由贸易区的构建已经取得了明显的成效。东盟平均关税已经降至2.4%，对中国90%以上的产品实行零关税。

(五) 中国-东盟自由贸易区

中国-东盟自由贸易区(China-ASEAN Free Trade Area,CAFTA),是中国与东盟十国组建的自由贸易区,于2010年1月1日正式建成。中国-东盟自由贸易区涵盖19亿人口、国民生产总值达6万亿美元,贸易额达4.5万亿美元,是中国对外商谈的第一个自贸区,也是发展中国家间最大的自由贸易区。

进入20世纪90年代,中国与东盟的关系迅速发展。1997年12月,中国与东盟最高领导人首次会晤,确立了中国与东盟建立面向21世纪的睦邻互信伙伴关系。随后,中国与东盟所有的10个成员组织均签署了面向21世纪双边合作的框架协议,确定了双边合作的总体目标、行动准则和合作领域,尤其确立了双边经贸合作的重要地位和具体领域。同时,中国与东盟的合作对话机制逐步建立和完善,并形成了从政府首脑定期会晤到专门机构具体磋商的对话合作机制。进入新世纪,中国与东盟的经贸关系进入一个新的发展阶段。

2013年,中国-东盟自由贸易区国内生产总值达11.1万亿美元。自贸区建立后,双方对超过90%的产品实行零关税。中国对东盟平均关税从9.8%降到0.1%,东盟6个老成员组织对中国的平均关税从12.8%降到0.6%。关税水平大幅降低有力推动了双边贸易快速增长。中国-东盟自贸区建成后,中国与东盟各国贸易投资增长、经济融合加深,企业和人民都广泛受益,实现了互利共赢、共同发展的目标。中国和东盟双边贸易总量快速增长。2018年,中国与东盟的进出口贸易总额为5878.72亿美元,同比增长14.1%。其中,中国对东盟出口额为3192.44亿美元,同比增长14.2%,中国从东盟进口额为2686.28亿美元,同比增长13.8%。中国已连续10年保持为东盟第一大贸易伙伴,东盟成为中国第二大贸易伙伴。

(六) 安第斯共同体

安第斯国家共同体(Comunidad Andina De Naciones,CAN)是由哥伦比亚、秘鲁、智利、玻利维亚和厄瓜多尔南美洲5国于1969年成立的。1969年5月,秘鲁、玻利维亚、厄瓜多尔、哥伦比亚和智利政府的代表在哥伦比亚的卡塔赫纳城举行会议,讨论小地区经济一体化问题,26日在波哥大签署了《小地区一体化协定》,后称《卡塔赫纳协定》。同年10月16日,该协定生效。因成员组织均系安第斯山麓国家,故称安第斯集团或安第斯条约组织、南美洲国家联盟成员。

安第斯国家共同体的宗旨是:充分利用本地区的资源,促进成员组织之间的协调发展,取消各国之间的关税壁垒,组成共同市场,加速经济一体化。2011年11月8日,安第斯国家共同体总统理事会特别会议在哥伦比亚首都波哥大召开,会议发表联合声明,表示安第斯国家共同体将继续致力于推进次区域一体化进程,加强共同体内部现有规则的执行,深化各成员组织在能源、安全和环境保护等领域的合作。

(七) 加勒比共同体和共同市场

1973年4月,在圭亚那乔治敦举行的英联邦加勒比地区政府首脑会议通过了《乔治敦协定》,决定建立一个新的加勒比共同体和共同市场(Caribbean Community and Common Market,CARICOM)以代替1968年5月成立的加勒比自由贸易协会。1973年7月,巴巴多斯、圭亚那、牙买加、特立尼达和多巴哥四国总理在查瓜拉马斯签订条约,宣布建立新的加勒比共同体和共同市场,同年8月条约生效。到2004年11月为止该组织共有13个成员组织,它们是安提瓜和巴布达、巴巴多斯、巴哈马、伯利兹、多米尼克、格林纳达、圭亚那、圣卢西

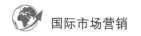

亚、圣基茨和尼维斯、圣文森特和格林纳丁斯、特立尼达和多巴哥、蒙特塞拉特、苏里南。该组织的宗旨是加强原加勒比自由贸易协会内一体化的程度,使所有成员组织平等地分享一体化的利益,协调成员组织的对外政策,在发展本地区某些共同的服务事业方面进行合作。

（八）西非经济共同体

西非经济共同体(Economic Community of West African States, ECOWAS)简称西共体,是西非的一个区域性经济合作组织,1975年5月28日在尼日利亚拉各斯由16个国家共同签订《西非国家经济共同体条约》后成立,总部设在尼日利亚首都阿布贾。西共体的宗旨为促进西非地区国家的经济一体化,推动成员组织经济、社会和文化上的发展与合作。

1975年5月28日,在尼日利亚和多哥元首的倡议下,15个西非国家和政府的代表在尼日利亚的拉各斯召开首脑会议,签订了《西非国家经济共同体条约》,正式成立了西非经济共同体。该组织是非洲最大的区域性经济合作组织,其成员组织总面积达511万平方千米,超过非洲总面积的六分之一,人口数近2.3亿,约为非洲人口总数的三分之一。有以下15个成员组织:贝宁、布基纳法索、多哥、佛得角、冈比亚、几内亚(2009年1月被暂停成员资格)、几内亚比绍、加纳、科特迪瓦(2010年12月7日被中止成员组织资格)、利比里亚、马里、尼日尔、尼日利亚、塞拉利昂和塞内加尔。

西共体以促进成员组织经济、社会和文化等方面的发展与合作为宗旨,最终目标是实现西非地区经济一体化。国家元首和政府首脑会议是西共体的最高权力机构,每年召开一次,必要时可召开特别首脑会议。执行主席由各成员组织轮流担任,任期一年。西共体还设有部长理事会、执行秘书处、6个技术和专门委员会、法院和议会等。执行秘书处设在尼日利亚首都阿布贾。

西共体自成立以来,一直致力于协调成员组织经济发展,推动地区经济一体化进程。西共体在2001年12月举行的首脑会议上,决定对西共体合作、补偿和发展基金进行全面改革,放开基金参股成分,扩大融资渠道,强化吸收国际游资的能力。会议还决定在原基金的基础上组建西共体投资与发展银行。2003年2月,西共体投资与发展银行宣布成立,总部设在多哥首都洛美。

为应对经济全球化带来的挑战,西共体于2003年12月召开的第27届首脑会议号召成员组织加快自身发展,力争到2008年建立西共体关税同盟,并宣布将启动冈比亚等5国组成的第二货币区。2009年6月,西共体批准对西非单一货币实施路线图进行修订,拟于2020年开始实行单一货币。

第二节 国际市场营销的目标市场国经济环境

随着全球经济水平的总体提高,全球经济一体化初具雏形,国际市场营销人员将面临越来越复杂的环境和越来越激烈的竞争。要想在复杂的环境中迎接挑战,营销人员就必须既熟悉母国市场的经济发展状况,又要深入分析目标市场国的经济发展状况。

目标市场国的经济因素主要包括人口、消费者收入水平、自然资源、基础设施、通货膨胀及城市化水平等。从事跨国营销的企业在采取营销策略前应对目标市场国的经济环境因素有深入的了解。

一、人口数量及分布

考察一个国家的市场时,目标市场国的市场规模是公司决定是否进入该市场的重要指标,而人口的规模和分布是衡量市场规模的重要因素。

(一)人口规模

人口的数量决定着潜在的世界市场容量。许多产品的消费量和人口规模有直接关系,人口的增长率也是一个重要因素,人口继续增长就意味着世界市场的持续发展,市场需求总量将进一步扩大。如果人们有足够的购买力,人口增长便意味着市场的扩大。世界上最大的几个市场都集中在人口众多、分布稠密的地区。另一方面,人口增长也可能导致人均收入下降,市场的吸引力降低,从而阻碍了经济发展。

(二)人口密度和地理分布

人口密度是反映人口分布状况的重要指标。人口的地理分布往往不均衡,各区域人口密度大小不一。人口密度越大,意味着该地区人口越稠密、市场需求越集中。企业在东道国市场上生产和销售产品,必须考虑到该国人口的密度和地理分布,人口密度和地理分布直接影响到企业的选址、仓储方式、分销渠道和营销手段等问题。

人口密集的地区市场集中、容易促销、市场效益相对较好,否则效益较差。但在人口密度过大的城市,交通拥挤,又会影响到销售的效率。人口密度还影响着人们的消费和其他生活方式,如人口密度大,因而人们的住房一般都比较小,家具和家用电器的尺寸也较小。美国过去制造的汽车较大,除了美国人身材高大和当时汽油价格便宜等因素,土地广袤、道路宽阔、停车场地充裕也是美国人生产大体积汽车的重要原因。

(三)人口结构

人口结构往往决定市场产品结构、消费结构和产品需求类型。人口结构主要包括年龄结构、性别结构、受教育程度和家庭特点,它们是最终购买行为的重要影响因素。

1. 年龄结构

人口结构首先表现为不同年龄人口的比例,即人口年龄结构,不同的年龄层次对商品有不同的需求,从而形成了幼儿市场、青年人市场和老年人市场等。人类群体划分为以下3大年龄组:0~14岁(幼、青年)、15~64岁(壮年)和65岁以上(老年)。

目前,世界人口年龄结构正出现明显的老龄化趋势。随着世界人口的平均寿命的延长,许多国家的人口趋于老龄化。国际上通常的标准是:当一个国家或地区60岁以上的老年人口数量占人口总数的10%,或65岁以上老年人口数量占人口总数的7%,即意味着这个国家或地区处于老龄化社会。目前,全球60岁以上的老年人口总数已达到6.5亿,有60多个国家的老年人口数量达到或者超过人口总数的10%,进入了人口老龄化社会行列。据联合国统计,2020年全球将有10亿老年人,2050年将会达到20亿。

为了适应这一市场需求的变化,企业可以在老年食品、服装、保健品和健身器材、娱乐休闲用品和场所、社会服务机构和设施等方面发现新的市场机会。

资料链接 3-2

家电业瞄准美国的老龄市场

美国家电业目前已经瞄准老龄市场,锁定 7600 万名手头阔绰但逐渐年迈的"战后婴儿潮"人士,重新设计产品,改善老年人的居住环境。如惠而浦电器长期测试并开发耳聋、眼盲或关节炎患者可以使用的产品。该公司针对关节炎患者进行测试,推出底部有抽屉支架的洗衣机和干洗机,放置衣物时不用弯腰,可供有背部问题的消费者使用,还推出有大型旋钮的洗衣机,这些旋钮在设定好后会发出明显声响,方便视力差或者关节炎患者使用。

厨房电器方面,通用电器公司设计了门比较好开的烤箱和会自动断电的炉子,德国西门子的高级品牌 Thermador 推出一款具有玻璃导热台面、能够防止烹煮食物溢洒出来的炉子。日本自 20 世纪 70 年代进入老龄化社会后,就大力发展老龄产业应对老龄化挑战,把第三产业视为老龄化社会的"救世主"。目前在东京已经出现了老人街,有专门的老人衣服、鞋子、食品及药品的商店,有怀旧的咖啡店,店里放的音乐是老年人耳熟能详的旧歌曲。

资料来源:http://info.homea.hc360.com/2009/10/101116449446.shtml.

2. 性别结构

人口性别结构是指男性人口和女性人口在总人口中所占的比重。性别结构有两种表示方法:一是分别计算男性人数和女性人数在人口总数中的百分比;二是计算男性人数对女性人数的百分比。性别结构指标可按全体人口计算,也可按各年龄组人口计算。一般来说,低年龄组人口中往往男性人口比例高,高年龄组人口中往往女性人口比例高。

男性和女性在生理、心理和社会角色上的差异决定了他们不同的消费内容和特点。一些产品有明显的性别属性,只为男性或女性专用。男女不同的性别心理和社会角色对消费行为有直接影响。企业可以针对不同性别的不同需求,生产适销对路的产品,制定有效的营销策略,开发更大的市场。

3. 家庭结构

家庭是社会的细胞,也是某些商品的基本消费单位,如住房、家具、电视机和厨房用品等的消费数量就和家庭单位的数量密切相关。一个国家或地区家庭单位的数量、家庭成员平均数量、家庭成员结构和家庭决策方式,对市场需求的影响很大。目前,家庭规模缩小已经是世界趋势,家庭规模小型化,一方面导致家庭总户数增加,进而引起对家庭用品总需求增加,另一方面则意味着家庭结构简单化,从而引起家庭需求结构的变化,如单人户、双人户和三人户的增加使家庭对产品本身的规格和结构有不同于多世同堂的大家庭对产品的要求。营销者应在产品设计、包装和促销上做出相应的调整。

二、收入和购买力

消费者的收入水平是判断市场质量和规模的一个重要指标,而衡量市场潜力的收入水平可以使用国内生产总值(GDP)和个人可支配收入两个指标。

国内生产总值是指一个国家(地区)领土范围内,本国(地区)居民和外国居民在一定时期内所生产和提供的全部最终产品(包括产品和劳务)的市场价值总和。

基于收入水平的差距可以将全球市场分为四个消费层级。第一层级的消费者包括来自世界各地的大约 1 亿人,这些消费者主要集中在发达国家,当然也包括在发展中国家的富裕精英们;第二层级的消费者是发达国家市场中的低收入人群;第三层级的消费者主要是新兴市场中正在崛起的中产阶级消费者;第四层级的消费者主要是发展中国家的消费者。

人均收入值是一个平均数字,如果一个国家的大多数人口的收入都接近这个平均值,人均收入值对国际市场营销者来说比较具有参考意义。但是,几乎没有哪个国家的收入分配绝对相等。相比较而言,高收入国家的情况比其他国家要更平均一些。

大多数国家的收入分配不均衡。比如巴西,该国收入最低的20%人口只拥有总收入的2%,收入最高的20%的人口拥有总收入的65%。工业国的情况也不尽相同。在发达国家的市场中,收入最低的20%人口拥有总收入的5%~9%。

收入分配差距越大,人均收入值就越没有实际意义。当大多数人的收入都低于人均收入值,只有一小部分富裕人口的收入高于人均收入值时,这个国家就没有中产阶级,属于双峰式收入分配。

双峰式收入分配意味着市场营销者所要研究的经济形式不是一元经济,而是二元经济。贫困人口和富裕人口被分别研究。例如,我们可能发现这两类群体不是同一市场中的不同部分,而是形成了完全不同的市场。巴西、印度、墨西哥就是这类情况,在这些国家中,少数富裕人口和大多数贫困人口并存。欧洲二元经济的代表是意大利,该国南部贫困北部富裕。对许多产品来说,这些国家的富裕人口均可以被看作巨大的潜在市场。

使用人均收入情况来分析市场主要存在以下缺陷:

1. 不能反映购买力情况

进行人均收入的比较首先要通过一定的汇率转换成同一货币(通常是美元)。以美元表示的某国人均收入值与该国货币对美元的汇率有关,只有当汇率能够反映两种货币之间的相关国内购买力时,才能说该国人均收入值比较确切,否则某国人均收入值就无法准确衡量该国实际购买力。

汇率是一国货币以别国货币表现的价格,该价格是由外汇的供求状况或一国的进出口状况(包括投机需求)决定的。一国货币的外部供求情况与其国内的供求情况大不相同。因此,一国货币的汇率可能与该国货币的国内实际购买能力差异很大。此外,投机行为也会使某种货币偏离其实际价值。

在国外,旅游者可以延续与国内同样的生活方式,也可以改为与当地居民同样的生活方式,但前者的花费可能会更高。比如德国白面包的价格是法国白面包的两倍。当然,德国人对白面包的消费量不像法国那样大。这从另一个方面说明了价格与购买力的关系。也就是说,人们对价格便宜的商品消费量大。汇率能影响国际商品和劳务的关系,却不能影响国内的消费情况。

更能说明问题的例子还有汇率的波动以及币值的变动。1967年11月18日,英国政府宣布将英镑的汇率贬值14.3%,当然这并不意味着英国市场上的某种商品价格也相应下降14%。然而经过汇率转换后,英国的人均收入相应下降了14%。1985年日元对美元的汇率是240:1,1988年日元对美元的汇率是120:1,这就意味着若以美元为单位,1988年时日本市场的规模是1985年日本市场的两倍。在日本的美国营销人员都知道这显然不能反映真实情况,美国商品在日本的消费量仅有小幅增长。世界银行做了许多工作来衡量实际购买力,以美元表示的人均收入传递的信息并不充分。

2. 缺乏可比性

使用人均收入在可比性方面有双重缺陷。首先,发达国家国民收入总值中统计的许多商品只占发展中国家统计商品的一部分。例如,北美居民收入中的一大部分都用于购买食物、服装、住宅,而在许多发展中国家,这些商品基本上自给自足,因此没有体现在国民收入总值中。

其次,还有许多商品体现在发达国家的国民收入中,但没有体现在发展中国家的国民收入中。例如,美国国民收入的很大一部分来源于冬季除雪、房屋取暖、环境保护、军事和航空支出、农业支持项目,以及度假休闲支出。许多发展中国家国民收入体系中不包含这些项目,所以国民生产总值虽然相对较低,但该国公民不需要支付以上消费项目,也就不像数字显示得那样贫穷。

3. 销售量与人均收入不相关

人均收入衡量市场潜力的局限性的第三个方面是许多商品的销量与人均收入相关性极小,许多消费品的销量与人口和家庭的数量更相关,这些产品包括软饮料、文具、自行车、电视机、电冰箱等。工业品和资本品的销量大体来说与产业结构或国民收入总值更相关。例如,刚果金沙萨的机场和办公楼与纽约的机场和办公楼设施状况相似。劳动密集型产业或制造业更倾向于使用与东道国相似的设备。在政府推广健康方案和教育方案时,人均收入数据并不能体现出该国医疗产业、教育产业的情况。

4. 收入分配不均衡

如果收入分配极不均衡,人均收入数字也就没有什么意义了。

资料链接3-3

中国的收入分配

基尼系数,是20世纪初意大利经济学家基尼根据劳伦茨曲线所定义的判断收入分配公平程度的指标,是比例数值,在0和1之间,是国际上用来综合考察居民内部收入分配差异状况的一个重要分析指标。中国基尼系数在2009年为0.490,2010年为0.481,2011年为0.477,2012年为0.474,2013年为0.473,呈逐步回落趋势。2014年,中国基尼系数为0.469。而在20世纪80年代初,全国收入差距的基尼系数是0.3左右。世界上超过0.5的国家只有10%左右;主要发达国家的基尼系数一般都在0.24到0.36之间。中国人民大学国家发展与战略研究院执行院长刘元春表示,0.47到0.49之间的基尼系数反映出目前我国收入差距仍然比较大。尤其是城镇居民内部、城乡居民之间的收入差距都比较大。"比如说城乡差距大概有3倍,按照城镇工资统计,高收入行业和低收入行业有4倍左右的差距。"

资料来源:http://news.ifeng.com/a/20150123/42997503_0.shtml? wratingModule=1_9_1.

三、自然禀赋

(一) 自然资源

一国的自然资源包括自然所赋予的现存的或以潜在形式存在的资源(如矿产资源和水资源)、土地面积、地形、气候。国际营销者需要了解与营销任务有关的经济地理。除了涉及人口密度和分销问题外,土地面积相对来说不是很重要。然而,国际营销者在当地组织生产时需要估计该国的原材料储量,因此当地的自然资源情况对他们来说就很重要。

例如,美国默克公司在印度建了一个组装厂,并得到印度政府的许可从美国进口主要原料。后来印度政府撤销了这项许可,默克公司不得不在印度当地寻找原材料来源。

探明一国资源的另一目的是估计未来的经济发展情况。当前某些相对较小的市场可能会因其丰富的自然资源而取得较快发展。新技术和新发明可以改变国家的经济前景。例如,利比亚和尼日利亚就因为石油而获得较快发展。

同样,技术变革对过度依赖某种出口商品的经济也能产生破坏作用。例如,人造丝、尼龙、合成橡胶的出现对依赖丝绸和天然橡胶出口的国家造成了巨大的经济损失。如果出现一种高质量的合成咖啡,就会对巴西的咖啡出口造成不利的影响。

(二)地形

土地表面的特征就是地形,包括河流、湖泊、森林、沙漠、山脉。国际营销者关注地形是因为这些因素预示了可能出现的分销问题。

某国地形平缓意味着可能很容易采用公路或铁路的运输形式。山区会对运输造成障碍,提高运输成本。山脉还能将某国分割成两个或者更多的相互独立的市场。例如,安第斯山脉将许多南美国家分割成更多小的区域,尽管这些区域在政治上属于同一个国家,但在经济和文化上却属于不同的市场。沙漠和热带雨林也能分割市场,造成运输困难。国际营销者分析销售和物流问题时,就要考虑地形、人口和运输状况。

节省运输成本就要求当地有可通航的河流,比如北美的密西西比河和圣劳伦斯河。在欧洲,河流和运河运输更重要,甚至被陆地包围的瑞士也能通过驳船将货物运到大西洋的港口。这些市场的可接触性由其港口数量决定。

被陆地包围的国家比有海港的国家的运输成本高。如果这些国家与其邻国在港口和铁路的使用上存有政治纠纷,那么除了成本问题之外还存在其他的运输难题。最后,湖泊、海滨、河流、山脉也能代表某些特定的市场机会。从事旅游、娱乐和体育行业的人会发现这些国家的市场可以提供划船、滑雪和类似的娱乐项目。

(三)气候

自然禀赋的另一个方面就是气候。气候不仅包括温度,还包括风、雨、雪、干燥度和湿润度。美国地域广阔,境内气候变化大;许多国家国土面积小,气候特征更为单一。气候对产品供给的影响很重要,比如汽车的加热器和空调。事实上,气候对所有的消费品都有影响,从食物到服装,从住宅到娱乐设施。甚至热带的医疗用品都与温带的医疗用品不同。

气候的极端不同可能导致产品、包装、分销方式的改变。例如,电子装备和许多带包装的产品在高温潮湿的气候中需要特殊的保护。世界各国的气候差异极大。例如,印度 7 月份的降雨量为 13 英寸[①],几内亚为 51 英寸,纽约则为 4 英寸。

气候还可能对市场性质产生另一种更微妙的影响。尽管没有足够的证据表明气候与市场性质存在因果关系,但是我们可以看到大多数发展中国家位于热带或亚热带地区。热带地区国家通常人均收入低,农业人口所占比例高。

四、国家的基础设施

制造型企业通常将企业经营活动划分为两大类,即生产和销售。生产活动依赖企业外

---

① 1 英寸=0.0254 米。

部提供的辅助设施和服务,这些外部的设施和服务叫作基础设施。基础设施包括公路、铁路、能源和其他通信与运输服务。商业和金融基础设施包括广告代理、媒体、分销机构、营销研究机构、信用和金融机构。这些基础设施越完善,企业的生产和营销任务就完成得越好。如果某国的基础设施不完善,企业就必须调整在该国的生产活动,或根本不进入该国市场。

国际市场营销者在估计其在某一特定国家内进行生产的潜在利润时,必须同时考虑到基础设施的限制条件。各国的基础设施有着很大的差别。通常来说,一国的经济越发达,基础设施越好。

（一）能源

人均能耗值对市场潜力和当地基础设施是否充足都具有指导意义。电气设备和耐用消费品的销售人员关注整个市场的电气化程度。人均能耗低的国家,只能为大多数人居住的城市提供充足的能源,而在乡村,能源往往供应不足。能源产品与整个经济的工业化程度密切相关,因此也与该地区的工业品市场相关。人均能耗值可能是一国基础设施的整体状况最好的指标。

（二）运输

运输对商业活动的重要性毋庸置疑。各国的地形和经济发展水平的不同导致各国间运输能力、基础设施和运输方式存在极大差异。各国的公路、铁路、河流和航空运输的比例大不相同,但世界银行并没有一套很好的可比数据。企业需要当地的市场信息,也需要与当地运输公司进行协商。

（三）通信

除了需要运送货物外,企业还要同各类人员打交道,尤其是工作人员、供货商还有顾客。与企业外的人们进行沟通依赖于东道国的通信设施。企业内部各子公司之间的联络或子公司与总部之间的联络同样依赖于当地的通信设施。

总的来说,通信设施的不同源于各国经济发展水平的差异。因此,日本和西欧的各种通信设施完备,而在非洲、亚洲和拉丁美洲的许多国家,除了广播外,其他传播媒介都非常落后。

（四）商务基础设施

与运输、通信和能源同样重要的是商务基础设施。商务基础设施指的是支持性服务的可利用性和质量,包括银行、金融机构、广告代理、分销渠道、营销调研机构。早已习惯于国内完善的商务基础设施的美国企业常常发现海外市场的情况与国内市场有很大的不同。在商务基础设施薄弱的地区,企业必须调整生产经营活动,成本和效率也随之受到影响。

五、城市化

一国经济最重要的特征之一就是城市化进程。城市人口和农村人口存在许多文化和经济差异,这些差异反映在人们的态度上。世界大多数地区存在较大的城乡差异。由于城乡差异是影响消费者行为的重要决定因素,故国际市场营销者需要了解每个市场的城乡差异情况。

城乡人口的消费行为存在差异有几个原因。城市居民的物质需求具有依赖性,而农村居民通常自己生产食物、制作衣服和建造房屋。城市居民要满足自己的物质需求必须用货币进行支付。城市是工商业的中心,城市居民依赖于这种经济结构,所以他们的消费行为比农村居民更复杂。农村居民通常不关注现代社会中技术和经济的复杂情况。

城市一般经济发达,通信设施便利,这些都使城市居民能够获得更多的信息。城市还能提供比乡村更多的正式或非正式的教育,这些教育会影响城市居民的文化程度、技术水平和消费态度。因此,城市居民比农村居民更开放,也更时尚。在城市地区新产品拥有很强的示范效果,所以城市地区的消费潜力更大。

国际市场营销者必须研究城市化与产品消费量之间的关系。在一些国家有些产品的城乡差别极大,另一些产品则没有差别。有时企业会认为只有城市市场才可接近。有几个因素能影响城市市场,即收入、消费模式、分销设施、通信能力。例如,曼谷、伊斯坦布尔、雅加达等城市对许多消费品的消费量极不均衡。

一般来说,发展中国家(尤其是低收入国家)的城市化程度低,再加上居民收入低,使这些国家的市场对许多消费品生产者来说吸引力很小。贫穷的国家不仅市场容量小,而且因为农村居民相对较多而难以进入,因此,城市化程度不仅对消费品生产者来说相当重要,甚至连工业品生产者也会发现城市化程度与市场潜力极为相关。由于各国的城市化进程不断推进,市场营销者需要及时掌握最新数字。

资料链接3-4

OECD:2015年中国城市化水平发展报告

农村经济一度在中国占据了主导地位,而如今,在政府的领导下,中国正全力向现代化、城市化转变。政府计划在未来十年内使城市人口在全国总人口中所占的比重达到70%,在数量上达到9亿左右。

在统计城市居民人口时,中国政府并未把外来务工人员和城郊居民计算在内。因此按照官方的说法,中国目前只有6座城市居民数量超过了1000万。而经济合作与发展组织(简称经合组织,Organization for Economic Cooperation and Development,OECD)在对中国市区人口进行调查研究时并未拘泥于这些狭义的行政区域划分,根据他们的统计,中国目前人口超过1000万的大城市有15座。

经济自由化进一步推动了中国城市化的进程。1980年,中国城市人口仅占总人口的19%。而到2020年,政府预期这一数字将会达到60%。来自农村地区和其他城市的外来务工人员将占到中国城市总人口的一半左右。经合组织的研究报告引用中国政府公布的数字称,整个中国有约2.74亿城市居民目前的居住地并非自己的家乡。中国南方的广东省有三分之一的居民并非土生土长的广东人。

2012年,中国有近60%的城市外来人口是16~40岁的青年人。与印度或者巴西离开故土的青年人相比,这些中国青年受过更好的教育:中国的城市外来人口中有80%的人至少完成了初中学业。2010年,中国90%的建筑工人和80%的煤矿工人都是外来务工人员。

资料来源:http://www.199it.com/archives/342308.html。

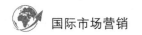

六、国外经济的其他特征

（一）通货膨胀

每个国家都有自己的货币体制和货币政策，除了欧盟国家以外，各国间的金融环境和通货膨胀率不尽相同。

通货膨胀会给海外经营活动带来更大困难。高通货膨胀会使成本控制和定价变得更加复杂。各国不同的通货膨胀率还会影响企业在各国市场间转移资金和产品。

资料链接 3-5

20 世纪 90 年代塞尔维亚的通货膨胀

1993 年 8 月 4 日，在南斯拉夫贝尔格莱德，一个名叫蒂尔米尔·尼克利克设的小商店门前贴出一张涨价 99% 的告示，这是尼克利克先生在 3 天内的第二次涨价。他用拖把挡住门，以防止讨价还价的顾客进来。电脑在标签纸上打出新的价格。尼克利克和两个助手忙着把纸撕下来并贴到货架上。他们以前是把价格贴在商品上，但由于现在商品上贴了很多的标签，以至于难以让人分清楚哪个是最新的标价。

4 小时后，拖把从门口拿开了。顾客进到店中，擦擦眼睛看着标签，数数上面究竟有多少个零。当电脑打印出另一种商品价格时，尼克利克本人也看着，这是一台录像机。

尼克利克自言自语："是几十亿吗？"准确地说这台录像机的价格是 20391560223 第纳尔（南斯拉夫货币单位）。他指着自己的 T 恤衫，T 恤衫上印着一个词"不可思议"，这是他曾经卖过的一种水果汁的牌子。他指出，这句话是对塞尔维亚难以置信的经济形势的绝妙写照。"这简直是疯狂。"他说。

除此之外你还能如何描述它呢？自从国际社会实行制裁以来，通货膨胀率至少每天是 10%。如果把这个数字换算成每年的比率则会有 15 个零。在塞尔维亚的凯悦酒店，1 美元能兑换 1000 万第纳尔，而在贝尔格莱德地下社会控制的银行里要 1700 万第纳尔换 1 美元。塞尔维亚人抱怨说，第纳尔和卫生纸一样不值钱。

据说隐蔽在贝尔格莱德一条道路后面公园中的政府印钞厂正在一天 24 小时印刷第纳尔，以力图与超速的通货膨胀保持一致，反过来无止境地印刷第纳尔又加速了通货膨胀，相信只要发钱就能安抚反对者的政府，需要第纳尔来为关门的工厂和机关中不工作的人发工资。它需要钱购买农民的农产品。它需要钱为走私掠夺和其他避开制裁的方法筹资，以便运进从石油到巧克力之类的东西。它也需要钱支持塞尔维亚人在波黑和克罗地亚打仗。

那些手指感觉到纸币有质量问题的外汇交易者坚持认为，政府印钞厂应该承包给私人印刷厂来满足需求。

"我们是专家，他们骗不了我们"，一位外汇交易者拿着 500 万张价值 8 亿第纳尔的钞票这样说。他信心十足地絮叨："这些钞票是刚印出来的。"他说，他从一家私人银行得到这些钞票，私人银行是从中央银行得到的，而中央银行从印钞厂得到——这是把黑市和财政部联系在一起的一条罪恶通道。"这是集体疯狂。"外汇交易者一边说，一边诡异地笑着。

（二）政府作用

商业环境和商务活动的性质依赖于政府所起的作用。如果政府倾向于实行社会主义制度,它就会限制私有企业的某些经济形式。跨国公司进入此类国家后,政府也会对它们的经营活动加以限制。

在许多国家中,跨国公司会与政府成为合资经营伙伴,这种情况在发展中国家尤为普遍,因为在这些国家中私营企业实力不强,只能靠政府提供大量的资金。此类合作也会对跨国公司的经营活动造成限制。

(三)海外投资

国际市场营销者在开展海外业务时希望了解其他跨国公司如何开展经营活动,通过此类信息能够看出政府对海外企业的态度,也能了解到企业将面临的竞争环境如何。

如果一个国家内仅有几个或根本没有跨国公司,这也许意味着一个良好的进入机会,但也可能意味着该国市场环境恶劣。同样,如果一个国家有许多跨国公司,这就意味着该国市场开放程度较高,但同时也意味着竞争更激烈。

◆本章小结

国际市场经济环境是跨国企业营销的重要组成部分。国际市场的经济环境主要包括对世界经济宏观环境的分析和对目标市场国微观经济环境的分析。国际市场营销的宏观环境主要是对经济制度、区域经济一体化的考察。目标市场国经济环境的分析主要是对国内生产总值、人均收入、人口数量和结构、自然资源、城市化水平等指标的分析。

◆关键词

经济环境　区域经济组织　人均收入　人口规模　自然禀赋

◆复习思考题

1. 对国际营销者来说,一国的人口增长率有何重要意义?
2. 国际营销者为什么对某个市场中消费者的年龄区分感兴趣?
3. 说明用人均收入衡量市场潜力的局限性。
4. 说明了解某国自然资源有何益处。
5. 气候在国际市场分析中起到何种作用?
6. 讨论某国基础设施对营销活动的影响。

◆思考案例

ZARA 等品牌秋装价跌三成　经济环境是推手

连年"飘红"的服装零售价格终于"翻绿"了。包括 ZARA、izzue 等品牌在内的部分秋装新品,2012年吊牌原价同比下跌约三四成,而国内品牌如美特斯邦威、森马等也出现跌价现象。业内人士表示,此次是 ZARA 入华以来首次跌价,除了企业自身市场策略的原因,冬、春两季整个服装行业不景气和经济大环境的滑坡,也是众多品牌在秋季跌价的重要推手。

在某城市长寿路陕西北路上一家 ZARA 专卖店里,新上架的一款毛衣质地女式外套标价为 399 元。"往年同类的外套都要卖 599 元,"一位店员表示,"今年不少秋装新品都比去年便宜了,等到过季打折时,折扣力度可能没有以往大,还不如趁现在就买新品。"

"今年男女秋装和童装都有不同程度的跌价,去年 699 元的女款外套今年降到 499 元,男式西装则从 899 元跌到 699 元,而往年标价 299 元的童装牛仔裤今年卖到 199 元。"ZARA 一位内部人士向记者透露,今年秋装跌幅最大在三四成左右,而这次也是 ZARA 自 2006 年进入中国市场后的首次跌价。

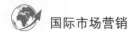

无独有偶,潮流品牌 izzue 的秋装也在跌价。该市南京西路的 izzue 专卖店里该品牌今年新上市的秋装单价普遍下调了 30%左右,是历年来下调幅度最大的一次,原来 2000 元左右的外套今年标价只有 1500 元。

秋装价格也普遍下跌。"秋装基本款的 T 恤一般为 99 元,而衬衫为 139 元,去年类似款式的长袖 T 恤和衬衫一般是 119 元、159 元。"美特斯邦威专卖店店员说,今年刚上市的秋装价位相比去年要低。而在一家森马专卖店,有一件长袖 T 恤还不到 70 元。

ZARA 内部人士告诉记者,秋季新品跌价主要受到汇率、品牌策略和经济大环境的影响。"我们是欧洲品牌,人民币与欧元汇率的变化是影响 ZARA 在中国定价的因素之一。此外,更重要的是,受到今年全球经济下滑影响,公司的品牌市场策略也有相应调整,这次调价也是意在拉低与竞争对手的差价。"izzue 专卖店导购则表示,调价是公司这一季度决定的,因为今年经济大环境不理想,服装销量也受影响。

对于 2012 年秋装价格的反常走势,东华大学服装・艺术设计学院教授卞向阳向记者表示:"由于今年春节较早,按照消费习惯,消费者在过年后就基本不买衣服了,这就直接导致冬装销量下滑,再加上南方春季时长很短,所以薄款春装销量也不理想。冬、春两季的销量对整个服装业的影响很大,一些品牌希望通过降价来保证秋装销量,抢占这一季度的市场。"

问题:分析经济环境的变化对服装销售产生的影响。

◆应用训练

市场营销经济环境调查

1. 实训目的与要求

(1) 掌握经济环境调查的方法。

(2) 熟练掌握经济环境调查各项指标。

(3) 熟练使用经济环境指标对不同国家进行对比分析。

2. 实训内容

(1) 分别选择三个不同经济制度的国家,对它们的资源配置方式进行对比分析。

(2) 选择三个市场经济国家或混合经济制度的国家,分别是发达国家、发展中国家和新兴市场经济国家,对这三个国家的各项经济指标进行查询和分析。

(3) 选择某种产品,指出在上述三个国家中进行营销的利弊及应使用的营销策略。

第四章 国际市场营销的政治和法律环境

本章结构图

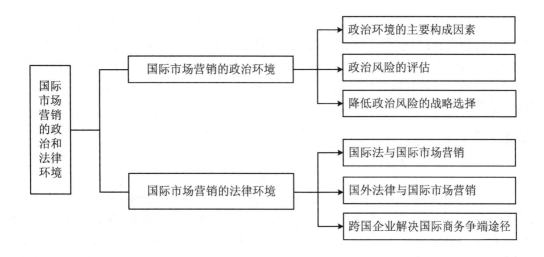

学习目标

通过本章的学习,了解政治和法律环境的构成要素;掌握国际政治制度和法律体系对企业国际市场营销的影响;理解本国以及东道国的政治、法律环境对企业国际市场营销活动的影响。

导入案例

中海油竞购优尼科

中海油是中国三大国家石油公司之一,是中国海上石油和天然气的最大生产者。2001年在纽约、中国香港两地同时上市,上市之后的中海油除了开拓国内市场外,还积极开拓国际市场,进行一系列的收购行动。2004年,中海油入世承诺压力渐紧,在能源紧缺和市场完全开放的双重压力之下,2005年,中海油决定收购美国优尼科石油公司。

当时美国雪佛龙公司以167亿美元意欲与之达成收购协议,而随后,优尼科公司接到中海油发出的185亿美元的收购要约。而优尼科公司也在考虑这一优厚的收购。

然而,中海油的收购行为却遭到美国政府的政治政策障碍和贸易摩擦带来的双重压力,与此同时,2005年7月13日,《华尔街日报》和NBC News联合进行了一项民意调查显示:

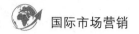

有73%的美国人反对中海油收购优尼科。

41名美国国会议员联名向美国总统递交了一封公开信,敦促布什政府"对中海油以185亿美元现金收购美国优尼科石油公司的要约进行严格审查"以确认中海油的收购是否会对美国国家安全造成威胁。大多数证人称如果收购成功,美国在亚洲的利益将受损。

中海油于8月2日宣布,该公司已撤回其对优尼科公司的收购要约,收购优尼科一事失败。

资料来源:http://finance.ifeng.com/news/special/Nexen/.

第一节　国际市场营销的政治环境

国际市场营销所处的政治环境,包括影响其经营活动的国内或国际政治因素。政治环境包括三方面内容:东道国政治环境、国际政治环境和本国政治环境。有研究显示,跨国公司领导所面临的工作内容中,在政治方面遇到的问题是难度最大和最费时的。但跨国营销者所关注的内容与政治学家关注的内容是不同的,跨国营销者主要关心政治风险,即政府行为对其经营活动产生的影响。

资料链接 4-1

米沙玩具熊

1977年,美国洛杉矶一位商人以25万美元的巨款,买下了一项专利——生产一种叫"米沙"的玩具熊——这是1980年莫斯科夏季奥运会的吉祥物。此后两年,该商人一直致力于"米沙"的市场营销,成千上万的"米沙"生产出来,若一切如预期的,"米沙"销路应该很好。该商人预测,这项业务的收入可达5000万美元至1亿美元。然而,意料之外的事情发生了,由于当时苏联入侵阿富汗并且拒绝撤军,美国宣布不参加1980年的莫斯科奥运会,骤然间,"米沙"变成了令人深恶痛绝的象征——再也无人购买,该商人预计的收入化为泡影。

资料来源:根据有关资料编写。

一、政治环境的主要构成因素

(一)东道国政治环境

所有海外市场中的跨国企业都是外来者,因此,跨国公司经营者必须与东道国的民族主义者和政府打交道。

1. 东道国的国家利益

跨国公司在海外市场中所处的情况可以从企业的经营活动是否与东道国的利益相一致来判断。虽然各国政府所要实现的目标不同,但大多数国家有一些共同的目标。民族主义和爱国主义指的是人们对国家和国家利益的感情。每个国家的人们都有这种感情,比如各个国家都会将国家诞生日和独立日作为重大节日庆祝。

所有国家都希望保持和增强国家主权,国外企业可能会被人们看作对国家主权的威胁,外国企业的规模越大、数量越多,它们就越容易被看作一种威胁,或者至少会被看作一种刺激。在国家发生骚乱时,国外企业或外国大使馆很可能会成为被攻击的目标。

每个国家都希望维护领土安全。虽然国外企业并不涉及军事威胁,但也可能被看作对国家安全的潜在威胁。一般情况下政府都会限制外国企业从事某些"敏感"行业,包括国防、通信、能源和自然资源领域,例如,利比亚政府将原来归外国石油公司经营的加油站收归国有时给出的理由是,这些产品对国家来说太重要了,不能由外国企业经营。如果企业是来自东道国认定的有敌意的国家,该企业在东道国的经营活动就很难进行,甚至会被拒绝进入该国从事经营活动。

在经济方面,一国会扶植特定行业,提高该国国际竞争力,会禁止外国企业进入该行业或吞并该行业中的某个企业。许多国家运用"国家力量"帮助处于困境中的本国企业参与某些国际间的竞争活动。跨国公司在经营活动时,尽量不要太"外国化",比如在广告政策、品牌政策、所有权以及人员方面尽量贴近东道国。跨国公司也可以通过在当地进行研发活动获取当地政府的好感。

所有的国家都希望提高自己的经济实力,这通常意味着提高国民的就业率和收入。外国企业会通过生产活动改善该国的就业形势和提高国民收入。外国企业采用当地材料、从该国出口产品以及增加外汇收入都能增强东道国的经济实力。外国企业也能通过提供产品、服务以及培训提高东道国生产力,从而促进该国经济实力的增强。

资料链接 4-2

世界杯漫画引发德伊纷争

2006年6月9日至7月9日,世界杯足球赛在德国举行,如果在这期间德国出动军队,将违反战后达成的不得出动德国军队协助警方的公约。漫画家克劳斯·施图特曼在2月10日的德国《每日镜报》上刊出了他的漫画:4名伊朗球员身上绑着炸弹,像是自杀式袭击者,有4名身穿军装的德国球员。文字说明是:在世界杯期间不得不出动军队的真正理由。施图特曼说,他的用意是嘲讽德国当局,并非针对伊朗人,我们无须出动军队。漫画刊出几小时后,辱骂和抗议就像连珠炮似的向报社和施图特曼袭来,还有人扬言要杀死他。

伊朗随即要求报社道歉,伊朗驻德大使馆也要求德国方面道歉,称此事件是不道德的行为。

资料来源:引用自《参考消息》第2版,2006年2月16日。

2. 东道国的国家管制

东道国并不完全依赖外国企业帮助它们实现目标,政府采用一系列方法确保外国企业在本国的经营活动能够符合该国利益,以下是几种管制方式:

(1) 进入限制。企业进入东道国后会受到某些限制,比如不能收购国有企业,只能与国有企业组成合资公司,而且不能拥有100%的所有权,所销售的产品种类也会受到限制。例如,印度政府规定香皂和火柴必须手工制作,这显然会影响联合利华公司和瑞士火柴厂在印度的经营活动。

(2) 价格管制。外国企业会在东道国受到一系列的限制,最普遍的形式就是价格管制。东道国的通货膨胀会严重限制企业的获利能力。美国Gerber(嘉宝)公司就因十年来受到价格管制影响盈利而退出了委内瑞拉市场。东道国的其他管制手段还会影响企业广告以及其他营销活动。

（3）配额与关税。东道国的配额与关税会限制企业进口设备、部件和产品，使企业需要进口的产品高于当地同类产品的价格。

（4）外汇管制。许多国家的国际收支平衡表长期出现赤字，缺乏外汇储备。这些国家就会根据本国需要规定商品进口的先后顺序。海外企业需要的产品可能因为并不是该国紧缺物品而被限制进口数量，也可能会遇到难以筹措足够的外汇以进口产品以及难以转移利润等方面的问题。

（5）征用。征用即东道国征收外国企业财产，这是东道国管制外国企业的极端方法。随着发展中国家越来越鼓励国外直接投资，这种过激行为已经大幅减少。1975 年全球共发生了 83 起国家征用事件，20 世纪 80 年代这种情况有所减少，仅在 1985 年发生过一起，到了 20 世纪 90 年代，这种现象基本绝迹。

1989 年委内瑞拉开始实施涉及官方外汇制度腐败的 Recadi 行动，在这之前该国的政治环境一直被认为风险较低。该国政府宣称有多家外国企业涉嫌政府腐败，并且对 47 名外国企业经理发出了逮捕令。被审查的企业包括通用汽车公司、丰田公司、强生公司、Bristol Myers 公司和固特异公司，许多外国企业经理离开了该国。福特公司驻委内瑞拉分公司的经理科尼利厄斯·科雷曼说："我一生中第一次遇到这种没有任何理由就要逮捕我的事情。"一位加拉加斯法官宣布逮捕宝洁公司和高露洁—棕榄公司驻委内瑞拉分公司的经理，理由是这两家公司的产品广告中含有误导内容。

（二）国际政治环境

国际政治环境包括两国或多国之间的政治关系。不管跨国公司多么努力保持中立，都几乎不可避免地要涉及东道国的国际关系。这是因为跨国公司总是来自某一特定国家，并且在东道国的经营活动总要涉及该公司与其他国家在供求方面的往来。

东道国的国际关系的一个方面涉及东道国与企业所属国的关系。例如，美国企业的国外分公司就会受到东道国对美国态度的影响。如果东道国不支持美国的某些政策，美国企业可能就会与美国情报机构一道遭到炸弹袭击或抵制。英国和法国在其前殖民地国家的经营活动也受到国际关系的影响。1998 年，美国对印度核试验采取了制裁措施，可口可乐公司和百事可乐公司在新德里的货车就遭到了炸弹袭击。

影响政治环境的另一方面的因素就是东道国与其他国家的关系。如果东道国是某一地区性组织的成员组织，比如欧盟和东盟，也会影响企业对该国的评价。如果东道国有特别的友好国家或敌视国家，企业必须调整其国际供应系统，使之与在东道国市场中的供应方式以及营销对象相适应。例如，美国对许多国家实行贸易禁运，阿拉伯国家抵制与以色列有业务往来的企业。

影响国际关系的另一方面因素就是东道国在国际组织中的成员组织地位。例如，北约成员组织拥有的军事协定会限制成员组织国内的军事行动和政治行动。WTO 成员组织减少了新的贸易壁垒。国际货币基金组织或世界银行成员组织的行为也会受到某些限制。许多其他的国际协定也对其协议国造成限制，这些协议可能影响跨国公司某些方面的利益，比如，专利、沟通、运输等方面。通常来说，某一国家参加的国际性组织越多，就会受到越多条例的限制，其行为也越受约束。

资料链接 4-3

美国电影引发争议　反美浪潮持续发酵

由涉嫌诋毁伊斯兰教与先知穆罕默德的美国电影《穆斯林的无知》引发的反美浪潮进一步扩散。"阿拉伯新闻网"2012年9月16日报道,埃及、也门、苏丹、伊拉克、突尼斯、利比亚和伊朗等国连日来都发生了较大规模的民众示威游行,一些国家还爆发民警冲突、造成多人伤亡。

埃及官方的中东通讯社16日报道称,围攻美国驻埃及使馆事件仍在继续,示威者向军警投掷燃烧瓶和石块,后者则用催泪弹驱赶人群。据阿拉伯电视台披露的数据,截至16日上午,发生在开罗市中心的冲突造成2人死亡、约400人受伤。滨海城市亚历山大也发生了冲击美国领事馆事件。

在苏丹,喀土穆和加达里夫等州数万名民众于14日走上街头示威游行,抗议美国发行诋毁伊斯兰教、亵渎先知穆罕默德的影片。他们围攻美国、德国和英国大使馆,并同警察发生了冲突,冲突导致2名示威者死亡、40多名警察受伤。美国使馆内多辆汽车被焚烧。

伊斯兰合作组织轮值主席、萨内加尔总统萨勒14日在一份声明中表达了强烈的愤慨,他严厉谴责美国这一不负责任的行为,认为它严重伤害了穆斯林的感情。

中东媒体普遍认为,这一波反美浪潮不会轻易结束,事态有进一步扩大的趋势。美国外交关系委员会主席哈斯甚至说:"在可以预见的未来,中东地区将再次陷入混乱,这给美国带来很大难题,将使美国面临诸多困难抉择,因为在很多情况下,美国的利益大于其在该地区的影响力。"

资料来源:新华网.伊斯兰世界爆发反美浪潮[EB/OL]. http://news.xinhuanet.com/world/2012-09/17c_123722141.htm.

(三)国内政治环境

企业所属国的政治环境不仅影响企业的国际经营活动,也影响企业在国内的经营活动。本国政府会限制企业进入某些国家。例如,美国限制本国企业进入柬埔寨、古巴、利比亚和朝鲜,也对企业进入伊朗和伊拉克市场有一定限制。美国还在技术管制战略下,限制美国企业出口某种类型的产品。美国国内政治环境甚至会影响到海外企业,比如东芝公司就因向俄罗斯出售潜艇静音技术而受到美国的处罚。

国内政治环境影响企业国际经营活动最著名的例子就是南非。南非的国内政治压力共使200多家美国公司撤出该国。美国公司撤离南非后,日本和德国成为当地最大的外国企业来源国。德国企业不会像美国企业那样面临来自国内的压力,但在日本成为南非最主要的贸易伙伴后,日本政府的角色变得很尴尬。后来,一些日本企业削减了在南非的经营规模:松下公司关闭了一家分公司,三洋公司和日产公司减少了对南非的出口额,NEC和先锋电子同意延期出口产品给南非。

最近的一个例子是美国人权组织迫使美国企业撤离缅甸。尽管百事可乐公司在缅甸饮料市场占有85%的市场份额,百事可乐公司还是关闭了在缅甸的一家合资厂。

跨国公司面临的挑战之一就是要面对来自三个方面的政治威胁。即使本国和东道国政治环境都没有什么威胁,跨国公司还是会受到其他方面的政治威胁。例如,企业即使已经获得本国和东道国的支持,还是会受到第三国的抵制。例如,对雀巢公司婴儿奶粉配方争议最

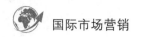

大的国家不是其所属国瑞士,也不是其东道国非洲,而是来自第三方力量——美国。

二、政治风险的评估

政治环境瞬息万变,海外企业对东道国政治环境持续监控非常重要。政治风险不仅对企业是一种挑战,对雇员也是一种挑战。因此企业管理人员在制定国际营销战略规划时,应对政治风险进行评估。

政治风险评估的目的在于预测政治的不稳定性,以帮助管理层确定与评价政治事件对当前及将来国际经营决策的影响,对国际营销者来说,最大的风险在于政府垮台所引起的社会混乱。比如,在2012年利比亚的卡扎菲政府倒台后,我国在利比亚投资的企业遭受了上百亿美元的巨大损失。

企业可以委托专业调研公司进行整治风险的评估,经济学家情报中心、美国商业环境风险评估公司、美国国际报告集团等都可以提供以国家市场为单位的最新政治风险评估报告。

跨国企业的管理人员也可以从企业的外部环境和内部因素对其政治风险进行评估。

(一)外部环境因素

(1)企业所属国的情况。在其他条件相同的情况下,企业会在与所属国外交关系良好的国家内受到欢迎。

(2)产品或行业。行业敏感性是一个重要的考虑因素。通常说来,原材料、公用设施、通信、医药与国防等都是非常敏感的行业。

(3)企业规模与坐落地点。外国企业规模越大越容易被人们看作对本国的威胁。尤其是企业拥有各种大型设备而且坐落在像首都这样的主要城市中,这些经常提醒人们外国企业的存在。

(4)企业的可见性。国外企业的可见性越大,其弱点越多。可见性涉及几个方面,其中两个是上面提及的规模和坐落地点,还有一些方面比如产品性质等。消费品就比工业品可见性强,工业制成品比零件可见性强。密集的广告攻势和国际性大品牌都会增加企业的可见性。

(5)东道国政治形势。企业受政治环境影响,跨国企业应估计东道国的政治风险。

(二)企业内部因素

(1)企业行为。每个企业都因其经营活动而给人们留下一定的印象。有些企业对东道国的形势更敏感,反应更快。这些方面的良好口碑是企业的宝贵财产。

(2)企业对东道国的贡献。企业对东道国的贡献很容易衡量。外国企业雇佣员工情况、纳税情况、出口情况以及引进产品和技术情况都可以作为衡量标准。

(3)经营活动的本土化。一般来说,企业的经营方式越本土化,就越能被东道国所接受。本土化包括几个方面的内容:在当地重新投资、雇佣当地管理人员和技术人员、使用本地材料生产产品、开发当地的产品和当地品牌。

(4)分公司的依赖性。当地分公司越依赖母公司,其弱点就越少。如果分公司不能独立经营,而需要依赖母公司提供主要原料或市场,人们就会认为接管该分公司的价值不大。

对政治环境进行监测和分析是企业的日常工作任务。通过分析得来的信息必须提供给企业,用来维持政治关系。

三、降低政治风险的战略选择

对政治风险的评估有助于管理者有效预测对企业经营活动存在潜在威胁的政治因素及变化趋势,不过评估本身主要是对企业在某些国家和地区的跨国经营活动提出预警,要想降低风险,增大获利机会,还必须对政治风险进行有效管理。另外,随着国际市场营销活动越来越需要在一些政治风险高的地区开展,放弃投资已经不是明智之举了,因此企业应采取相应的战略措施来控制政治风险。降低政治风险的措施主要有:

(一)回避战略

回避战略就是在评估为高风险的国家或领域中尽量不投资。但是在国际经营活动中,任何一家跨国经营企业都面临着不同程度的风险,仅仅采取回避战略是消极和被动的。

(二)适应战略

适应战略是一种主动型战略,要求跨国经营企业必须对可能面临的不同水平的风险进行分析与评估,并在承担一定程度的风险的基础上,制定相应的风险管理方法,具体可以采取以下 5 种方法:

1. 发行当地股票和加大在当地的债权股本

发行当地股票和债券涉及在当地企业、贸易联盟、金融机构和政府的帮助下为跨国经营企业在当地的经营互动融资。如果使上述这些机构拥有跨国经营企业当地经营的股份,它们就可以分享利润,这些机构就有意愿帮助企业的经营活动免受或少受政治力量的干扰,从而降低政治风险。比如联合利华公司就通过在印度、印度尼西亚、马来西亚、巴西等新兴市场国家发行当地上市的股票,增强了与当地社会在经济上的融合度。

2. 追求本地化的目标

本地化要求跨国经营企业对其经营方式、产品组合或者其他经营要素,甚至公司的名称做出调整,以适应当地的偏好和文化。跨国经营企业本地化常见的方式是将部分原料采购和加工过程移往产品需求地由当地产业工人完成,比如惠普为扩大在中国市场的份额,多年以前便开始从中国采购零部件,每年的采购额都超过 1 亿美元。除此之外,惠普还着手与中国国内合作伙伴进行深层次的合作,与国家科学技术委员会成立了一所研究中心,与上海一家国内厂商合资研究、开发、生产分析仪器产品,在青岛合作开发新一代医疗器械。这些做法属于跨国公司本地化的高级形式,帮助惠普融入中国社会,与本土企业一起促进中国社会的进步和发展。

3. 帮助东道国发展

跨国经营企业可以通过增加出口或进口替代来减少进口,改善东道国的国际收支状况,通过向东道国转让资本、技术或技能,创造就业机会,向东道国积极纳税等方法对东道国做出经济贡献来与东道国政府及民众建立有益的联系。

4. 合作经营

合作经营的方式可以是非正式的安排,不过一般是指合资、战略联盟和交叉持股等方式。通过与当地公司或其他跨国企业合作,企业可以分散所面临的风险,这一点在发展中国家显得格外重要。

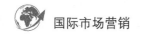

5. 为政治风险投保

当企业进入存在潜在风险的国家从事商务活动时往往会以购买保险的方式应对潜在的政治风险的影响。例如,海外私人投资公司就专门为美国的跨国公司提供保险,并提供项目融资。在我国,中国出口信用保险公司起着类似的作用,通过为对外贸易和对外投资合作提供保险等服务,支持企业的对外经营活动。

(三)防御战略

防御战略的核心思想是跨国经营企业通过努力收集有助于预测和管理政治风险的信息,建立市场营销、业务操作和财务等方面的风险控制体系。信息的来源主要有以下两个方面:

首要,其来源是了解东道国情况的企业员工和其他国际商务活动人士。在东道国任职的本企业员工,对当地的文化和政策应该有直接的认识和了解,可以为企业建立政治风险预警提供有效、及时的信息,其他的有国际商务活动经历和经验的人士,可能在工作中接触过当地的政府官员或亲身经历过的一些事件,也可以作为很好的信息来源。

其次,是专门研究政治风险的服务机构。这类机构除了前面提到的一些专门的国际商务风险评估机构外,还包括银行、政策咨询部门和新闻出版机构等,它们采用不同的标准和方法来评估风险,其中有些机构还会提供政治风险报告,详细地分析各国的政治风险程度和现状等方面的信息。

(四)改变战略

改变战略的指导思想是通过积极影响当地的政治活动,使跨国经营企业可以主动应对预期的变化。企业可以通过直接或间接地与当地的政治家和立法者打交道的方式来影响当地的政治活动。由于直接的方式不合法或难度较高,企业更经常地以游说等间接的方式来达到规避政治风险的目的。

游说是指跨国公司专门雇人来表达本公司对政治事件的观点的策略。游说者的最终目标是使对本公司有利的法案获得通过而使不利的法案被驳回。需要注意的是,由于游说会影响一国政府立法的公正性,许多国家通过立法限制游说活动。

在有些国家,政治贿赂也是影响政治活动的一种方法。政治贿赂是企图通过收买掌权者,让其代表跨国企业出面干预商务活动,从而减少公司的政治风险。这种方法一方面用来减少各种问题所造成的不良影响,另一方面也可能会使跨国公司获得重要的合同或获得某种产品或服务的经销权和零售权。尽管在一些腐败状况严重的国家,贿赂是跨国经营企业得以正常进行国际商务活动的必要手段,但其本身风险也很大,通常会引起道德问题和法律问题。

第二节　国际市场营销的法律环境

除了政治环境外,法律环境也会影响跨国企业的经营活动。法律环境是指与商业活动有关的国家法律和规章。因为这些法律条例构成了"游戏规则",企业必须了解各个市场的法律环境。

资料链接 4-4

11 万多名员工告了沃尔玛

据美联社 2005 年 9 月 20 日报道,全球零售业巨头沃尔玛被其 11.6 万名员工联手告上法庭。原因是沃尔玛非法剥夺他们的午休时间,并没有给予经济补偿。美国加州阿拉梅达县高等法院于 9 月 19 日开庭审理此案。原告律师在法庭上说,美国 2001 年有一条法律规定,每天至少工作 6 小时的员工必须有半小时的午休时间。假如员工享受不到午休,就必须补偿 1 小时工资。沃尔玛总共欠这些员工工资和利息 6600 万美元。

一、国际法与国际市场营销

世界上不存在相当于主权国家立法机关的国际法制定组织。那么,什么是国际法呢? 我们将其定义为各国间签订的具有法律效力的各种国际公约、条约、协定。从这种意义上说,国际法不同于某些具有国际化含义的国内法。每个国家法律的国际化外延是以单边为基础的,国际法则是以多边为基础的两个或多个国家签署并执行的法律或条约。

(一) 国际货币基金组织与世界贸易组织

国际货币基金组织与世界贸易组织都规定了成员组织的行为规范,其目的在于对违反规定的成员组织进行处罚。国际货币基金组织可以从违反协议的成员组织中撤回服务项目;世界贸易组织允许成员组织对违反协议的国家实施报复手段。

跨国公司关注国际货币基金组织与世界贸易组织的原因在于环境的稳定有助于世界贸易活动。企业关心国际货币基金组织减少国际金融活动中的不稳定因素的能力,支持世界贸易组织对国际贸易活动的促进。

世界贸易组织和国际货币基金组织的法律效力范围不涉及国际营销者的行为,只涉及企业在成员组织的经营行为。由于这两个组织的存在,国际市场营销环境更稳定。

(二) 联合国国际贸易法委员会

联合国成立了联合国国际贸易法委员会,目的是促使全球实行统一的商业法规。该委员会主要影响政府和私人组织,其 1983 年出台的第一个法律文件是《联合国国际货物销售合同公约》,目的是促进实施不同法律体制的国家间更好地沟通,以及减少合同争议,促进国家间的货物销售。20 世纪 90 年代,联合国国际贸易法委员会致力于出台《采购示范法》《国际商业仲裁示范法》和《电子商务示范法》。

(三) 国际标准化组织

还有一些国际组织对国际市场营销活动也具有一定的法律效力,其中之一就是国际标准化组织(ISO)。许多主要发达国家的工业团体都加入了国际标准化组织。

不同的国内标准是国际贸易的主要障碍。因此通过技术委员会的努力,国际标准化组织要制定统一的国际标准。由于改变国内标准会损害该国的既得利益,所以实现标准化的工作进展缓慢。跨国公司及其分支机构可以对以后实施的标准提出自己的意见,企业在每个国家的分支机构都可以向该国贸易协会或相关国际标准化组织设在该国的机构表达自己的看法。

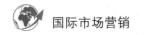

(四)专利保护系统

许多企业拥有专利产品,企业希望在这些专利产品运出国内市场后继续保护其专利权。通常情况下,企业在每个国家都需要分别注册专利,这个过程费时费力。例如,据估计,气垫船产品10%的开发成本都花费在了世界各地的专利保护上。对国家来说,进行商标注册花费巨大,因为每次专利注册都要经过相同的调查、评审程序。

资料链接 4-5

美国企业的专利保护

三家美国制药公司——Squibb、默克、Upjohn,曾经在某两年内申请了349项国际专利,花费3000万美元,每项专利花费约8.5万美元。美国一家工业品经销商博格-华纳公司雇佣了15名专利律师,每人都同时接手近400项告发侵权案件。博格-华纳公司每年申请专利100~150项,约有80%申请成功,该公司在美国拥有1500多项专利,在国外拥有3000多项专利。

专利保护的目的是在专利注册国禁止其他人销售专利产品,专利保护形成的垄断能维持产品高定价,也能鼓励企业从事研发活动。因为在多个国家注册专利成本高、手续复杂,所以人们进行各种努力以寻求获得专利权的多种方法。人们采取的主要办法是简化申请体制,这种办法能够减少专利申请过程中的重复,给需要在许多国家申请专利的企业带来便利,不过,企业还要支付个别国家的专利申请费。发展中国家也愿意朝简化申请专利手续的方向发展。

目前国际组织致力于简化申请专利手续,最著名的是《保护工业产权巴黎公约》,截至2014年12月2日该组织的缔约方总数达到176个。

欧盟下设欧洲专利办公室,但该部门的运作方式还远没有达到统一市场的要求。欧洲专利办公室承认许多国家的专利,这些专利的范围和条件都不同。企业必须将专利申请文件翻译成其申请专利国家的语言,将一份150页的文件翻译成所有欧洲专利办公室成员组织的语言需要花费27万美元,而且还要加上律师费和文件成本。在日本申请一项专利需要花费19000美元,在美国则只需花费7000美元。

由于大量专利都来源于发达国家,发展中国家认为,对它们来说专利意味着高价产品和进口垄断,而不是本土化制造和对专利使用者的高额回报。发展中国家希望通过联合国贸易发展会议及世界产权组织的努力,降低它们取得技术的费用。

世界知识产权组织已经获得多个组织(《保护工业产权巴黎公约》及《商标国际注册马德里协定》等)的集中管理权。世界知识产权组织中的发展中国家成员经过努力使该组织由大多数国家共同做主,这样将会使发展中国家对将来的发展取得更多的控制,而对专利所有者的保护则相应减少。

(五)商标协定

商标是另一类知识产权。与专利一样,商标也必须经过国家批准才能受到保护,但商标比专利的申请过程时间快、成本低。目前主要有两个国际商标协定,一个是《保护工业产权巴黎公约》,另一个是《商标国际注册马德里协定》。《保护工业产权巴黎公约》也包括对专利的保护。该公约对商标的保护期限为6个月,对专利的保护期为一年。也就是说在《巴黎公约》中某成员组织进行商标注册的企业能获得 6 个月的保护期,在这 6 个月内其他成员组织也会对该企业的商标进行保护,该企业可在此期间在其他成员组织进行注册。

《商标国际注册马德里协定》目前拥有包括中国在内的 92 个成员组织,成员组织主要是欧洲国家。《商标国际注册马德里协定》的优势在于企业可以只要其中一个成员对商标进行注册,而其他成员组织也承认该注册商标。该协定对注册商标收费合理。

还有一个主要协定是《欧洲共同体商标条例》。企业只需在一个成员组织申请注册商标并支付费用,无须在其他国家内一一注册。

此外,原法属殖民地也有它们自己的多国协定。覆盖北半球国家的《美洲协定》与《保护工业产权巴黎公约》的作用相似。

商标和品牌名称保护所引发的冲突往往会导致既费钱又激烈的法律争端,但有时双方也能友好协商解决,下面的例子就是其一。通用汽车公司将一种新型运动雪佛兰车命名为 Beretta,拥有 463 年历史的意大利武器生产厂贝雷塔公司(Beretta)因为通用汽车公司采用了和它同样的名字而将通用汽车公司告上了纽约法庭,但本案很快得以解决。通用汽车公司向贝雷塔癌症研究基金会捐款 50 万美元,取得了对该名字的使用权。通用汽车公司总经理罗杰·史密斯还向贝雷塔公司总裁皮尔·朱塞佩·贝雷塔赠送了 Beretta 牌小轿车,并接受了回赠的一把步枪和一把猎枪。

(六) 区域性组织

许多国家为了促进经济增长,意识到成立大型区域性组织的必要性,每个洲都成立了区域性组织。但每个组织都发现,如果没有统一的国际性法律协定,而只有经济一体化是不够的。起初,这些区域性组织只签订了一些协定,但随着一体化进程的深入发展,不可避免地需要更多有法律效力的协定,因此就涌现出许多国际法(区域性法律)。由于这些区域性组织大部分是经济联盟,新制定的国际法主要涉及经济和商业方面。因此,区域性组织促进了与跨国公司利益相关的国际法的发展。

1. 欧盟

欧盟的根本法律是《罗马条约》,在这一国际法下各成员组织组成了关税同盟,也统一了某些经济性规章制度。但直到 1985 年,也没有建成真正的共同市场。在欧洲委员会时任官方主席雅克·德劳的推动下,出台了《单一欧洲法案》。《单一欧洲法案》的出台意味着形成欧洲共同市场的进程更进了一步。1985 年年末,欧盟各成员组织政府接受了该法案,并将 1992 年定为全面推行的时间。

增强欧盟国际法效力的是欧洲法庭,它在处理跨国法律问题时更有效,其中最著名的法庭就是海牙国际法庭。

2. 其他区域性组织

欧盟在所有区域性组织中取得的进展最大。在区域性法律方面,欧盟取得了更大的进展。美洲共同市场成立初期在区域性法律建设方面取得了飞速发展,但因成员组织之间意见不同,从 1969 年开始进展变得缓慢。安第斯共同市场也是初期进展很快,然后发展速度减慢。区域性组织的法律建设在区域组织成立初期形势很好,但要取得进一步发展则需要很长时间。

南方共同市场是成立较晚的区域性组织,但该组织成立初期在法律建设方面取得了一定成绩,南方共同市场同玻利维亚和智利签订了联盟协定,与欧盟磋商签订自由贸易协定,该组织甚至还考虑要统一货币。在亚洲,东盟是朝着自由贸易法律和统一各国法律方向努力的唯一的区域性组织。

(七)国际法

国际市场营销者应该关注两个方面的国际法。

第一个方面是由国际性组织制定的行动守则。虽然这些行动守则对跨国企业来说并不是真正的国际法,但在实际行动中,这些行动守则已被国家、工会以及其他有关方面作为衡量跨国企业的标准。例如,世界卫生组织对婴儿代乳品的销售制定了一个行为守则,有关各方将这个行动准则看作该领域的国际法。

第二个方面就是国家间法律事务的合作。例如,英美两国签订了一项条约,该条约规定,任一国家的法庭做出的裁决都被另一国承认。其中涵盖了大多数商业纠纷。除此类合作外,更有效的是各国立法机构之间的非正式合作。立法机构在制定商业法律前对各国进行访问并交换信息。在反托拉斯领域,美国和欧盟间就曾经进行过人员互换。

发达国家间还进行法律合作。发展中国家通过联合国贸易与发展会议及世界知识产权组织开展合作,在这两个组织内,各成员组织交换跨国公司的信息。由于各国间的法律移植速度加快,企业面对的不再是单个国家的法律,因此,企业必须修改相应的战略。

二、国外法律与国际市场营销

在国外市场中,国内法律对营销者的重要性主要表现在该国境内的营销活动受到该国法律的限制,各国间法律差异导致每个市场适用的法律不同,这会引起很多问题。

(一)不同的法律体系

大多数国家的法律体系都属于普通法系或大陆法系。

普通法系起源于英国,美国和其他一些国家也属于此法系,美国以外的这些国家约有26个,其中大多数受到英国的显著影响,它们通常是英国的前殖民地国家。普通法系是习惯法,也就是说,对法律含义的解释会受到以前法庭判决和适用习惯的巨大影响。如果人们找不到以前特定的判例或制定法,普通法系就需要做出法庭裁决。要了解实行普通法系国家的法律情况,人们不仅要研究法律条文,还要掌握以前类似情况下法庭做出的判决。

大陆法系是建立在一系列广泛和复杂的法律条文基础上的法律体系。实行大陆法系的国家在法律的执行中更重视法律条文而非以前的判例。法律条文在大陆法系国家内非常重要。然而,由于大陆法系法律条文含义广,法律条文需要应用于诸多情况和条件,在执行中就需要具有相当的普遍性和伸缩性,对法律条文的不同解释导致不同的结果,这就会引起某些不确定性。

大陆法系是以罗马法为基础发展起来的。实行大陆法系的国家远远多于实行普通法系的国家。许多实行大陆法系的国家以前是法国、德国、西班牙的殖民地或与这几国有密切联系的国家,因此大陆法系主要受这几国法典的影响。世界上大约有70个国家实行大陆法系。

伊斯兰教法系代表第三种主要法律体系,约有27个国家实行伊斯兰教法系,这些国家实施伊斯兰教法系的程度不同,通常还混有普通法系、大陆法系或当地法律。近年来伊斯兰教力量的壮大使伊斯兰教法系在更多的国家占据重要地位。伊斯兰教教法主宰着生活的方方面面,在这些国家(比如沙特阿拉伯)伊斯兰教教法就是占主导地位的法律体系。伊斯兰教教法没有涉及的方面就由政府法律或伊斯兰教法官决定。伊斯兰教法系在贸易活动方面与其他法律体系相差不大。例如,在沙特阿拉伯,解决贸易争端委员会的运作方式与西方国家相同。

不同的法律体系对国际市场营销者意义重大,因为没有任何两个国家的法律体系完全相同,企业必须对每个市场单独研究并寻找适合当地情况的恰当的法律手段。

(二)国外法律与市场营销组合

1. 产品

消费者进行消费最主要的目的就是取得产品,于是出现了许多产品方面的法律规定。产品的物理和化学作用会受到法律的限制,这些法律通过规定产品的纯度、安全性和性能来保护消费者的利益。各国对产品管制的严格程度不同:美国食品与药品管理局禁止"反应停"在美国销售,而欧洲允许这种药品在国内销售,于是悲剧出现了,欧洲许多服用过此药的孕妇生下了畸形婴儿。

类似的情况还有,美国法律对汽车的安全性有特殊规定,欧洲汽车生产商就必须对销往美国的产品进行改装,因为美国是个大市场,这种改装并不会造成太多损失,但为符合小市场特殊要求做出产品改动会使企业得不偿失。1968年美洲虎公司就因美国法律安全标准问题而暂停向美国出口轿车。虽然法律应该保护消费者利益,但各国没必要制定不同的安全标准。如果实施不同的产品标准,看起来好像其他国家的消费者受到的保护不充分。国家实施产品方面法律的一个原因是保护本国生产者。例如,英国要求从法国进口的牛奶要采用品脱作为计量单位而不能采用公制计量法,这就阻止了法国牛奶进入英国市场。德国对噪音的要求也限制了英国产的剪草机进入德国市场。

20世纪90年代末美国与欧盟签署了一项协议,该协议规定双方对许多产品标准互相承认,这项协议为两国节省了上百万美元。但该协议中不包括汽车产品,并且美国食品与药物管理局仍保留对药品的控制权。

中国目前也有了保护消费者的法律,越来越多的消费者借助它来维护自己的合法权益。

与包装相比,法律对商标的规定内容更多,有关商标的法律内容包括:① 产品名称;② 厂商和分销商;③ 产品成分及使用方法说明;④ 净重及产品总重量;⑤ 原产国。市场营销者在各国内都有自由选择授权厂家的权利。

各国对商标注册的规定也不同,许多国家是《保护工业产权巴黎公约》和其他保护商标协定的成员组织,这就确保了商标的全球统一性。在商标注册方面,实行大陆法系的国家和实行普通法系的国家的规定不同,前者实行注册优先原则,后者实行使用优先原则。

在商标注册方面,国外烟草公司在日本遇到了很多难题。日本烟草公司是国家垄断企业,占有国内98%的香烟市场份额。外国烟草商在日本受到很多限制,1985年美国与日本政府间签署的协定在某种程度上放宽了对烟草市场的管制。随后,外国烟草公司发现日本烟草公司抢先注册了50多种尚未在日本市场上销售的香烟商标。在日本商标所有权是实行注册优先原则的。日本烟草公司营销部经理金也吉川说:"这是一种欺骗行为。任何人都能申请注册商标。外国烟草公司没有对自己商标实施保护措施是因为他们太懒惰了。"

2. 价格

价格管制是一种普遍的经济现象。不得低价转售商品的规定是价格法中最常见的内容,许多国家都有这方面的规定,但各国具体规定不同。各国价格法律还有一个不同,就是有些国家允许竞争者之间制定价格协议。

大多数国家还存在政府价格管制。有些国家价格管制范围很广,还有些国家只对某些方面有限制。例如,法国就有涉及范围很广的价格管制法规,而日本只对一种产品实施价格管制,即大米。一般说来价格管制只限于"主要"产品,比如食品。医药市场也是各国管制较多的行业。有时,各国政府实施管制的形式是控制利润率。

例如,加纳有段时间根据不同行业将制造商的利润率规定在25%～40%之间;阿根廷规定医药行业的平均标准利润率为11%;比利时对产品实行最高限价且限制医药产品批零利润;德国并不限制利润,而是强制实行价格登记,产品价格和利润都要受公众监督。1998年中国对医药产品实施了价格管制,将进口药品及合资药厂生产的药品价格降低了20%以上,这种措施限制了药品利润。

3. 分销

分销方面法律限制相对较少。企业在选择销售渠道方面拥有较大自由度,当然企业不可能选择被禁止的分销手段。例如,法国法律就限制登门销售,但胜家公司拥有该项法律的豁免权。分销的一个主要难题是独家分销的合法性,幸运的是,大多数国家承认独家分销的合法地位。事实上,分销方面最大的法律障碍不是针对自行设置分销网络的企业,而是针对那些通过分销商或代理商销售产品的企业。

审慎选择分销商或代理商从两个方面来说很重要:一方面,分销商的能力决定了企业在市场内取得的业绩;另一方面,企业与分销商签订的协议会使企业难以终止合同,或者需要承担很高的退出成本。企业关注分销合同方面的法律可以避免此类事情的发生。签订代理合同容易,退出时却很难。

4. 促销

广告是一种争议很大的营销手段,广告方面的法律规定多于其他方面,大多数国家制定了广告管理方面的法律,许多国家的广告团体也设有自我管理条例(新西兰在广告方面的法律多达33种)。广告管制有几种形式,其中一种形式是限制广告语的使用和规定广告的真实程度。例如,在德国不允许使用比较性的广告,广告语中也不许出现"更好"和"最好"的词语;在阿根廷药品广告的播出必须经政府卫生部批准;在我国,也有外国企业因广告用语触犯了我国新出台的广告法而被告上法庭。

政府对广告限制的另一方面体现在对某类产品的广告限制上。例如,英国不允许电视中播出烟草和酒水广告;芬兰在此方面的限制更严格,该国不允许在报纸和电视上做广告的有:政治组织、宗教宣传、酒类产品、丧葬用品、减肥药,不文明用语和某些暗示性语言也禁止使用。还有一种限制广告的办法是采取税收手段。例如,秘鲁曾对户外广告征8%的税,西班牙也对播出广告片征税。

在一些国家的市场中,企业的促销方式会遇到比在美国更严格的限制。美国通常不限制销售竞赛、交易、赠送以及其他暗箱操纵手法,但其他国家的规定就有所不同。这些国家普遍规定参加销售竞赛不得控制购买量;赠品的比例、价值、性质也受到严格限制,赠品被严格限制在所购产品的一定比例内,而且促销赠送的产品必须与该促销产品相关,也就是说餐刀不能与肥皂一起促销,毛巾也不能与食品一起促销。免费赠送的试用装也只限于一次用量,不得赠送一周使用量的赠品。婴儿产品不能有试用装。虽然各国间关于促销的法律差别很大,但大多数情况下,美国企业在国外受到的限制远远多于美国国内的限制。

(三) 法律的执行

企业需要了解国外法律如何影响本企业在该国的经营活动,但只了解法律条文是不够的,还必须了解法律的执行情况。大多数国家都有一些法律被遗忘或根本不执行,还有一些法律只是偶然执行,但有些法律执行得很严格。

法律执行情况的一个重要方面就是司法公正程度。外企分支机构与国有企业会受到法律的同等待遇吗?人们都知道法庭会偏向国有企业。在这种情况下,法庭就会对外企实行一种标准,对本国国企采取另一种执行标准。了解这些情况有利于企业评估法律环境。

三、跨国企业解决国际商务争端途径

(一) 法律与法院的选择

国内法限制境内的贸易活动,但如果涉及国际商务活动时就会面临适用哪国法律和由哪国法院做出裁决的问题。

两国间发生贸易争议时,都希望依照本国法律、在本国法院进行审判。但是,发生争议时,司法权问题通常已经按照一种或几种方式决定了。其中的一种解决办法是事前在合同中加入司法管辖权条例,合同签订后各方都同意按合同中规定的特定国家法律裁决争议。

如果双方事先没有关于司法管辖权的协定,就由受理该案件的法院决定适用哪国法律。一种选择是采用合同签订时所在国法律,另一种选择是采用合同履行时所在国家的法律,在这两种情况下会采用哪种法律不能由企业控制。大多数企业希望自己能够决定发生争议时适用的法律,于是在合同中加入司法管辖权条款,以便选择最有利于自己的适用法律。当然,所选择的适用法律还要由双方共同接受。

选择受理法院还取决于争议双方哪一方是原告,哪一方是被告。选择法庭与选择使用法律是两个不同的问题。案件要由被告所在国家的法院受理。例如,美国企业诉法国企业的案子要在法国法院受理。此类案件常常导致以下情况的发生:某国法院可能会依照其他国家的法律进行判决,也就是说,法国法院可能采用纽约州法律对争端进行判决。这种情况的发生有几种可能:一种可能是,双方在合同中签订的司法管辖权条款规定使用纽约州法律;另一种可能是,法国法庭认为纽约州的法律因为某些其他原因适用于该案例。

(二) 仲裁和诉讼的选择

国际市场营销者要具备法律知识以及合同知识。合同能够确认两个方面事宜:① 双方责任;② 解决争议的法律程序。事实上,营销者倾向于通过一些其他方式解决争议,而将法律手段看作最后的解决方法。企业认为诉讼并不是解决争端的好办法,主要原因有:诉讼耗时长,在诉讼期内企业会积压存货,影响生意,此外还会影响商誉和公共关系。企业也经常担心在国外法庭上受到歧视对待,只有在其他方式无法解决争端时才会采取法律手段。

解决国际贸易争端更温和的方式是调解和仲裁。调解是为双方达成一致所做的非正式努力,是解决争端的自愿、有效的办法。鉴于诉讼的诸多缺点,仲裁被广泛用于解决国际贸易争端。

一般来说,仲裁克服了司法解决方式的某些缺点。仲裁方式耗时少、费用低,由于仲裁进行过程保密,双方敌对情绪小,所以对企业的商誉损害很小。这些都意味着仲裁是解决争端的更好方式,所以,三分之一的贸易争端都通过直接对话解决,不必发展到司法诉讼的地步。由于仲裁员不是法官,而只是拥有某些专业经验的人,他们做出的仲裁裁决更公正、双方获得的信息更完全。处理争议期间企业仍可以进行经营活动。由于仲裁裁决的依据不是来源于法律条文,只是站在公正角度进行裁决,所以仲裁避免了不同法律体系带来的问题。各方也会因无须接受另一方国家的法律判决而感到满意。

由于仲裁具有很多优点,在解决贸易争端方面的应用越来越广,有两方面力量促进了仲裁的发展,其一是联合国国际贸易法委员会出台了《仲裁示范法》,该法将单个国家的仲裁规则推向统一的国际标准;其二是仲裁委员会数量的增加也促进了仲裁方式的发展。总部设在巴黎的国际商会是世界主要仲裁机构,近年来,除了百慕大、中国香港、吉隆坡这些非传统仲裁机构的坐落地外,纽约、伦敦、日内瓦、斯德哥尔摩以及其他欧洲国家设立的仲裁机构也发挥着越来越重要的作用。

中国也于1989年成立了对外贸易仲裁委员会,北京目前已成为世界上最繁忙的仲裁机构所在地之一。尽管仲裁也会遇到很多难题,但外国企业还是认为这种方式远比上中国法庭进行司法诉讼要好得多。世界银行投资争议解决中心也受理案件,尤其是当某国政府作为贸易争端一方当事人时,该中心的作用尤其重要。

仲裁也不是万能的。仲裁也需要耗费时间和金钱。每项仲裁判决要历经两年的时间,平均花费超过10万美元(审理费因涉案金额而不同)。无论如何,发生争议时,仲裁可称得上是一种理想的解决方式。国际商会声称它们受理的案件中只有8%受到质疑。

资料链接4-6

中国企业海外仲裁十案九败

过去十多年间,中国企业的海外仲裁之路确非一片坦途,相反,"大多是折戟沉沙""十案九败""最终以高额或者巨额美元赔偿外方当事人的惨败局面告终"。这是中国仲裁法学研究会在经过两年多调研后披露的结论。

中国仲裁法学研究会副会长、北京对外经贸大学博士生导师沈四宝教授也指出,海外仲裁中90%以上案子的被告是中方,结果往往是外方胜诉。国内企业原则上都是败诉的,而且惩罚性的赔偿数量大,没有达到减损的目标。个别胜诉的也"虽胜犹败",仲裁费用与大量时间精力的消耗使得胜诉企业同样不堪重负。

中国仲裁法学研究会秘书长高菲向《法制日报》记者披露的研究报告中,中国企业的海外仲裁走得凶险,几乎"关关难过"。

首先,语言的不熟悉是所有中国企业到国外仲裁都要遇到的第一关。无论中方当事人或其聘请的律师外语水平有多高,与该外语本身是其母语的对方当事人及其代理人对簿公堂,都不容易。

而即使聘请当地律师,"外国律师要吸收中文资料从而过渡到用其熟悉的母语进行仲裁程序同样需要一个'翻译'的过程",语言障碍导致中方当事人"有理说不清"的情况大量存在。

其次,仲裁庭多由外籍仲裁员控制,而外籍仲裁员不懂中文,对中国法律也不熟悉,依靠听取中国法律专家意见又可能因这些专家本身的专业水平、外语表达和不熟悉盘问程序而"节外生枝",对中国企业产生新的不利。

国外仲裁程序复杂繁琐,诉讼化倾向严重,这在包含有文件披露、开庭案卷制作和开庭、交叉询问证人和专家证人等程序的普通法系的英国仲裁更是如此。研究报告表明：中国企业在英国伦敦金属交易所、FODTA((英国)油籽和油脂肪协会联盟)或英国其他行业协会仲裁的案件比较多，受损也最为严重，基本上是"全军覆没"。

国外仲裁旷日持久，国外代理律师和仲裁员均按小时收费，有意无意拖延仲裁程序。一家国外某投资公司与国内某高速公路公司的仲裁案件，仅两次正式开庭就用了26天，如果在国内仲裁，最多6个月期限内就可结案，但此案却前后共用了6年的时间。庭审设施租用费用高、外籍仲裁员及律师收费高，也使中方当事人背上了沉重的经济包袱。

此外，外籍仲裁员歧视中方当事人，偏袒西方人偏袒外方；国外仲裁缺乏程序管理监督，一旦发生错误裁决也无补救方法；加之中外法律理念、法律规定、文化传统、思维方式本身的不同，中方当事人很难在国际仲裁中取得预期效果。

高菲认为，最根本的问题是，中外仲裁追求的价值观念、仲裁理念不同。"在中国，仲裁更多的是作为一种公益事业在进行；在国外，仲裁则作为一种公私皆可为之的向当事人提供仲裁服务的商业行为、贸易行为性质在进行。"

一方面，中国企业在海外仲裁频频落败；而另一方面，中国国内的仲裁机构却难以在涉外仲裁中大显身手。

中国国际经济贸易仲裁委员会(以下简称贸仲)，这一中国最早成立的涉外仲裁机构，在其成立至2010年年底的半个多世纪以来，所受理的国内外仲裁案件有17129件，其中涉外仲裁案件为11843件，占受理案件总数的69.14%。以这个数字看，贸仲在涉外仲裁工作方面成绩可观。然而，"贸仲受理的国际商事仲裁案件，已从20世纪90年代的最高峰1995年受理的902件下降到了2010年的418件，下降幅度约为54%。"高菲说。

中国的海外贸易额在增加，作为仅次于美国的全球第二大对外投资大国，中国企业在对外贸易中不可避免地要产生更多的争议。但中国国内仲裁机构在争议中的身影却并不多见。相反，国际仲裁机构涉及中国当事人的仲裁案数量则在增加之中。为何中国企业会弃国内仲裁机构而选择国外仲裁？负责联系全国仲裁工作的国务院法制办卢云华司长指出："这首先与我们的经济主体在谈判中居于劣势地位相关。"高菲坦陈，"毕竟西方国家的国际商事仲裁历史久远。"沈四宝也表示："境外仲裁机构的服务功能较为突出。"

而随着中国海外仲裁失败经历的增加，中国企业将目光逐渐转向国内仲裁机构，毕竟"中外法律理念、法律规定、文化传统、思维方式本身的不同"的现实因素在海外仲裁中最难克服。

在卢云华看来，国内仲裁机构大力开展涉外仲裁的时机已成熟。"从全国范围看，我国仲裁队伍建设不断加强，仲裁服务水平不断提高，仲裁机构管理能力不断完善，仲裁特色和优势不断显现，仲裁服务社会的作用显著增强，社会对仲裁的认知度有了明显提高，仲裁的社会形象发生了很大改观。"他特别强调要确保涉外仲裁案件的质量，努力提高涉外仲裁服务水平，不断加强涉外仲裁队伍建设。"对中外仲裁当事人要坚持在中国仲裁面前一律平等，平等适用法律，平等适用规则，平等提供并享有仲裁服务。中国仲裁不对任何国家、任何地区当事人提高仲裁风险。"

仲裁界已经认识到，境内仲裁机构与境外机构开展竞争的时代来临了。

资料来源：法律教育网．中国企业海外仲裁十案九败[EB/OL]．http://www.china-lawedu.com/new/201305/fangqianru20130508180835103 95492.shtml．

(三) 积极寻求专业法律人士帮助

即使是专业律师也不可能了解有关国际营销的国内法、国际法和国外法的所有法条。

虽然国际市场营销者不可能了解所有的相关法律,但他们应该了解哪些经营决策会受法律影响,这一点还是很有必要的。企业在聘请专业法律人员时,可以成立法律顾问委员会,该委员会不仅包括国内律师,还包括企业海外市场所在国的法律专家。

企业对法律专业人员的需要程度与该企业国际业务性质相关。如果企业只从事出口业务或特许经营,对法律方面的需求就小于在国外设有合营企业或分支机构的企业。如果企业通过特许经营或分销商销售产品,这些人员也能帮企业减轻一些法律负担。如果企业在海外设有分支机构,就需要成立当地的法律顾问委员会。

随着国际营销活动和国内外法律条例的增加,国际法的功能越来越复杂,企业应该在总部聘请一位国际法专家,在海外分支机构雇用当地律师。在东道国,企业就必须根据各地具体情况聘请更多的律师,这些律师之间的相互协作和工作经验的交流对国际法的良好执行是很有必要的。

◆ **本章小结**

对于从事跨国经营和跨国营销的企业,政治环境中最核心的要素是政治局势的稳定性。政治风险会给企业经营带来不利影响。不同的商品和服务所面临的政治风险可能存在很大的差异。企业应该采取各种措施防范和规避政治风险。

国际法是调整国家间相互关系的原则和制度。国际市场营销中涉及的国际法主要包括国际条约、国际惯例和国际标准。当前世界上大多数国家的法律基于三大法律体系:普通法系、大陆法系和伊斯兰教法系。国际商业纠纷一般通过协商和解、仲裁或诉讼等方式解决。

◆ **关键词**

政治风险　国际法　大陆法系　仲裁

◆ **复习思考题**

1. 目前全球政治体制主要有哪几类?
2. 在国际市场营销活动中,企业通常会面临哪些政治风险?
3. 跨国企业应该如何防范和管理政治风险?
4. 全球有哪几种法系?不同法系有哪些差异?
5. 跨国企业应该如何解决国际商务争端?

◆ **思考案例**

马福德制药公司的营销环境

马福德制药公司的总裁兼总经理格雷斯·马福德请萨姆·乔治亚调查拉丁美洲的政治、法律环境,为公司在1986年下半年开拓南美洲市场做准备。以前该公司就曾打算开拓美洲市场,并和拉丁美洲有过接触。当格雷斯·马福德于1985年成为公司总裁时,他就致力于开拓大有希望的国际市场,他在行政方面的第一个改革措施就是建立了一个国际业务部并聘用萨姆·乔治亚来领导这个部门。乔治亚曾为可口可乐公司在巴西工作过,他对拉丁美洲市场十分了解。

1943年,马福德租用了马萨诸塞一家破产纺织厂的一部分来生产阿司匹林,他的蓝豹牌阿司匹林比制药界的主要生产商贝耶的便宜1/3,因此他的公司逐渐确立了自己的地位。在此后的20年中,他的市场几乎覆盖了美国东南部。1960年他的儿子达恩加入了公司。考虑到公司的两种已到成熟期的产品总有一天要过时,达恩建议他的父亲成立科研部并把抗生素及其他一些药物引入市场。1985年马福德公司已经营17种药。尽管阿司匹林仍占全部销售额的39%,但其他药物的销售份额正在稳步增长,该年公司已拥有美国制药业市场份额的17%。

1971年,波士顿的出口代理商贝利和他的儿子们建议马福德在阿根廷出售蓝豹阿司匹林,于是马福德在蒙德维的亚建立了一个销售机构,负责对阿根廷和乌拉圭的销售工作。第二家这样的机构设在圣保罗,负责对巴西的销售。1982年达恩调查了在拉丁美洲市场销售他所生产的全部药品的可行性,他发现必须对拉美市场的政治、法律环境有更多的了解,并对每一个市场都要设计一个营销战略才行。所以他没有立即在该市场采取进一步的行动。

乔治亚之所以把精力投放于拉美,第一点原因是因为马福德公司在该地区已有了立足点,第二点也是最重要的一点,因为该地区潜力巨大,墨西哥和巴西分别被列为世界上第八和第九大药物市场。自从那时起这两个国家都经历了人口爆炸时期,尽管人均药物消费量比美国低得多,但这一市场仍然是巨大的,并且竞争很小。

评价任何一个拉美市场,一个出发点是按照人口数量及富裕程度来衡量它的潜力。乔治亚认为另一个重要的因素是政治气候,拉美政治不稳定在世界上是出名的,马福德公司在阿根廷就曾碰到过这样的问题。但马福德公司在巴西的业务进展较快,主要原因就是巴西政治很稳定。在拉丁美洲,有的国家政治非常稳定,如墨西哥和委内瑞拉;也有些国家非常不稳定,如玻利维亚,15年中换了15届政府。乔治亚已经知道如何评估国外市场的政治风险,所以他能对拉美各个国家进行比较。

乔治亚发现公司面对的是比美国更复杂的法律、道德环境,如在美国医生是从医生标准用药手册上了解有关药物的,该书提供了关于药物的标准知识,该书中的说明反映了食品和药物管理局及其专家顾问的意见,每个制造商必须把药物说明上报美国食品和药物管理局审批通过,该局要求制造商将其所制药品的危险性及潜在致命影响全部申报。总体上讲不论是从临床的角度还是从社会要求的角度,美国制造商欢迎这样的要求,这也为当有人对产品责任提起诉讼时,提供了一种重要的保护手段。

南美洲的情况就大不相同了,尽管每个国家都在不同程度上保护药品消费者的利益,但其控制程度要低多了,其标准用药手册中常被加入许多有关药品的不真实和夸张的说明。关于使用危险一栏却被掩饰甚至被取消,广告同样也是不真实的,对于事实的夸张和遗漏时有发生。法律却没有对促销手段做任何要求。阿根廷的情况就更不同了,手册资料是用制造商提供的资料写成的,并不需要通过实验室审核。

在过去3年中,在马萨诸塞的广告部和蒙得维的亚机构之间有一个长期的摩擦。广告部经理想把为美国市场做广告的做法搬到西班牙和葡萄牙,并在拉美市场上使用同样的做法。他相信尽管这在道德伦理方面不大合适,但是这提供了一种保护,他被允许能和他的竞争者一样,对药物的优点言过其实或对缺点进行掩饰——这些也是当地法律允许的,否则他将不能在地方市场上进行有效的竞争。

问题:比较不同的法律环境对马福德制药公司营销的影响。

◆应用训练

国际市场营销政治与法律环境调查

1. 实训目的与要求

(1)了解中国政治与法律体系。

(2) 了解大陆法系和普通法系的区别。
(3) 了解国际惯例。
2. 实训内容
(1) 要求学生查找和阅读与中国政治相关的法律体系。
(2) 比较大陆法系和普通法系的区别。
(3) 要求学生查找和阅读主要国际商业惯例。

第五章 国际市场营销的文化环境

本章结构图

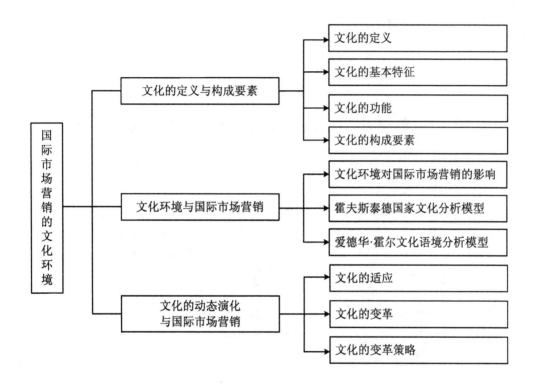

学习目标

通过本章的学习,了解文化的内涵、要素及分析方法;了解文化差异对国际营销过程产生的影响;学会运用国家文化模型分析不同国家文化的差异;熟悉国际营销的文化适应性规律;了解国际营销中差异化的管理风格和商业惯例,建立正确的企业伦理和社会责任感,最终形成系统的文化战略思维。

导入案例

德国霍恩巴赫公司广告风波

2019年3月15日,德国家装零售公司霍恩巴赫推出一则名为"春天的味道"的广告,而广告内容引起轩然大波。广告开头先是出现白人男子在花园里干活大汗淋漓的场面,随后他们脱下了沾满汗渍的脏衣服。而这些衣服在经过真空处理包装后,被放到了自动售卖机

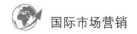

贩卖。紧接着,广告切换到一个灰色的工业城市,一名亚洲面孔的女性买下后打开包装猛吸一口气,显得十分享受,而此时屏幕却显出"这就是春天的味道"这几个大字。

这则广告随即引起不少亚洲女性特别是中、日、韩女性的不适和不满。原因有三方面:首先,广告中出现的这位亚洲女性仅仅是一个让白人男性客户对自己感觉更良好的工具。其次,这则广告会让亚洲女性在德国的日常生活更加艰难。霍恩巴赫的广告将给生活在德国的亚洲人带来另一个真正的挑战,因为该广告提供了另一个参考,嘲笑亚洲女性的形象。第三,霍恩巴赫故意挑选亚洲女性,是因为她们常常被当作外来的性物种被消费,且没有自己的声音。

被炮轰"种族歧视""性别歧视""恶心"后,3月26日,这家公司在其推特上为该商业广告辩护,称广告并非"种族主义",而是对有关"城市生活质量下降"的讨论。同时表示,以亚洲女性为特色的工业城镇应该是一个"虚构的城市",而不是亚洲的城市,广告所表达的文化就是对于春天的渴望。

资料来源:环球网,2019年3月29日。

第一节 文化的定义与构成要素

一、文化的定义

文化一词的英文为 culture,源于拉丁语 cultura 和 colere,意为耕作、培养、教育、发展尊重。目前对文化的定义,不同学者从不同角度给予诠释。其中被认为是文化的经典定义由"人类学之父"爱德华·B.泰勒(Edward B. Tylor)提出,他认为文化是一个包含知识、信仰、艺术、道德、法规、风俗习惯,以及人类作为一个社会成员所必需的各种能力和习惯的综合的整体。依据泰勒的定义,文化这个术语可以分别用于一个民族、一个国家、一个年龄层次、一个职业阶层等不同层面。个人的文化行为总是受其所归属的文化群体的影响。各种具体的文化表现依不同层面而有所差异。如饮食习惯可能因国家而异,服饰习惯可能因职业而异,而性别角色则可能因国家和社会阶层而异。

二、文化的基本特征

文化是整个社会的重要组成部分,它具有社会的共性,也同样具有民族的个性特征。

(一) 多元性

文化是分成若干部分或因素的,如语言、宗教、教育、社会组织、价值观念等,而且这些部分或因素又相互关联、相互影响、相互依存,构成一个复杂的完整体系。

(二) 学习性

文化是要通过不断学习方能熟知的,越是在人类早期形成的文化属性对人的行为影响越大,越难以改变。

(三) 共享性

文化是某个社会或某个群体成员所共有的,因此,不仅不同社会的文化存在差异,同一社会中不同群体的文化也有差异,即同一社会文化中包含着亚文化。

（四）发展性

文化是不断发展变化的。随着人类实践活动的不断发展,会创造出新的文化。文化的上述特性对企业国际营销活动具有非常重要的指导意义。

三、文化的功能

文化的功能是建立行为模式、执行标准以及人与人、人与环境之间的关系处理方式,这将减少不确定性,提高可预测性,进而促进社会成员的发展。

（一）社会化功能

社会化是自然人成长为社会人的过程。文化的社会价值标准因而才会被人们认可、接受;否则,会受到排斥甚至打击。社会化是个体学习、接受社会价值观念的过程,同时也是文化对个体价值定向、塑造的过程。

（二）凝聚功能

文化整合了群体或组织的目标、规范、观念和行为,形成了各具特色的群体文化,如企业文化。

（三）整合、导向功能

在社会发展过程中,部分文化因素被选择、吸收,逐渐规范化,沉淀为人的心理特征和行为特征;另外部分文化因素则被排斥、扬弃、脱离出去,整个社会形成统一的文化模式和特定的价值观。因而,文化会推动或延缓社会变化。

四、文化的构成要素

文化是一个有着丰富内涵的结构体系,其中包括许多相互联系、相互制约的基本要素。著名经济学家伊恩·罗宾逊认为,文化包括大家共同享有的全部人类社会产品。这些产品可以分为基本的两大类,即物质的和非物质的。物质文化包括一切由人类创造出来并赋予它意义的人工制品或物体,如轮子、衣服、学校、工厂、城市、书籍等;非物质文化则由比较抽象的创造物组成,如语言、信仰、风俗、神话、技能、家庭模式等。

以下几种具体文化形态是文化的组成要素:

（一）物质文化

物质文化是指人类创造的物质产品,包括生产工具和劳动对象,以及创造物质产品的技术。它与社会组织和社会经济活动紧密相连,物质文化不是所有物质形态的单纯存在或组合,自然状态下存在的物质,不属于物质文化的范畴。物质文化是人类发明创造的技术和物质产品的现实存在和组合,不同物质文化状况反映不同的经济发展阶段以及人类物质文明的发展水平。野生状态的原始森林不属于物质文化的组成部分,人类营造的防风林体系则属于物质文化范畴。物质文化不单指"物质",更重要的是强调一种文化或文明状态。

物质文化决定人们的生活方式。"鸡犬之声相闻,老死不相往来"的生活方式是由较低的物质文化水平决定的。物质文化环境对国际市场营销的影响是多方面的。例如,在广告促销方面，东道国传播媒介的方式和完善程度直接影响促销的方式和效果。家用电器在发达国家的销路很好，但家用电器的普及率不足1%的国家则购买者很少。

（二）语言

语言是文化的根本，没有语言，文化就无法存在。如果没有语言作为媒介，文化就无法传递。语言里包含了丰富的历史、人文、情感和态度。如果出现语言方面的错误，必然会使企业的国际营销活动受到挫折，造成严重的损失。因此，在国际市场营销过程中，必须与顾客、中间商、供应商、雇员、政府官员进行谨慎的沟通。一个成功的国际市场营销者，必须能灵活运用当地的语言。其重要性不仅体现在意思的表达上，更重要的是体现一种亲切感。对于外国营销者来说，所有必须学习的文化因素中，语言也许是最难掌握的。如对商标和广告语言的粗心翻译不仅会词不达意，而且可能表达相反的意思，包括猥亵的、冒犯性的或荒谬可笑的意思。"White Elephant"，本意表示白象牌电池，但"White Elephant"是"无用而累赘"之意；"百事可乐"的广告词"'百事可乐'使你精神振奋"译成德语时却成了"从坟墓里活跃起来"。同样两个说英语的国家，所说的英语出入也极大，有的情况下甚至截然相反。"Table the report"在美国英语中是将事情延期，但在英国英语中的意思是"将事情提前做"。因此，国际营销企业在开展国际市场营销活动时，必须适应目标市场国文化环境，注意语言之间的翻译问题，切不可马虎从事，不然易闹出笑话，使市场难以打开。例如，将中医的一些称谓译成英文，就有将"白虎历节"（关节肿痛），译成"白色的老虎在奔跑"，将"五脏六腑"翻译成"五个仓库和六个宫殿"。

资料链接 5-1

各国语言趣闻

日本某酒店提示客人说："欢迎占女服务员便宜。"（"You are invited to take advantage of the chambermaid."）

墨西哥阿卡普尔科的酒店的饮水通知上说："本店供应的饮用水是由经理亲自尿出来的。"（"The manager has personally passed all the wa-ter served here."）

布达佩斯的一家动物园要求旅客："不要给动物喂食，如有合适的食品，请给值班的守卫。"（"Not to feed the animals. If you have any suitable food, give it to guard onduty."）

曼谷的一家干洗店说："请脱下你们的裤子得到最佳效果吧。"（"Drop your trousers here for the best result."）

哥本哈根的一家航空公司承诺："我们将您的行李四面八方地发送。"（"We take your bags and send them in all directions."）

资料来源：改编自《星期日泰晤士报》，1992年11月22日。

（三）非语言沟通

除了语言以外，同样要留意不同文化背景下非语言交流方式存在的差异。非语言沟通是指使用除语言和文字沟通以外的其他传递信息和沟通的方式。非语言沟通是人们交流思想和感情的重要手段。它包括人们交谈时相互的距离、眼光对视的多少，以及一个响指或点头的含义都是由所在国家的文化决定的。

在身体接触方面，意大利就是以热情的拥抱而著称，而德国则较为保守。在谈话距离上,日本人在交谈过程中也保持较大的距离,可能是为鞠躬留下足够的空间,而阿拉伯人谈话时保持的距离较小,原因是对方退后对他们而言是一种侮辱。各国对于姿势有不同的解释:美国人从小就被要求坐直和站直,以示尊敬;在泰国,一个合适的表达谦恭的姿势却是双手合十置于胸前。

人们经常用面部表情、眼神和动作来交流,但即使是在同一国家也容易被误解,因为有许多因素影响着我们对这些形体语言的理解。在从事国际商务活动时,很可能戴着自身文化的"有色眼镜",要准确理解对方的身体用语可能会变得较为困难。比如,希腊人在生气的时候可能会微笑,亚洲人可能用微笑来掩饰不快和尴尬,在日本大笑常常表示尴尬和震惊,而在中国笑的种类有很多,每种都有不同的含义。

(四)美学

美学即关于美和审美体验的观念,是文化的重要组成部分,包括各类文学艺术中以不同形式表现的美,如音乐美、绘画美、雕塑美、形体美、舞蹈美、戏剧艺术美、文学形象美等,也包括人们对各种事物的美的体验,如对色彩、设计等的美感欣赏。不同国家和地区,不同阶层、性别、趣味的人有不同的审美观。美学的内容是非常丰富的,这里只讨论对国际营销较有影响的几个方面问题。

1. 设计

国际市场营销过程涉及产品、包装及相关建筑设施等的设计。国际市场营销者必须了解目标市场国人们的审美倾向,切不可以本国人的审美观臆测,若把本国人认为美而在当地人不认为美的设计运用到该目标市场国出售的产品或包装上,必然导致营销活动的失败,有时还会伤害到当地人的感情,使自己的产品很难进入该国市场。比如,历史上一些西方传教士在东方国家所做的建筑设计,因不了解也不尊重当地文化和审美情趣,而遭到责难。在许多地方,西方人建造的教堂不受欢迎,被看作西方文化侵略的象征。

在美学领域中,虽有某些国际性或普遍性的审美观,但在不同的国家和民族中,不同性别、不同阶层、不同宗教信仰的人,又都有自己独特的审美标准、方法和习惯。以时装为例,审美观的地域性、民族性、传统性就很明显:日本时装,既有古典传统又善于标新立异;美国时装,色彩变化大,花枝招展,鲜艳照人。所以经营国际服装业的人,都必须深入了解和研究文化,在设计上要适合各国各地区的特点,才会有好的营销成果,同时还要考虑到多种因素带来的人们审美观的变化。

人们审美观不同,消费行为也表现出不同,审美观受多种因素的影响,比如各个国家或地区的风土人情、信仰不同而导致审美会有差异,个人成长经历等在不同程度上影响着各自的审美观。

2. 色彩

色彩是人类的视觉感受,色彩的审美倾向在不同国家、不同民族之间可能完全一致,也可能很不一样。例如,西方人以黑色表示哀悼,东方人却以白色作为丧服的主色;西方人结婚,新娘要穿白色婚纱,东方人却以红色作为喜庆的主色调。人们对不同的色彩赋予不同意义和情感象征。例如,美国人经常用色彩来表达思想感情,他们会说看见了红色、羡慕绿色或感知了蓝色,等等。这种对色彩的审美趋向,与国际市场营销特别是商品本身及其包装的颜色选择关系极大,若选择了不合适的产品色彩或包装色调,可能会失去许多买主,而仅仅是变换一下色彩,就能大大地打开销路。

不同的色彩偏好会形成不同的消费行为,这就要求营销者根据不同地区的"色彩"文化来灵活地进行产品和服务的销售,尤其要注意避免进入误区,如表5.1所示。

表5.1 各国的颜色禁忌

国　家	禁忌的颜色
保加利亚	鲜绿色
马来西亚、法国和比利时	绿色
俄罗斯、德国、瑞士	黑色(特别是送礼时)
加纳	橙色(丧服色)
巴西	紫色(悲哀)、暗茶色(不幸)、黄色(绝望)、深咖啡色(招致不幸)

资料来源:谢琼. 国际市场营销[M]. 北京:北京理工大学出版社,2011.

3. 音乐

音乐是美学感受的一种形式,不同国家、不同民族的音乐体现了不同的文化。因此,国际市场营销者也要对不同国家人民对音乐的偏好,及其对营销活动的影响进行分析和研究。国际市场营销者不必是音乐家,但要在目标市场国推销商品、进行广告宣传,在选择背景音乐时,一定要慎重,应多听有关专家和各方面代表人物的意见。一般来说,选用当地人熟悉的音乐做广告,会起到较好的效果,人们总是乐于接受乡音。也可以适当采用一些异国风情的曲调,可能会激起消费者冲动性购买,从而收到良好的效果。

总之,目标市场国的美学观念,深刻影响着国际市场营销活动的绩效。所以,必须深入了解和研究有关一系列美学问题,并在制订营销方案的各个细节、各个方面予以充分考虑。

(五)教育

教育是社会文化的一个重要因素。它与经济发展水平密切相关。一般情况下,经济发达的国家,教育水平也高;经济不发达的国家,即使有意重视教育,但由于客观物质条件限制,教育水平也不可能很高。

教育在国际营销中的影响力主要体现为:第一,教育水平影响需求行为。由于所受教育不同,人们的消费观念和消费模式会有很大差异。例如,中国传统教育中有许多崇尚节俭的教育思想,深受这种教育的人在消费模式上就会比较节俭;受过现代科技教育的人,一般会很容易也很快接受新技术、新产品。在人均收入水平相仿的国家,往往由于教育水平的差异,教育的内容、结构和侧重点的不同,而形成不同的消费模式。第二,教育水平对营销组合决策的影响。首先,企业在设计产品时,必须使产品的复杂程度和技术性能等符合国外消费者的受教育程度,对于教育程度低的消费者,产品包装说明要通俗易懂。其次,在产品分销渠道过程中,企业还必须与不同教育程度的分销商打交道,由于受教育程度的差异,在营销方式运用等方面会产生较大的分歧,最终影响销售效果。最后,不同国家的教育水平也会影响促销方式的选择和促销效果。例如,在教育程度低下的国家,广告往往不如营业推广那样具有直观效果。

因此,国际市场营销者不仅应了解和适应东道国的教育特征,还应该充当"教育者"的角色,即通过营销活动,特别是新产品、新技术的推广,来促进市场国教育水平、技术水平、审美观念和现代化意识的提高。

(六)宗教

宗教是文化的一个重要方面,它影响甚至支配着人们认识事物的方式、行为准则和价值观念,也是人们思想和日常生活的一部分。世界上有许多不同的宗教派别,其中最主要的三大宗教是基督教、伊斯兰教和佛教,每一派宗教都有教规、教义,有特定的流行地区。

宗教对国际市场营销活动的效果起着很重要的影响。第一,宗教节日对市场需求的影响。圣诞节、复活节、斋月、宰牲节、逾越节等都是如此。比如,基督教国家,由于在圣诞节有相互交换礼物的风俗习惯,因此,一般情况下中间商的年销售额中大约1/3是在这一期间实现的。第二,宗教禁忌对市场的制约。不同的宗教往往有着自己的清规戒律,如伊斯兰教禁止吃猪肉和饮酒;还有在一些特定的纪念活动期间,因绝食和禁食导致购物需求的急剧下降。第三,宗教组织通常在经济事务中起着很大的作用。宗教组织是不可忽视的消费力量,其本身也是重要的团体购买者,同时也对其教徒的购买决策起到指导作用。

(七)社会组织

社会组织又称社会结构,每个国家的社会组织都有其独特性,都对应着一定的社会制度。社会组织关系到人们如何处理彼此之间的关系,协调自己的行动以便和平共处,它确定了一个社会中人与人发生关系的方式。社会组织是如此重要,以至于任何营销人员都不能忽略它的存在。每一种社会组织对营销活动都有一定的影响,因为它们影响着人们的行为、价值观念乃至整个生活方式。社会组织分为两大类:一类以血缘关系为基础,如家庭;另一类是按共同的志趣、利益等组成的社会群体。

1. 家庭

家庭是社会的基本单位。家庭的数量直接影响某些商品的数量。欧美国家的家庭规模基本上户均3人左右,亚非拉发展中国家户均5人左右。家庭数量的剧增必然会引起对炊具、家具、家用电器和住房等需求的迅速增长。

家庭在不同国家有不同含义。例如,西方国家的家庭只包括父母及未婚子女。而很多发展中国家的家庭还包括其他亲属,因而其规模也要大得多。在扎伊尔,家庭里互称兄弟的除了亲兄弟之外,还包括堂兄弟和表兄弟。

家庭是社会的细胞,也是很多消费品市场的基本单位。研究家庭的规模和结构对营销活动具有重要的意义。

(1)在人口总规模一定的条件下,家庭规模越小,家庭数目就越多,以家庭为购买单位的消费市场潜力就越大;反之,市场潜力就越小。例如,如果已婚子女不和父母居住在一起,他们就要购买自己的炊具、家具、洗衣机等,这就增加了对这些必需品的需求。

(2)在人数较多的家庭,众多的家庭成员能够形成较大的集合购买力。因而,一些比较高档的商品容易在规模较大的家庭普及。尽管人均收入并不高,集合购买力可以使大规模家庭有能力购买昂贵的消费品。

(3)不同规模、结构的家庭在购买商品时,处于决策地位的人是不同的。在小家庭中,购买贵重物品的决策往往由夫妻共同做出。而在大家庭中,家长往往有权做出购买贵重商品的决策。因此,企业在促销时应针对不同情况采取不同策略。

分析案例1

"真功夫"侧重家庭的文化营销策略

真功夫餐饮管理公司从一个只有几个员工的街边小店成长为中国中式快餐第一品牌的过程中,其成功的文化营销策略发挥了重大作用。

"真功夫"在公共关系活动中能够准确抓住有效目标受众,有效传播企业营造的亲子文化。"真功夫"营造的企业文化给人一种家庭式的快乐文化,强调其快乐文化的影响。通过举行生日会、亲子欢乐餐、童真同趣运动会等活动让人体验一种亲子的家庭式的快乐文化。"真功夫"于2007年在广东东莞发起一场少年儿童的"武林小盟主大赛",以弘扬"超越自我、挑战极限"的中华英雄精神为宗旨,教孩子们打"功夫操",吸引3000多名小朋友参加、20000多名市民关注。"真功夫"在活动的造势上取得了其文化营销方面的效用。

资料来源:李怀峰,等."真功夫"的文化营销策略研究[J].市场研究,2013(10).

2. 社会群体

除家庭以外的社会组织可以统称为社会群体。社会个体可以按照职业、爱好等组成许多群体,这些群体有较强的政治和经济上的斗争力量,如消费者协会、工会等。志趣、利益等是划分不同的非伦理性群体的重要标准,也是进行国际营销必须考虑的重要因素,如消费者组织常常可以迫使企业改变产品、促销手段甚至价格。

具有共同利益的人们组成一个特殊利益群体,这样的群体可以是宗教性的、职业性的、娱乐性的或政治性的。它们对企业的营销活动也有一定的影响。例如,消费者协会、工会、绿色和平组织等对企业经营活动会起到某种程度的鼓励或限制作用。行业协会也是一种重要的特殊利益群体。例如,中国的纺织品出口增长非常迅速,一些西方国家的纺织品生产者行业协会竭力游说政府部门,设置各种有形或无形的障碍限制中国纺织品的出口。因此,企业在识别细分市场时,应考虑特殊利益群体这个因素。

另外,针对特殊利益群体对营销活动的影响,企业可以通过适当调节营销组合策略来充分利用积极因素,限制或避开消极因素。阶层群体、年龄群体和性别群体等也是一种社会组织,它们对营销活动也有一定影响。阶层、年龄和性别等已被证明是非常有效的市场细分标准。

(八)价值观

价值观是人们对事物的评价标准,它决定了什么样的行为是这种文化所崇尚或许可的。价值观通常有宗教渊源,也常常和道德标准联系在一起。在不同的文化背景下,人们的价值观念相差很大,人们对商品的需求和购买行为也有很大的差异。比如,当美国的咖啡连锁店星巴克在北京故宫开设咖啡馆时,掀起了一阵风暴,我国消费者抗议说星巴克和中国的传统毫无联系,在故宫开设茶馆更合适。企业的市场营销人员应根据不同的价值观念,采取不同的营销策略。如在产品的款式、颜色等方面,东亚国家消费者讲究端庄、典雅,而西欧的一些国家却讲究新奇、独特、表现或张扬个性。

不同的文化背景对新产品的态度是不同的。在一些国家,人们认为新产品总比老产品有优势,倾向接受新产品或外来产品;而在另一些国家,人们对新产品和外来产品持一种排斥的态度,因为他们认为新产品和外来产品是未知的,要接受它们风险很大。事实上对新产品的态度也反映了人们对待风险的态度。美国人通常比较容易接受变化,并乐于承担风险。

而韩国许多年长者排斥新产品,甚至认为购买外来产品就是不爱国。

时间观念是价值观念的重要组成部分。时间观念会影响消费者对产品的需求,在认为"时间就是金钱"的国家,省时、省力的产品较受欢迎,像快餐食品、速溶饮料等产品往往好销;但在时间观念不强的国家(拉美地区),该类产品可能不受欢迎。

此外,不同文化下的财富观、他人观等也有着显著的差别。

分析案例2

耐克要把运动文化推给只爱跳舞的印度姑娘们

印度是个热爱歌舞的民族,却对体育运动并不太感冒,尤其在观念保守、两性并不平等的情况下,热衷体育运动的印度女性还不是很多。但是,耐克想为体育运动贴上更酷、更有趣的标签,以此来改变印度女性运动的现状。

在耐克印度最新推出的广告片中,他们找来了众多体现运动精神的印度女性,在极具感染力的说唱音乐"Da Da Ding"旋律中,展示了印度女性在体育运动中的魅力以及运动本身的多元性。耐克想通过新广告片鼓励印度的下一代打破"体育运动"在人们心中的传统形象,将体育精神融入日常生活,甚至重新定义什么是成功的自己。

耐克此次在印度的营销活动正是鼓励女性通过体育运动,更好地提高自我形象打造与自我管理的能力。当然,最终目的还是要讨好女性消费者。

资料来源:中国女装网.耐克要把运动文化推给只爱跳舞的印度姑娘们[EB/OL].[2016-7-15].www.nz86.com.

第二节 文化环境与国际市场营销

文化可以分为世界文化、国家文化、地域文化、企业文化等。国际市场营销对文化环境的分析一般基于国家层面的研究,主要研究不同国家之间文化的差异,并根据这种差异制定相应的营销策略。

一、文化环境对国际市场营销的影响

在国际市场营销中,每个国家或地域都有着和母国市场不同的文化,它对国际市场营销的影响是全面的。从各方面而言,社会文化因素都在影响着消费和购买行为,而且这些因素因地而异。比如,为品牌选择一个合适的品牌名称,到了欧美就要取一个英文的品牌名称,这些名称不仅要和原来的品牌名称有关联性,而且还不得触犯当地的禁忌,才能为当地人所接受。

促销和广告宣传也常常因为文化的差异引起沟通障碍。广告用语的理解往往要配合相应的文化背景。比如中国有很深厚的文化渊源,在国内用一句很有诗意的广告语可以为大家所接受,但这样的广告语一经翻译到了国外就可能变得毫无意义。

由于文化的不同,人们的沟通方式不同。例如,美国文化认为"人应该开放地、率真地与人相处,应该直言不讳地沟通,且应该很快了解别人的观点"。而中国文化认为"为了保持和谐以及避免麻烦,间接和不明确的语言经常是必需的"。这是很大的差异,不同的文化环境中的国际市场营销策略也会有很大区别。

文化同消费习惯紧密联系。进入中国市场的外国品牌中很少有白酒,因为白酒富含着悠久的历史和丰富的文化内涵,所以在这样的产品市场里,国外的品牌就很难有所作为。因此,在进行国际市场营销时,就必须研究产品的文化含量的大小,特别是受文化影响程度的高低。

文化环境对国际市场营销的影响:
(1) 文化差异决定着企业目标市场国家的营销效果。
(2) 文化差异影响着企业国际市场营销的效率和效益。
(3) 文化差异很大程度上影响着国际市场营销的管理。

可见,文化对国际营销起着重要的影响。因为文化在根本上影响着人们的价值观和社会行为。当我们进入国外市场,接触到国外消费者时,往往会受到很大的文化冲击。营销者要想在国际市场上获得成功,就必须学习了解外国文化和本国文化之间的种种差异。为此,我们要研究霍夫斯泰德国家文化分析模型和爱德华·霍尔的文化语境分析模型。

二、霍夫斯泰德国家文化分析模型

杰夫特·霍夫斯泰德(Geert Hofstede)用 20 种语言,从态度和价值观方面,收集了 40 个国家包括从工人到博士和高层管理人员在内的共 11600 个问卷调查数据的基础上,发现国家之间的文化差异主要体现在四个方面:个人主义/集体主义、权力距离指数、不确定性回避指数、男性气质/女性气质指数。

(一) 个人主义/集体主义

个人主义是指一个松散的社会结构,假定其中的人们都只关心自己和最亲密的家庭成员;而集体主义则是在一个紧密的社会结构中人们分为内部群体与外部群体,人们期望自己所在的那个内部群体照顾自己,而自己则对这个内部群体绝对忠诚。在个人主义的社会中,个人之间的关系涣散,以"自我"或小家庭为中心,强调个人成就,照顾自己利益。集体主义的社会则是以"我们"为中心,一般强调个人服从集体,集体保护个人。

(二) 权力距离指数

权力距离指的是在一个国家的机构和组织中,弱势成员对于权力分配不平等的期待和接纳程度。在权力指数比较高的国家往往等级森严,人们认同上下级之间的差距,把社会角色、操控能力及家庭出身看作势力和地位的来源。在权力距离指数比较低的国家,人人都比较平等,反映了更为平等的观点。

(三) 不确定性回避指数

不确定性回避是指"一个社会对不确定和模糊态势所感到的威胁程度,试图保障职业安全,制定更为正式的规则,拒绝越轨的观点和行为,相信绝对忠诚和专业知识来规避上述态势"。该指数反映了社会成员对模棱两可或不确定性的容忍程度。指数比较高的文化往往机械地遵守规则和行为规范,从而减少不确定性;而指数比较低的国家则表现为较低的焦虑紧张程度,人们容易接受新的事物和挑战并乐于冒险。

(四) 男性气质/女性气质指数

男性气质与女性气质,是指"社会中'男性'价值观占优势的程度,即自信、追求金钱和物质、不关心别人、重视个人生活质量";其反面则是"女性"价值观占优势。该指数也反映出社会对男性和女性特质的价值观,强调追逐金钱、有形成就和社会地位,崇尚有所成就的人士。该指数较低的国家则无论男女都表现出女性特质的价值观,并非一味追求金钱和地位,重视人际关系。这样的社会同情弱者,反对个人英雄主义。商业关系在女性化的社会中更具有人情味。

资料链接 5-2

霍夫斯泰德的维度和性别鸿沟——谁更男性化?日本及其"魔鬼妻子"

在霍夫斯泰德的民族文化维度中,与男性化维度(MAS)更相关的是性别角色的界定以及分离程度,而不是男子气概。换言之,具有高男性化指数文化的特点就是男性在社会上做一件事,而女性做另一件事,两个角色并不交叉。与许多其他国家相比,在男性化指数低(女性化指数高)的北欧国家,男性和女性的角色可以更多地进行互换。

但在日本情况就完全不同了。在霍夫斯泰德的数据中,日本的男性化指数排名世界第一。虽然许多国家(如墨西哥和马来西亚)有"女性专用"的公交车和电车,但日本把男性化的角色分离带到新的高度。日本企业界是男性的世界,在这里大批的"工薪男"为了"日本公司"的更大利益而每天工作到晚上。女性则待在家里,完全负责家庭的物品购买、孩子的活动安排和假期计划事务。与斯堪的纳维亚国家的情况完全相反,日本企业董事会中只有2%的女性董事。

不过,这种分离并不是经济意义上的劳动分工,其根源在于日本的男性化文化。女性如果选择上班而不是待在家里照顾孩子和丈夫(70%的女性就是这样),那么这种女性被称为鬼嫁或"魔鬼妻子"。这个术语得到了普及,因日本国家电视台播出了名为《魔鬼妻子日记》的11集电视剧,"魔鬼妻子"更是成了众所周知的术语。

自首相以下,公共官员都试图改变这一切,原因并不只是日本民族文化存在的歧视性,每个女性只有1.41个孩子,这一生育率几乎为世界最低,而且远低于日本的人口更替率;面对不断增加的退休人口,支持社会福利计划的劳动人口日益减少。与此相关的是,当前日本经济正处于表现不佳的第三个10年,而这一不佳的经济很大程度上可能需要通过大量女性劳动力来恢复。按照日本首相安倍晋三的说法,"对日本来说,提高女性工作和参加社会活动的机会不再是日本可有可无的一项选择,而是一件最为紧迫的事。没有女性,安倍经济学将无法发挥作用。"

有一家公司正在努力做到这些。劳森公司[(Lawson Inc)在日本经营11000家24小时便利店,类似7—Eleven便利店]雇用的6500名员工中女性占20%,部分原因是日本之前的规定禁止女性在晚上10点之后工作。但是近年来,其新员工的一半都是女性。目前,公司的28位高管中只有一名女性,但公司确定的目标是在5年内使女性高级副总裁的人数增加到30%。

资料来源:Reviving Japan with "Devil Wives"[N]. Bloomberg Business Week,2012-12-12.

三、爱德华·霍尔文化语境分析模型

爱德华·霍尔(Edward T. Hall)认为不同文化使用的交流方式有很大的差异,他把文化分为高语境文化和低语境文化,如表5.2所示。

表5.2 高语境文化和低语境文化的区别

因素/度量尺度	高语境文化	低语境文化
律师	不太重要	非常重要
一个人的口头承诺	是其信誉保证	不足以依赖
个人对组织所犯错误的责任	取其最高水平	尽量降到最低水平
空间	人们之间保持很近的距离	人们希望保持有私人的空间
时间	多元时间观念	单一时间观念
谈判	是冗长的	进行迅速
公开招标	不常有	常有
代表性的国家/地区	日本、中东、拉美	美国、德国、北欧

资料来源:沃伦·J.基根.全球营销管理[M].7版.北京:清华大学出版社,2004.

(一)高语境文化

在高语境文化中,语言的信息大部分很隐晦,需要靠各项相关因素来理解,如说话人的文化背景、社会地位、价值观等。高语境文化的社会与法律文件打交道的机会比较少,一个人说的话就是其信誉的保证。日本、中东和拉美的一些国家都是高语境文化的国家。在日本,人们是根据对方的年龄、性别、社会地位而进行微妙和复杂的交流的。

(二)低语境文化

在低语境文化的社会里,语言交流的基础是口头或书面的文字,信息的表达比较直接明确,人们可以充分而正确地从中理解所传达的信息。北欧、德国和美国等都是典型的低语境文化的国家,它们的交流内容都是十分明确的。

资料链接5-3

爱德华·霍尔简介

爱德华·霍尔(Edward Twitchell Hall Jr.,1914—2009),美国人类学家,被称为系统地

研究跨文化传播活动的第一人。他曾任教于丹佛大学、科罗拉多大学、佛蒙特大学本宁顿学院、哈佛商学院、伊利诺理工、西北大学等美国著名院校。其毕生研究的理念奠定于第二次世界大战时期，当时霍尔在军中服役，曾到过欧洲和菲律宾。

1933年至1937年，霍尔和亚利桑那州西北印第安保留地的纳瓦霍族人和印第安人一起生活和工作，他的自传体著作《三十年代的美国西部》(《West of the Thirties》)描写了那段时光。他通过研究北美印第安人的历史，创立了一种独特的文化交流模式，用来强调非语言信号的重要性，这种模式对于研究不同文化人群之间的互动、探寻他们不能互相理解的原因有重要意义。1942年他获得了哥伦比亚大学的博士学位，之后陆续在欧洲、中东和亚洲进行实地考察。在20世纪50年代，霍尔在美国国务院外交讲习所(《Foreign Service Institute》)举办培训项目，以帮助负责处理海外事务的政府工作人员顺利应对文化差异。在此期间，霍尔确立了"高语境文化"与"低语境文化"的概念，并出版了几本著名的关于跨文化问题的实用书籍。他被认为是"跨文化传播"作为学术研究领域的奠基人。

霍尔在他的《隐藏的维度》(《The Hidden Dimension》)一书中首创了空间关系学和私人空间的概念，他认为虽然空间距离是不能听出来的，但是空间的使用和语言一样能传达信息。

在《无声的语言》(《The Silent Language》)中，霍尔创造了"历时性文化"的概念，用以描述同时参与多个活动的个人或群体。与之对应的是"共时性文化"，用来描述有序地参与各种活动的个人或群体。在书中，他把正规清晰的语言交流和非正规形式的交流进行对比，认为"注意观察对方的脸或其他肢体动作语言，有时会比说话得到更多的信息"。

1976年，霍尔发表了他的第三部著作《超越文化》(《Beyond Culture》)。在书中，他详细阐明了"发展转移"的概念，即人类社会的进步取决于人们创造了多少(类似于生物学中的"发展")。

霍尔认为文化决定了人们对于时间和空间的理解，而不同的理解会导致人际间交流的困难。

资料来源：百度百科，http://baike.baidu.com/view/3425156.htm.

第三节 文化的动态演化与国际市场营销

任何文化都不是永恒不变的。科技和经济的飞速发展，尤其是通信技术的发展、互联网的普及，极大地加快了文化变革的步伐。国际市场营销受文化因素的影响，但是也会促进文化观念的改变。

一、文化的适应

霍夫斯泰德把文化定义为"我们思想中集体的、能够把一类人与另一类人区别开来的思考程序"。任何文化背景下的人在出生以后都会屈从于集体的思考程序。总体来说，是人们所处的国家和地区的文化影响了他们的行为。在国际营销过程之中，如果营销者的策略和行为越符合东道国的文化取向，该公司及其产品就越受到当地人欢迎。

但是，国际营销者要真正做到充分适应当地文化，这并非一件容易的事。原因是国际营销者深受母国文化的影响,往往以自身的文化价值观作为其判断和决策的基础。为此,詹姆斯·李创造了"自我参照标准"(self-reference criterion)这一概念,即人们总是无意识地参照自身的文化价值观。国际营销的许多错误都源于"自我参照标准"。当人们遇到特殊的情况时,他们就会从自己的价值观出发来做出自己的理解,并且对环境做出相应的反应。

根据詹姆斯·李的理论,国际营销者可以通过四个步骤的系统框架来消除自我文化价值观的影响:① 用母国文化的特点、习惯和规则表示出问题或目标。② 用东道国文化的特点,习惯和规则表示出问题或目标。③ 分离出问题中自我参照标准的影响,并检查它如何使问题变得复杂。④ 排除自我参照标准的影响后,将问题重新表示出来并根据东道国市场情况找出解答。

二、文化的变革

文化具有稳定的一面,尤其体现在文化的非物质方面。一般而言,人们都不太情愿放弃旧有的价值标准、风俗和信仰,即文化变革是有阻力的。但另一方面,任何文化都不可能永恒不变,随着环境的变化文化总是会改变的。例如,经济活动是人类生活的基础,经济发展必然要求其他一切文化要素都与之相适应。而且,文化在某一个方面的变化迟早会带来文化其他方面的变化。虽然所有的文化都在变化,其变化的方式和速度却不相同。总的来说,文化变革的速度在多数情况下是十分缓慢的。同样文化的变革对于企业进行国际营销有着深远的影响:

(一) 文化变革迫使企业改变营销决策,使决策适应新的文化特点

因为文化的变迁意味着消费需求、购买方式、审美观念的改变,企业为了适应这种变化,必须及时调整营销策略。例如,企业为适应世界性的节能减排潮流,必须在产品的生产方向,原材料的选择,工艺的制造过程,制成品的包装、运输、销售等环节都要做出很大的调整,才能在新的消费潮流中生存和发展。

(二) 文化变革可以为企业带来新的营销机会

随着中国经济的飞速发展及对外开放的不断扩大,中国消费者接触的信息和品牌的日益增多,对洋品牌的好奇心理及崇洋媚外心理逐步淡化,饮食消费更趋向理性,崇尚健康的饮食观念。西式快餐因"三高"(高热量、高脂肪、高蛋白)和"两低"的缺陷遭到消费者的抵制,不少国内企业看准这个机会,向市场推出了低脂肪、低盐、低胆固醇的健康食品和天然绿色食品,迅速占领市场。所以密切关注消费者观念上的变化可能会给企业带来意想不到的成功。

三、文化的变革策略

在制定国际营销策略时,如何考虑文化差异的问题,如何应对文化的变革问题,这些问题往往令很多营销人员感到极大的挑战。通过研究,我们发现在国际营销中,处理营销与文化的关系有以下三种策略可以采取:

(一) 无计划变革策略

当所营销的产品与东道国的文化相差甚远,却又无力改变其文化观念时,只能采取无计

划的变革,也就是说,在营销的过程中,让消费者自己去改变和调整观念,这或许是一个漫长的过程,可是由于改变的成本过高,程度过难,企业无力承担,也只能慢慢等待。

(二)有计划变革策略

有计划的变革策略是一种积极主动的态度与做法,在对东道国市场的文化进行深入研究的基础上,在国际营销的策略中明确制定出对东道国文化的改变策略,在推出产品前,先推行文化的变革策略与活动,并在产品的宣传与促销方面积极地实施。

(三)文化一致性策略

即对营销的产品、渠道、促销、价格等各方面,尽量与东道国的文化保持一致,不发生冲突。这种策略的目的是尽快使得东道国的消费者接受所推广的产品,以最快的速度实现市场的渗透,减少政治与文化的风险,从而减少营销的时间成本和文化代价。当然这需要营销人员充分地理解并接受东道国的文化观念,做到因地制宜地实施营销策略。

◆ **本章小结**

国际市场营销与国内市场营销之间最主要的区别在于营销环境的差别,而文化环境是影响国际市场营销的核心因素。文化是一个复合的整体,其中包括物质文化、语言、非语言沟通、美学、教育、宗教、社会组织、价值观等。物质文化是指人类创造出的物质产品,它决定着人们的生活方式;语言和非语言沟通是各文化要素中最具特征、区别最明显的一个要素;美学是关于美和审美体验的观念,是文化的重要组成部分;教育、宗教、社会组织和价值观都在一定程度上制约着国际市场营销活动的开展。为了更好地掌握文化环境对国际市场营销活动的影响,我们可以使用文化模型解读不同国家的文化差异。文化是运动、变化的,文化的变革对企业进行国际营销有着深远的影响,同样文化的变革也推动营销行为的变化。一句话,国际市场营销与文化的变革之间是一种互动的关系。

◆ **关键词**

文化环境　文化　文化的构成要素　个人主义/集体主义　不确定性回避指数　自我参照标准

◆ **复习思考题**

1. 什么是文化?文化的基本特征与功能有哪些?
2. 教育水平对国际市场营销将产生哪些影响?
3. 宗教信仰对国际市场营销有哪些影响?
4. 霍夫斯泰德的国家文化分析模型是什么?
5. 爱德华·霍尔的高语境文化和低语境文化分别是什么?举例说明两者的不同之处。
6. 什么是自我参照标准?如何消除自我文化价值观的影响。

◆ **思考案例**

丰田进入美国市场

提起丰田汽车人们很容易想起来"皇冠"牌小汽车和"车到山前必有路、有路就有丰田车"的广告用语,这些都是因为丰田公司如今已享有很高的知名度。然而谁能想到很多年前,当丰田首次向美国出口小汽车时,仅售出 223 辆。

丰田首次向美国推出的产品名叫"丰田宝贝",它的外形更像一个方盒子,整个产品存在严重缺陷,发动机开起来像卡车一样响,内部装修既粗糙又不舒服,灯光也非常暗。"丰田宝贝"失败后,丰田对美国市场进行大量的调查和研究,主要研究了美国经销商和消费者需要什么、不需要什么等问题。

丰田发现美国人把汽车作为地位象征的传统倾向在减弱,其态度正变得实用化,汽车在很大程度上被看成一种交通工具。美国人喜欢腿部活动空间大、容易驾驭且行驶平稳的美国车,但又希望能大幅度地减少拥有汽车的花费,如最初的购置费少,因此希望能有停靠方便和转弯灵活的小型车。丰田还发现大众公司的成功,在很大程度上是由于该公司建立了一套卓越的服务系统,例如,提供维修服务就成功地打消了顾客担心外国车买得起、用不起、很难弄到零部件等顾虑。

通过研究分析,丰田制定了一整套打入美国市场的营销战略。其中丰田的产品战略是生产小型的、经过改装的"底特律式"小汽车。这种美国化的做法在于增加产品的可接受性。新推出的"皇冠"牌小汽车满足了各方面的要求,比其他主要竞争对手大众公司的甲壳虫在发动机功率和性能上都提高了一倍,并且容易操纵、省油,还具备了小型车的各种便利。此种车外部造型优美,内部装备了所有美国人都渴望的装修,如柔软舒适的坐椅、柔色的玻璃、侧壁有白圈的轮胎等。这种车仅仅作为一种交通工具出口,从这个意义上说,它几乎完美无缺,就连扶手的长度和腿部活动空间的大小都是按美国人的身材设计的。丰田公司甚至对一些不大引人注目的细节也给予充分的重视,质量、可靠性、可维护性等,无论是在打入美国市场之前还是之后,丰田都在不断进行市场调查和研究,力图使各种问题在没有变得十分严重之前就妥善解决。这样丰田的"皇冠"很快就建立了质量信誉,每销售100辆,顾客不满意的车数从1969年的4.5辆下降到1973年的2.3辆。

丰田车在美国市场站稳脚以后,就转而采取市场扩张战略。其中,用不断改进产品以满足顾客需要作为其产品策略。1970年和1974年丰田对皇冠产品系列分别做了两次大的修改,扩大车身,加宽踏板,同时车的稳定性能也提高了。所有这些改变都是为了满足美国消费者的偏好。

丰田将质量理解为"适合顾客需要",产品改革从顾客的角度出发而不是将其看作产品自身的要求。在广泛的调查研究合收集顾客反馈意见的基础上,丰田综合顾客的要求,尽可能提供与之相适应的产品。丰田将提高产品质量的努力集中在对生产过程质量的控制上,采取了各种质量控制方法。如通过"无缺陷"概念来寻找不合格产品的原因,通过"QC"小组鼓励雇员为改进产品和生产过程献计献策等。此外丰田还在高度相互信任的基础上,培养了与其零部件供应商之间强有力的协作关系,从而把住了协作公司零部件质量关。

案例来源:曹刚.国内外市场营销案例集[M].武汉:武汉大学出版社,2010.

问题:美国的汽车文化在发生怎样的变化?与日本的汽车文化有何不同?

◆ **应用训练**

1. 实训主题

文化差异对国际营销的影响。

2. 实训地点

教室。

3. 实训过程设计

(1) 分别请两位学生扮演美国商人和日本商人,结合材料自编谈判对话,模拟美、日两国商人谈判过程。

(2) 结合教学内容分析资料,联系谈判技巧,分析文化差异对国际营销的影响,并谈谈如何才能减少文化差异对营销的不利影响。

4. 实训目的

(1) 培训学生的商务谈判技巧和商务礼仪,培养学生国际营销素质。

(2) 培养学生分析问题、解决问题的能力,理论联系实际,提高学生的学习兴趣。

(3) 理解文化差异对国际营销的影响。

5. 案例背景

有一个美国商人要到东京与一家日本公司谈判签约。他的行程安排只有一个星期的时间,要在一周内签合同,然后返回美国。星期一,他抵达东京的第一天,日商约他打高尔夫,结果,他赢了日商两杆。星期二,他想应该谈判了吧,但日商还要打高尔夫,于是,他们又去了高尔夫球场,并且他又赢了。星期三,当日商再次提出打高尔夫球时,他有些不满了,随口说道:"我们什么时候才能干正事呢?"日商大吃一惊,回答说:"我们一直在谈正事呀!"在他的坚持下,星期三他们坐在会议室开始了会谈,并于星期六签下合同。但是由于他急于达成协议,随着他自己确定日期的临近,不得不在几个方面做出了让步,签订了一个他并不满意的合同。

第六章　国际市场营销调研

本章结构图

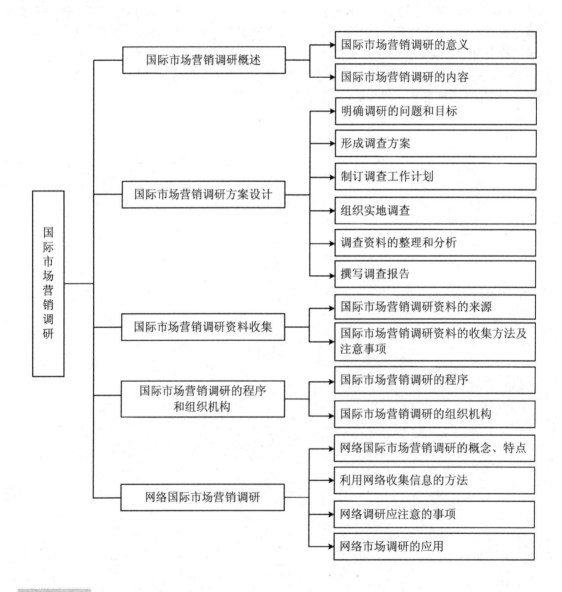

学习目标

通过本章的学习,理解国际市场营销调研的含义、内容及其意义;掌握国际市场营销调

第六章 国际市场营销调研

研的方案设计和国际市场调研计划的制订;熟悉国际市场营销调研的方法;把握国际市场营销调研的程序;了解国际市场营销调研的组织机构。

导入案例

在法国巴黎巴士底狱广场附近有一条闻名遐迩的家具街,在几乎清一色的欧式家具中传统的中式家具展现出了一种东方古文明的美,漆木家具做功细腻,但因雕刻的内容太多太繁,色彩太鲜艳,与法国人所喜欢的风格粗犷、构图简洁的家具不协调,因此产品销路不佳。无独有偶,上海家用化学品厂一批发乳在日本销路不佳,究其原因,是因为装发乳的瓶子是黑色的,日本人不喜欢,但该产品在中东却大受欢迎。

问题:分析原因何在?在进行国际市场营销的过程中如何避免类似事件的发生?

第一节 国际市场营销调研概述

一、国际市场营销调研的意义

(一)国际市场营销调研的概念

国际市场营销调研(international marketing research)是以国外市场为对象,用科学的方法,系统地、客观地收集、整理和分析有关市场营销的信息和资料,用以帮助管理人员制定有效的营销决策。所谓"系统地"是指针对市场营销需要开展周密的计划思考和有条理的组织调研工作。"客观地"是指对所有的信息资料应客观地进行记录、整理和分析处理。"帮助"强调的是调研所得的信息,只能帮助市场营销经理制定决策,但绝不能代替他们去做决策。

(二)国际市场营销调研与国内市场营销调研的异同

国际市场营销调研是指从事国际营销的企业(包括出口企业和跨国公司)所进行的营销调研活动。国际市场营销调研与国内市场营销调研的过程与方法,从概念上讲是相同的。例如,无论是国际调研还是国内调研,都要首先确定营销中存在的问题,制订出调研计划,然后再搜集、整理、分析并说明有关信息,最后撰写出调研报告供营销决策者使用。

国际市场营销调研有其特殊性,这些特殊性表现在如下几个方面:

第一,国际市场决策比国内市场决策更需要充分、及时、准确的信息。这是因为各国的文化、法律、政治、经济等方面存在着巨大的差异性,国际市场营销决策者远不像国内营销决策者那样熟悉营销环境,稍有不慎,就有可能导致决策的失误。相对来说,信息对国际营销来说更为重要。

第二,国际市场营销决策所需要的信息不同于国内市场营销所需要的信息。这是由国际市场营销决策不同于国内市场营销所致。例如,国际营销的重要决策之一是选择进入国外市场的方式。为了制定这一决策,企业需要了解目标市场国的外汇和外资政策,了解市场国的劳动力、原材料、管理经验等资源条件,了解市场国的竞争状况以及渠道模式等。这些信息在国内营销中一般是不需要的。

第三，国际市场营销调研比国内市场营销调研更困难、更复杂。这种困难性和复杂性主要表现在：① 有些信息在国内很容易得到，在国外（尤其是在发展中国家）很难得到或根本得不到。② 从不同国家得到的信息，由于各国统计方法、统计时间等因素存在着差别，需经过复杂的整理、换算后才能使其具有可比性。③ 同样的调研方法，在甲国有效，在乙国则可能无效或受到很大制约。④ 国外调研的成本要远远高于国内调研。⑤ 国际市场营销调研的组织工作要比国内市场调研更复杂。例如，如何处理好跨国公司的母公司调研与子公司调研的关系？如何利用国内调研公司和国外调研公司？这些问题显然比国内调研中所遇到的问题复杂得多。

（三）国际市场营销调研的作用

1. 有利于制定科学的营销规划

通过营销调研，分析市场、了解市场，才能根据市场需求及其变化、市场规模和竞争格局、消费者意见与购买行为、营销环境的基本特征，科学地制定和调整企业营销规划。

2. 有利于优化营销组合

企业根据市场调研的结果，分析研究产品的生命周期，开发新产品，制定产品生命周期各阶段的营销策略组合。如根据消费者对现有产品的接受程度，对产品及包装的偏好，改进现有产品，开发新用途，研究新产品创意、开发和设计；通过了解消费者对产品价格变动的反应，分析竞争者的价格策略，确定合适的定价；综合运用各种营销手段，加强促销活动、广告宣传和售后服务，增进产品知名度和顾客满意度；尽量减少不必要的中间环节，节约储运费用，降低销售成本，提高竞争力。

3. 有利于开拓新的市场

通过市场调研，企业可发现消费者尚未得到满足的需求，了解市场上现有产品及营销策略满足消费者需求的程度，从而不断开拓新的市场。营销环境的变化，往往会影响和改变消费者的购买动机和购买行为，给企业带来新的机会和挑战，企业可据以确定和调整发展方向。

二、国际市场营销调研的内容

国际市场营销调研的内容包括有关国家、地区或市场的信息，以及经济形势、社会政治气候、市场需求、技术发展、竞争态势等。

（一）国际市场营销环境信息

国际市场营销环境信息指的是影响国际市场营销的经济、自然、人口、技术、政治、法律、社会、文化方面的信息。这类信息常以地区、国别进行分类，但也需要进行比较对照。

1. 自然环境信息

自然环境信息包括地理位置、土地面积、地形和地貌、自然资源等，以及气候温度、空气湿度、日光照度、气候变化等。

2. 人口信息

人口信息包括人口规模，如人口增长、人口分布、人的年龄、居住地区、人的性别等；人口分布，如家庭结构、人口流动等。

3. 经济状况信息

经济状况信息包括国民收入、人均收入、产业结构、产业增长等。

4. 进出口贸易信息

进出口贸易信息包括消费结构,如消费者收入、购买行为(关注消费者购买什么、为何购买、谁决定买、怎么样买、什么时候买、在哪买)、消费者支出模式、实际购买能力等;国际收支,如经常项目、资本项目等。这就决定了购买行为的复杂性。

5. 金融信息

金融信息包括通货,如货币国别、货币单位等;物价,如主要商品物价、指数、价格控制等;外汇,如外汇制度、汇率等;银行,如信贷制度等。

6. 基础设施信息

基础设施信息包括交通,如铁路、公路、海运、空运的路线,口岸设施,费用等;现代通信,如电脑、电话的普及率等。

7. 政治信息

政治信息包括政治体制,如政党;政府政策,如外交关系、最惠国待遇;政治风险,如政变、罢工、动乱、战争等。

8. 工商法令信息

工商法令信息包括关税制度,如税率、海关手续;贸易外汇管理法规;进出口数额限制;外国人投资法则等。

9. 人文信息

人文信息包括语言,如官方语言、商业用语等;教育,如平均教育程度、各类教育人口的比率等;风尚,如宗教信仰、伦理道德、特殊的禁忌、风俗习惯等。

(二) 出口商品价格调查

价格对商品销售量及盈利的大小有着重要的影响,因此,开展出口商品的价格调查研究,对企业制定适宜的价格策略有重要作用。出口商品价格调查的内容包括:

(1) 出口商品生产成本。
(2) 影响国外商品供求变化的因素。
(3) 国外市场商品供求变化的情况。
(4) 出口商品需求弹性的大小。
(5) 各种不同的价格政策对商品销售量的影响。
(6) 出口商品中替代产品价格的大小。
(7) 出口新产品的定价策略。
(8) 出口商品生命周期不同阶段的定价原则。
(9) 不同国家、不同市场价格差异政策等。

(三) 顾客的需要和需求调查

从国际市场销售的观念来看,顾客的需要和需求应是企业一切活动的中心和出发点。因此,对国外顾客需求的调查就成为企业国外市场调查的一项最重要的内容。对国外顾客

消费需求的调查内容包括:
(1) 市场社会购买力情况。
(2) 国外顾客消费需求构成和购买力投向情况。
(3) 现有国外顾客数量及其分布情况。
(4) 现有国外顾客的身份、地位情况。
(5) 国外顾客对商品的购买习惯和购买数量。
(6) 国外顾客对商品的购买原因和购买动机。
(7) 国外顾客对商品的特殊爱好。
(8) 国外顾客对商品的信赖程度、需求的时间和原因。
(9) 国外顾客对本企业生产的商品的设计、性能、包装的改进意见和具体要求。
(10) 国外顾客对本企业的商品(包括服务在内)的满意程度。
(11) 国外顾客的经济来源和经济收入情况。
(12) 国外潜在顾客的情况。
(13) 商品普及率的情况。

国外市场消费的需求是一种经济的综合反映。我们对国外顾客消费需求进行调查时,既要了解他们的需求愿望,还要了解供给方面的可能性。

(四) 国际市场营销组合信息

国际市场营销组合信息指的是国际市场上有关产品销售、价格制定、分销渠道的选择、促销措施的运用及营销效果的情报和资料,是国际市场有关商品销售活动情况的反映。

1. 国际市场分销渠道信息

企业进行国际市场营销,不仅要考虑销售什么产品,还要考虑如何销售,如何以最少的费用、最短的时间、最高的效率将产品最快地销售到消费者手中。分销渠道的选择,对降低销售成本关系极大。国际分销渠道纵横,中间环节复杂,详细的调研、信息的了解和收集必不可少。国际市场分销渠道信息主要有:① 国际市场一般中间商的选择和评价,如批发商、代理商、零售商的营销性质、特点及各类中间商的具体形式;② 国际市场特定中间商的选择和评价,如中间商的资信、营销现状及发展趋势、产品结构、可提供的服务、仓储条件、地理位置及合作的态度等;③ 国际市场零售网点的情况,如零售网点的类型、规模、数目、密度、分布情况等;④ 国际市场储运情况,如运输工具、运输方法、仓库数量、仓库所在地及商品储放技术条件等。

2. 国际市场促销信息

由于各国各地风俗习惯不同,经济条件不同,文化差异大,因此,通过独具特色、卓有成效的促销措施,提高产品在国际市场上的知名度、扩大产品的声誉,是我们进行国际市场营销应当引起高度重视的问题。要制定科学的促销决策,必须依靠对国际市场促销信息的收集和运用。国际市场促销信息主要有:① 国际市场常用的促销方法,如人员推销、广告、公共关系、营业推广等;② 国际市场消费者对各种促销方式的敏感程度,如对降价拍卖、有奖销售、配套销售、赠送、广告等各种方式的反应;③ 国际市场广告媒体,如媒体的种类、媒体各自的影响力等;④ 国际市场消费者的习惯,如各种类型的消费者接触何种媒体形式,何时去何种媒体上做广告最好等。

3. 国际市场营销效果信息

这是对企业在国际市场上营销活动的反馈,是企业评价营销行为、调控营销活动全过程的客观依据。国际市场营销效果信息主要有:① 产品销售效果,如消费者对产品的接受程度、对产品的满意程度、产品的市场占有率等;② 定价策略效果,如消费者对价格的接受程度、竞争对手的反应等;③ 分销渠道效果,如国际市场销售网情况、委托代理情况、同中间商合作的情况等;④ 促销效果,如人员推销的成果、广告宣传的效果、公共关系的情况、企业声誉提高的程度、企业知名度提高的程度等。

(五)国际市场竞争对手的信息

国际市场竞争对手的信息是指企业在国际上开展营销活动中面临的主要竞争对手的各种情报资料,是企业制定竞争决策的主要依据。国际市场竞争对手的信息主要有:① 国际市场主要竞争对手是谁,如竞争对手位于哪个国家、地区、是什么性质等;② 竞争对手的实力,如竞争对手的人力、物力、财务和技术力量、生产能力、管理水平、信誉、经营历史等;③ 竞争对手的产品,如竞争对手的产品线、产品结构、产品的性能、包装、商标、品牌、产品生命周期、消费者的接受程度、市场营销情况等;④ 竞争对手的价格,如竞争对手的生产成本、价格决策、价格策略、产品的销售价格及对企业利润的影响等;⑤ 竞争对手的分销渠道,如竞争对手选择什么中间商、是否利用中间商、对中间商的政策、同中间商的合作关系及中间商的情况等;⑥ 竞争对手的促销,如竞争对手采取什么促销措施、促销措施的效果、促销的费用等;⑦ 竞争对手的营销服务,如竞争对手的服务项目、服务方针等。

资料链接 6-1

调研公司欧睿国际揭晓 2019 年十大全球消费趋势

国际市场调研公司欧睿国际发布最新中文白皮书《2019 年全球十大消费趋势》,揭示 2019 年新兴消费者趋势,提供消费者不断变化的价值观相关洞察,并探讨消费者行为将如何持续影响全球商务。2019 年全球十大消费趋势包括:

(1)人人都是专家。这一最新趋势体现了零售商与消费者之间权利关系的转变。以前,消费者需要依赖特定品牌或信息来源来购买所需商品。如今,企业必须不断创新、降低价格,改善产品,才能成功地吸引消费者。

(2)"我可以照顾自己"。接下来的 5 年中,随着消费者逐渐意识到社交媒体的陷阱,他们将追求更加"真实"的体验、产品和营销方式。

(3)"我现在就要!"这一类型消费者追求一种与其生活方式相契合的零摩擦消费体验,使他们可以将更多时间投入于职业发展和社交生活。

(4)回归本真。2019 年,消费者的兴趣将转移到简单、回归本源、更高品质、能够彰显身份的产品上。

(5)"我想要一个无塑世界"。随着这一趋势的发展,消费者对塑料在现代社会中的各种用途将有更加深入的理解,并会更负责任地使用塑料。

(6)有意识的消费者。"有意识的消费者"懂得关爱,他们会想方设法做出积极的购买决定,并希望解决消费主义对世界造成的消极影响。

(7)寻找错过的喜悦。社交网络的盛行,之前让我们感觉所有人都应当作一些令人兴奋的事,说(或发布)一些别人认可的东西,而如今人们不再害怕错过或被忽视,而是开始重新享受自我。

(8)"数字交往"。过去十年中,从让通信变得更加便利到实现多维交互和集体体验,科学技术取得了巨大发展。这一发展将持续塑造我们与好友、同事和陌生人联系协作的方式——让我们可以在相隔两地的情况下实现"数字交往"。

(9)单身生活。这一趋势将愈来愈体现在老一代人身上,他们通常年过50岁,独居且更富有。虽然有些人终身单身,但很多人已离婚或丧偶,有的人可能有成年子女。然而,这一代人并不是体验单身生活方式的唯一一代。

(10)"年龄不可知论"。老年消费者"年龄不可知"的思维和消费方式是一种动态发展的趋势,随着社会的日趋老龄化和人们寿命的不断延长,这一趋势将引发越来越多的共鸣。

"智能是贯穿2019年所有趋势的共同点。在充满选择的世界中,消费者需求和欲望正在飞速地变化。"消费者趋势研究总监Gina Westbrook总结道。

注:欧睿国际是世界领先的全球商业情报和战略市场分析提供商。在发布国际市场报告、商业参考书籍和消费者市场在线数据库方面拥有40多年的丰富经验。

资料链接6-2

2017年国际医药行业市场调研分析报告 国际化领先企业快速发展

目前,中国医药市场正在经历着快速的发展和变革,国际化是变革中恒久而耀眼的主题。国际化带来的是企业巨大的发展变化,中国未来会伴随着国际化进程诞生世界制药巨头,而巨头的成长过程反应到二级市场就是股价的不断上涨。

引进来方面:中国本土企业通过并购海外公司、产品、技术以及引进海外人才、跨国合作等方式,将国外先进技术和人才引入中国,同时也通过引进这些技术和人才把国外先进的管理理念等一并带入企业,促进了国内药企管理能力和研发水平的双重提升。引进来的最终目的还是将自身做大做强之后走出去,打破高精尖领域西方持续领先的僵局。本土企业可以通过适当的引进实现在创新领域的弯道超车。引进来的东西在国内可以得到进一步发展从而替代国外产品,最后实现走出去的目标。

走出去方面:目前A股医药上市公司的出口大多数都以原料药和医药类消费品为主,制剂出口的企业较少。纵观世界制药市场产业转移升级的规律,从大宗原料药向特色原料药转变,从特色原料药向制剂出口升级,最终实现创新药出口的路径已经越来越清晰。鉴于中国与20世纪八九十年代印度制药业的相似性,中国已经临近了制剂出口的产业升级突变点(重磅品种获批、主流企业从零星ANDA①转变为每年有数个ANDA获批),风口已至。

先锋企业已陆续进入收获期,但仅仅是个开始。在判断国际化风口的时候,我们认为,第一个ANDA获批并不是风口到来以及进入收获期的标志,重磅品种的获批或是ANDA累积形成集群效应才是风口到来的信号。ANDA从申请到获批大概需要3年的时间,企业在开始制剂出口探路的时候都是先试水,一个成功之后才开始逐渐布局,所以可能形成第一个ANDA获批后好几年的断档。后续随着经验逐渐丰富,每年申报的ANDA增多,经过累积效应,后续梯队形成直至每年都有数个ANDA获批才是业绩爆发的信号。印度企业在

---

① ANDA(Abbreviated New Drug Application)是向FDA提交的仿制药申请。

2000年到2010年期间获批的ANDA数超过700个,主要企业年批准文号在1~20个,预计未来几年的中国ANDA申请数和获批数都将大幅增长。

资料来源:https://wenku.baidu.com/p/中国行业报告。

第二节 国际市场营销调研方案设计

市场调查是企业制订营销计划的基础。企业开展国际市场调查可以采用两种方式,一是委托专业市场调查公司来做,二是企业自己来做,企业可以设立市场研究部门负责此项工作。下面通过一个企业如何对国际贸易市场做调查的实际操作,来介绍国际市场营销调研的方案设计过程。

一个完整的国际市场营销调研方案应包括6项内容,即明确调研的问题和目标、形成调查方案、制订调查工作计划、组织实地调查、调查资料的整理和分析、撰写调查报告。

一、明确调研的问题和目标

进行市场调查,首先要明确市场调查的目标,按照企业的不同需要,市场调查的目标有所不同。企业实施经营战略时,必须调查宏观市场环境的发展变化趋势,尤其要调查所处行业未来的发展状况;企业制定市场营销策略时,要调查市场需求状况、市场竞争状况、消费者购买行为和营销要素情况;当企业在经营中遇到了问题,这时应针对存在的问题和产生的原因进行市场调查。

二、形成调查方案

一个完善的市场调查方案一般包括以下几个方面内容:

1. 调查目的要求

根据市场调查目标,在调查方案中列出本次市场调查的具体目的要求。例如,本次市场调查的目的是了解某产品的消费者购买行为和消费偏好情况等。

2. 调查对象

市场调查的对象一般为消费者、零售商、批发商,零售商和批发商为经销调查产品的商家,消费者一般为使用该产品的消费群体。在以消费者为调查对象时,要注意到有时某一产品的购买者和使用者不一致,如对婴儿食品的调查,其调查对象应为孩子的母亲。此外还应注意到一些产品的消费对象主要针对某一特定消费群体或侧重于某一消费群体,这时调查对象应注意选择产品的主要消费群体,如对于化妆品,其调查对象主要选择女性;对于酒类产品,其调查对象主要为男性。

3. 调查内容

调查内容是收集资料的依据,是为实现调查目标服务的,可根据市场调查的目的确定具体的调查内容。如调查消费者行为时,可按消费者的购买、使用后评价三个方面列出调查的具体内容项目。调查内容的确定要全面、具体,条理清晰、简练,避免面面俱到,内容过多,过于烦琐,避免把与调查目的无关的内容列入其中。

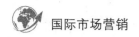

4. 调查表

调查表是市场调查的基本工具,调查表的设计质量直接影响到市场调查的质量。设计调查表要注意以下几点:① 调查表的设计要与调查主题密切相关,重点突出,避免可有可无的问题;② 调查表中的问题要容易让被调查者接受,避免出现被调查者不愿回答或令被调查者难堪的问题;③ 调查表中的问题次序要条理清楚、顺理成章、符合逻辑顺序,一般可遵循容易回答的问题放在前面,较难回答的问题放在中间,敏感性问题放在最后和封闭式问题在前,开放式问题在后的原则;④ 调查表的内容要简明,尽量使用简单、直接、无偏见的词汇,保证被调查者能在较短的时间内完成调查表。

5. 调查地区范围

调查地区范围应与企业产品销售范围相一致,当在某一城市做市场调查时,调查范围应为整个城市;但由于调查样本数量有限,调查范围不可能遍及城市的每一个地方,一般可根据城市的人口分布情况,主要考虑人口特征中收入、文化程度等因素,在城市中划定若干个小范围调查区域,划分原则是使各区域内的综合情况与城市的总体情况分布一致,将总样本按比例分配到各个区域,在各个区域内实施访问调查。这样可相对缩小调查范围,减少实地访问工作量,提高调查工作效率,减少费用。

6. 样本的抽取

调查样本要在调查对象中抽取,由于调查对象分布范围较广,应制定一个抽样方案,以保证抽取的样本能反映总体情况。样本的抽取数量可根据市场调查的准确程度的要求确定,市场调查结果准确度要求愈高,抽取样本数量应愈多,但调查费用也愈高,一般可根据市场调查结果的用途情况确定适宜的样本数量。实际市场调查中,在一个中等以上规模城市进行市场调查的样本数量,按调查项目的要求不同,可选择200~1000个样本,样本的抽取可采用统计学中的抽样方法。具体抽样时,要注意对抽取样本的人口特征因素的控制,以保证抽取样本的人口特征分布与调查对象总体的人口特征分布相一致。

7. 资料的收集和整理方法

市场调查中,常用的资料收集方法有调查法、观察法和实验法,一般来说,前一种方法适宜于描述性研究,后两种方法适宜于探测性研究。企业做市场调查时,采用调查法较为普遍,调查法又可分为面谈法、电话调查法、邮寄法、留置法等。这几种调查方法各有其优缺点,适用于不同的调查场合,企业可根据实际调研项目的要求来选择。资料的整理方法一般可采用统计学中的方法,利用 Excel 工作表格,可以很方便地对调查表进行统计处理,获得大量的统计数据。

三、制订调查工作计划

1. 组织领导及人员配备

建立市场调查项目的组织领导机构,可由企业的市场部或企划部来负责调查项目的组织领导工作,针对调查项目成立市场调查小组,负责项目的具体组织实施工作。

2. 访问员的招聘及培训

访问员可从高校的经济管理类专业的大学生中招聘,根据调查项目中完成全部问卷实地访问的时间来确定每个访问员1天可完成的问卷数量,核定招聘访问员的人数。对访问员须进行必要的培训,培训内容包括:① 访问调查的基本方法和技巧;② 调查产品的基本情况;③ 实地调查的工作计划;④ 调查的要求及要注意的事项。

3. 工作进度

将市场调查项目整个进行过程安排一个时间表,确定各阶段的工作内容及所需时间。市场调查包括以下几个阶段:① 调查工作的准备阶段,包括调查表的设计、抽取样本、访问员的招聘及培训等;② 实地调查阶段;③ 问卷的统计处理、分析阶段;④ 撰写调查报告阶段。

4. 费用预算

市场调查的费用预算主要有调查表设计印刷费、访问员培训费、访问员劳务费、礼品费、调查表统计处理费用等。企业应核定市场调查过程中将发生的各项费用支出,合理确定市场调查总的费用预算。

四、组织实地调查

市场调查的各项准备工作完成后,开始进行问卷的实地调查工作,组织实地调查要做好两个方面工作。

1. 做好实地调查的组织、领导工作

实地调查是一项较为复杂烦琐的工作。要按照事先划定的调查区域确定每个区域调查样本的数量、访问员的人数、每位访问员应访问样本的数量及访问路线,每个调查区域配备一名督导人员;明确调查人员及访问人员的工作任务和工作职责,做到工作任务落实到位,工作目标、责任明确。当需要对调查样本某些特征进行控制时,要分解到每个访问员,例如,某调查项目,调查样本地1000人,要求调查男性600人,女性400人,调查对象的男女比例为3:2,则要求每个访问员所调查样本的男女比例都应控制为3:2,从而保证对总样本中男女比例的控制。

2. 做好实地调查的协调、控制工作

调查组织人员要及时掌握实地调查的工作进度完成情况,协调好各个访问员间的工作进度;要及时了解访问员在访问中遇到的问题,帮助解决,对于调查中遇到的共性问题,提出统一的解决办法。要做到每天访问调查结束后,访问员首先对填写的问卷进行自查,然后由督导员对问卷进行检查,找出存在的问题,以便在后面的调查中及时改进。

五、调查资料的整理和分析

实地调查结束后,即进入调查资料的整理和分析阶段,收集好已填写的调查表后,由调查人员对调查表进行逐份检查,剔除不合格的调查表,然后将合格调查表统一编号,以便于调查数据的统计。调查数据的统计可利用Excel电子表格软件完成;将调查数据输入计算机后,经Excel软件运行后,即可获得已列成表格的大量的统计数据,利用上述统计结果,就可以按照调查目的的要求,针对调查内容进行全面的分析工作了。

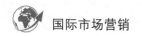

六、撰写调查报告

撰写调查报告是市场调查的最后一项工作内容,市场调查工作的成果将体现在最后的调查报告中,调查报告将提交给企业决策者,作为企业制定市场营销策略的依据。市场调查报告要按规范的格式撰写,一个完整的市场调查报告格式由题目、目录、概要、正文、结论和建议、附件等组成。

资料链接 6-3

校园市场调查方案设计

1. 调查目的

(1) 充分了解学生对于搜索引擎的反应,使搜索引擎更有针对性,达到预期效果。

(2) 能对雅虎搜索引擎的改进和优化有一定的参考价值。

(3) 使我们的校园推广活动事半功倍,达到预期目的。

2. 研究内容

(1) 对搜索引擎使用者的构成特征与心理特征的研究。

(2) 用户了解搜索引擎的渠道。

(3) 用户使用搜索引擎的目的。

(4) 用户对搜索引擎的品牌偏好。

(5) 用户使用搜索引擎的习惯和行为特征。

(6) 搜索引擎对受众的影响及效果。

(7) 搜索引擎的有待开发功能。

(8) 未来搜索引擎的发展趋势和理想状态。

3. 调查的对象和范围

在校大学生。

4. 调查所采用的方法

根据本次调研目的和调研对象,为使调研结果更加确切,且具有一定代表性,我们计划采用多种方法相结合但有重点的调查手段。

(1) 根据市场信息产生过程的不同,首先实地收集原始资料。

(2) 在收集原始资料过程中,采用了定性调查中的深度访谈法,还有定量调查中的入户访问和街头拦截(问卷调查法),并在恰当的时机辅助以观察法,把这四种方式结合起来,希望能得到一个全面的调研结果。

(3) 在问卷调查中,采用实地调查和网上在线投票调研两种方法。

5. 调查资料整理分析方法

(1) 定性调查中的深度访谈,采取纸笔记录并整理、筛选、提炼,进而得出结论。

(2) 定量调查样本较复杂,人工整理并辅助以电子计算机,然后通过计算机录入,并适当制作图表,使之更加直观。

(3) 网上的在线调研,系统自动统计结果,人工备份保存。

6. 调查日程和时间期限

(1) 4月8日之前,调查方案设计及制定。研究制定调查目标和内容,确定调查对象和调查方法,初步得出调查设计方案与步骤。

(2) 4月8至15日,设计调查问卷,投放在网上,开始进行网上调研。并适当进行一些深度访谈,在适宜的时机采用观察法。

(3) 4月15至18日,问卷重新修订、完善。整理网上部分调研结果,备份整理数据并得出初步结论,为街头拦截问卷调查做准备。

(4) 4月18至20日,进行校园拦截问卷调查。

(5) 4月20至25日,调查问卷分析,统计结果,得出初步结论。

(6) 4月25至29日,撰写调研报告。

(7) 4月30日,提交调查报告。

(8) "五一"后根据调查报告分析结果开展活动。

附:校园搜索引擎使用调查问卷(样例)

作为互联网经济的新热点,用户通过搜索获取信息,已成为一大趋势。而在校大学生更是搜索引擎的长期使用者,我们正在收集有效数据并对这一领域进行深入研究。请您在百忙之中抽出一些时间参与我们的问卷调查,望能如实填写。

您的参与是对我们工作最大的关心和支持,谢谢!

1. 您所需要的生活信息大都来自以下哪种媒体?(　　)

　A. 电视　　　B. 广播　　　C. 报纸　　　D. 杂志　　　E. 网络

2. 您最常浏览的网站属于以下哪类?(　　)

　A. 门户网站(搜狐、新浪、网易等)

　B. 搜索引擎网站

　C. 专业类网站

　D. 购物类网站

　E. 博客类网站

3. 请问您使用最频繁的搜索平台是什么?(　　)

　A. 雅虎　　　B. Google　　　C. 百度　　　D. 搜狗　　　E. 其他

4. 选择该搜索引擎的原因是什么?[多选](　　)

　A. 查询结果　B. 丰富查询　C. 速度快　D. 信息准确　E. 查询简单

5. 您从哪些途径知道雅虎的搜索引擎?[多选](　　)

　A. 参加产品培训会

　B. 初学上网时的培训

　C. 同学、同事间的口碑

　D. 看到广告、网吧默认页面

　E. 其他

6. 请问您在日常生活中用搜索引擎做什么?(　　)

　A. 学习　　　B. 娱乐　　　C. 工作　　　D. 购物　　　E. 其他

7. 请问您平时在购买商品前,会用搜索引擎来查询相关资讯吗?(　　)

　A. 会　　　B. 不会

8. 请问您经常搜索的内容是哪些?[多选](　　)

　A. 电子邮箱　　　　B. 在线影音娱乐　　　　C. 找工作/招聘

　D. 短信服务　　　　E. 搜索引擎　　　　　　F. 下载软件

G. 网上购物   H. 金融及证券服务   I. 浏览新闻/资讯
J. BBS 论坛/校友录   K. 网上银行   L. 即时通信
M. 网络游戏   N. 网上教育

9. 您如何搜索自己需要的信息是什么？[多选]（　　）
   A. 使用一个关键词   B. 使用多个关键词   C. 使用关键词组合

10. 请用简单的一两句话描述一下您理想中的搜索引擎（您可以从技术、内容、创意、表现手法等方面考虑）。

11. 请按真实情况填写如下问题：
    您的性别：A. 男　B. 女
    您的网龄：A. 0～2 年　B. 3～5 年　C. 6～9 年　D. 10 年以上
    您的身份：A. 专科生　B. 本科生　C. 研究生　D. 在职工作者　E. 其他

第三节　国际市场营销调研资料收集

一、国际市场营销调研资料的来源

国际营销调研资料包括第一手资料和第二手资料，或称直接资料和间接资料。

（一）第一手资料来源

第一手资料来源主要有：

（1）直接参与国际举办的各类展览会、展销会、交易会。

（2）国外实地考察，身临其境，感受市场气氛，观察市场动态，寻找现实的和潜在的客户。

（3）与外商直接谈判中，了解对方对经销产品的迫切感、需求量等。

（4）直接购买对方产品，进行外形、特色、性能分析和实验，掌握产品的变化趋势，从而指导开发本企业的新产品。这是日本企业经常采用的方法。

第一手资料是通过人们自己直接观察、体验出来的，具有亲切、真实、快捷的特点。

（二）第二手资料来源

第二手资料也叫作次级资料，是别人调查、归纳总结出来的。其主要来源有：

（1）本国政府主管机关公布和提供的数字，如国际统计、外贸、银行等部门，以及驻外使馆和商务机构提供的资料，《中国统计年鉴》《中国对外经济贸易年鉴》等。

（2）国际性组织提供的资料，如世界银行、国际货币基金组织、联合国经济委员会等。这些组织提供的资料都是全球性的，有利于各国之间的比较。联合国每年出版的"统计年鉴"汇编了 250 多个国家的有关社会和经济情况。世界银行经常发布的有关资料，为各国调整产业结构、资金的投向和市场的开发提供有关资料。

（3）外国期刊。美国政府为了使美国公司经常了解国外的贸易机会情况，由商务部及其他机构提供大量的一般性和专业性市场的信息,所办刊物包括《对外贸易报告 140》(《Foreign Trade Report 140》)、《国际经济指标》(《International Economic Indicators》)、《贸易机会计划》(《Trade Opportunities Program,TOP》)等。还有《国际市场经济信息丛刊》,它是专门向美国公司提供海外市场机会的系列出版物,包括《全球市场经济报告》(《Global Market Surveys》)、《海外业务报告》(《Overseas Business Reports》)、《美国工商业》(《Business America》)等,都有较大的使用和参考价值。

(4)查阅各国编辑的工商企业名录。通过这些名录,可以系统了解客户,包括地理位置、分布和行业结构。美国纽约的国际黄页公司出版的《国际黄页》一书,就分类收集了 120 个国家 53 万家公司的名称、地址及电话。

(5)委托咨询公司进行调查。国际上许多专业咨询公司都是相互联系的,它们提供的资料,一般较为及时、可靠。中国许多企业在解决技术引进、产品出口、资料收集的问题上,不少是委托香港咨询公司进行的。

也可以从与竞争对手有生意往来的人那里获得信息,主要的顾客可以向公司提供关于竞争者及其产品的信息,公司还可以通过渗透顾客的经营活动而获得信息。

例如,吉列公司告诉加拿大的一个大客户它在美国市场上推出"好消息"一次性剃刀的日期。这个加拿大批发商立即打电话给别克公司,告诉它这个产品推出计划。别克提出了一个突击式计划,使得它在吉列产品推出不久后也马上推出了自己的产品。公司会向它的顾客提供免费的技术人员服务。这些技术人员与顾客的设计人员发展的友好合作关系使他们能了解竞争对手正在开发什么新产品。

二、国际市场营销调研资料的收集方法及注意事项

(一)国际市场营销调研资料收集的方法

国际市场营销活动调研资料收集的方法可分为以下四类:

1. 访问法

访问法又称调查法,即直接向被调查人提出问题,并以所得到的回答作为调查结果。这是最常见和最广泛采用的方法。它包括:

(1)面谈访问。无论是工业品市场还是消费品市场,面谈获得的信息是最可靠的方法。在有深度要求和准确度要求的调研活动中,面谈访问是必不可少的。但这种访问一般费用大、时间长。它适用于调查对象范围小,问题相对集中,或者调查的问题较复杂,需做深入探讨,还有临时性调查任务,没有事先拟订问卷等情况。

(2)电话调查。由调查人员根据事先确定的原则抽取样本,用电话向被调查者询问。这种方法费用较低、完成快,并可听取用户询问或提出调查提纲以外的问题,取得额外的信息。但电话调查的范围较小,因为它与电话的普及率有关,而且受时间限制。

(3)邮寄调查。这种方法是将拟好的调查表格邮寄给用户,由他们填写寄回。此方法较面谈费用低、时间快,但主要缺点是回收率低。

(4)计算机访问。国外有些调研公司在购物中心建立交互式计算机终端。愿意被采访的人阅读显示屏上的问题,键入他的回答。这种访问信息搜集的随意性较大。

(5)投影法。这是一种间接探测调查人态度的方法。有许多人不愿在被访问时坦露自

己真正的态度和动机,投影法的目的在于使被调查人非自觉地表露其个性和思想。例如,用一些语句、漫画等启发调查人,让他们自由发挥,在不知不觉中流露真正动机。投影法是一种心理测试法,它需要具备一定心理知识,且成本较高。

2. 观察法

观察法指调研者通过直接观察和记录被调查者的言行来搜集资料的方法,即调查人直接到调查现场,耳闻目睹顾客对市场的反应或公开言行,或者利用照相机、录音机、监视器等现代化手段间接地进行观察以搜集资料。观察法可根据不同的调查目的,采取多种形式。

第一种形式是现场观察。调查者参加各种展销会、展览会、订货会,观察记录商品销售情况,同类产品的发展情况,各种商品的性能、式样、价格、包装等。中国许多企业都是利用这种方法在广交会上进行调查的。

第二种形式是顾客动作观察。在设计新商品时,应当研究如何陈列能吸引顾客。调查人员可以观察类似的商品,或用录像摄下顾客在类似商品中的活动,作为设计新店的参考。

第三种形式是店铺观察。调查人员亲自到零售店或参加展销会、陈列会等,观察并记录商品的销售情况。如调查人员调查消费者的实际购买情况或询问商品的品种、商标、包装等,了解消费者需求,也可统计购买人次,观察客流量和客流规律。这种方法更适合有条件自办店铺的企业。

观察法通过实际观察,直接了解顾客反应,调查结果更接近实际。这种方法需要长期坚持,结合统计资料进行。缺点是只看表面现象,观察不到内在因素,不易分析原因。因此,这种方法需要调研人员具有较高的技术业务水平。例如,具有理解不同国家文化差异,并能排除受本国参照标准影响的能力。为了弥补观察法的不足,可在观察的同时,结合运用访问法。

3. 实验法

实验法是从影响调查对象的若干因素中,选出一个或几个作为实验因素,在其他因素不发生变化的条件下,了解实验因素变化对调研对象的影响。该实验限于小规模活动。实验法在市场调研中的主要形式有:

(1) 新产品销售实验。在试销中听取顾客意见,改进设计,提高质量,定型生产经营。

(2) 产品展销会实验。调查人员可通过分析展出产品的销售情况并实地观察顾客的反映意见,来预测新产品的发展情况,预测产品的销售量。实验法所得资料来源于实践。这种方法科学,收集的原始资料可靠,但不易选择与社会经济因素类似的实验市场,且实验时间较长,成本较高。

4. 统计分析法

这种方法是利用企业内外的现有资料,利用统计原理,分析市场及销售变化情况,以使销售效果分派到最有利的途径上去。该方法所采用的主要形式有:

(1) 趋势分析。将过去的资料累积起来,进行分析对比,加以合理延伸,以推测未来的发展方向。如某企业几年内的销售量都是递增5%左右,就可以推测出近两年的增加额和增长速度。这种方法只能分析一个变量,如销售量与时间的关系。

(2) 相关因素分析。即分析统计资料中各变量彼此是否有关,以及相关程度的大小。也就是以一个变量分析另一个变量的发展情况。如人口的增长率与销售变量的关系,价格与供求的关系等。

(3) 市场占有率分析。统计分析法简便易行,可以经常运用,以弥补其他调研法的不足。但这种方法依据史料,现实发生变化的因素没有包括在内,调研中应给予注意。

(二) 国际市场营销调研应注意的问题

1. 国际市场调研面临的问题

国际市场营销调研的内容不仅广泛,而且极其复杂,因而比国内市场营销调研遇到的问题更多、更特别。从总体上讲,国际市场调研面临三个方面的问题:

(1) 必须搜集多个市场的信息情报。有时多达一百多个国家,而每一个国家的营销情报需求又千差万别,这样导致调研成本和调研难度增加,由于对各国的调研不能采取统一的模式,在进行各国替代性研究时,调研人员可能会出现各种偏差。

(2) 必须利用二手资料。有些国家的二手资料较多,而大多数国家的二手资料普遍缺乏,又由于统计概念在各国的解释口径不一样,再加上收集的数据精确性程度不同,以及二手资料的提供者态度是否客观公正,这些都影响了二手资料的有限性与不可比性。

(3) 必须搜集和利用原始资料。国际市场调研人员在搜集原始资料时经常会遇到诸如语言,各个国家社会组织多样化,市场有效反映率低,商业及通信的基础设施局限等问题,而且搜集费用昂贵,其难度则不言自明。

2. 国际市场营销调研应注意的问题

在国际营销调研中,应用这些方法和技术时,由于各国在经济、文化、社会、政治诸方面存在着差异,往往出现一些问题。

(1) 代表性问题。以抽样调查为例,一项抽样调查要取得成功,样本必须具有代表性。但是在发展中国家,抽样调查的样本往往具有很大的偏倚性,最大问题是缺乏对总体特征的适当的了解和从中抽出有代表性样本的可靠名单。在这种情况下,许多调研人员只能依靠在市场和其他公共场所抽取合适样本,以取代概率抽样技术。由于公共场所接受询问者之间存在差异,故调查结果并不可靠。

(2) 语言问题。在使用问卷方式进行调查时,最重要的问题就是语言的翻译。由于翻译不当引起误解,导致调查失败的例子是很多的。例如,在扎伊尔,官方语言是法语,但人口中只有少数人能讲流利的法语。在这种情况下,用法语进行问卷调查是极其困难的,因为一种语言中的成语、谚语和一些特殊的表达方式很难译成另一种语言。识字率则是另外一个问题。在一些不发达国家和地区,识字率很低。用文字写成的调查问卷毫无用处。

(3) 通信问题。问卷调查中的另一个问题是问卷的邮寄在许多发展中国家十分困难。有些国家的邮电系统的效率极低,例如,巴西的国内信函有30%根本收不到。在这样的国家,邮寄问卷的调查方法根本就行不通。在许多发展中国家,电话数量很少,除非只调查富裕阶层,否则电话调查法就没有价值。即使被调查人有电话,也并非都能应用电话调查法。据估计,在开罗,有50%的电话线可能同时失灵。在这些国家中,即使是进行工业调研,采用电话调研也是不足取的。

(4) 文化差异问题。个别访问是取得可靠数据的重要方法之一。但在许多发展中国家,由于文化的差异采用这一方法很困难,被访者或者拒绝访问和回答问题,或者故意提供不真实的信息。

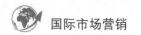

第四节 国际市场营销调研的程序和组织机构

一、国际市场营销调研的程序

国际市场营销调研程序一般包括以下几个步骤：

1. 确定问题

在此阶段，调研人员应首先确定营销中存在的问题。这一阶段对整个营销调研甚至营销决策至关重要。例如，一个时期内企业在某国的销售额下降的真实原因是出现了强有力的竞争对手，而调研人员却误认为是代理商的责任心下降，这会使后面的各步骤的调研工作误入歧途，并可能导致错误的营销决策。

2. 制订调研计划

随着国内外市场竞争的加剧，市场调查受到越来越多企业的重视。企业如何才能配合营销工作制订出有效的市场调研计划，成为年底困扰他们的一个难题，如果年底没有做好计划，下一年制定不同时期的营销策略和开展营销工作就不知如何下手。一份好的市场调研计划对未来一年的营销工作会起着一个指南针的作用。因此，如何才能够制订出有效的具有可操作性和前瞻性的年度市场调研计划，显得极为关键。

> **资料链接 6-4**
>
> **年度市场调研计划的制订**
>
> 对于企业来说，在考虑制订年度市场调研计划时需要清楚以下问题：在即将过去的一年的营销工作中，哪些工作是经过了缜密的市场调查后做出的营销决策？最后实施的策略如何？哪些工作是需要下一年继续进行的？下一年营销工作的重心在哪里？
>
> 不同行业和不同产品的生命周期不同，因此就需要在不同的时期采取有针对性的营销策略，在总结即将过去的一年的营销工作的基础上，需要根据产品所处的生命周期确定出未来一年的营销战略方向。例如，对于需要进行市场开拓的企业，就需要确定出下一年重点在哪些区域进行重点开拓，对于本年度拓展了太多的客户下一年需要看看哪些市场信息是必需的，或者哪些工作需要开展市场研究，以对市场进行维护，防御可能出现的竞争。
>
> 同时根据年度营销计划确定出相应的研究内容，再综合评估哪些是需要委托外面的市场调查公司来操作，哪些需要自己来做。例如，西部某生产瓶装纯净水的企业在 2016 年它们的产品打开了西南和南方市场，同时在 2016 年下半年新生产出了果汁饮料，于是在 2017 年它们的营销工作重点将会放在瓶装纯净水西南和南方市场的维护、进一步开拓以及果汁饮料新产品的成功上市两大方面。相应的市场调查计划其实目前就可以予以制定，内容如下：
>
> 每一个月都需要从经销的渠道（包括经销商、大卖场、小超市等终端）对瓶装矿泉水进入的区域的竞争品牌的市场占有率、铺货率进行监测，并搜集相关品牌的促销信息，并与该品牌进行比较，及时调整营销策略。
>
> 2017 年 3 月前针对果汁饮料要进入的几大区域市场做消费者消费行为和需求研究，确

定哪个区域的风险最低,同时了解了该区域消费者果汁饮料的消费者行为特征后,后面紧接着的广告投入、促销等都才能有的放矢。同时在2017年夏秋两季需要研究瓶装矿泉水进入的市场区域的消费者的消费现状和对该纯净水的品牌认知度和品牌价值,为品牌价值的提升和树立消费者品牌忠诚度探询可行策略。

在以上内容中,月度的研究是需要企业的市场人员去了解的,而不同时期的调查则需要委托外面的市场调查公司来做。

1. 需要预先做好市场调研年度计划的主题

企业产品不同,面临的市场竞争不同,调研的主题也不同,总体看来,包含以下主题的营销工作需要制定年度市场调研计划:

(1) 顾客满意度研究。对于很多市场上品牌繁多并且消费者转移成本较低或者竞争非常激烈的产品和服务,需要认真研究顾客满意度。就好像购买洗发水一样,如果买了A产品消费者觉得不满意,下一次就会转而购买B产品,而消费者所进行的这个行动过程并不会被企业所发现。因此,顾客满意度可以很好地评估出你所提供的产品和服务是否让消费者感觉到实现了你对他(她)的承诺,同时你可以在一年当中看出你的消费者的变动趋势,从而发掘出有价值的顾客群体同时进行细心的维护。顾客满意度是一个连续性的跟踪性调查,因此仅仅靠一次市场研究并不能解决所有问题,因为市场在变,通常会是每个季度或者每半年进行一次,因此,年度的顾客满意度研究计划能够更有效指导企业的顾客忠诚度计划的成功。

(2) 广告投放效果研究。很多企业在年底,通常都会大张旗鼓地制订广告投放计划和广告预算,少则几十万元,多则上千万元甚至上亿元,但是并不是所有的广告都能够产生预期的效果,或者说有很多广告投放了纯粹就是白白浪费,很多企业都想知道什么样的广告投放、进行什么样的媒体组合是最有效。这样,除了广告的投放计划外,还相应应该有广告效果评估计划,这一计划应该以本年年底为起点,同时最好是在下一年的广告投放计划前先对今年投放的各类媒体广告做一个综合效果评估,对于明年的广告投放也有参考的作用。通常广告投放都是分阶段进行的,因此投放效果的研究也要穿插在不同的阶段,以减少不必要的广告投入。

(3) 市场进入机会研究。要进入新的市场,就需要综合评估企业的优势、劣势、机会和威胁,做好SWOT分析。这就需要认真深入地研究该区域市场的消费者习惯、竞争对手的现状、销售渠道的现状,分析市场进入的障碍和机会,从而为产品的顺利进入找到良好的切入点,降低营销风险。市场进入机会研究的计划就需要结合营销规划中的市场进入时间来制定。

(4) 消费者动态和潜在需求研究。对于一些具有品牌地位的企业,需要定期对竞争对手的消费者和自己的消费者进行研究,以摸清消费者动向,挖掘潜在需求,以采取更好的服务策略,并为产品和服务的创新奠定基础。通常普通的快速消费品(例如食品、饮料等)和部分耐用消费品(例如手机、电信服务等)每一年都应该进行一到两次大规模的消费者研究,才能满足营销策略的需要。

(5) 细分市场研究

市场竞争的激烈和消费者需求的不同导致企业不可能抓住所有的消费者,因此必然需要细分市场。例如,移动通信服务不断发展细分出的家庭主妇、高校学生市场,手机的竞争使一些生产手机的企业专门只做高端的商务人士市场等。对现有的消费者,根据其消费习惯、所处区域和生活形态等进一步细分,是企业进行深度服务和延长产品生命力的策略,因为只有研究好细分市场,企业才能够提供专业化和个性化的服务,而不是眉毛胡子一把抓。企业在年底需要研究本年度消费者的变化情况,确定出未来一年要大力开拓的细分市场,预先制订好的市场调研计划依然是细分市场开拓的先锋队。

(6) 品牌价值评估。品牌的概念已经深入人心,要想长期获得消费者的忠诚,塑造产品和服务的品牌是大势所趋,而对于一些多元化发展的企业,经营产品和多元化是会导致品牌价值的成长还是萎缩就需要认真思考了,同时,到底品牌是虚是实,很多企业并没有清晰的思路。因此,分年度进行品牌的价值评估就很有必要。就好像红塔山的品牌价值为423亿元,但是消费者不见得一直认同红塔山一样,在红塔集团多元化投资的今天,其品牌的综合评估就能够看出红塔的份量,以随时给品牌企业予以提醒,塑造出在各方面都比较健全和健康的品牌。

(7) 新产品开发。新产品的开发自然更需要关注消费者的需要,一个产品能不能有市场、有多大的市场,消费者是可以说了算的,真所谓市场识英雄。新产品开发前,需要将模拟的产品给消费者来评价,比如其需求状况,购买可能性,价格接收程度等,对于下一年度要开发新产品的企业来说,这就需要花点时间在目标消费者身上了。如针对某日用品生产企业制订产品创新的市场研究计划,在不同的时期请目标消费者来提供新产品的创意,最后再结合企业发部门的研发的产品进行改进,产品推出后,形势一片大好。这都是有效的市场调查计划能够实现的成果。

当然,不仅仅限于以上的领域需要制订科学的市场调研计划,每个企业还要根据自身的实际情况来进行设计。首要原则是简单、实用、明了,同时要纳入市场营销的战略规划和预算的范围之内。

2. 制订年度市场调查计划的方法

年度市场调查计划的制订也不单是企业市场部或者市场研究部的事,需要结合各个部门进行,因此,在制订年度市场调查计划时,最好与其他部门一起讨论和协商。

此外,市场调查的结果需要客观真实、中立,对于一些需要动用较多资源的调查,企业可以选择专业调查公司来合作,既能节省成本又保质保量。目前,很多具有一定品牌和研究实力的调查公司都能够为企业提供营销的诊断服务,同时根据不同的行业和产品,他们都能够提供市场调查年度计划的策略支持,并有相应的模型支持。在年底,企业也不妨请一些调查公司到企业一起探讨交流,针对下一年的营销工作重点请专业调查公司量身定做市场调查计划,以保证来年市场调查的有效和成功,推动企业市场营销工作的有序进行。

3. 执行调研计划

该阶段要根据调研计划收集第一手资料和第二手资料,并对其进行整理、统计和分析。收集资料的过程可由企业内部的调研人员完成,也可委托企业外部的专业调研公司完成。在委托专业调研公司时,既可委托国内的公司,又可委托国外公司。

4. 解释并报告调研结果

调研的最后阶段是对调研结果做出解释和说明,得出结论,向营销决策部门提交调研报告,供决策者参考。调研报告内容应紧扣调研主题,力求简明扼要。

资料链接6-5

市场营销调研计划书

一、调查目的

1. 为××公司技术申报提供科学、客观的数据。
2. 通过客观深入的市场调查和分析,充分了解消费者一号通业务的需求和价格定义水平。
3. 了解潜在客户规模及分布状况。
4. 根据调查研究分析来确定产品的定位、市场前景,做出市场潜力测评。
5. 项目的研发、技术实现、市场推广将面临着市场风险。

二、调查对象

1. 学校附近的人群(通过抽样调查选出适合的调查对象,以个体为单位)。
2. 上班人群。

三、调查内容

1. 产品自身情况调查。
2. 需求市场调查:
(1) 消费者偏好。
(2) 购买决策。
(3) 购买行为。
(4) 价格支付能力。
(5) 购买人群。
3. 竞争市场调查:
(1) 主要竞争对手。
(2) 各竞争对手优势、劣势。
4. 一号通业务市场调查的重要性。

四、搜集信息

1. 消费者的购买意向。
2. 不同领域消费者的需求。
3. 了解各个类似业务的竞争状况。
4. 消费者对产品的要求。

五、制订抽样计划

1. 实施分层抽样:
(1) 以所属领域特点为分层标准。
(2) 按比例抽取一个样本量为500的样本。
2. 样本要求:
(1) 家庭成员中没有人在通信业务公司或经销岗位工作。
(2) 家庭成员没有人在最近半年中接受过类似产品的市场调查。
(3) 被调查者经常使用手机、固话等通信工具。

六、设计问卷

通过对一号通业务市场的了解,对消费者资料的调查,总结分析,进行问卷设计。

七、调查进度

第一阶段:初步市场调查(1 天);第二阶段:制订计划(2 天);审定计划(半天);确定修正计划(半天);第三阶段:问卷设计(1 天);问卷修改确认(半天);第四阶段:实施计划(2 天);第五阶段:研究分析(2 天);调查实施自计划问卷确认后的第二天开始执行。

八、信息整理分析

1. 通过对调查目的和搜集信息的整理,对问卷的设计并进行整理分析。
2. 根据问卷调查情况绘制数据表格。

九、调查预算(略)

资料链接 6-6

新可口可乐:调研失误

1. 决策背景

20 世纪 70 年代中期以前,可口可乐占据了全美饮料市场 80%的市场份额,年销量增长速度高达 10%。然而好景不长,70 年代中后期,百事可乐的迅速崛起令可口可乐公司不得不着手应付这个饮料业"后起之秀"的挑战。1975 年全美饮料业市场份额中,可口可乐领先百事可乐 7 个百分点;1984 年,市场份额中可口可乐领先百事可乐 3 个百分点,市场地位的逐渐势均力敌让可口可乐胆战心惊起来。百事可乐公司的战略意图十分明显,通过大量动感而时尚的广告冲击可口可乐的市场。

首先,百事可乐公司推出以饮料市场最大的消费群体——年轻人为目标消费者群的"百事新一代"广告系列。由于该广告系列适宜青少年口味,以心理的冒险、青春、理想、激情、紧张等为题材,于是赢得了青少年的钟爱;同时,百事可乐也使自身拥有了"年轻人的饮料"的品牌形象。

随后,百事可乐又推出一款非常大胆而富创意的"口味测试"广告。在被测试者毫不知情的情形下,请他们对两种不带任何标志的可乐口味进行品尝。由于百事可乐口感稍甜、柔和,因此,百事可乐公司此番现场直播的广告中的结果令百事可乐公司非常满意;80%以上的人回答是百事可乐的口感优于可口可乐。这个名为"百事挑战"的直播广告令可口可乐一下子无力应付。市场上百事可乐的销量再一次激增。

2. 市场营销调研

为了着手应战并且得出可口可乐发展不如百事可乐的原因,可口可乐公司推出了一项代号为"堪萨斯工程"的市场调研活动。

1982 年,可口可乐广泛地深入到 10 个主要城市中,进行了大约 2000 次的访问,通过调查,看口味因素是否是可口可乐市场份额下降的重要原因,同时征询顾客对新口味可乐的意见。于是,在问卷设计中,询问了例如"你想试下新饮料吗?""可口可乐味变得更柔和一些,您是否满意?"等问题。

调研最后结果表明,顾客愿意尝新口味的可乐。这一结果更加坚定了可口可乐公司的决策者们的想法——秘不宣人,长达 99 年的可口可乐配方已不再适合今天消费者的需要了。于是,满怀信心的可口可乐开始着手开发新口味可乐。

可口可乐公司向世人展示了比老可乐口感更柔和、口味更甜、泡沫更少的新可口可乐样品。在新可乐推向市场之初,可口可乐公司不惜血本进行了又一轮的口味测试。可口可乐公司倾资400万美元,在13个城市中,约19.1万人被邀请参加了对无标签的新、老可乐进行口味测试的活动。结果60%的消费者认为新可乐比原来的好,52%的人认为新可乐比百事好。新可乐的受欢迎程度一下打消了可口可乐领导者原有的顾虑。于是,新可乐推向市场只是个时间问题。

在推向生产线时,因为新的生产线必然要以不同瓶装的变化而进行调整,于是,可口可乐各地的瓶装商因为加大成本而拒绝新可乐。可口可乐公司为了争取市场,不惜又一次投入巨资帮助瓶装商们重新改装生产线。

在新可乐上市之初,可口可乐又大造了一番广告声势。1985年4月23日,在纽约城的林肯中心举办了盛大的记者招待会,共有200多家报纸、杂志和电视台记者出席,依靠传媒的巨大力量,可口可乐公司的这一举措引起了轰动效应,终于使可口可乐公司进入了变革"时代"。

3. 灾难性后果

起初,新可乐销路不错,有1.5亿人试用了新可乐。然而,新可口可乐配方并不是每个人都能接受的,而不接受的原因往往并非因为口味原因,而这种"变化"受到了原可口可乐消费者的排挤。

开始,可口可乐公司已为可能的抵制活动做好了应付准备,但不料顾客的愤怒情绪犹如火山爆发般难以驾驭。

顾客之所以愤怒是认为99年秘不示人的可口可乐配方代表了一种传统的美国精神,而热爱传统配方的可口可乐就是美国精神的体现,放弃传统配方的可口可乐意味着一种背叛。

在西雅图,一群忠诚于传统可乐的人组成"美国老可乐饮者"组织,准备发起全国范围内的"抵制新可乐运动"。在洛杉矶,有的顾客威胁说:"如果推出新可乐,将再也不买可口可乐。"即使是新可乐推广策划经理的父亲,也开始批评起这项活动。

而当时,老口味的传统可口可乐则由于人们的预期会减少,而居为奇货,价格竟在不断上涨。每天,可乐公司都会收到来自愤怒的消费者的成袋信件和1500多个投诉电话。

为数众多的批评,使可口可乐迫于压力不得不开通83部热线电话,雇请大批公关人员来安抚愤怒的顾客。

面临如此巨大的批评压力,公司决策者们不得不稍作动摇。在之后又一次推出的顾客意向调查中,30%的人说喜欢新口味可口可乐,而60%的人却明确拒绝新口味可口可乐。故此,可口可乐公司又一次恢复了传统配方的可口可乐的生产,同时也保留了新可口可乐的生产线和生产能力。

在不到3个月的时间内,即1985年4~7月,尽管公司曾花费了400万美元,进行了长达2年的调查,但最终还是彻底失算了!百事可乐公司美国业务部前总裁罗杰·恩里科说:"可口可乐公司推出'新可乐'是个灾难性的错误。"

分析提示如下:

制定企业的营销策略,必须充分考虑企业内外部条件,而且更多的是考虑企业外部条件。而对企业外部条件的了解和掌握必须依赖市场调研所取得的市场情报资料和对这些信息资料的分析及对未来的预测。

可口可乐在推出新可乐时造成巨大决策失误的主要原因,就是在做市场调研时没有充

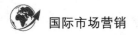

分考虑到消费者的不同需求,并且忽视了可口可乐品牌自身内在的文化价值因素。

资料来源:百度文库。

二、国际市场营销调研的组织机构

根据目前国内外情况,市场营销调研机构可分为两大部分:一是企业内部市场调研机构,二是专业的市场调研机构。具体包括以下几种类型:

1. 市场调研公司

这是一类专门负责市场调研任务的机构。这类公司在接受客户委托后,针对委托人提出的调查范围,制定调研方案,然后展开工作。

2. 广告公司的调研部门

广告公司中普遍设有自己的调研部门,这是经营广告业务所必需的。

3. 咨询公司

这类公司一般是由资深的专家、学者和有丰富实践经验的人员组成,他们为企业和一些部门的生产、经营提供指导性的建议,即充当顾问。

4. 政府机构设立的调研部门

这些部门主要是根据国家经济形势的发展和制定相适应政策的需要,对现实的政治、经济状况进行调查。

第五节 网络国际市场营销调研

一、网络国际市场营销调研的概念、特点

(一)网络国际市场营销调研的概念

它是网络营销调查与研究的简称,是个人或组织为了某个特定的营销决策,利用互联网技术与资源,开展的收集整理市场营销信息、分析判断国际市场营销情况的网络营销活动的总称。相应地它也有两种方式,一种是利用互联网直接进行问卷调查等方式收集一手资料,这种方式称为网上直接调查;另一种是利用互联网的媒体功能,从互联网上收集二手资料。由于越来越多的传统报纸、杂志、电台等媒体,还有政府机构、企业等也纷纷上网,因此网络成为信息海洋,信息蕴藏量极其丰富。这种方式一般称为网上间接调查。

(二)网络国际市场营销调研的特点

网上市场调查的实施可以充分利用 Internet 作为信息沟通渠道的开放性、自由性、平等性、广泛性和直接性的特性,使得网上市场调查具有传统的一些市场调查手段和方法所不具备的独特的特点和优势。

1. 及时性和共享性

网上调查是开放的,任何网民都可以进行投票和查看结果,而且在投票信息经过统计分

析软件初步自动处理后,可以马上查看到阶段性的调查结果。

2. 便捷性和低费用

实施网上调查节省了传统调查中耗费的大量人力和物力。

3. 交互性和充分性

网络的最大好处是交互性,因此在网上调查时,被调查对象可以及时就问卷相关问题提出自己更多的看法和建议,可减少因问卷设计不合理导致的调查结论偏差。

4. 可靠性和客观性

实施网上调查,被调查者是在完全自愿的原则下参与调查的,调查的针对性更强,因此问卷填写信息可靠、调查结论客观。

5. 无时空、地域限制

网上市场调查是24小时全天候的调查,这就与受区域制约和时间制约的传统调研方式有很大不同。

6. 可检验性和可控制性

利用互联网进行网上调查收集信息,可以有效地对采集信息的质量实施系统的检验和控制。

二、利用网络收集信息的方法

(一) 收集竞争者信息的方法

1. 收集互联网上竞争者信息的途径

(1) 访问竞争者的网站。
(2) 收集竞争者网上发布的信息。
(3) 从其他网上媒体获取竞争者信息。
(4) 从有关新闻组和BBS中获取竞争者信息。

2. 收集互联网上竞争者信息的步骤

(1) 首先识别竞争者。寻找网上竞争对手的最好方法是在全球最好的8大导航网站中查找。这8大导航网站是:yahoo、altavista、infoseek、excite、hotbot、webcrawler、lycos、planetsearch。对于国内来说,可通过百度等搜索引擎。

(2) 选择收集信息的途径。领导者可选择一些公众性媒体,如网上报纸收集信息或参与BBS与新闻组讨论,以发现潜在威胁者和最新竞争动态,然后有针对性地访问其挑战者的网站,了解其发展状况,以做好应战准备;挑战追随者主要是选择访问领导者的网站和扮作领导者的顾客来收集其信息,同时以一些公众性网上媒体为辅助;补充者可能限于资金等因素,主要通过访问竞争者网站了解竞争动态。

(3) 建立有效的信息分析处理体系。信息收集与处理最好是由专人完成,分类管理,并用数据库将信息组织管理起来,以备将来查询使用。

(二) 收集市场行情信息的方法

企业收集市场行情资料,主要是收集产品价格变动、供求变化方面的资料。目前互联网上建立了许多信息网:实时行情信息网,如股票和期货市场;专业产品商情信息网,如慧聪计算机商情网;综合类信息网,如中国市场商情信息网。

收集信息时,首先通过搜索引擎找出所需要的商情信息网站点地址;然后访问该站点,登记注册,有的站点是收费的,可以根据需要信息的重要性和可靠性选择是否访问收费信息网;在商情信息网站点获取需要信息时,一般要用站点提供的搜索工具进行查找,查找方法与搜索引擎基本类似。一般来说,不同商情信息网侧重点不一样,最好是能同时访问若干家相关但不完全相同的站点,以求找出最新、最全面的市场行情。

(三) 收集消费者信息的方法

通过互联网了解消费者的偏好,主要采用网上直接调查法来实现。了解消费者偏好也就是收集消费者的个性特征,为企业细分市场和寻求市场机会提供基础。

利用互联网了解消费者偏好,首先要识别消费者的个人特征,如地址、年龄、E-mail、职业等,为避免重复统计,一般对已经统计过的访问者在其计算机上放置一个Cookie,它记录下访问者的编号和个性特征,这样既可以让消费者在下次接受调查时不用填写重复信息,也可以减少对同一访问者的重复调查;另外一种办法是采用奖励或赠送办法,吸引访问者登记和填写个人情况表,以获取消费者个性特征。其次,在对消费者调查一些敏感信息时,应注意一些技巧。

有的公司还通过网页统计方法了解消费者对企业站点的感兴趣内容,现在的统计软件可以如实记录下每个访问网页的IP地址、如何找到该页等信息。根据这些信息,可以判定消费者感兴趣的内容是什么,注意的问题是什么,当然仅仅根据这些信息还是不够的。

目前许多公司为方便消费者,在公司的网站架设BBS,允许消费者对公司的产品进行评述和提意见。有的公司允许消费者直接通过网络下订单,提出自己的个性化需求,公司因此可以获得消费者直接的一手资料。

(四) 收集市场环境信息的方法

企业仅仅了解一些与其紧密关联的信息是不够的,特别是在做重大决策时,还必须了解一些政治、法律、文化、地理环境等方面的信息,这有助于企业从全局高度综合考虑市场变化因素,寻求市场商机。互联网作为信息海洋,在网上基本都可以了解到上述信息,关键是寻找到有用的信息。

三、网络调研应注意的事项

1. 认真设计在线调查问卷

(1) 调研应强调是专门针对某个人的。
(2) 用冷色调的表格来保护被调查者的眼睛。
(3) 灵活使用图表、色彩及语气,使调研气氛活跃。
(4) 简短调研,多张短页的效果强于单张长页的效果。

2. 公布保护个人信息声明

(1) 应尊重个人隐私。
(2) 自愿参加调研。

3. 尽可能地吸引网民参与调查,特别是被动问卷调查

(1) 提供物质奖励和非物质奖励。

(2) 寻找大家最有兴趣的话题。

(3) 使用合适的电子邮件开头(开头应包含调查者及调查目的、奖励及调研指导)。

4. 尽可能用多种调研方式相结合的方式进行市场调查

(1) 适当的问卷设计。

(2) 有时间限制。

(3) 选择合适的抽样方法。

四、网络市场调研的应用

根据网上市场调研方式的优势和目前国内外互联网的应用现状,现阶段网上市场调研可以应用在针对网上群体有效的实验性调查和民意调查项目上。具体可以考虑应用在市场调查、实验性调查与民意调查三个方面。

1. 市场调查

网上市场调查在欧美国际互联网发达国家已经是较普遍的形式,鉴于我国国际互联网用户还不够多,利用国际互联网实施市场调查应首先在一定领域进行。目前,针对地区 IT 产品性能改进与服务的调查项目、与电子商务用户密切相关的调查项目、IT 客户资料调查项目等可以实施网上市场调研。因为网上用户在这些调查项目上有代表性,且经济、快捷。

2. 实验性调查

设计并实施一项调查任务是一项复杂和极其重要的工作,为了检验和修正调查方案及指标体系的可行性、科学性或取得一些辅助资料,调查组织者往往在正式调查之前开展一些实验性调查。目前,一些关于城市年轻人群的调查项目的辅助设计和实验性调查可以采用网上市场调研,简单、快捷、费用低廉。

3. 民意调查

比如,国家进行国家大剧院建设方案的论证,因为国家大剧院是一个文化品位很高的建设项目,应该体现知识阶层的想法,反映当代知识群体的想法,采用网上市场调研就很合适,调查过程中可以将国家大剧院设计方案及相关背景资料一同展示在互联网上,由网上用户投票,也可以同时提出建设性意见。又比如,针对转轨时期人才流动、国有企业改革、居民投资意向、城市特殊群体生活方式等热点社会问题的调查,也适合采用网上市场调研方式。

◆**本章小结**

国际市场营销调研是以国外市场为对象,用科学的方法,系统地、客观地收集、分析和整理有关市场营销的信息和资料,用以帮助管理人员制定有效的营销决策。国际市场营销调研有利于制定科学的营销规划、优化营销组合、开拓新的市场。国际市场营销调研的内容,包括有关国家、地区或市场的信息,以及经济形势、社会政治气候、市场需求、技术发展、竞争态势等。

国际市场调研方案应包括六项内容,即明确调研的问题和目标、形成调查方案、制订调查工作计划、组织实地调查、调查资料的整理分析、撰写调查报告。国际市场营销调研资料

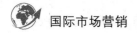

的来源包括第一手资料来源和第二手资料来源。国际市场营销调研资料的常用方法有访问法、观察法、实验法和统计分析法,国际市场营销人员要灵活运用。网络国际市场营销调研是近年来发展飞速的新型调研手段,它有两种调研方法:一种是利用互联网直接进行问卷调查等方式收集一手资料,另一种是利用互联网的媒体功能,从互联网收集二手资料。走向国际化企业应从全局高度综合考虑市场调研变化因素,寻求国际市场商机。

◆ **关键词**

国际市场　营销调研方法　调查方案设计　调查问卷　网络国际市场营销调研

◆ **复习思考题**

1. 国际市场营销调研的作用有哪些?
2. 国际市场营销调研与国内市场营销调研相比较,有哪些不同?
3. 根据你熟悉的市场环境设计一份完整的调查方案。
4. 国际市场营销调研应注意哪些问题?
5. 试述网络市场调研应注意的事项。

◆ **思考案例**

商业密探:帕克·昂得西尔

帕克·昂得西尔是著名的商业密探,他所在的公司叫恩维罗塞尔市场调查公司。他通常的做法是坐在商店的对面,悄悄观察来往的行人。而此时,在商店里他的属下正努力工作,跟踪在商品架前徘徊的顾客,他们的目的是找出商店生意好坏的原因,了解顾客走进商店以后如何行动,以及为什么许多顾客在对商品进行长时间挑选后还是失望地离开。通过他们的工作给商店提出了许多实际改进意见。例如,一家主要是青少年光顾的音像店,通过调查发现这家商店把磁带放置过高,孩子们往往拿不到。昂得西尔指出应把商品降低放置,结果销售量大大增加。还有家叫伍尔沃思的公司发现商店的后半部分的销售额远远低于其他部分,昂得西尔通过观察、拍摄现场揭开了这个谜:在销售高峰期,现金收款机前顾客排着长长的队伍,一直延伸到商店的另一端,妨碍了顾客从商店的前面走到后面,针对这一情况,商店专门安排了结账区,结果使商店后半部分的销售额迅速增长。

问题:帕克·昂得西尔采用了什么调查方法?

◆ **应用训练**

市场调查方案的设计

1. 项目任务

目前手机已成为人们必备的通信工具,手机消费市场呈现出哪些特点?人们对手机品牌、性能、价格、外观等方面有哪些喜好和要求?什么样的手机受消费者欢迎?如果就此问题展开市场调查,应该如何进行?事先要做好哪些准备?请设计一份市场调查方案。

2. 实训目的与要求

掌握设计市场调查总体方案的能力。通过团队合作的形式,让学生进行团队合作调查,培养学生的团队合作精神和实际动手调查的能力。

3. 实训内容

(1) 拟定顾客调查目标与调查主题。

(2) 确定调查对象及抽样、范围、地点、时间。

(3) 确定市场调查方法。

(4) 根据调研主题和内容,设计市场调研方案。

4. 实训准备

将学生分为 5～8 人学习小组,每组由组长为组内成员分配具体工作,收集资料。

5. 实训步骤

第一步,确定调查的目的,根据调查目的,确定所需资料。

第二步,确定调查对象和调查单位。

第三步,制定调查提纲和调查表,确定调查时间和调查地点。

第四步,确定收集资料的方式和方法。收集资料的方法可以有观察法、实验法、调查法。收集资料的方式可以有邮寄问卷、电话访谈、个人访谈。

第五步,确定调查资料整理和分析方法。

第六步,制订调查的组织计划。

第七步,撰写调查策划方案。

第八步,各调查组派代表陈述和展示本小组的市场调查方案。其他小组成员和任课教师可提问并提出相应的修改意见。

第九步,各调查小组进行市场调查方案的修改。

第七章 国际市场产品策略

本章结构图

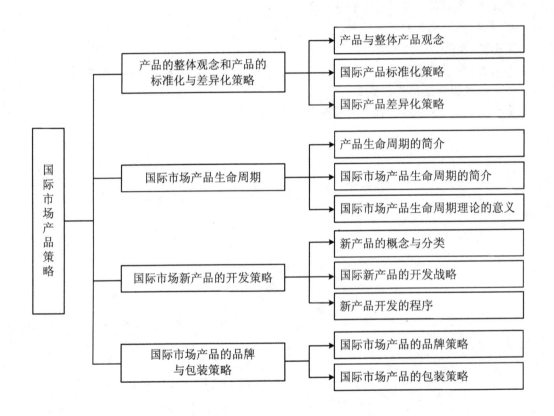

学习目标

通过本章的学习,掌握国际市场产品标准化与差异化策略;理解国际市场营销中整体产品的概念和国际市场产品生命周期理论以及在产品生命周期不同阶段的营销策略;了解国际市场新产品开发策略的重要性;理解并熟练运用国际市场新产品开发策略、产品的品牌与包装策略。

导入案例

海尔的产品品牌战略

海尔出口的目的是要做具有国际竞争力的品牌运营商,创国际名牌是海尔的重要目标,并为此付出了不懈的努力。现在海尔品牌已经在世界上100多个国家注册,在国际市场上具有一定的品牌声誉和消费号召力,利用这些资源,海尔集团积极寻求在海外适宜的国家进行海尔产品的本土化生产和销售。目前通过在美国融智、融资、融力,使中国海尔这一国际知名品牌,真正实现了生产经营美国本土化。在此基础上,海尔还打算到更多的条件适宜的国家进行品牌扩张,使海尔品牌成为真正意义上的国际化名牌。

宣传海尔品牌同样是一件重要的任务。过去海尔在美国市场上宣传比较低调,除了在几个主要机场的手推车上打上"Haier"商标外,几乎没有什么广告。近年来海尔加强了其品牌形象的宣传,采用了一些媒体进行宣传,如广告牌、汽车体、电视等。走在洛杉矶、纽约曼哈顿的大街上,也可以看到巨大的广告 1-888-76 HAIER,这是海尔在美国推出的免费服务电话。海尔美国售后服务中心开通的免费热线电话服务已覆盖全美。

当前,国际市场上的竞争越来越激烈,要想在竞争如此激烈的国际市场上立足,除了做好国际市场的环境适应、市场调查等工作以外,最重要的是推出适合国际市场的产品,满足国际市场消费者的需求,这就要求我们研究国际市场产品策略。国际市场产品策略是国际市场营销组合中的核心,是价格策略、分销策略和促销策略的基础。由于企业面对的是错综复杂的国际市场营销环境,以及不同的各国消费者,这就使得企业将面临许多在国内市场产品策略中未曾遇见过的问题。

第一节 产品的整体观念和产品的标准化与差异化策略

进入国际市场的产品必须树立产品的整体观念,以满足消费者综合的、多层次的利益和需求为中心来设计和销售产品;与国内市场营销不同的是,国际营销面对的是世界各国或地区不同的市场环境,因此,企业是向全世界所有不同的市场都提供标准化产品,还是为适应每一特殊的市场而设计差异化产品,是出口企业所面临的重要决策问题之一。

一、产品与整体产品观念

国际市场营销中的产品与一般市场营销中的产品概念是一致的,它是一个广义的、整体性的概念。

(一) 产品

按传统的观念,产品仅指有形的物品,但从现代市场营销观念来看,也就是从顾客的角度来看,产品则是一个更加广泛的概念。现代营销学中的产品是指能提供给市场、供使用和消费的、可满足某种欲望和需要的任何东西,包括实物、劳务、场所、组织和构思等。大部分的产品是实物产品,如食品、服装鞋帽、汽车、彩电和书本等,另一部分产品是服务产品,如旅游、理发美容、餐饮、演奏会等。国际市场营销人员应当认识到,现代市场营销学中"产品"是一个复杂、多维的概念。

由于产品涵盖的面较广,因此,从消费者的购买习惯分析,消费品可分为便利品、选购品、专用产品和非寻求品四个部分。

1. 便利品

便利品是指消费者经常和随时需用的、只需花费很少的时间和精力去购买的物品,包括牙膏、肥皂等日常用品;即兴购买的食品、粮油、报纸、杂志等;在特定情况下所急需的用品,如雨具等。便利品的营销应以小型分散为主,尤其是其中的即兴商品,更应放在商店或超市最显眼的地方,以吸引消费者购买。

2. 选购品

选购品是指品种规格复杂,挑选性强,在质量、价格、款式等方面需要反复挑选和比较才能购买的物品,如服装鞋帽等。经营该类产品应特别注意产品的特色和质量,同时应配备训练有素的推销人员,搞好信息的传递和咨询服务。

3. 专用产品

专用产品是指特定品牌或具有特色的,为特定顾客群专门购买的物品,如具有地方口味的土特产品、风味小吃等。经营这类商品,在保证特色和质量的同时,要特别注意树立良好的品牌形象。

4. 非寻求品

非寻求品是消费者不知道的或虽然知道但在一般情况下不想购买的物品,如大型工具书、财产保险、医疗用品等。对这类产品的营销,企业要在广告和人员推销上下功夫,增进消费者对产品的了解和兴趣,诱发他们的购买欲望,以吸引更多的潜在顾客进入市场,扩大产品的销售量。

此外,对于产品,还可以按照其有形性和消费上的耐久性,划分为非耐用品、耐用品和劳务等。非耐用品是指消费周期很短、容易消耗的有形物品,如化妆品、食品、牙膏、洗涤用品等;耐用品是指能够长期使用的、价值较高的有形物品,如电视机、冰箱、空调、电脑、家具等;劳务是无形的非耐用品,提供出售的是一种活动、利益或享受,如理发、修理、文艺演出、健身娱乐等。

对不同的产品,要有不同的营销策略。非耐用品因购买频繁,适合分散销售,应当尽量接近消费者,并大量运用广告宣传,利润率相对较低;耐用品要特别注意售后服务和保证,利润率可相对较高些;劳务是无形的、就地销售和就地消费的,因此,要特别强调质量管理,注重信誉。

上述关于产品分类的方法,说明产品特性对营销策略有很大影响。当然,市场营销策略还要取决于产品生命周期的阶段、竞争者的多少、市场细分的程度以及社会经济状况等因素。

(二) 整体产品观念

现代市场营销理论认为,产品是一个整体概念,它包括三个层次:核心产品、形式(有形)产品和延伸(附加)产品,如图 7.1 所示。

1. 核心产品

核心产品是产品最基本的层次和最主要的部分,是满足顾客需要的核心内容,即顾客真正要购买的实质性的东西。消费者购买某种产品,并不是为了占有和获得产品本身,而是为了获得能满足某种需要的效用或利益。如洗衣机就是给人们提供一种方便、省力、省时地清洗衣物的方式。消费者购买服装的核心需求是时尚、个性、风度以及舒适等,随着社会的发展和人民生活水平的提高,对于服装的保暖需要已退居其次。同样,人们购买食品的核心需求是美味、营养,购买电脑的核心需求是方便、高效地解决问题和获取最新信息等。由此可见,核心产品就是指产品提供给顾客的基本效用和利益,也就是产品的使用价值。营销人员的任务就是要发现隐藏在产品背后的真正需要,把顾客所需要的核心利益和服务提供给顾客。

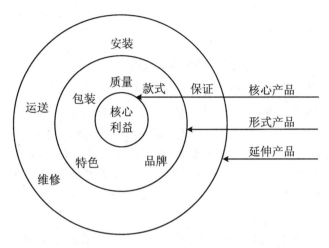

图 7.1 整体产品

法国的香水工业被誉为梦幻工业,在世界上享有很高的声誉。香水的生产是先构思、创意、策划——根据消费者对于他们本身的态度和感觉,以及他们与别人之间的关系来发现一个符合消费者的价值观、欲望和生活方式的有前途的新香水概念以后,再开发和测试一种香味予以配合。这就是成本不足 10 美元 1 盎司的香水,在市场上却能卖出 180 美元高价的原因所在。但是,核心产品只是一个抽象的概念,要卖给顾客还必须具备一定的具体形式。

2. 形式(有形)产品

形式产品是产品的第二个层次。企业的设计人员将核心产品转变为有形的东西,以便卖给顾客。形式产品或称有形产品是企业向市场提供的实体和服务的形象,即满足顾客需要的各种具体产品形式,也是核心产品借以实现的形式。一般来说,形式产品应具有以下 5 个方面的特征:质量、功能、款式、品牌、包装。

3. 延伸(附加)产品

延伸产品是产品的第三个层次,指顾客在购买产品时所得到的附加服务或利益,如提供信贷、免费送货、安装、保修、包换、售后服务等。美国著名管理学家维特曾指出:新的竞争不在于工厂里制造出来的产品,而在于工厂外能否给产品加上包装、服务、广告、咨询、融资、送货、保管或顾客认为有价值的其他东西。在市场营销额各个环节中,服务因素已经成为衡量一个企业或者产品的市场竞争能力的关键因素。例如,索尼公司的手提式摄像机就是将有形产品,包括名称、零件、外形、特色、包装和其他属性等仔细地加以组合,以达到传递核心利益的目的——方便而高质量地拍摄重要的镜头。索尼公司不只是提供摄像机,还协助消费者解决在拍摄中的困难,因此,当顾客购买摄像机时,其所得到的不只是摄像机,索尼公司和其经销商还提供购买零件保证书、技术、免费操作课程、快速维修服务、询问任何问题和疑难的免费电话专线等。对消费者而言,所有这些都是整个产品的重要组成部分。

以上三个层次结合起来,就是产品整体概念。它包括有形的与无形的、物质的与非物质的、核心的与附加的等多方面的内容,它不仅要给予顾客以生理上、物质上的满足,而且要给予顾客心理上、精神上的满足等。

整体产品概念对国际营销的意义：① 附加产品已成为市场上某些产品在竞争中取胜的决定因素；② 不同的消费者对相同的有形产品有不同的附加产品需求。

资料链接7-1

"IBM就是服务"

美国IBM公司最先发现，用户购买计算机不仅是购买进行计算的工具设备，而主要是购买解决问题的服务，用户需要使用说明、软件程序、快捷便利的维修方法等。因此，该公司率先向用户提供一整套计算机体系，包括硬件、软件、安装、调试和培训等一系列附加服务，用户一次购买就能满足计算方面的全部需要，这就产生了所谓的"系统销售"的概念，即销售给顾客的不是单件的产品，而是产品体系。IBM公司正是靠着这种系统销售在竞争激烈的国际计算机市场上取得了巨大的成功，并占有领先地位。不仅如此，成功的实践使IBM进一步提出了"IBM就是服务"。

这说明，现代市场竞争不仅在于生产和销售什么产品，而且在于提供什么样的附加服务和利益。过去的市场竞争主要是产品本身的竞争，现在还要加上服务的竞争。

二、国际产品标准化策略

（一）国际产品标准化的含义

国际产品的标准化策略是指企业向全世界不同国家或地区的所有市场都提供相同的产品。自20世纪60年代以来，社会、经济和技术的发展使得世界各个国家和地区之间的交往日益频繁，相互之间的依赖性日益增强，消费者需求也具有越来越多的共同性，相似的需求已构成了一个统一的世界市场。因此，企业可以生产全球标准化产品以获取规模经济效益。例如，在北美、欧洲及日本三个市场上出现了一个新的顾客群，他们具有相似的受教育程度、收入水平、生活方式及休闲追求等，企业可将不同国家相似的细分市场作为一个总的细分市场，向其提供标准化产品或服务，如可口可乐、麦当劳快餐、好莱坞电影等产品的消费者遍及世界各地。

（二）国际产品标准化策略的意义

在经济全球化步伐日益加快的今天，企业实行产品标准化策略，对企业夺取全球竞争优势无疑具有重要意义。

（1）产品标准化策略可使企业实行规模经济，大幅度降低产品研究、开发、生产、销售等各个环节的成本而提高利润。

（2）在全球范围内销售标准化产品有利于树立产品在世界上的统一形象，强化企业的声誉，有助于消费者对企业产品的识别，从而使企业产品在全球享有较高的知名度。

（3）产品标准化还可使企业对全球营销进行有效的控制。国际市场营销的地理范围较国内营销扩大了，如果产品种类较多，则每个产品所能获得的营销资源相对较少，难以进行有效的控制。产品标准化一方面降低了营销管理的难度，另一方面集中了营销资源，企业可以在数量较少的产品上投入相对丰裕的资源，对营销活动的控制力更强。

（三）选择产品标准化策略的条件

企业应根据以下几个方面来决定是否选择产品的标准化策略：

1. 产品的需求特点

从全球消费者的角度来看，需求可分为两大类：一类是全球消费者共同的与国别无关的共性需求，另一类则是与各国环境相关的各国消费者的个性需求。在全球范围内销售的标准化产品一定是在全球具有相似需求的产品。消费者对任何一种国际产品的需求，都包括对产品无差别的共性需求和有差别的个性需求这两种成分。企业营销人员应当正确识别消费者在产品需求中究竟是无差别的共性需求占主导地位，还是有差别的个性需求占主导地位。对无差别的共性需求占主导地位的产品，宜采取产品标准化策略。下列产品的需求特征表现为无差别的共性需求成分偏大：大量的工业品，如各种原材料、生产设备、零部件等；某些日用消费品，如软饮料、洗涤用品、化妆品、保健品、体育用品等；具有地方和民族特色的产品，如中国的丝绸、法国的香水、古巴的雪茄等。

2. 产品的生产特点

从产品生产的角度来看，适宜于产品标准化的产品类别为在研究与开发、采购、制造和分销等方面获得较大规模经济效益的产品。具体表现为：技术标准化的产品，如电视机、录像机、音响等产品；研究开发成本高的技术密集型产品，这类产品必须采取全球标准化以补偿产品研究与开发的巨额投资。

3. 竞争条件

如果在国际目标市场上没有竞争对手出现，或市场竞争不激烈，企业可以采用标准化策略，或者市场竞争虽很激烈，但该公司拥有独特的生产技能，且是其他公司无法效仿的，则可采用标准化产品策略。

4. 实施标准化产品策略必须做成本-收入分析

严格根据收益情况来进行决策。产品、包装、品牌名称和促销宣传的标准化无疑都能大幅度降低成本，但只有对大量需求的标准化产品才有意义。

此外，还应考虑各国的技术标准、法律要求及各国的营销支持系统，即各国为企业从事营销活动提供服务与帮助的机构和职能。如有的国家零售商没有保鲜设施，新鲜食品就很难在该国销售。尽管产品标准化策略对从事国际营销的企业有诸多有利的一面，但缺陷也是非常明显的，即难以满足不同市场消费者不同的需求。

在耐用消费品中，奔驰采取全球一致的方式销售汽车。在非耐用消费品中，可口可乐无所不在。在工业产品中，波音喷射机以同样的营销观点在全球销售。

资料链接 7-2

标准化策略——贸易标准化

贸易技术壁垒极大地限制了国际贸易的进行和发展，也不利于国际分工和资源的有效配置。全世界的商人都需要国际标准。广泛采用国际标准，有助于推动国际贸易的顺利发展，有助于消除横亘于各国之间的贸易技术壁垒。

美国石油协会 API 标准，其常用标准一般一年有一个增补版本，第二年改出修订的新版本。美国 ASME 锅炉和压力容器法规标准,每年 2 次补遗,3 年修订一次。标准化工作对设计、生产、使用中出现的变化反应迅速及时。国际标准从提出建设草案开始到颁布正式标准一般需 5~7 年的时间。据有关资料报道,ISO 标准每 5 年复审一次,平均标龄为 4.92 年。

随着国际贸易发展和国际标准化工作的深入,各工业发达国家不仅想把自己国家的标准纳入国际标准,大部分国际标准都是以已出版的国家标准(或大公司标准)为基础制定的;若某个国家的某项标准被世界公认,并采纳为国际标准,不仅可以节约这些国家修改国家标准的费用,而且在生产上轻车熟路,贸易上也先声夺人。中国有关单位针对"金属粉末可被氢还原含量的测定方法"国际标准草案中存在的问题,提出中国的方案,被 ISO/TCl19/SC2 采纳为国际标准,采用该方法的测氧仪已在中国批量生产,广泛用于冶金、地质、机械等部门,并作为配套设备出口巴基斯坦、罗马尼亚等国。

中国现有的众多标准是在计划经济体制下制定的,被人们称为生产型标准。主要特点是:标准是为组织生产服务的,从生产角度考得多,从用户和市场需求变化角度考虑得少;标准多为强制性,指标过多,过于繁杂,内容过细,适应性差;标准内容与生产工艺紧密相连,更新周期较长。很显然,生产型标准缺乏必要的自由度和应变性,已不适应社会主义市场经济和对外开放的要求。为此,应将生产型标准转变为贸易型标准,其具有以下特点:

(1) 把产品的使用性能和用户的需求放在首要位置。同一产品可根据不同国别、生活习惯、消费水平等,采用灵活、不同类型的标准,使其覆盖面相对较宽,产品规格齐全,使用性能或体现产品特性的指标要比较宽松并划分不同档次以适应市场的瞬息万变。

(2) 贸易型标准更新速度快。贸易型标准不与工艺相关联,有利于打破只有工艺成熟、生产稳定才能制定标准的局面,有利于贯彻"积极采取国际标准"的方针,有利于采用超前标准化工作。

(3) 贸易型标准是非强制性的,出口产品所执行的标准应与国际惯例一致,从总体上看应都是非强制性的、供外商选用。

(4) 贸易型标准注重产品的外观和包装要求。国际市场上客户对产品的外观和包装都十分重视。生产型标准涉及产品外观和包装的内容较少,使得我国一些产品质量很好,但由于外观和包装不行而在国际市场上登不上大雅之堂,价格上不去,或由于包装问题而使产品质量受损,导致贸易中索赔严重。因此,标准中不仅要对产品质量做出明确规定,还要对产品外观包装质量做出明确规定。

(5) 贸易型标准注重环境保护。生态危机和环境污染严重困扰着地球,环境保护已成为当今世界的与和平、发展并列的三大主题之一。环境因素正成为国际竞争力的新要求。因此,在制定贸易型标准时应注意提高绿色意识,加强环境保护,倡导清洁生产,提供清洁产品,注重 ISO1400 国际标准对中国外贸事业可持续发展的影响。

三、国际产品差异化策略

(一) 国际产品差异化策略的含义

如果说国际产品标准化策略是由于国际消费者存在某些共同的消费需求的话,那么产品差异化策略则是为了满足不同国家或地区的消费者由于所处不同的地理、经济、政治、文化及法律等环境,尤其是文化环境的差异而形成的对产品的千差万别的个性需求。

国际产品差异化策略是指企业向世界范围内不同国家和地区的市场提供不同的产品,

以适应不同国家或地区市场的特殊需求。尽管人类存在着某些普通的需求共性,但在国际市场上不同国家或地区消费者的需求差异是主要的。在某些产品领域特别是与社会文化的关联性强的产品领域,国际消费者对产品的需求差异更加突出。企业必须根据国际市场消费者的具体情况改变原有产品的某些方面,以适应不同的消费需求。

(二) 国际产品差异化策略的优劣分析

实施产品差异化策略,即企业根据不同目标市场营销环境的特殊性和需求特点,生产和销售满足当地消费者需求特点的产品。这种产品策略更多的是从国际消费者需求个性角度来生产和销售产品,能更好地满足消费者的个性需求,有利于开拓国际市场,也有利于树立企业良好的国际形象,是企业开展国际市场营销的主流产品策略。然而,产品差异化策略对企业也提出了更高的要求。首先是要鉴别各个目标市场国家消费者的需求特征,这对企业的市场调研能力提出了很高的要求;其次是要针对不同的国际市场开发设计不同的产品,要求企业的研究开发能力跟上;第三是企业生产和销售的产品种类增加,其生产成本及营销费用将高于标准化产品,企业的管理难度也将加大。因此,企业在选择产品差异化策略时,要分析企业自身的实力以及投入产出比,综合各方面的情况再做判断。

(三) 国际产品标准化与差异化策略的选择

随着经济的发展和人们生活水平的提高,消费者需求的个性化日益凸显,选择产品差异化策略应是从事国际营销企业的主要产品策略。然而在营销实践中,企业往往将产品差异化和产品标准化策略综合运用。许多产品的差异化、多样化主要是体现在外形上,如产品的形式、包装、品牌等方面,而产品的核心部分往往是一样的。可见,国际产品的差异化策略与标准化策略并不是独立的,而是相辅相成的,有些原产国产品并不需要很大的变动,而只需要改变一下包装或品牌名称便可进入国际市场,有些原产国产品要想让世界消费者接受则需做较大的改变。由此可见,企业的产品策略通常是产品差异化与产品标准化的一个组合,在这种组合中有时是产品差异化程度偏大,有时是产品标准化程度偏大,企业应根据具体情况来选择产品差异化与产品标准化的组合。

第二节 国际市场产品生命周期

一、产品生命周期的简介

产品生命周期(product life cycle,PLC),指的是产品的市场寿命,即一种新产品从开始进入市场到被市场淘汰的整个过程。一种新产品上市以后,营销者都期望它能够赚回成本并为企业盈利,然而每种产品的销售和利润都有一个由弱到强、又由盛到衰的过程,这叫作产品生命周期。典型的产品生命周期分为四个显著的阶段(见图7.2)。

第一阶段:导入期。产品生命的培育阶段,始于新产品构思形成,在此阶段销售为零,企业的投入与日俱增。紧接着新产品初上市,知名度低,销售增长缓慢,由于宣传介绍费用高,企业没有利润,甚至亏损。

第二阶段:成长期。新产品上市后经过宣传介绍,如果被市场接受,就进入了成长期。

这时期销售迅速增长,利润也显著上升,竞争者的类似产品陆续出现。

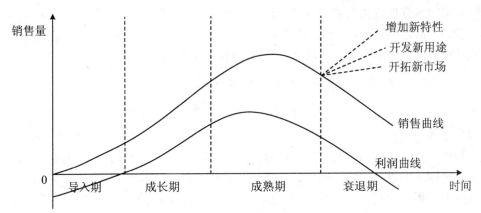

图 7.2　产品生命周期的四个阶段

第三阶段:成熟期。产品大量投产和大量销售的相对稳定阶段,销售和利润的增长达到顶峰以后增长速度开始缓慢,并开始下降,由于竞争激烈,营销费用增加,价格下降,成本上升。

第四阶段:衰退期。由于竞争激烈,需求饱和或新产品出现,使销售明显下降,利润日益减少,最后因无利可图而退出市场。

以上各个阶段很难硬性规定出具体的数量界限,通常根据销售曲线的显著变化来区分。不同产品的生命周期的长短,以及各个阶段时间的长短,均有明显的区别,但是总的来说,随着科学技术的进步和市场竞争的激化,新产品的不断涌现,产品生命周期呈日益缩短的趋势。

二、国际市场产品生命周期的简介

(一)产品生命周期理论的概述

产品生命周期理论(Product Life Cycle Theory)是美国哈佛大学教授雷蒙德·弗农(Raymond Vernon)于 1966 年在其《产品周期中的国际贸易和国际投资》一文中首次提出的。

弗农认为:产品生命是指市场上的营销生命,产品和人的生命一样,要经历形成、成长、成熟、衰退这样的周期。就产品而言,也就是要经历一个开发、引进、成长、成熟、衰退的阶段。而这个周期在不同的技术水平的国家里,发生的时间和过程是不一样的,其间存在一个较大的差距和时差,正是这一时差,表现为不同国家在技术上的差距,它反映了同一产品在不同国家市场上的竞争地位的差异,从而决定了国际贸易和国际投资的变化。为了便于区分,弗农把这些国家依次分成创新国(一般为最发达国家)、一般发达国家、发展中国家。弗农根据美国的实际情况,以美国为例提出了国际产品生命周期的四个阶段模型。

第一阶段是美国对某种新产品的出口垄断时期。新产品是创新的产物,由于创新阶段需要投入大量的研究与开发费用和技术力量,这只能由发达国家,如美国等资本充裕和科技力量雄厚的国家进行,从而生产出创新产品,并对该创新产品拥有垄断地位。

第二阶段是其他发达国家开始生产这种新产品。外国开始仿制该种新产品,由于仿制国不需要负担新产品的科研开发费用,也不需要支付因出口而支付国际间的运费和关税,因此在劳动成本方面具有优势,产品价格低于从美国进口产品的价格。虽然其出口价格高于美国的出口价格,从而不能在国际市场上同美国产品竞争,但从美国的进口逐渐减少,于是仿制使美国产品竞争力下降,出口产生相应的萎缩。

第三阶段是外国产品在出口市场上与美国产品进行竞争的时期。外国厂商开始出口该种产品,美国垄断地位逐渐丧失,出口大幅度下降。因为其他国家生产新产品后打开了销路,取得了规模经济的效益,成本进一步下降,使其能在世界出口市场上与美国产品进行价格竞争,最终外国产品在第三国市场上代替了美国产品。

第四阶段是美国开始了进口竞争时期。外国产品进入美国市场,美国进口该种"不再是创新"的产品,开始从净出口国转变为净进口国。因为随着其他发达国家出口的扩大,新产品成本持续降低的数量超过向美国出口所需要的运费、关税和保险费用,它们的产品终于进入美国市场,美国出口出现停滞状态,从而新产品周期在美国即告结束。这时发展中国家很可能开始利用廉价劳动力和自然资源生产这种产品,逐渐增加向发达国家的出口。

当四个阶段结束后,该产品的国际生产周期在仿制国依然继续进行,此时可能处于第二阶段或者第三阶段,此后别的国家又可能开始新的仿制过程,使得该产品在别国又开始了自己的生命周期。这种新产品的生产、出口在不同类型国家中的变化、传递(通常由美国传递到加拿大、西欧、日本,再由加拿大、西欧传递到有一定工业基础的新兴工业化国家如韩国和新加坡),然后再从新兴工业化国家传递到发展中国家,其情形有如接力赛一样一棒接一棒。

以上理论内容,可由图7.3形象地表示出来。

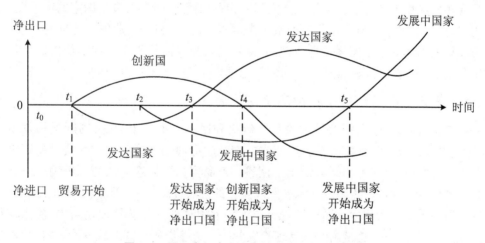

图7.3 国际市场产品生命周期的四个阶段模型

(二)产品生命周期理论的发展

1967年,贺尔什(S. Hirsch)根据弗农的产品生命周期理论,对世界不同类型国家的工业竞争力做了对比研究,从而进一步将产品生命周期理论动态化。他把世界各国分为三种类型:

A类型国家,指以美国为首的最发达的工业化国家。

D类型国家,指较小的工业发达国家,如荷兰、瑞士、以色列等。

L类型国家,指开始进入工业化但程度很低的发展中国家和地区,如印度、土耳其等。

贺尔什认为，A类型国家有能力生产处于产品生命周期各阶段的产品，因A类型国家在资金、管理、国内市场、研究与开发等方面具有优势，所以在研制新产品上具有比较优势；同时，A类型国家市场广大，可以进行大规模生产，于是对于处在第二阶段的产品拥有相对优势。D类型国家有相对丰富的科技力量和较为雄厚的科研实力，但是同时其国内市场比较狭小，外部经济规模也小，从而当产品进入生命周期第二阶段其相对优势就会逐渐下降，进入第三阶段则会完全丧失，因此其优势主要集中在某些特定范围内新产品的开发。L类型国家有丰富的半熟练工人，其劳动力资源的丰富程度足以弥补其资本的相对稀缺，在这个基础上，L类型国家具有工艺定型、技术成熟、对技术要求较低的产品的生产优势，即拥有生产处于产品生命周期第三阶段的产品的优势。对它们来说，这种已成熟的产品也比较容易出口到已经存在的市场中去，从而有利于扩大产出。

1968年，美国学者威尔斯（Wells）进一步发展了弗农的产品生命周期学说，把产品周期划分为投入期、成长期、成熟期、标准化和衰退期5个连续的阶段，并将此用于各国之间工业制成品贸易分析。

（三）产品生命周期理论的评价

产品生命周期理论通过产品的生命演进，以及同H-O理论的有机结合，说明了比较优势理论是一个动态的发展过程，它随着产品生命周期的变化从一类型的国家转移到另一类型的国家，因而不存在那种一国永远具有比较优势的产品的情况。

这一理论为世界性的经济调整和产业的国际转移现象提供了一种规律性的解释。同时该理论在现实应用上能够解释产品在国家间的转移，有利于指导发展中国家的产业发展。

当然，由于经济生活中存在着各种不确定因素，各国面临的产业发展方向和环境不同，故生命周期的循环并不是国际贸易普遍的、必然的现象。而且创新国和模仿国的地位也不是固定不变的，在现实经济中，新技术的创新也可能在发达国家以外出现。

（四）产品生命周期理论在国际贸易中的适用性

一般来讲，任何一个国际贸易理论都要解决和回答以下三个问题：国际贸易发生的原因、国际贸易模式及国际贸易收益。以弗农的产品生命周期理论为代表的技术差距决定国际贸易模型，同样对上述三个问题做出了回答。产品生命周期理论认为先进国（发达国家）与后起国家（发展中国家）之间的技术差距及各自的自然资源禀赋不同决定了国际贸易的发生及国际贸易模式。产品生命周期理论将技术因素引进到国际贸易理论当中，使比较利益学说由静态发展为动态，这是国际贸易理论发展的一个进步和丰富。从理论上讲，技术差距决定国际贸易模型，为技术相对落后的国家通过引进成熟技术，并结合本国其他优势参与国际竞争提供了理论依据。

第二次世界大战以后，国际贸易发展的实践也验证了这一理论。自从第二次世界大战以来，日、美两国的收音机制造厂商的经历为产品周期模型提供了一个典型的例子。然而，无论是弗农的产品生命周期理论，还是以克鲁格曼为代表的国际贸易新理论，它们的一个共同点是都强调和突出了不断进行技术创新对发达国家的影响。然而这些理论又都没有涉及如果单一地依赖技术引进、缺乏技术创新，会对发展中国家带来什么影响。在新的经济环境下（知识经济时代到来、技术创新加快等），这种技术变化的动态比较优势能不能给发展中国家带来收益？在这种贸易格局中，发展中国家的地位如何？

从表面上分析,产品生命周期理论是从技术差距及动态转移的角度解释了国际贸易格局。但进一步分析可以发现,产品生命周期理论暗含了比较优势学说和资源禀赋理论。产品生命周期理论提出的一个重要依据是在技术的成熟和普及阶段,技术竞争、创新竞争开始让位于价格竞争。此时,相对于先进国家的人力资本和研发资源来讲,发展中国家廉价的劳动力和充裕的自然资源具有相对优势,并可以凭借这一优势参与国际竞争。21世纪是知识经济占主导地位的世纪。在知识经济时代,科学技术在经济增长中越来越起着核心的作用,产品价值的主要构成已经不再是有形要素的投入,而是智力和无形资产的投入。也就是说生产质量的提高,决定因素是知识要素而不是能源、耕地,同时,劳动主体则是掌握知识的、具有人力资本的人。

总之,知识经济时代人类对资源的利用发生了重大变化,从物质资源和能量资源为主的自然资源转向以知识和信息为主的智力资源,从以土地、资本、劳动力为主的生产要素转向以知识智力为主的生产要素。随着生产要素构成内容的变化,国际贸易竞争的内容和方式也发生了重大变化。在工业经济时代,企业之间乃至国家之间的竞争是建立在自然资源和资本资源的基础之上的,谁拥有更多、更好的自然资源和更多的资本,谁就会在国际贸易竞争中占据优势地位。在这里,竞争的焦点是以自然资源为基础的产品品种及其质量,区位优势在决定国家或者是企业的竞争能力方面往往发挥着重要的作用。也正是基于这一方面的原因,产品生命周期理论认为后起国家可以通过引进技术并结合本国的区位禀赋优势来参与国际贸易竞争。然而不容忽视的是,在知识经济时代,企业乃至国家之间的竞争是建立在知识资源的基础之上的,而知识的无国界性和无限供应性以及非独占性这三个特点又决定了知识经济必然是一种全球经济。在这种情况下,国际竞争的焦点不再是各种生产活动的最终产品,而是各种知识活动的结果,竞争的环节已经从生产阶段前移到产品的研究开发阶段乃至基础研究阶段,从有形产品竞争到无形产品竞争,从产品过渡到技术,也就是说国家或企业的竞争优势是建立在其研究开发能力以及技术创新能力的基础之上的。知识经济时代的一个重要特征就是国际竞争日趋激烈,包括国家层次和企业层次上的竞争,并且各国竞争的战线明显前移。这说明在知识经济时代,国家之间、企业之间的竞争已经不仅仅局限在产品的成本和服务上,更多地体现在国家和企业的创新能力、研发能力上。因此,创造知识的速度以及利用技术创新的能力,将成为决定一个国家提高国际贸易竞争地位的关键因素。

产品生命周期理论强调后起国家可以发挥其劳动力资源丰富的优势来参与国际竞争。然而,应当指出的是,在当今的国际市场上,具有比较优势的劳动密集型产品并不一定能够获得国际竞争优势。这主要是因为:① 劳动密集型产品的需求日益减少。当今国际贸易的目的已经不再是简单地互通有无,而是尽可能地占领国际市场,以获得更大的对外贸易利益。为此国际生产也越来越倾向于以需求为导向。而从需求结构来看,传统的劳动密集型产品日趋饱和,国际消费结构以及相应的投资结构已经向更高层次转变。由于劳动密集型产品的创新技术含量低、产品的附加值低,因此,这类产品出口面对的只能是日益缩小的国际市场和不断下降的市场价格。② 劳动密集型市场相对饱和、需求弹性小、附加值低,单一地依赖于这类产品的出口,就有可能出现"贫困的增长"。此外市场的饱和和集中,还容易使这种产品的出口受到国际经济波动的影响。③ 发达国家对发展中国家歧视性的贸易政策,也使得这些产品的出口受到诸多贸易壁垒的限制,在国际市场上的发展空间越来越有限,从而使建立在劳动力资源优势基础上的贸易模式在国际分工体系中处于从属和被动的不利地位。在知识经济时代,一个国家在国际市场上的地位越来越多地取决于能够提升国际竞争力的技术创造和传播能力。很明显,那些高科技产品出口活跃的国家是研发能力强的国家。新能力的创造和技术转换及环境变化代表了持续发展和贸易促进的新要求。今天,一个国家如果不具备持续提高其生产能力和产品品质的科学基础及技术基础,那么会很快丧失国际竞争力。

大量的国际经验表明,竞争力强的国家是那些能够实施一种有助于推动技术创造和传播的政策的国家。以技术创新为目标的促进战略有助于保证经济的长期健康发展和不断提高国际竞争力。一个国家在国际市场上的地位越来越由其技术的创造和传播速度决定。技术提供了提高其在国际市场竞争力的基础。因此,根据产品生命周期理论,后起国家引进技术并结合本国的低劳动力成本进行生产的贸易战略,在国际竞争中并不一定具有竞争优势。

总之,以弗农的产品生命周期理论为代表的技术差距贸易模型,丰富和发展了国际贸易理论。但是,随着世界经济环境的发展变化,其理论和实践的适用性也需要重新认识。特别是对发展中国家而言,应该根据变化了的经济环境,调整自己的技术和贸易发展战略。

三、国际市场产品生命周期理论的意义

首先,企业可以利用产品在不同国家市场所处的不同生命周期阶段不断调整市场结构,及时转移目标市场,延长产品生命周期,以达到长久占领国际市场的目的。

其次,企业可以利用产品生命周期理论来不断调整产品结构,及时推出新产品,淘汰没有前途的产品,加速出口产品的更新换代。

再次,发展中国家可利用产品生命周期理论,引进发达国家的新产品,依靠本国自然资源和劳动力优势,以较低的成本研制生产,将产品出口到原产国,从而促使本国产品结构的不断优化。

第二次世界大战刚结束的时候,由于真空管技术在美国迅速发展,美国垄断了无线电产品的世界市场。但是,几年之后,日本也达到了同样的技术水平,由于其低价的劳动力,日本也占据了很大一部分市场份额。随后美国发明了晶体管,重新在技术上领先。但是,几年之后,日本也获得了这一技术,又一次可以用低价和美国竞争。而美国又通过对集成电路的使用再一次在同日本的竞争中占了上风。

在最近的几年中,新技术的扩散时间大大缩短了。因此,一个完整的产品生命周期,就是从新产品在发明国投入生产开始,到模仿国在第三国市场上完全代替发明国为止的这一时间已越来越短。对于发明国自己来说,这个过程也越来越短。所以,以依靠新技术和新产品来维持国际竞争力的国家,在很短的时间内,从新技术和新产品中所获得的好处很快就被其他国家所模仿,如果想要避免落后的话,就必须在新技术和新产品的开发上越跑越快。

资料链接7-3

海尔集团的国际化与产品生命周期

纵观海尔集团的发展历程,其生产战略按产品生命周期理论来划分,现可以分成以下两个阶段:

第一阶段为1984~1998年,根据产品生命周期理论,技术水平不高,只具有相对成本优势的海尔集团正处于中小企业阶层,这一时期,海尔集团的国际化生产战略便是不断吸收、引进国内外先进的生产技术,提升自己的管理水平,提升自己产品的附加值,并适当为国外

厂商做 OEM。这一时期的海尔从 1984 年引进德国利勃海尔的亚洲最先进的四星级电冰箱生产线开始，通过与中国科学院、北京航空航天大学、飞利浦集团等国内外著名的科学研究所、大学、跨国公司合作，不断增强自己的科技水平。同时，通过兼并、控股等一系列资本运营手段，逐步壮大自己的综合实力，进而通过自己强大的技术水平和雄厚的经济实力，不断地进行技术创新、管理创新，不断地进行技术管理和资本的积累，如此周而复始，使集团的年平均增长率达到了 80% 以上。

第二阶段是从 1998 年至今，在这一时期，通过第一阶段的技术、管理和资本上的积累，海尔集团已经迈入了国际化大公司的行列，海尔集团拥有的技术、管理优势与世界先进水平保持了同步的发展，部分甚至是领先世界先进水平的。所有这一切，使海尔集团基本具备了产品生命周期理论中所阐述的对外扩张的生产战略的实力。因此，在这一阶段，海尔集团在"先有市场，再有工厂"的思想的指导下，开始了在海外建立生产工厂、基地的历程。总的来说，海尔这一阶段的国际化生产战略按照"先易后难"与"先难后易"相结合的原则，分为以下两个层次：第一层次是截止到 1999 年 4 月，这一阶段当海尔的科研实力和技术实力还不足够强的时候，海尔选择了去技术、管理综合水平比其稍低的印度尼西亚、菲律宾、印度，以维持其所有权优势，并通过内部化优势表现出来，如 1996 年 6 月在印度尼西亚成立海尔莎保罗（印尼）有限公司，1997 年在菲律宾成立海尔—LKG 电器有限公司，在马来西亚组建海尔工业（亚细安）有限公司，就是这一国际化生产战略的体现。第二层次是从 1999 年 4 月始至现在，这一阶段，随着企业的技术、管理、资金等所有权优势的不断增加和前一层次国际化生产战略推行中的国际化生产战略的经验的逐步积累，海尔集团已经基本具备了进入国际一流企业行列的条件。此时，海尔的国际化生产战略也发生调整。1999 年 4 月，以美国海尔中心在美国南卡罗来纳州首府哥伦比亚市附近的汉姆顿建立生产基地为标志，海尔集团先后在美国、日本、意大利等建立了生产基地，并依次分别组建了海尔美国、海尔日本、海尔欧洲，使其国际化生产战略延伸到了被誉为国际一流冰箱技术的发源地的美国、日本、欧洲。对惠而浦、三洋、伊莱克斯、通用电器等全球家电巨头发起了冲击，并迫使通用这样的巨头退出了电冰箱行业。事实证明，海尔的这一国际化生产战略是正确的，海尔也因此获得不俗的战绩，如海尔美国 2002 年就完成了 10 亿美元的销售额，其海外销售额达到 59 亿美元。

第三节　国际市场新产品的开发策略

一、新产品的概念与分类

1. 新产品的概念

国际市场营销中的新产品是指产品整体概念中任何一部分的变革或创新，以及给消费者带来新的利益、新的满足的产品。市场营销意义上的新产品是一个广义的新产品概念，它具体可以包括新发明产品、改进的产品、改型的产品和新的品牌。新产品除包含因科学技术在某一领域的重大发现所产生的新产品外，还包括如下方面：在生产销售方面，只要产品在功能或形态上发生改变，与原来的产品产生差异，甚至只是产品单纯由原有市场进入新的市场，都可视为新产品；在消费者方面则是指能进入市场给消费者提供新的利益或新的效用而

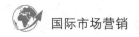

被消费者认可的产品。

2. 新产品的分类

按产品研究开发过程,新产品可分为全新产品、革新产品、改进型新产品、换代新产品、仿制新产品、市场再定位型新产品和降低成本型新产品。

(1) 全新产品。即采用新原理、新结构、新技术、新材料制成的全新产品,如第一次出现的电话、火车、飞机、电子计算机、移动电话、航天飞机等产品都是新发明的全新产品。全新产品的发明一般要经过较长时间和投入巨大的人力、财力,因此只有少数在某一行业居领先地位的企业能进行这种发明。一种耗资巨大的全新产品的问世往往是多行业、多部门、多企业联合投资开发的结果。全新产品在市场上被消费者接受需要一定的时间。

(2) 革新产品。它是指为了满足消费者新的需求,在原有产品的基础上利用最新科技成果和新工艺创造出来的产品,即在原有产品的基础上,部分采用新技术、新材料制成的性能有显著提高的新产品。航空发动机在20世纪40年代以前是活塞式发动机,40年代以后出现了涡轮喷气式发动机,60年代以后则发展成涡轮风扇式发动机。

(3) 改进型新产品。它是指在原有产品的基础上采用各种改进技术,在性能、功能、结构、包装或款式等方面做出改进的新产品。如将模拟电视改成数字电视,普通移动闪存U盘改成在移动硬盘的功能上加有MP3音乐播放、数码录音、收音等多项功能的存储设备等。这类产品与原有产品相比在某些方面有所改进,进入市场后容易被消费者接受。

(4) 仿制新产品。这是指市场上已经出现,但本企业第一次生产的产品。有不少企业不具备生产开发能力,于是就将国际市场上的产品样本进行研究,然后如法炮制,推向市场。

(5) 市场再定位型新产品。对产品本身不做实质性改变,而只是对产品进行重新定位,给消费者提供新的利益,或者在新的目标消费者中尝试做出新的营销努力。

(6) 降低成本型新产品。

在上述6类新产品中,全新产品是最难研制的,但如果企业率先推出,则市场竞争对手较少,企业也可获得可观的收益。仿制新产品的研制相对较易,但市场竞争激烈。目前,从全球范围来看,全新产品的研究和开发越来越困难,因此,不少企业都将其产品的开发重点放在产品的改进或改良上。

二、国际新产品的开发战略

伴随企业外部环境的变迁和企业战略的转换,阶段性新产品开发目标会有所不同,但追求销售额和利润的成长这一大目标是长期不变的,是大多数企业共有的目标。在这个大目标下,企业应依自身内外部环境的特点制定相应的目标。

国际新产品开发战略可分为因应型和预应型两类。前者顺应环境改变而研制新产品;后者强调争取主动,努力把握环境变化的趋势,因势利导及时推出新产品。采用哪一种战略,与市场的规模和成长性、创新产品的保护能力、竞争力的强弱以及企业的市场定位有关。另外,不同的事业单位战略也要求采取各异的新产品开发战略,如开拓型事业单位战略要求使用预应型新产品开发战略,而在防御型事业单位战略条件下,最适合运用因应型新产品开发战略。

1. 因应型新产品开发战略的内容

(1) 调整和改进企业现有产品以便更好地与对手的新一代产品竞争市场。

(2) 迅速模仿竞争对手推出的新产品。

(3) 绝不率先推出新产品,但竞争对手一旦推出新产品,马上推出比竞争对手更好的产品。

(4) 根据消费者要求和偏好的变化,不断研制新产品。

2. 预应型新产品开发战略的内容

(1) 全力开发高新技术产品。如美国 3M 公司明文规定,事业单位销售额的 30% 必须来自上市时间少于 5 年的产品,事业单位销售额的 6.5% 必须用于新产品的研究与开发活动。

(2) 研究消费者需求并开发新产品来满足这一需求。

(3) 建立新产品创新机制,使企业拥有永续创新能力。

(4) 借助资本市场和资本运营的力量,兼并或收购新产品开发能力优秀的企业。

三、新产品开发的程序

国际市场新产品的开发过程是一个复杂的系统工程,它需要营销、开发、生产等各部门的参与,而且风险较大,因此遵循科学的开发程序十分重要。新产品设计开发过程与国内产品开发过程很类似,分为八个阶段:构思产生、构思筛选、概念发展和测试、营销战略计划制订、商业分析、产品实体开发、市场试销、商业化。

1. 构思产生

具体地,国际市场新产品的构思可来源于诸多方面:国外消费者和用户对现有产品的反映以及新的需求,公司技术人员及经理人员,国外经销商和企业海外营销人员,国外科技情报,国外营销调研公司,国际竞争对手的产品启示,国际产品展览会、展销会、博览会,以及政府出版的行业指导手册等。

2. 构思筛选

新产品构思筛选是采用适当的评价系统及科学的评价方法,对各种构思进行分析比较,从中把最有希望的设想挑选出来的一个过滤过程。在这个过程中力争做到除去亏损大和必定亏损的新产品构思,选出潜在盈利大的新产品的构思。构思筛选包括以下两个步骤:首先,要确定筛选标准;其次,要确定筛选方法。对构思进行筛选的主要方法是建立一系列的评分模型。评分模型一般包括评价因素、评价等级、权数和评分人员。其中确定合理的评价因素和适当的权数是评分模型是否科学的关键。影响国际市场新产品开发成功的主要因素可以从企业拓展海外市场目标、技术优势、生产的可能性、产品的国际市场吸引力、产品的盈利能力等方面进行评价,以提高筛选的准确程度。

市场营销系数评价法是一种多因素的新产品构思筛选评价方法。首先将影响新产品成功的各主要因素(即要因)分别化简为具体要素,然后用概率加权的办法还原成复合系数,即为市场营销系数,用市场营销系数的大小来判断新产品成功的可能性。

3. 概念发展和测试

从产品构思发展成产品概念,通常要回答下面三个问题:谁使用该产品?该产品提供的主要利益是什么?何时使用该产品?

新产品概念测试主要是调查消费者对新产品概念的反应,测试的内容如下:产品概念的可传播性和可信度;消费者对该产品的需求程度;该产品与现有产品的差距;消费者对该产品的认知价值;消费者的购买意图;谁会购买此产品及购买频率。

4. 营销战略计划制订

营销战略计划包括三个部分:第一部分是描述目标市场的规模、结构和行为,新产品在目标市场上的定位、市场占有率及头几年的销售额和利润目标等。第二部分是对新产品的价格策略、分销策略和第一年的营销预算进行规划。第三部分则描述预期的长期销售量和利润目标以及不同时期的市场营销组合。

5. 商业分析

在新产品进入正式产品开发阶段以前还需对已经形成的产品概念进行商业分析。商业分析的主要内容是对新产品概念进行财务方面的分析,即估计销售额、估计成本和利润,判断它是否满足企业开发新产品的目标。

6. 产品实体开发

新产品的实体开发是将新产品概念转化为新产品实体的过程,主要解决产品构思能否转化为在技术上和商业上可行的产品这一问题。它是通过对新产品实体的设计、试制、测试和鉴定来完成的。新产品开发过程是对企业技术开发实力的考验,能否在规定时间内用既定的预算开发出预期的产品,是整个新产品开发过程中最关键的环节。

7. 市场试销

市场试销是对新产品的全面检验,可为新产品是否全面上市提供全面、系统的决策依据,也为新产品的改进和市场营销策略的完善提供启示,但试销也会使企业成本增加。由于产品试销一般要花费一年以上的时间,这会给竞争者提供可乘之机,而且试销成功并不意味着市场销售就一定成功,因为各国及各地区消费者的心理本身就不易准确估计,还有竞争的复杂多变等因素,因此企业对试销结果的运用应考虑一个误差范围。

8. 商业化

如果新产品试销达到了预期的结果,企业就应该决定对新产品进行商业性投放。在这一阶段,企业高层管理者应当作以下决策:

(1) 何时推出新产品。这是指企业高层管理者要决定在什么时间将新产品投放市场最适合。如果新产品是用来替代老产品的,就应等到旧产品的存货被处理掉时再将这种新产品投放市场;如果新产品的市场需求具有高度的季节性,就应在销售季节来临时方将这种新产品投放市场;如果新产品还存在着可改进之处,就不必仓促上市,应等到完善之后再投放市场。

(2) 何地推出新产品。这是指企业高层管理者要决定在什么地方(某一国家或地区、某些国家或地区、整个国际市场)推出新产品最适宜。一般是先在某一国家或地区的市场推出,以便占有市场,取得立足点,然后再扩大到其他国家或地区。因此,企业要制订一个市场投放计划,找出最有吸引力的市场先投放。

(3) 向谁推出新产品。这是指企业高层管理者要把分销和促销目标面向最优秀的顾客群。这样做的目的是要利用最优秀的顾客群带动一般顾客,以最快的速度、最少的费用扩大新产品市场占有率,企业高层管理者可以根据市场试验的结果发现最优秀的顾客群。

(4) 如何推出新产品。企业管理部门要制定新产品开始投放市场的市场营销策略。这里,首先要对各项市场营销活动分配预算,然后规定各种活动的先后顺序,从而有计划地开展市场营销管理。企业一般选择新产品一次只进入一个国家或地区的市场,只有少数大企业选择把新产品推向几个国家。

资料链接 7-4

开发狩猎靴:了解顾客需求

L. L. Bean 公司位于美国缅因州,是美国著名的生产和销售服装以及户外运动装备的公司,于 1912 年开始生产狩猎靴。到 20 世纪 90 年代,公司已经发展到 10 亿美元资产,持续 30 多年的年增长率都超过 20%。"为顾客着想"这一理念始终贯穿于新产品开发的过程中。

(1) 了解顾客的真实感受。针对公司的狩猎靴,产品开发小组就要选定那些经常狩猎的人,设计一些问题,使其能够详细描述狩猎活动的感觉和环境,进而了解其对狩猎靴的感觉和希望。在访谈中,面谈者的工作就是要用一种非引导的方法来提出开放性的问题。"你能给我讲述一下最近狩猎的一次经历、一个故事吗?""告诉我你最好的狩猎故事,它是怎样的经历?"然后是非常安静地听顾客尽情讲述。两人小组的另外一位负责记录,一字一句地记录,不加过滤,不做猜测。通过这些在狩猎者家中或者具体的狩猎场所的访谈,可以获得狩猎者的真实想法,而不是提问者的想法。小组人员的工作更多的是聆听。当结束一次面谈的时候,小组尽快详细回顾并整理面谈内容,因为这时会谈的场景和内容在脑海中还保存着清晰的记忆,能很快找出那些关键的印象并深刻地描述出来。这样面谈 20 位狩猎者,产品开发小组获得了丰富的狩猎者的狩猎经历资料。

(2) 转化为产品需求和设计思想。所有的面谈结束后,整个开发团队进入隔离阶段,集中精力研究顾客需求,努力将顾客的语言翻译成一连串关于新的狩猎长靴要满足的需求。由于收集了丰富的材料,队员们在白板上贴了数百个即时贴的便条,每个便条都是一个需求陈述。他们必须将所有的这些需求浓缩成更加易于管理、便于利用的需求数目。团队采取投票的方式来将需求按重要性排列,每一次投票都代表了他们面谈的猎人的需求。几个回合的投票逐渐地减少需求的数目。然后,团队成员将剩下的需求进行分组排列,再排列,形成更小的需求组。大家在归纳需求组的过程中并且相互讨论,这就迫使队员对自己所想不到的一些相互关联进行思考,而这种关联是别人正在思考而自己看来可能并不明显的。所以,这时候队员都在进行学习,团队逐渐地达成了一种共识。

最后,数量有限的几个需求组形成了,团队成员讨论关于每一组需求的新的陈述。作为一个团体,大家必须清楚这些小小的即时贴上的意见,是否完全抓住了队员思考的问题,描述是否准确。通过大量细致的工作,团队将每组的内容转化为一个陈述。这个流程进一步将需求的数目减少到大约 12 个。三天封闭会议结束的时候,L. L. Bean 的产品开发团队开发出了一份列有最终顾客需求的总结报告。此后便是将需求转化为设计思想的过程,头脑风暴会议是主要的讨论形式。比如"在靴子里装一个动物气味的发散装置,每走一步都会散发出一点点气味。像一个小型火车一样,气味从靴子里出来如同火车两侧的气体一股股喷出,只不过是无形的"。在各种疯狂的主意中能得到产品最具创新变化的核心思想。这样反复进行讨论。

(3) 对新产品测试。这种新的狩猎长靴设计原型生产出来后,被送往所有 L. L. Bean 公司希望改进其产品的地方,即顾客,在产品最终要使用的环境中进行实际测试。为保证开发

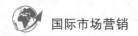

人员能够近距离地看到和听到这些顾客专家的意见，L.L.Bean 安排了一次实地旅行。在新罕布什尔的品可汉峡谷地区，L.L.Bean 集合了一组实地测试者来评审，包括导游、山顶装袋工、徒步旅行者、大农场管理员、滑雪巡逻队员等，这些顾客大部分是 L.L.Bean 公司好几个季节的测试者。会议的第一天花费在一次精力充沛的徒步旅行上，按每个人所穿的靴子的尺寸进行分组，每个人的包里都有 2~3 双靴子，几乎每个小时要更换所穿的靴子产品，如穿 9 号的要与一个穿 8 号靴子的测试者交换靴子，有 L.L.Bean 生产的，也有竞争对手生产的。大家在各种环境里实验，及时记下对适应性、稳定性的评价，以便于公司及时做出调整。经过几个月的试用，公司获得了所有的改进建议。

在产品上市时的目录介绍中，公司能够通过测试期间的照片来说明种种问题，在推广产品时可以宣传整个测试过程，以便获得顾客的信赖。很快，该种类型靴子在市场中获得认可，供不应求。

第四节 国际市场产品的品牌与包装策略

一、国际市场产品的品牌策略

（一）品牌的定义

品牌是一种名称、术语、标记、符号或图案设计，或者是这些因素的组合运用。它用来辨别一个或一组卖方的产品或劳务，以便于同竞争者的产品相区别。

品牌名称，指品牌中可以用语言表达的部分，如东芝、奔驰、佳能、高露洁等都是品牌的名称。

品牌标志，指品牌中可以被辨认但不能用语言表达的部分，包括符号、图案或专门设计的颜色、字体等，如白猫洗涤剂中的白猫图案。

商标，指在政府有关部门依法注册后的品牌或品牌的一部分。商标是一个法律名词，它受法律保护，注册者享有专用权。

（二）品牌决策

1. 品牌化决策

产品要不要有品牌，取决于产品的特点以及使用品牌后的利弊多少。一般说来，未经加工的原料产品，如大豆、矿砂等都是散装出口，既无包装，又用不着使用品牌。除此之外，目前世界各国大多数产品都有各自的品牌，品牌使用已非常普遍，甚至许多农产品，经小包装后也使用品牌出售，如一些小包装的大米、水果等都有了品牌。

然而，20 世纪 70 年代以来，西方一些国家的许多制造商也开始对某些产品不规定品牌名称和品牌标志，也不向政府有关部门注册登记，实行非品牌化决策。这类产品被称为"未注册产品"，目的是节省广告和包装费用，降低成本和价格，增加竞争能力，这类产品通常是一些包装简易、价格较便宜的日常消费品。

2. 品牌归属决策

实行品牌化首先面临的一个问题就是品牌归属问题，即品牌归谁所有、由谁负责。对产品的生产者来说,有四种选择:一是制造商品牌,也称全国品牌;二是中间商品牌,也称自有品牌,即中间商向制造商大批购进产品,然后用自己的品牌上市;三是上述两种品牌同时并存,即一部分产品用制造商品牌,一部分产品用中间商品牌;四是制造商支付一定的使用费,使用其他制造商品牌,或使用著名人物的名字、著名电影和其他文学艺术作品中的人物形象作为产品品牌,这种品牌称为特许品牌。

3. 家族品牌决策

所谓家族品牌决策,就是指选择品牌名称的决策,即企业所生产的各种不同种类,不同规格质量的产品,是全部用一种品牌,还是分别用不同的品牌。有四种品牌名称策略可供选择:

(1) 个别品牌名称。即某一个企业的各种不同的产品分别使用不同的品牌。美国宝洁公司喜欢采取个别品牌名称的做法。它通常在新产品推入市场开始至 6 周内,使用公司品牌对新产品开展促销活动,以后就不再强调公司名称,而是要求每一产品有其自己的品牌名称。如它的清洁剂产品分别有汰渍、快乐、波尔德等品牌。这样做的好处是,没有把企业的声誉放在某一产品品牌的成败上,某一品牌的失败不会影响企业的名声。但是这要为每一个品牌分别做广告宣传,费用开支较大。

(2) 单一的家族品牌名称。企业所有的产品使用同一个品牌,如日本的日立、松下、东芝等公司,所有各类产品都使用同一个家族品牌。这一决策的优点是:只要企业的声誉良好,产品的销路就会很好,所有产品都容易被市场接受,节省广告促销费用。但是任何一种产品的失败都会使整个家族品牌蒙受损失,因此,使用单一品牌的企业必须对所有产品质量严格控制。

(3) 分类的家族品牌名称。企业所经营的各类产品分别命名,即一类产品使用一个品牌,如美国西尔斯公司就采取这种策略,它的家用电器、妇女服饰、家具等分别用不同的品牌。有些大企业生产经营的产品种类繁多,吃、穿、用俱全,也不适合用单一的品牌,比如食品和化肥,化妆品和农药等就不适合用一个品牌。

(4) 企业名称加个别品牌名称。企业在每一种品牌之前冠以企业名称。采用这种策略的好处是:加上企业名称可以使新产品享受企业声誉,节省广告宣传费用;又可使各个品牌保持自己的相对独立性。

4. 品牌延伸决策

品牌延伸就是企业尽量利用已经成功的品牌推出新产品或经过改良的产品,如白猫洗衣粉出名之后,厂家又推出多种洗涤剂产品,如白猫洗洁精、白猫丝毛柔顺剂等。品牌延伸也包括推出新的包装规格、新的口味及新的样式。品牌延伸为企业节省了大量新产品所需的促销费用,并使消费者能迅速识别新产品。但是如果新产品不能令人满意,则会影响同品牌中其他产品的声誉。

5. 多品牌决策

多品牌是指同一个企业在同一种产品上设立两个或多个相互竞争的品牌。这样虽然会使原有品牌的销量略减,但几个品牌加起来的总销量要比原来一个品牌时多。

多品牌策略的好处是:① 多一个品牌,生产厂家可以占用更多的零售货架位置;② 推出多个不同品牌以吸引品牌转换者的兴趣,扩大销售;③ 多品牌能给企业内部各产品部门、品牌经理之间带来竞争和效率;④ 多品牌可使企业拥有不同的细分市场,各自吸引不同的消

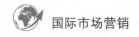

费者,占领更多的市场。

6. 品牌重新定位决策

由于市场环境的不断变化,品牌往往需要重新定位。例如,竞争者推出新产品和本企业争夺市场,使本企业市场占有率有所下降;或者消费者的偏好或品位发生了变化,减少了对本企业品牌的需求。在这些情况下,企业需要对原有的品牌重新定位,以加强品牌的竞争力。

在做出品牌重新定位时,企业需要考虑两个因素:一是品牌重新定位的费用,包括产品品质改变费、包装费和广告宣传费等;二是品牌重新定位能给企业带来多少收益。收益的大小取决于偏好者的数量,他们的平均购买率,同一细分市场上竞争者的数目和实力,以及为品牌再定位所付出的代价。

(三)国际市场营销中的品牌决策

1. 全球品牌

全球品牌是在全世界范围内使用某个名称、术语、记号、符号、设计或以上这一切的组合,旨在标示某一卖主的商品或服务,使他们与竞争对手区别开来。

是否应该建立全球品牌这个问题没有一个简单的答案,但是商标名称对企业在全球范围内建立销售业绩的重要性却不容置疑。

很自然地,拥有以上品牌的公司将会努力在全球使用它们的品牌。事实上,一旦某种商标成为全球性的商标以后,往往会带来产品销售额的增长。即使这些公司在全球范围内销售的产品可能不完全相同,比如说为了适应当地化的需求而对产品做出某些改变,但是依然可以在全球使用相同的全球品牌。比如亨氏公司,它生产的产品会因为不同国家的市场需求和口味做出相应的调整,但是在世界各地依然使用亨氏这个品牌进行销售。比如在英国,引入了新产品亨氏炒豆比萨饼,这是一种和奶酪或香肠在一起出售的产品,一经推出立刻很畅销,同时,在英国市场上,亨氏牌炒豆是很受欢迎的产品之一,但是在其他国家市场上,亨氏则不销售这种产品,但所有的产品依然使用亨氏商标。

全球品牌的优点在于可以使公司在全世界拥有一个统一的形象,在引进与此品牌有关的产品时可以提高效率,节约宣传促销的费用。但是并非所有公司都会采用全球品牌策略。因为我们知道,同一个品牌在不同的国家可以会有不同的含义。除了像柯达、可口可乐和李维斯公司等在全世界使用同一个品牌以外,很多其他的跨国公司,比如雀巢、马狮、宝洁和吉列等公司的产品则不是在全世界使用同一个品牌。这些公司拥有的一些品牌是在全世界进行销售,而公司拥有的其他品牌则是针对不同国家进行使用。

2. 民族品牌

由于各个国家的市场情况、文化传统、宗教习俗等不同,所以使用全球品牌不一定是最好的选择。于是一些公司开始考虑使用民族品牌。比如雀巢公司就是这样。它既生产全球性品牌,如雀巢这个品牌,又针对不同国家生产民族品牌。它的品牌扩张可以分成两个部分:在某些国家的市场上,它收购老牌的民族品牌,依赖这些品牌的优势,在雀巢公司的品牌家族里,有7000多个当地品牌;而在另外一些市场上,如果没有地方名牌可以利用的话,它就使用全球品牌,就是雀巢这个品牌。雀巢公司拥有一些最驰名的全球品牌,而雀巢咖啡仅仅是其中之一。

联合利华是另一家采用类似战略的公司。这个公司也是既有民族品牌,又有全球品牌的。在波兰,联合利华引进了在许多国家销售的奥妙牌洗涤剂,但是同时公司也购买了一个当地品牌,叫作 Pollena2000。那么在波兰的市场就有了联合利华的奥妙和宝洁的碧浪以及 Pollena2000。在一年之后,改头换面的 Pollena2000 占据了最大的市场份额。为什么会出现这种情况呢?原因在于许多国家的消费者对于新品牌心存疑虑,他们需要的是买得起而且又符合自己的品味和价值观的品牌。Pollena2000 之所以成功,不仅由于价格便宜,更多的还在于这个品牌是民族品牌,与当地的价值观一致。

在一些民族主义比较强的国家,跨国公司使用民族品牌还有利于顺应这些国家的民族自尊心。比如说在印度,联合利华所做的一切宣传都是出于一个目的,就是让印度人将自己的品牌看作印度品牌,而不是一家跨国公司生产的产品。

那么到底是使用全球品牌还是民族品牌呢?答案是市场说了算。凡有可能,则使用全球品牌;凡有必要,则使用民族品牌。

3. 原产地效应和全球品牌

就像上面提到的一样,品牌被当作偏好、设计、性能、质量、价值、声望的外在体现。消费者往往把品牌和产品价值联系起来。品牌向消费者传递着有关该产品的消极的或积极的信息。而品牌形象又受到很多的因素的影响。其中一个特别重要的因素是原产地因素。

原产地效应是指产品的设计、制造、装备国对消费者购买产品时产生的积极或消极的影响。由于消费者的自身经历以及一些说法的影响,消费者可能对不同的产品和国家持有一定的偏好或成见。例如,消费者往往认为英国的茶、法国的香水、中国的丝绸、意大利的皮革、日本的电器、牙买加的朗姆酒等比较好。

原产地能够影响产品或品牌的形象,这一点至关重要。最近的一项研究发现,消费者知识越丰富,对产品的原产地效应越敏感。跨国公司在开发产品和制定营销战略时,必须考虑这个因素,因为除非它能够采取有效的营销策略,克服消费者对某些国家的成见,否则将妨碍产品的成功。

4. 自有品牌

零售商拥有的自有品牌正在日益壮大,对制造商品牌形成挑战,无论制造商的品牌是全球性的还是仅限于某一国家的品牌。在英国和欧洲的许多国家的食品零售领域,国内零售商拥有的自有品牌与制造商品牌之间的对立日益激烈。从草莓酱到吸尘器再到熏鱼和土豆干,拥有自有商标的产品充斥着英国的杂货店和欧洲许多超大型自选商场。在英国和瑞士,自有品牌占领了大约 30% 的市场,在法国和德国也超过了 20%。仅在过去的 5 年里,自有商标的市场份额在欧洲某些市场上就翻了一番。

例如,拥有 420 家分店的英国最大的杂货零售商之一的森斯伯瑞把最好的货架留给了自己的品牌。一家典型的森斯伯瑞分店大约销售 16000 种产品,其中 8000 种拥有森斯伯瑞商标。它们的商标占销售额的 2/3。该公司对开发新产品乐此不疲,每年推出 1400~1500 种拥有自有商标的产品,同时撤掉几百种不受欢迎的产品。它推出自己的 Novon 牌洗衣粉,一年之内在森斯伯瑞连锁店的销售额就超过了宝洁和联合利华的顶尖品牌,并且以 30% 的市场份额夺得全国第二。

正如目前情况所显示的那样,自有品牌是可怕的竞争对手,它们给零售商带来利润,占据有利货架,得到强有力的店内促销,而且物美价廉,这些对于吸引消费者来说都是非常重

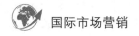

要的。

为了维持市场份额,全球品牌必须提供实实在在的使用价值,其定价必须有竞争力,全球营销者必须根据竞争情况,检查其品牌战略是否得当,这样做可以使全球品牌的成本效率优势更具吸引力。

资料链接 7-5

波音公司的品牌发展观念的转变

美国波音公司以前从来看不起品牌,认为波音这么大,没必要做品牌。后来其他的航空公司越来越多,随着这些竞争对手的增多,波音公司的业务大不如前了,尤其是空中客车给波音公司带来很大的压力,于是波音公司不得不痛改前非,于1999年设下品牌经理,开创他们的品牌发展,从而取得更大的业绩。他们终于承认品牌还是非常重要的。

二、国际市场产品的包装策略

(一) 包装的意义

包装的作用过去主要被认为是保护产品,近年来已转向以宣传为主,并成为一项重要的营销手段。特别是现代零售业中自助式商店的大量兴起,琳琅满目的商品放在货架上靠谁来推销呢?很大程度上就靠产品包装本身。包装既以鲜艳夺目的色彩、图案来吸引顾客,又以简洁清楚的文字向顾客提供他们所需的产品信息。顾客通过多种产品的相互比较,可以找到适合自己的满意产品。在这个过程中,包装起着无声推销员的作用,也是一种不花钱的广告。根据美国康柏尔公司的统计,平均每个消费者每年目睹产品标签76次,这个数字相当于在电视中广告出现次数的2倍,而且可以节约3000多万美元的广告费用。

产品包装一般可以分为三个层次:第一层次的包装是指最接近产品的容器,或称内包装,如盛酒的酒瓶;第二层次的包装是指保护第一层包装的材料,或称为中层包装,产品使用时即被丢弃,如酒瓶外的纸盒,它除了起保护瓶子的作用外,还起到介绍产品、宣传产品的作用;第三层次的包装是指运输包装或称外包装,如装运酒的纸板箱。此外,标签也可视作包装的一个组成部分,它是由附在包装上的图案和说明文字所构成,常常和包装物合为一体。

在国际市场营销中,产品包装的颜色也极为重要,它可以使消费者通过包装的颜色就知道产品的种类。据调查,包装上绿色代表着产品的种类为蔬菜;黄色为罐头水果;红色和粉红色为经过加工的肉类食品,而白色和蓝色则为面包和黄油制品等。不仅如此,颜色还可以起到吸引消费者的注意力、突出产品的档次和差异、进一步促进销售的作用。此外,包装的颜色、图案在世界不同国家还有一些禁忌,如法国忌用墨绿色,埃及忌用蓝色,捷克忌用红三角,日本忌用荷花,英国忌用象和山羊,北非国家忌用狗,意大利忌用黑桃,伊斯兰教国家忌用猪的图案,等等。

包装不仅要好,而且还要实用并适宜于目标市场的需求,否则,也就失去其意义了。企业在选择包装的时候应特别注意包装的规格大小一定要与市场需求相适应,即适应国外消费者的购买习惯,这样才能通过包装来达到扩大市场份额,增加利润的目的。

(二) 国际市场产品的包装策略

在国际市场营销中,可供企业选择的包装策略主要有以下几种:

第七章 国际市场产品策略

1. 中性包装策略

中性包装是指企业在商品包装上不注明商品的原产地、国别、厂名、原品牌或商标等基本信息的一种包装。因为在国际贸易中,各国为了保护本国的民族工业,往往采取贸易歧视政策,限制或不允许国外某些商品进入本国市场,为了打破这些限制进口的歧视性政策、发展出口贸易,一些国家的厂商只好采用中性包装的方法向这样的国家出口商品。因此,把中性包装作为一种促进商品出口的手段,已成为各国的习惯做法之一。

采取中性包装还可能是为了适应国外市场的特殊要求,如转口销售,有可能你的买家不是最终的买家,只是一个中间商,所以要使用中性包装。或者为了打破某些进口国家的关税和非关税壁垒。还有一些则是 L/C 的规定,说得明白一点就是,客人不希望他的客户知道这批货物来自中国,这样他有可能获得更丰厚的利润。

2. 类似包装策略

类似包装是指企业所有出口的产品都采用相同或相似的包装。这既有利于节省包装费用,也有利于在国际市场上树立企业的整体形象。对于忠实于本企业的顾客来说,类似包装无疑具有促销作用,企业还可因此而节省包装的设计、制作费用。但类似包装策略只能适宜于质量相同的产品,对于品种差异大、质量水平悬殊的产品则不宜采用。

3. 等级包装策略

等级包装是指企业将产品分为几个等级,对高档优质产品采取华丽、精美的高档包装,对普通产品采取一般包装,使包装装潢与产品内在质量相符,便于不同阶层消费者的选购的一种包装。

4. 配套包装策略

配套包装指企业将多种相互关联的产品组合在一起装入一个容器内一起销售的包装。这适合于具有连带性的商品,可以方便顾客购买,扩大销售。

5. 再使用包装策略

再使用包装策略是指包装内的产品用完后,包装容器可以移作他用。这有利于激发消费者的购买兴趣,从而扩大销售。

6. 附赠品包装策略

附赠品包装是指包装内附有奖券、实物等赠品,以诱使顾客购买的一种包装。

总之,企业应考虑不同产品、不同的销售渠道、不同目标市场国等方面的具体特点,从满足消费者的要求、方便消费者的购买出发,运用现代科学技术,选择合理、恰当的包装策略,以最终实现在国际市场上树立良好形象、扩大市场占有率的目的。

资料链接 7-6

百威啤酒的产品包装创新

消费者在选购啤酒时,除了质量和口感外,包装也是一个重要的考虑因素,因为包装能从一方面体现出品牌的整体形象。世界畅销啤酒品牌——百威对于这一点谙熟于心。为了保证每一箱、每一瓶、每一罐百威啤酒都拥有从内到外的卓越品质,"啤酒之王"百威始终通过不断改良的优质包装来进一步提升其品牌形象。百威啤酒长期以来注重产品包装的创新，并以其在包装上所体现出来的丰富创意闻名于世。百威（武汉）国际啤酒有限公司秉承了这一传统，不断在包装上推陈出新，为中国消费者提供更多选择：1997年的压花玻璃小瓶装百威，1999年的大口盖拉环罐装百威，2000年的4罐便携装百威，以及后续推出的700毫升装和500毫升装百威，百威在包装上的每一个创新都为中国消费者带来惊喜。其中700毫升装和500毫升装更是针对中国的啤酒市场特别推出，充分显示了百威对中国消费者的高度重视。

除整体包装外，百威对包装的各个细节也不断进行着完善和创新。1998年百威推出可显示啤酒最佳饮用温度的温度感应锡箔标签；2000年年初百威对标签重新设计，全新的标签在金色叶片的衬托下更显高贵；2000年12月，百威又对瓶身标签的文字进行了修改，以方便消费者阅读。所有这些对包装细节的精益求精无不体现出百威对产品质量的不懈追求。在酒瓶的选择上，自1997年中国啤酒瓶国家标准要求使用"B"瓶（即啤酒专用瓶）包装以来，百威就一直严格遵照执行。

此外，百威不使用回收瓶，并为百威专用酒瓶制定了非常严格的检测标准。全新的玻璃瓶无异物、无油污、无杂质，干净卫生，充分保证了百威啤酒的纯正口味和新鲜程度。在每次使用前，百威还要对所有啤酒瓶进行抗内压力检测，以最大限度地减少瓶爆现象。百威的瓶盖垫全部从美国和德国进口，并经过特别密封和风味测试，确保无任何异味后方投入使用。百威的与众不同还体现在其对高强度耐压纸箱的使用上。同一般啤酒商使用塑料箱外包装不同，百威从1998年起就开始使用高强度耐压纸箱外包装。这种保护力强、高质量的多重包装保证了百威啤酒瓶不会裸露在外，避免啤酒口味因阳光的直射而被破坏，从而确保了百威啤酒的新鲜程度。这样，消费者品尝到的百威啤酒就和它出厂时的口感一样清澈、清醇、清爽。

此外，对所有为其生产易拉罐和啤酒瓶的供应商，百威都一律实行严格的资格审核，包括厂房及生产工艺技术、抽样检测产品，甚至于对每个原材料进行审核等。即使是在对方获准成为百威的供应商后，百威仍保持对他们实行严格的管理措施。优质的包装与卓越的品质紧密相连，体现了百威不懈进取、精益求精的企业精神。正是这种对每一个细节追求完美的工作态度，成就了百威在中国啤酒市场上的领先外资品牌地位。

◆本章小结

国际市场营销学的整体产品概念是广义的产品概念。它除了指具有特定物质形态和用途的物体之外，也包括了一切能满足购买者某种需求和利益的非物质形态的服务。一般来说，整体产品观念包括三个层次：核心产品、形式产品及延伸产品。产品从投入市场到最终退出市场的全过程，被称为产品的生命周期，该过程一般经历产品的导入期、成长期、成熟期和衰退期四个阶段。国际市场产品生命周期理论是对产品生命周期理论的发展和在国际市场上的运用。

国际产品的标准化策略是指企业向全世界不同国家或地区的所有市场都提供相同的产品。实施产品标准化策略的前提是市场全球化。国际产品的差异化策略是指企业向世界范围内不同国家和地区的市场提供不同的产品以适应不同国家或地区市场的特殊需求。在国际市场营销中，究竟应该采用标准化策略还是差异化策略，以及将策略应用到何种程度，取决于很多因素。

国际市场营销中的新产品是指产品整体概念中任何一部分的变革或创新，并给消费者带来新的利益、新的满足的产品。它具体可以包括全新产品、革新产品、改进型新产品、换代新产品等。国际新产品的开发战略可分为因应型和预应型两类。新产品设计开发过程分为八个阶段：构思产生、构思筛选、概念发展和测试、营销战略计划制订、商业分析、产品实体开发、市场试销和商业化。新产品的扩散速度和扩散程度与新产品本身的创新程度因素及消费因素相关。

品牌是一种名称、术语、标记、符号或图案设计，或者是这些因素的组合运用。产品品牌由品牌名称和品牌标志两个部分组成。国际市场品牌策略的选择包括：无品牌与商标策略、采用制造商或中间商品牌策略、统一品牌商标策略、个别品牌商标策略。对于出口到不同国家或地区的同一产品，企业往往还面临着是采取单一的国际品牌还是在不同国家或地区分别采用不同的品牌这两种策略的选择。国际市场产品包装设计是一项技术性和艺术性很强的工作。进入国际市场的产品包装要考虑各个国家和地区的储运条件、分销时间的长短、气候状况、消费偏好、销售条件、环境保护、风俗习惯、审美观、收入水平及各国的法律规定等因素。

◆ **关键词**

产品整体　标准化策略　差异化策略　国际市场产品生命周期　国际市场新产品的开发战略　国际市场产品的品牌策略　国际市场产品的包装策略

◆ **复习思考题**

1. 在国际市场上，企业如何进行产品标准化或差异化策略的选择？
2. 试述产品生命周期各阶段的特点，以及可供选择的营销策略。
3. 产品生命周期理论对企业的跨国市场营销有何指导意义？
4. 举例说明国际新产品开发中的因应型开发战略和预应型开发战略。
5. 为了使产品试销对路，企业可以从哪几个方面对产品进行改进？
6. 简述国际市场营销中不同的品牌策略，中间商品牌如何与国际品牌和本土品牌相竞争。

◆ **思考案例1**

"爱迪塞尔"——败笔之作

在历史上，福特汽车公司的业绩曾出现过巨大的起伏。在20世纪50年代末，福特汽车公司开发了一种新型车"爱迪塞尔"，其结果不仅未能如愿，而是一败涂地。然而，时隔5年之后，福特汽车公司生产的新型车"野马"却获得了惊人的成功。"爱迪塞尔"是福特汽车公司生产的一款中档车，1957年9月投入市场。通常美国汽车制造商都是在10月份才推出下一年度将上市的新车，福特汽车公司提前1个月推出"爱迪塞尔"，目的在于抢先引起顾客的关注，免得顾客在10月份的众多新车中挑花了眼。福特汽车公司为"爱迪塞尔"制定了一个目标：1958年达到3.3%～3.5%的汽车市场占有率，即如果美国汽车市场一年销售600万辆汽车，那么"爱迪塞尔"每年应售出20万辆左右。但是公司主管们认为这个估计过于保守，他们觉得这种新车的年销量肯定大大超过20万辆。为了"爱迪塞尔"的问世，福特汽车公司已经进行了长达10年的准备和研究。对于福特汽车公司而言，它太需要像"爱迪塞尔"这样的中档车了。下面我们来仔细看一看"爱迪塞尔"诞生的前后过程。

1. 产品创意

福特汽车公司推出"爱迪塞尔"这样的中档车的经营构想应该说是合理的。美国已经形成了一股中档车的潮流,如 Panliac、Oldsmobile、Buick、Dodge、Desolo、Mercury 等中档车以前仅占五分之一的市场份额,而到了 20 世纪 50 年代中期,其市场份额达到三分之一。经济指标预示:在 20 世纪 60 年代,低档车需求量将下降,中档车需求量将上升。按 1956 年不变价格计算,个人可支配收入从 1938 年的 1380 亿美元升至 1956 年的 2870 亿美元。据预测,1965 年将达到 4000 亿美元。而且,个人收入中用来购买轿车的比重也已从 1939 年的 3.5% 升至 1950 年中期的 5.5%~6.0%。显而易见,外部经济环境对像"爱迪塞尔"这样的中档车有利。

福特汽车公司在中档车领域实力一直偏弱。通用汽车公司有 Panliac、Buick、Oldsmobile 等中档车,克莱斯勒汽车公司有 Dodge、Desolo,而福特汽车公司仅有 Mercury,且产量十分有限。有研究显示,每年五分之一拥有旧低档车的人会将低档车换成中档车。当"雪佛莱"车主换车时,87% 的人选通用汽车公司 3 种中档车的一种。当"普利茅斯"车主换车时,47% 的人买克莱斯勒公司的 Dodge 和 Desolo。而当福特车主换车时,只有 26% 的人买福特公司产的 Mercury——福特汽车公司在这一价位上的唯一车型。福特汽车公司的经理们把这种现象称为"现代商业中最慈善的行为"。因为,福特车主的升级换代往往便宜了通用汽车公司。这种情况下,福特汽车公司引入"爱迪塞尔"看来是必要的了。

2. 市场调查

福特公司对"爱迪塞尔"的市场调查持续了整整 10 年。调查者认为应当生产出一种蓬勃向上、充满活力的新型车,这种新车的目标顾客是年轻的经理或白领职员,对新车进行的广告和促销活动应集中于这一主题:这种车显示了车主高尚的社会地位。这种车还应当有一个好名字,为此,调查者收集了近 2000 个名字,并派人在纽约、芝加哥、威罗朗、密歇根等大城市的街头向行人征询意见。后来,"爱迪塞尔"——亨利·福特独生子的名字——被提议为车名,但是亨利·福特的孙子们——福特二世、本森和威廉·克莱对以他们父亲的名字为车名不太满意。而且,"爱迪塞尔"与"柴油机"和"滞销"发音相近。但是,在董事会上,董事们最后还是选定"爱迪塞尔"作为新车的车名。

3. 产品设计

"爱迪塞尔"的设计始于 1954 年。为了能设计出一种与众不同而又十分美观的车形,设计者对现有的汽车做了广泛的研究,甚至跑到 10 层楼高的大楼顶上去观察在街道上行驶的汽车顶部的特征。市场调查者们也广泛征询了消费者的意见。各个设计组都拿出自己的方案,并制成模型,最终挑出一个令各方面都比较满意的方案。这个方案就是垂直的散热器、按键传动装置和豪华设施。一些经理把"爱迪塞尔"的垂直散热器比作 20 世纪 30 年代的古典车——"拉歇尔"和"波尔·阿罗"。按键传动也被喻为是当代科技点睛之笔:车盖、手刹、传动装置统统采用按键控制,甚至可以用一根牙签操纵汽车打开前后盖(这也是"爱迪塞尔"的销售人员向顾客炫耀该车的易操作性时的示范做法)。"爱迪塞尔"车型庞大,而且动力较大,高达 345 马力。设计者希望借此突出"爱迪塞尔"的运动气息或青春色彩,从而达到吸引年轻顾客的目的。

分销新型的"爱迪塞尔"并未通过福特汽车公司原有的销售网进行销售,而是专门为它重新建立了一个独立的总部和销售网。其销售网包括 1200 家经销商,而且大部分经销商只出售"爱迪塞尔"。公司决策者认为,为"爱迪塞尔"新建独立分销机构,虽然加大了固定成本,但这种对"爱迪塞尔"实施独立经营核算的做法可以刺激生产和销售的积极性。对"爱迪塞尔"经销商的选择也是经过深思熟虑的。经销商的声誉、设施、销售、管理能力、种族观念、竞争意识等都是严密考察的重要方面。"爱迪塞尔"的经销商分布于全国 60 个大城市。可以说,"爱迪塞尔"拥有位置最好的销售点。"爱迪塞尔"总部还为经销商配备了熟悉业务的助手,以便为购车顾客提供更好的服务。1957 年 7 月 22 日,"爱迪塞尔"第一个促销广告出场了。在《生活》杂志上,刊登了"爱迪塞尔"飞驰而过的模糊照片,并标注"最近公路上将有一些神秘轿车出没"。在以后的广告中,又刊登了带有覆盖物的"爱迪塞尔"的照片。直到 8 月底,"爱迪塞尔"才露出了它的真面目。在广告商的选择上,福特汽车公司也颇费了一番思量。它没有找以往的老代理商,而是选择了一些从来没有做过汽车广告的大型广告代理公司。整个广告平静而自信,尽力避免使用"新"字。因为根据策划,广告应尽量平淡,不能喧宾夺主。由此,也掩盖了新车本身的光芒。销售经理多尔还坚持认为:应对"爱迪塞尔"的外形采取严密的保密措施,以激发公众的好奇心。所以,"爱迪塞尔"的广告是在隔离环境下印制的,"爱迪塞尔"在运入各销售点时也带有覆盖物,甚至连新闻界也没有"爱迪塞尔"的照片。为推出"爱迪塞尔",福特汽车公司花费了 5000 万美元的广告费用。

4. 结局

经过精心策划,"爱迪塞尔"于 1957 年的 9 月 4 日正式面世。第一天,就收到了 6500 份订单。这是比较令人满意的,但也出现一些不太妙的兆头。一位同时经销"爱迪塞尔"和"别克"的经销商声称:有一些顾客看了"爱迪塞尔"后却当场买了"别克"。在以后的几天内,销量急剧下降。10 月份的前 10 天仅售出 2751 辆,平均每天不足 300 辆。而根据最低 20 万辆的年销售量估算,每天应售出 600~700 辆。在整个 1958 年,仅售出 34481 辆,还不到原计划的五分之一。1958 年 12 月又推出了"爱迪塞尔"第二代。新一代"爱迪塞尔"小一些、轻一些,马力也小一些,售价比第一代低 500~800 美元。这次情况稍好。不久以后,"爱迪塞尔"分部并入了"林肯-麦库里-爱迪塞尔"分部。1959 年 10 月中旬,"爱迪塞尔"第三代上市,但市场反应冷淡,终于在 1959 年 11 月 19 日,"爱迪塞尔"停产了,整个计划以失败而告终。在 1957 年至 1960 年间,福特汽车公司仅售出 109466 辆"爱迪塞尔",损失巨大。

在分析"爱迪塞尔"的失败原因时,有关人士指出:除产品和促销策略存在失误以外,该车投放市场的时机也有问题,正遇上 1958 年的经济萧条时期,中档车市场缩小,微型车走俏。

此外,该车的重要特点之一是马力特别大,能够吸引充满青春活力和喜爱运动的年轻人。但是国家为了保障驾车者的安全,制定了法律禁止在广告中宣传汽车马力,使该车的这一优点不能广为人知。

资料来源:蒋彬.企业经营管理经典案例分析[M].北京:时事出版社,1997.

问题:"爱迪塞尔"进入中档车市场为什么没有成功?你认为在当时的情况下,应如何做才能使"爱迪塞尔"获得成功?

◆思考案例 2

"野马"——起死回生之作

在"爱迪塞尔"停产后仅 4 年多,福特汽车公司于 1964 年 4 月 17 日又推出了"野马"。"野马"成为美国汽车工业史上最成功的新车型之一。"野马"问世时,美国汽车工业界在从 1954 年到 1964 年的 10 年间发生了重大变化。外国汽车从 1955 年开始大规模进入美国市场,这些节油的进口微型汽车悄悄地改变了美国汽车工业的格局。

许多美国著名汽车企业被迫压缩战线,终止了一些型号汽车的生产或被兼并甚至倒闭或尝试生产类似进口货的微型车。1960年,肯尼迪当选美国总统。他的成功被视为年轻一代的胜利,美国人更加推崇青春与朝气,认为这才是这个时代的特征。肯尼迪上台后面对的是停滞的经济,他决心采取增加可支配收入的减税政策来刺激美国经济的复苏。由于人们对美国经济的信心得到了恢复和增强,1962年美国汽车市场逐渐复苏起来。1963年,美国政府又下调了汽车消费税。1964年的经济状况更加令人乐观,可支配收入比1962年上升了35%,而且信用卡开始流行起来,这大大促进了汽车的销售。另一个好消息是,美国拥有两辆汽车的家庭正在增加,至1964年,这样的双车家庭将达到70万户。60年代初期,人们还认识到,汽车既是成熟的标志,又是显示成熟的方式。因此,年轻人对汽车有着天然的迷恋。汽车制造商和经销商们均意识到:15～24岁的年轻人正在组成一个生机勃勃且不断扩大的市场。人口调查表明,到1970年,美国20～24岁的人口将增加54%,而15～19岁的人口将增加41%。年轻人口的增长速度大大高于美国总人口的增长速度。此外,受肯尼迪总统带来的青春浪潮的影响,许多中老年人也被年轻人的兴趣及偏好所感染,他们积极地参加到年轻人的活动中去,如打高尔夫球、打网球,等等。福特汽车公司的市场调查还发现,越来越多的人开始购买洋溢着青春朝气的跑车。

汽车推销员出身的"野马"产品开发人员艾柯卡,对顾客的需求有着惊人的敏感。他立即建议福特汽车公司迅速迎合年轻人市场,开发具有运动型跑车外观的新车型。艾柯卡提出的标准是:新车的价格不仅让中等收入的人可以轻易负担,而且低收入的年轻人也可以承受。此外,这种新车还必须有后座和后备箱,借以满足小家庭的需要。如果有可能的话,这种新车还要力争成为准备购买第二辆汽车的家庭的首选车型。当年福特的"爱迪塞尔"的开发耗资为2亿美元,市场调查历时10年之久。而如今福特推出的这款新车只用了6500万美元的开发费用。这主要是因为这款新车在许多方面采取了"拿来主义",它是福特汽车公司许多成熟技术的混合体,例如,它的六缸发动机和传动装置就直接照搬Falcon型车。除了设计外形有一些开销外,这种新车最大的研发费用是用来设计悬架防震系统。为了提高新型车对顾客的吸引力,满足不同档次顾客的需求,艾柯卡特别为它准备了多种可选配置,从而使顾客尽可能地在基本车型上演变出更符合他的偏好的个性化来。仅传动器一项,顾客就可以有3种选择:自动挡、四挡、三挡。此外,行李架、方向助力系统、刹车碟、空调、转速表、时钟等也均为选配件。为了迅速抢占市场并吸引年轻人,这种新型车的基本配置型售价仅为2368美元。

为了确定新车的售价,福特汽车公司特地邀请来52对夫妇参观样车。当他们告诉这些夫妇新车售价为3500美元时,这些人给新车挑了一大堆毛病。但当他们改口说售价为2500美元时,顾客们则觉得该车风格独特,而且车厢空间宽敞舒适。福特汽车公司从上千个征名中选出小野马、美洲豹、美洲狮、雄驹、野马、猎豹等6个名字。最后,"野马"成为新型车的车名。这是美国空军在第二次世界大战中服役的著名战斗机的名字,艾柯卡认为它"给人带来天高地远的激情,而且是地地道道的美国味儿"。

1. 促销

为了推销"野马",福特汽车公司在电视和印刷传媒上做了铺天盖地的广告,力争在最短的时间内让"野马"的形象覆盖到美国的每一寸土地。家庭、妇女、年轻人都是"野马"瞄准的目标顾客群。1964年4月2日,距离"野马"正式登场尚有两周时间,福特汽车公司的广告战打响了。美国三大电视网同时出现了"野马"广告。在一个月内,三大电视网为"野马"播出了25个内容各异的广告节目,美国95%的家庭从电视中看到了"野马",每户平均收看了11

次。"野马"还在191份报纸上做了彩色广告,在2612家报纸上做了黑白广告。此外,《生活》《观察》《读者文摘》《周六晚邮》等20余家全美发行的大型杂志也刊登了"野马"的四彩页广告。在两个月内,"野马"广告在收音机中平均每周出现60~70次。福特汽车公司还与其他公司联手为"野马"摇旗呐喊,AMT玩具公司出售1美元一个的"野马"模型玩具;假日饭店下属的200多家旅店的大厅内陈列着"野马",该饭店的经理们都配备了一辆"野马";全美15个最繁忙的飞机场的候机大厅里也摆放着"野马",Sea&Ski眼镜公司推出了名叫"野马"的新式太阳镜;几家著名的百货商店用"野马"车作为货架来陈列商品;美国的"微笑小姐"大赛用"野马"作为奖品;1964年的500英里(1英里=1609.344米)汽车大奖赛指定"野马"为工作专用车……"野马"把美国搅得沸沸扬扬,一下子就上了《时代》和《新闻周刊》杂志的封面。

2. 结局

"野马"火了。1964年4月17日,福特的经销商们正式将"野马"介绍给顾客们。顾客的热烈反应令经销商们大喜过望,同时又措手不及。有一位经销商不得不紧锁展销室的大门,以防门外拥挤的顾客挤坏室内的设施。"野马"上市不足一周,就有400万位顾客光顾了经销商的展厅。福特汽车公司原来预计,"野马"第一年的销量为7.5万辆。但现在看来,第一年就可突破20万辆。于是,福特公司新建了第二条"野马"生产线,使该车的年产量达到36万辆。但这仍未能满足市场需求,第三条"野马"生产线又上马了。绝大多数购买"野马"的顾客都从长长的选购订单中按自己的喜好为"野马"车选配了附加装置,平均下来每位顾客在购买"野马"车时为选配件花费了1000美元。"野马"问世的头两年中,福特汽车公司从该车上赚取了11亿美元的利润。

资料来源:蒋彬.企业经营管理经典案例分析[M].北京:时事出版社,1997.

问题:

1. 与"爱迪塞尔"相比,"野马"有哪些突破?

2. 若分析"野马"车豪华配件的市场情况,你认为应考虑哪些因素?如何分析这些因素对顾客的影响?

◆应用训练

调研本地出口公司,请帮助该公司策划一个新产品国际市场营销方案。

第八章　国际市场价格策略

本章结构图

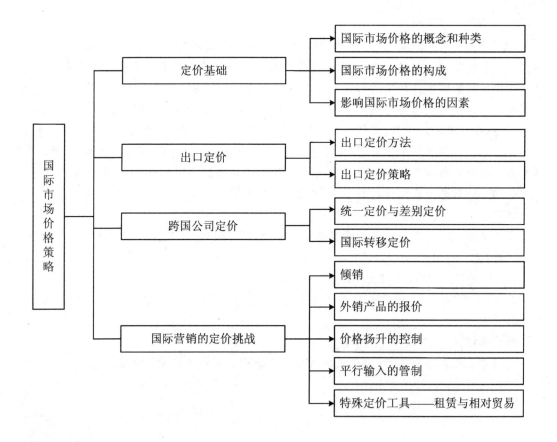

学习目标

通过本章学习,了解国际市场价格的构成;理解出口定价方法和策略;掌握跨国公司定价;熟悉和掌握国际营销的定价挑战。

导入案例

英国潘多拉(Pandora)特别产品公司是一家跨国公司。有关调查显示,这个公司在本国市场上所占有的市场份额低于正常情况。公司产品出厂销售量比在零售市场上的销售量高20%。但有个坏消息是,这个公司在美国成立不久的子公司经营状况不佳,并且没有好转的迹象。英国公司总经理杰克·汉尔登并没有发现这两件事之间的联系。他对英国公司的市场情况持乐观态度,因此认为销售经理查利·史密斯进行的市场调查出现了错误。但史密斯却认为,公司产品出厂数量与独立子公司的批发商批发后的零售量之间的差异必定事出有因。于是,开始在英国进行有关产品的样本抽查和更深入的研究。研究结果证实了他原来的观点——出厂销售量高于零售量。进一步对单个的公司来往账户的彻底调查发现,出厂量与零售量之间的不一致主要发生在几个大、中等批发商那里。公司管理层参观了这些公司,发现这些公司的库存并没有明显上升。

两个月后,汉尔登收到一封美国子公司总裁的密函,从而使真相初露端倪。在这封信中,美国子公司总裁告诉汉尔登,他偶然在一个美国批发商处发现了英国公司生产的潘多拉产品。这个批发商没有说明这批货的来源。汉尔登立刻请来史密斯就此事进行了商讨。史密斯认为,很有可能那批在英国市场上神秘消失的产品成了这个批发商的库存品。他告诉汉尔登,通过对美国市场上价格结构的仔细调查发现,即使扣除了从英国到美国的运费和各种税款,美国的零售商从英国进口,仍能以低于美国子公司15%～20%的价格进行销售,从而一部分潘多拉产品实际上通过非正规渠道进入了美国。他们一致认为,是美国子公司的价格策略造成了这种结果。美国子公司考虑到要支出大量的广告费和销售费用,为了能迅速收回成本,把产品价格定在了最高一档上。于是出现了一方面在英国的工厂生意兴隆,生产饱和,另一方面美国子公司却经营困难的现象。如果英国批发商要对美国出口,利用外汇汇率进行盈利,公司对此无计可施。如果美国子公司改变价格策略,降价销售,他花费的大量广告费以及促销活动变得毫无意义。换言之,英国公司就要考虑采取措施进行补救。

定价在企业营销组合策略中占有极为重要的地位。价格是营销组合中唯一能使企业增加收益的因素,而其他因素,如产品开发、包装改进、渠道培养和广告宣传等都将要支出费用。定价又是企业营销中最为敏感的决策。价格的高低不仅会直接影响企业的经济效益,而且也会直接影响竞争对手的市场行为,特别是在以买方市场为主的国际市场上,强手如林,竞争激烈,价格的作用就更为明显,企业的定价就必须更加谨慎。

第一节　定价基础

一、国际市场价格的概念和种类

(一) 概念

国际市场价格,亦称世界市场价格,是商品国际价值的货币表现,通常是指某种商品在国际市场上,一定时期内客观形成的具有代表性的实际成交价格。

(二) 种类

在国际市场上,有许多大宗商品(主要是初级产品)都已形成了具有一定代表性的国际市场价格。比如,以输出国为中心的集散地价格有:纽约交易所的棉花价格、芝加哥交易所的小麦和大豆价格、沙特阿拉伯的原油价格、新加坡的橡胶价格、加拿大的铝的出口价格、瑞士的木材出口价格等;以进口国为中心的集散地价格有:伦敦市场的有色金属价格、鹿特丹的桐油价格、伦敦市场的茶叶价格等。它们是国际市场中应用最广泛、成交额最大的主要价格形式,具有很大的代表性和参考性。实际成交价格可分为现货价格和期货价格两种。具体包括交易所价格、拍卖价格、开标价格、合同价格、协定价格等。

1. 交易所价格

交易所价格是通过公开的价格竞争所形成的,能够反映市场供求变动趋势的一种具有代表性的国际市场价格,是企业制定初级产品国际市场价格的主要依据。各类商品交易所是历史上形成的国际贸易中心,目前,在交易所进行交易的商品有50多种,其商品成交额占世界出口贸易额的15%～20%。一般在交易所经营的商品主要是品质单一、规格标准的工业原料、矿产品和农产品。交易所价格在一天之内有开盘价、最高价、最低价、收盘价之分,在进出口贸易中习惯按收盘价格成交。

2. 拍卖价格

拍卖是国际上出售商品的一种方式,拍卖价格一般是通过公开竞争形成的。世界性的产地拍卖市场有印度、东非的茶叶拍卖市场,澳大利亚的羊毛拍卖市场等;世界性的销地拍卖市场有伦敦的茶叶和猪鬃等拍卖市场。

3. 开标价格

开标价格是以招标方式进行交易的成交价格。某些国家或大企业在购进大批物资,或购进价值较高的商品和机械设备时,以及拟建某些大型工程时,往往以公告方式向世界承包商招标。由于参加投标者众多,竞争性强,因而使开标价格往往低于一般成交价格。

4. 协定价格

协定价格是政府间供应一定商品和劳务所签订的协定中确定的价格。一般情况下,由于协定中规定了特殊的交货条件和支付条件,因此,协定中所规定的价格不同于国际市场价格。如在洛美协定的食糖议定书中规定:18个发展中国家按固定数量向欧洲经济共同体出售食糖,其价格高于国际市场价格。

5. 合同价格

合同价格是根据交易双方签订的购销合同所确定的价格。由于交易方式和支付手段不同,合同价格和种类也不同。合同价格一般不对外公布,它可以反映一定条件下的市场供求情况,但还与具体的成交商品的质量优劣、成交额的大小、支付条件、买主与卖主间的业务关系等因素直接有关,即具体的成交价格高低通常与商品质量的好坏成正比,与成交额的大小、业务关系的长短成反比。

二、国际市场价格的构成

国际市场价格由生产成本、流通费用、利润和税金构成。但是,由于受国际商品或劳务的交换特点所决定,其构成相对要复杂一些。除包括国内市场价格的各个要素外,还包括国际间的运费、装卸费用及储存费用、保险费、关税、国外中间商的加成等。因此,流通费用、利润、税金这三个要素在价格构成中所占的比重远远大于生产成本。这是国际市场价格在构成方面的一个特点。

(一)生产成本

成本是国际市场价格的首要组成部分,而且是出口商品定价的最低数量界限。在一般情况下,商品的售价总是要收回其全部制造费用。这些费用包括全部固定费用和变动费用。由于许多商品的国际市场竞争异常激烈,因此,一些企业在国际市场定价中仅仅考虑销往海外市场产品的边际成本或称增量成本,运用可变成本定价,以利于在国际市场上进行最有潜力的竞争。但是,由于产品是不完全成本定价的,很可能受到倾销的指控,被征收反倾销税,使产品的竞争优势完全丧失。

(二)流通费用

由于国际市场营销中的买卖双方一般相距遥远,进出口货物自卖方所在地运交买方所在地时,往往需要经过长途运输和多次装卸及储存,其间需要办理运输工具、装货、卸货、货运保险、申请进口或出口许可证、报关纳税等手续,相应地需要支付运费、装卸费、仓储费、保险费、银行手续费及其他各项费用。因此,与国内销售相比,其各项费用的支出明显增加,流通费用所占的比重相应地要高一些。

(三)利润

一般消费品的国际销售往往需要经过出口中间商、进口中间商、国外批发商和零售商等多个流转环节,才能最终到达国外消费者手中。由于国际产品销售的时间长、环节多、风险大,因此,中间商的加成比重相对较大。此外,在国际市场上,各进口国分销渠道的长短与营销方式差异很大,中间商的加成没有统一标准,从而,使出口商品价格构成中中间商的毛利常常超过了制造商的毛利。

(四)税金

国际市场价格中的税金主要由关税及一般流转税组成。关税是一种特殊形式的税,是对从一国进入另一国的商品所征收的税收,其作用是为了保护本国市场或增加政府收入。关税的征收分从量税、从价税或混合税。从量税是对进口货物按实际单位量收税;从价税是对进口货物按其价值的一定百分比征税;混合税既包括从量税又包括从价税。一般流转税除了包括国内的增值税、消费税外,还包括出口商品在目标市场国缴纳的进货税、消费税、增值税、零售税、营业税等,这些税收使得商品价格大幅度提高。

总之,国际市场商品的最终价格虽然还是由生产成本、流通费用、利润、税金等要素构成的。但是,由于受运输距离远、分销渠道长、中间人活动范围大以税收和外汇变动等因素的影响,其价格远远高于国内价格,出现价格升级现象。在国际市场上,价格升级现象比比皆是,它是引起国际市场营销人员烦恼的主要定价障碍之一。

三、影响国际市场价格的因素

为商品制定一个既能为国外市场消费者接受,又符合公司利益的价格,其实并非易事。需要企业站在全球市场的角度,充分考虑各方面的影响因素,拟出一个具有竞争力、为各方所接受的适当价格。

(一)国际价值

根据马克思的劳动价值学说,商品的价值是由生产该商品所花费的社会平均必要劳动时间所决定的。当商品超出国家的地域范围,进入国际市场时,其价格的形成基础是国际价值。因为组成国际市场的各个国家的劳动生产率不同,由各国的社会必要劳动时间所形成的价值也就不同,有的高些,有的低些,在国际市场上,表现为国别价值。国别价值只能在本国范围内得到承认,如果商品进入国际市场,则国别价值就成为世界市场上的"个别价值"。只有把国别价值转化为国际价值,才能作为国际商品交换的尺度。由此可以看出,凡是进入国际市场上的商品,都要经过国内价值和国际价值的两次比较和衡量,都存在着两种价值尺度的矛盾。同时,某种商品的国际价格总是由出口量最大,从而在国际市场上起支配作用的国家(地区)的产品所决定。因此在国际市场营销活动中,发达国家总会处于优势,常常可以从国际商品交换中取得较多的经济利益。

国际价值是国际价格形成的基础,但具体于某一种商品,由于受多种因素的影响,国际价格并不直接是国际价值的货币表现,而是在供求规律的作用下,围绕国际价值上下波动,有时高于国际价值,有时低于国际价值,但不管它如何偏离价值,最终绝不会离开国际价值这个轴心,国际价格总和仍应等于国际价值总和。

(二) 汇率与货币价值

汇率是两种货币之间的兑换比价,也称汇价。在纸币流通的情况下,汇率取决于各国在同一时期实际购买力的对比和外汇供求关系。第二次世界大战以后,西方世界实行以美元为中心的固定汇率制,20世纪70年代由于石油危机等原因,美元宣布与黄金脱钩,世界固定汇率制崩溃,各国纷纷改为浮动汇率制。目前,各国一般都实行浮动汇率,即本国货币对外国货币的比价根据外汇市场上的供求关系自由波动。一般情况下,在外汇市场上,当一国货币供过于求时,汇率下浮;当供不应求时,汇率上浮。汇率波动幅度没有官方上下线的范围,但事实上,各国在一定程度上都会对外汇市场进行必要的干预活动。

货币贬值即降低本国货币对外国货币的汇价,从而使本国货币价值减少。一个国家的货币贬值,在一定时期内,可以使出口商品价格下降,进口商品价格上涨,从而起到扩大出口和限制进口的作用。当一国面临通货膨胀、物价上涨、外贸逆差剧增、国际收支恶化、黄金储备下降等困境时,往往会采取货币贬值的办法改善其国际收支状况。但是,应该看到,一个国家货币贬值,对于出口的作用是暂时的。因为,货币贬值使进口原料的价格上涨,使本国商品的生产成本上升,从而带动国内价格上涨,这不仅会削弱出口商品在国际市场上的竞争能力,而且影响国内市场价格的稳定,使货币贬值所带来的某些有利条件逐渐消失。所以,实行货币贬值的国家,在一定时期内可以扩大出口和改善国际收支,但其最终结果是加剧国内的通货膨胀,引起物价上涨。

货币升值即提高本国货币对外国货币的汇价,从而使本国货币价值增加。货币升值表明这种货币信用坚挺,该国国际收支状况良好,国内经济比较稳定。因此,货币升值可以提高该国的国际地位,使该国银行吸收到更多的存款。但是,货币升值也会带来一些不利的影响。一方面表现在,货币升值会使出口商品价格上升,进口商品价格下降,从而使进口增加,出口减少;另一方面,某国货币升值使该国的外汇储备和从国外汇回的资产在折算成本国货币时会相应减少,从而造成一定的损失。

外汇汇率的波动还使得区域性成本优势变得复杂化。通常汇率每年都会发生20%～40%的波动。这么大的波动可能会将一个国家的低成本优势完全抵消,也可能使原来成本很高的地方变成一个很有竞争力的地方。美国坚挺的美元使得美国公司在国外进行经营和运作更加具有吸引力。美元的贬值可能会抵消外国公司相对于美国制造商而拥有的大部分成本优势,甚至可能会促使外国的公司在美国设立生产工厂。

（三）供求和竞争

供求关系是决定和影响国际市场价格的又一基本因素。当国际市场上某种商品的供给小于需求时，价格就会呈上涨趋势，若供给大于需求时，价格就会呈下降趋势。而价格的上涨和下降，又反过来调节需求。在国际市场上，由供求关系所反映的国际生产和国际需求之间的矛盾运动，主要是通过市场上的竞争得以实现的。

在当代，由于国际市场竞争异常激烈，以及垄断、国家垄断和超国家经济组织的存在和发展，国际市场已经分化为四个领域并产生四类不同的国际市场价格：一是以跨国公司的国际经营为代表的国际垄断领域，形成了垄断价格与划拨价格；二是以国家与国家之间或国家与外国私营公司之间的长期合同和以国营对外贸易为代表的国家垄断调节领域，形成了国家垄断价格或管理价格；三是以进口和出口贸易的国际计划分配为原则的经互会成员组织的国际计划贸易领域，形成了国际计划价格；四是以现货市场和期货市场为代表的世界自由市场领域，形成了世界自由市场价格。除了世界市场激烈竞争状况以外，企业制定出口商品价格时，还应考虑具体目标市场国的竞争状况。

资料链接 8-1

Windows 98 在中国内地市场的垄断性价格

美国微软公司中文版 Windows 98 在中国内地开价 1998 元的背后就是垄断。因为，当时在中国 PC 市场基本上是 Windows 的天下，正版用户若要购买操作系统，除了 Windows 98，基本上没有别的选择，所以，微软才有恃无恐地规定了一个 Windows 98 的垄断性价格，意在趁中国内地软件市场初步成熟，正版用户需求量增大之机，不失时机地把钱赚足捞够。

众所周知，Windows 95 中文版在中国内地发行时，定价不到 1000 元，这和其他语言版本的 Windows 95 价格是差不多的。而 Windows 98 则截然不同。Windows 98 发行了 34 个语言版本，在美国 Windows 98 的售价是 109 美元，日本的售价折合人民币是 600~1200 元，都比中国内地低。微软中文版 Windows 98 歧视性高价的主要原因就是中国内地软件市场特有的竞争现状。

（四）价格管制因素

价格管制是影响国际市场价格的又一重要因素。来自国际市场上的价格管制主要有两个方面：一是目标市场国政府的管制；二是其他工商集团组织的管制。由于进入国际市场的各个国家，其经济发展水平、竞争能力、国内资源情况各不相同，许多国家的政府都需要在一定程度上对价格实行管制。其手段主要有规定毛利、规定限价、限制价格变动、利用市场调节、实行补贴、由政府集中控制及政府规定贸易形式等。此外，在国际市场营销领域，一些获得垄断地位的工商集团出于保护本集团利益的目的，总是要设法控制价格。其方法主要有定价协议、价格安排、共谋、共同利益集团利润联合体、专利权特许协议、卡特尔、贸易协会、领头定价、习惯定价等。由于各国法律对垄断的定义和限制方法并不一致，再加上历史等多种原因，形形色色的工商集团使用了各种不同的价格控制方法。它们对于价格控制的程度，取决于它们对市场的垄断程度。

许多国家普遍通过政府出台的法律政策来控制价格。当一个企业进行国际营销的时候，既要受到本国法律政策对价格的干预，又要受到外国政府对价格的干预。有些国家对所有产品实行价格控制,而有些国家只对个别产品实行价格控制。比如,法国曾经全面冻结产品价格;美国政府除对少数公共产业产品实行价格控制外,均实行市场价格;而日本仅对稻米的价格加以管制。实行价格管制的通常是必需品,如食品、日常用品、药品等。

政府出台法律条文对国际定价进行干预的形式多样,有些国家直接控制利润率,如阿根廷政府规定制药公司的标准利润率为11%。但政府对价格的管制主要表现在限定最高价格、最低价格,限制价格变动和国际价格协定。

1. 限定最高(最低)价格

作为出口企业,不可避免地要遇到各国政府的有关价格规定的限制,遵守政府对进口商品实行的最低限价和最高限价。为了防止进口商品在本国市场上低价倾销,许多国家都制定了反倾销的规定,要加收反倾销税。这样对出口企业的产品价格也会带来较大的影响,比如在欧盟市场上,中国企业生产的彩电和节能灯等产品就由于价格过低而受到反倾销制裁。

2. 限制价格变动

在通货膨胀条件下,为了控制物价上涨的幅度,政府通过制定相应的法规来限制产品价格上涨的幅度与频率。

3. 国际价格协定

即使目标国政府对价格的干预很小,但企业仍可能面临着如何对付国际价格协定的问题。国际价格协定是同行业各企业之间为了避免恶性竞争,尤其是竞相减价而达成的价格协议。这种协议有些是在政府支持下,由同一行业中的企业共同达成的;有些则是由政府直接出面,通过国际会议达成的多国协议。企业必须注意目标市场的价格协议,同时关注各国的公平交易法(或反不正当竞争法)对价格协定的影响。

总之,由于影响国际市场价格的因素复杂多样,既有经济的,又有政治的,而且变动频繁,难以及时准确地进行调查、分析和预测。因此,国际市场定价成为各国国际经营企业面对的最复杂的决策问题之一。

第二节 出口定价

一、出口定价方法

由于各个企业在国际市场上的定价目标不同,因此所采用的定价方法也就不相同。国际市场与国内市场性质不同,价格的构成也不同,而且影响价格的因素更复杂。在国际市场上主要采取成本导向定价法、需求导向定价法和竞争导向定价法这三种基本的定价方法。

(一)成本导向定价法

成本导向定价法是以产品的成本为着重考虑因素的定价方法。成本分为生产成本(包括固定成本和变动成本)和经营成本(包括销售费用、管理费用、运费和关税等)。具体有以下几种方法:

1. 成本加成定价法

成本加成定价法是指在单位产品总成本的基础上加上一定利润的定价方法。其计算公

式为

$$单位产品价格＝单位产品总成本\times(1＋加成率)$$

成本加成定价法在国际市场上得到广泛的应用。运用该方法的关键是合理确定产品的加成率,因为在成本一定的情况下,加成率的高低会直接影响产品价格。在不同的国家或地区,不同的商品种类或项目,或者不同类型的厂家或经销商,产品的加成率会有很大的区别,从而影响产品在市场上的最终售价。

成本加成定价法是最简单的一种定价方法,其优点是:① 计算方法简单,透明度高。顾客和物价部门可以了解企业的利润率制定在多高的水平。② 对买卖双方都比较公平合理。卖方可以保证合理的利润,买方也不会因此付出高价。③ 可缓和同行业竞争。如果同行业中所有企业都采用这种定价方法,则价格在成本和加成率相似的情况下,可以缓和同行业之间的竞争。其缺点是忽视了市场需求和竞争,而且一味地定低价还会影响产品和企业的形象。我国企业在运用该方法的时候,要考虑到由于我国劳动力成本比较低而导致的产品价格低,有可能在国际市场上被其他国家误以为有倾销倾向。成本加成定价法主要适用于对国际市场的需求或竞争不了解的企业。

2. 目标利润定价法

目标利润定价法是指根据企业的总成本和计划的总销售量,加上按投资收益率制定的目标利润率来制定产品价格。其计算公式为

$$单位产品价格＝(总成本＋目标利润)/计划销售量$$

目标利润定价法有利于加强企业管理的计划性,可较好地实现企业投资计划。其缺点是根据计划销售量计算的价格,如果不合适将会影响预期的销售目标。因此必须准确估计价格和预期销售量的关系,以避免价格制定后因销售量达不到预期目标而陷入被动。

3. 边际成本定价法

边际成本定价法是指企业在定价时考虑产品的变动成本,不考虑产品的固定成本。只要产品的价格定得高于变动成本,企业就可以获得对固定成本的边际贡献。这种定价方法一般是在市场竞争激烈时使用,即使产品要降价销售,只要售价不低于变动成本,企业的边际贡献就大于零,企业就有利可图,此时产品的最低价格是变动成本。

在国际市场上,一般在两种情况下采用此法:一是先利用此方法迅速打开其他国家的市场,待站稳脚跟之后,再逐步提高价格,争取更大的收益;二是当企业面临开拓市场增加销售的机会时,充分利用剩余生产能力,采用边际成本定价法。边际成本定价法由于价格比正常价格低很多,所以可以增强企业的价格竞争能力。但是仅仅考虑变动成本,不考虑固定成本,只能是短期行为,而不可以作为长期的定价方法。

4. 盈亏平衡定价法

盈亏平衡定价法是指在知道固定成本和变动成本的前提下,先确定企业的盈亏平衡点,再根据盈亏平衡所达到的销售量来确定产品的价格,也就是产品的保本价格。其计算公式为

$$保本价格＝固定成本\div盈亏平衡点销售量＋单位变动成本$$

这种方法的主要特点就是使企业能做到不赔不赚、保本经营,主要适用于企业经营不利,已经不能获得利润,但又不想赔本经营的情况。同时这是一种短期的定价方法,不适合长期使用。

(二)需求导向定价法

需求导向定价法是指企业根据国外市场对产品的需求强度和消费者对产品价值的理解来制定产品价格,即以消费者可以接受的价格而不是产品的成本来制定产品的价格。这并不是说就不考虑产品的成本了,如果产品价格连成本都不能弥补,企业也就没有利润。一般来讲,这种定价方法的主要步骤是先了解目标顾客对企业产品的理解价值和需求程度,了解他们可以接受的价格水平,然后再从消费者可以接受的价格中除去中间商毛利、关税、运费等费用推算出产品的 FOB 价。假设企业产品在国际市场上的可接受价格是 40 美元,从中扣除国外零售、批发商的加成,再扣除关税、运费、保险费等,就可以确定该产品的 FOB 价了。

根据倒推出的 FOB 价,企业就可以对出口机会进行评估了。若 FOB 价高于这一产品在国内的售价,则企业就可以进行出口活动;若 FOB 价低于国内售价,企业还要对其他一些因素进行综合分析,再决定是否出口。

测定国外市场上目标顾客对产品价值的理解程度和需求程度,评估对于消费者而言可以接受的价格,常采用理解价值定价法,即根据产品在消费者心目中的价值来确定产品售价。顾客对产品价值的感受主要不是由产品的成本所决定的,所以企业可以运用各种营销手段,影响国外消费者对企业产品的认知,使之形成对企业有利的价值观念。

需求导向定价法可以根据消费者的心理生产出适销对路的产品,而不是盲目生产。但是在使用该定价法时,在倒推的过程中,中间商的毛利率不好估算,特别是在国际市场上,变化因素太多。

(三)竞争导向定价法

企业定价不仅要考虑成本、顾客需求等因素,还要考虑市场上的竞争状况。竞争导向定价法就是根据国际市场上竞争对手的产品价格来确定自己产品的价格。其特点是,即使成本和需求发生了变化,只要竞争对手的产品价格不发生变化,企业的产品价格也不会改变。竞争导向定价法主要有两种类型。

1. 随行就市定价法

随行就市定价法是指企业按照本行业在某个目标国市场上的价格水平来定价。随行就市定价法主要适用于以下四种情况:第一,企业在某一时期某市场上的主要目标是击退竞争对手,使价格等于或低于竞争对手,并且会随着竞争对手价格的变化而变化。如果在这种情况下,容易形成打价格战的局面。第二,企业在某一时期某市场上为了避免竞争而定价,主要是针对中小企业而言的。因为中小企业还不具有实力与居市场领导地位或垄断地位的大企业展开直接的价格战,因此通常会追随大企业的定价。同时,在大企业之间为了避免竞争而导致两败俱伤,也会采用此方法来维护行业的共同利益。第三,企业刚刚进入某个市场,对市场上的需求和渠道因素不了解,此时最好的办法就是模仿竞争对手的价格,并且也容易被消费者所接受,待对市场有所了解后再调整价格。第四,在类似于完全竞争的市场上,产品提供者数目众多且成本相差很小,宜根据当前市场流行的价格定价。比如,某些大宗商品如小麦、咖啡、煤炭等,这些产品基本是标准化的产品,它们的国际价格是经过多次交易而达成的,企业只要随行就市就可以了,没有必要再考虑自己应该定在多高的水平。

2. 密封投标定价法

密封投标定价法是指企业在国际市场上投标定价时,主要根据竞争者的可能报价来确定自己的报价。一般密封投标定价并不直接以成本或需求为依据,但是企业一般定价也不会低于边际成本,以保证适当的利益。密封投标定价的做法是:买方公开招标,卖方按照规定的要求在规定的时间之内密封投标,最后买方根据众多卖方投标的价格选择最优者与之签约。这种定价方法最关键的就是能够估计竞争者的可能报价。这种定价方法主要适合于建筑工程的承包、大型机器设备的购买等。

对于企业而言采取何种定价方法,主要由其定价目标和所处的环境来决定。不论采取哪种定价方法,只要可以达到自己的定价目标,可以说就是一个好方法。同时要注意有一些目标和定价方法是短期的,对于一个想长期在国际市场上经营的企业来说,要加以灵活的变换。

二、出口定价策略

(一) 新产品定价策略

新产品定价是企业定价决策的一个难点,与一般产品的定价有很大的不同。与其他同类产品相比,新产品具有技术竞争优势和竞争程度低的优点,但同时又存在不被消费者认同和成本高的缺点。因此,新产品定价的目标有双层性:一是尽快收回成本,获取最大利润;二是让消费者尽快接受新产品,迅速占领市场。

1. 撇脂定价策略

这是一种高价格策略,即在新产品上市初始,价格定得高,以便在较短时间内获得最大利润。这种价格策略因与从牛奶中撇取油脂相似而得名。撇脂定价策略不仅能在短期内取得较大利润,而且可以在竞争加剧时采取降价手段,这样一方面可以限制竞争者的加入,另一方面也符合消费者对待价格由高到低的心理。但是使用此法由于价格大大高于产品价值,当新产品尚未在消费者心目中建立声誉时,不利于打开市场,有时甚至无人问津。同时,如果高价投放形成旺销,很容易引起众多竞争者涌入,从而造成价格急降,使经营者好景不长而被迫停产。

因此作为一种短期的价格策略,撇脂定价策略适用于具有生产技术独特、不易仿制、有专利保护、生产能力不太可能迅速扩大等特点的新产品,同时市场上要存在高消费或时尚性需求。

2. 渗透定价策略

这是一种低价格策略,即在新产品投入市场时,以较低的价格吸引消费者,从而很快打开市场。这种价格策略就像倒入泥土的水一样,从缝隙里很快渗透到底,由此而制定的价格叫作渗透价格。

渗透定价策略由于制定的价格较低,一方面能迅速打开产品销路,扩大销售量,从多销中增加利润;另一方面能阻止竞争对手介入,有利于控制市场。其不足之处是投资回收期较长,如果产品不能迅速打开市场,或遇到强有力的竞争对手,会使企业产生重大损失。

因此作为一种长期价格策略,一般来说渗透定价策略适用于能尽快大批量生产、特点不突出、易仿制、技术简单的新产品。

3. 满意价格策略

这是一种折中价格策略,它吸取撇脂定价策略和渗透定价策略的长处,采取比撇脂价格低、比渗透价格高的适中价格,既能保证企业获得一定的初期利润,又能为消费者所接受,由此而制定的价格被称为满意价格,也称为"温和价格"或"君子价格"。

(二)差价策略

这是相同的产品以不同价格出售的策略,目的是通过形成数个局部市场以扩大销售,增加利润。

1. 地理差价策略

地理差价策略即企业以不同的价格策略在不同地区营销同一种产品,以形成同一产品在不同空间的横向价格策略组合。产生差价的原因不仅是因为运输和中转费用的差别,而且由于不同地区的市场具有不同的爱好和习惯,具有不相同的需求曲线和需求弹性。明显的例子就是沿海市场与内地市场的价格,国内市场与国外市场的价格。像大城市著名酒店中对饮料的需求呈现的强度高于小城镇的街边小餐馆,那么即使是同种饮料,前者的价格也要明显高于后者。

2. 时间差价策略

时间差价策略即对相同的产品,按需求的时间不同而制定不同的价格,在时间需求的紧迫性差别很大时采用。例如,夜间实行廉价的长途电话费,产品在淡季廉价出售等。采用此种策略能鼓励中间商和消费者增加购货量及仓储费用和加速资金周转,从而保证企业处于竞争的最佳地位。

3. 用途差价策略

用途差价策略即根据产品的不同用途制定有差别的价格。实行这种策略的目的是通过增加产品的新用途来开拓市场,如粮食用作制作食品和用作制作饲料,其价格不同;食用盐加入适当混合物后成为海味盐、调味盐、牲畜用盐、工业用盐等以不同的价格出售。另外标有某种纪念符号的产品,往往会产生比其他具有同样使用价值的产品更为强烈的需求,价格也要相应调高,如奥运会期间,标有会徽或吉祥物的产品的价格,比其他未做标记的同类产品价格要高出许多。

4. 质量差价策略

高质量的产品,包含着较多的社会必要劳动量,应该实行优质优价。当然这个价格差要使消费者接受,并非一件简单的事情。在现实的市场营销中,必须使产品的高质量为广大消费者所承认,使产品成为一种被消费者偏爱的名牌产品,才能产生质量差价。因此,质量差价策略必须依靠其他营销因素的配合才能实现。对于尚未建立起声誉的高质量产品,不应急于和竞争者拉开过大的差价,而应以促销等多方面努力争取创立优秀品牌的产品形象;对于已经创名牌的优质产品,则可以较大的差价提高产品身价,吸引那部分喜爱名牌产品的消费者。

(三)折扣价格策略

这是一种在交易过程中把一部分利润转让给购买者,以此来争取更多顾客的价格策略。

1. 现金折扣

现金折扣也称付款期限折扣,即对现款交易或按期付款的顾客给予价格折扣,买方如果在卖方规定的付款期以前若干天内付款,卖方就会给予一定的折扣,目的是鼓励买方提前付款,以尽快收回货款,加速资金周转,如美国许多企业规定提前10天付款者,给予2%的折扣;提前20天付款者,给予3%的折扣。

2. 数量折扣

数量折扣是指卖方为了鼓励买方大量购买,或集中购买其产品,根据购买者所购买的数量给予一定的折扣。

(1) 累计数量折扣。即规定在一定时期内,购买总数超过一定数额时,按总量给予一定的折扣,如某一客户在一年中累计进货超过1000件,每次购货时按基本价格结算货款,到年终,营销企业按全部价款的5%返还给该客户。采用这种策略有利于鼓励顾客集中向一个企业多次进货,从而使其成为企业的长期客户。

(2) 非累计数量折扣。即规定顾客每次购买达到一定数量或购买多种产品达到一定的金额时所给予的价格折扣,如根据每次交易的成交量,按不同的价格折扣销售,购买100件以上按基本价格的95%结款,购买500件以上按价格的90%结款,购买1000件以上按价格的80%结款。采用这种策略能刺激顾客大量购买,增加盈利,同时减少交易次数,节约人力、物力等开支。

3. 业务折扣

业务折扣也称功能性折扣,即厂商根据各类中间商在市场营销中所担负的不同职能,给予不同的价格折扣,如给批发商的折扣较大,给零售商的折扣较小,使批发商乐于大批进货,并有可能进行批发业务。使用业务折扣的目的在于刺激各类中间商充分发挥各自组织市场营销活动的能力。

(四) 心理定价策略

这是运用心理学原理,根据不同类型的顾客购买商品的心理动机来制定价格,引导消费者购买的价格策略。

1. 尾数定价策略

尾数定价策略也称非整数定价策略,即给产品定一个以零头数结尾的非整数价格。消费者一般认为整数定价是概括性定价,定价不准确,而尾数定价可使消费者产生减少一位数的看法,产生这是经过精确计算的最低价格的心理。同时,消费者会觉得企业定价认真,一丝不苟。

一般来说,产品价格在5元以下的,末位数是9的定价最受欢迎;产品价格在5元以上的,末位数是95的定价最受欢迎;产品价格在100元以上的,末位数是98、99的定价最受欢迎。当然,尾数定价策略对那些名牌商店、名牌优质产品就不一定适宜。

2. 整数定价策略

整数定价策略即企业在定价时,采用合零凑数的方法制定整数价格,这也是针对消费者心理状态而采取的定价策略,如把一套西装的价格定在500元而非499元。因为现代商品太复杂,许多交易中,消费者只能利用价格辨别商品的质量,特别是对一些名店、名牌商品或消费者不太了解的商品,整数价格反而会提高商品的"身价",使消费者有一种"一分钱、一分货"的感觉,从而利于商品的销售。

3. 声望定价策略

声望定价策略即针对消费者"价高质必优"的心理,对在消费者心目中有信誉的产品制定较高价格。价格档次常被当作商品质量最直观的反映,特别是消费者识别名优产品时,这种心理意识尤为强烈。因此,高价与性能优良、独具特色的名牌产品比较协调,更易显示产品特色,增强产品吸引力,产生扩大销售的积极效果。当然,运用这种策略必须慎重,这种策略绝不是一般商品可采用的。

4. 招徕定价策略

商品定价低于一般市价,消费者总是感兴趣的,这是一种"求廉"心理。有的企业就利用消费者这种心理,有意把几种商品的价格定得很低,以此吸引顾客上门,借机扩大连带销售,打开销路。

采用这种策略,光从几种"特价品"的销售看企业不赚钱,甚至亏本,但从企业总的经济效益看还是有利的。

综上所述,市场上具体的价格策略是变化多端的,最易使人"捉摸不定",企业必须十分重视价格手段的应用。但也应该指出,企业在制定价格时要注意与其他非价格竞争手段的协调配合。单纯的价格竞争可能引发企业间的价格战,使企业形象受损,而且对于现实中市场营销活动来说,价格本身仅是吸引顾客的因素之一,过分夸大价格的作用也是片面的。

第三节　跨国公司定价

随着经济全球化的发展,跨国公司成为国际市场上的核心力量。对于跨国公司而言,如何制定价格策略不仅关系到某国个别市场,更关系到公司的全球布局与发展战略,是适应全球市场环境以及应对全球竞争的重要因素。

一、统一定价与差别定价

跨国公司的价格制定,要考虑价格制定的主体以及价格的统一化还是差别化问题。

(一) 定价的主体

许多规模较大的企业在国际营销的价格管理方面,面临这样一个问题:由总公司统一制定商品在世界各地的价格,还是由在各国的子公司独立地定价?对这个问题的回答有三种:其一是由公司总部定价;其二是由子公司单独定价;其三是由公司总部与子公司共同定价。由于各国的生产、市场和竞争等条件都有所不同,因此,由总公司为各国的子公司统一定价的情况并不多见。比较常见的方法是由总公司和子公司联合定价,其具体做法是:由总公司确定一个基价和浮动幅度,子公司可以根据所在国的具体情况,在总公司规定的浮动范围以内,灵活地制定本地区的商品价格。这样,既能使总公司对子公司的定价保持一定的控制,又能使子公司有一定的自主权,使价格适应当地市场的具体情况。

（二）全球统一价格与国别差异价格

许多跨国公司在国际市场营销活动中,在价格方面常常会遇到这样一个问题:究竟同一种产品的价格应该在世界各国市场上保持一致,还是针对各国的不同情况,分别制定不同的价格? 从众多企业的营销实践上看,大多数都采用差别定价决策。因为受历史、文化、经济发展水平、国内资源、政府政策等因素的影响,各国的生产成本、竞争价格、分销渠道及其分销成本、产品生命周期以及税收等都不一样,企业应根据这些方面的差别制定不同的价格。但是,也有少数企业认为,在国际市场上保持统一的价格,有利于公司和产品在各国市场上形成一致的形象,而且统一的市场定价策略有利于节约营销成本,同时便于公司总部对整个营销活动的控制。可见,不同的企业有不同的选择。

二、国际转移定价

随着经济全球化,跨国公司不断增加,公司内部不同部门之间的定价就成了一个突出的问题,因此转移定价也成为跨国公司销定价的主要组成部分。

（一）转移定价的概念及其产生

国际转移定价是指在跨国公司根据全球营销目标在母公司与子公司之间,或者在不同子公司之间转移商品、劳务或技术交易时所采用的内部交易价格。第二次世界大战后,发达国家企业兼并和联合迅速发展,公司规模越来越大。同时,对外投资增长很快,跨国公司大量涌现。在这种情况下,公司之间的分工转向公司内的分工,形成了大规模的公司内部贸易。据估计,现在国际贸易中还有1/3属于跨国公司内部贸易,转移定价也就应运而生了。

转移价格不受市场机制的调节,而是根据跨国公司的全球战略目标和谋求最大利润为目的。它主要取决于以下一些影响因素:东道国的所得税税率;母国的所得税税率;东道国的关税税率;东道国对外汇的控制状况;东道国对企业利润汇出的具体规定;母国的贸易政策;母国总公司的信用情况;东道国子公司的信用状况;东道国对外资企业的政策;总公司的市场营销战略等。

转移定价的形成与作用机制与市场价格有显著不同的特点。国际转移价格是跨国公司内部的交易价格,它不受市场竞争价格的影响,而是为了达到跨国公司的总目标,由母公司制定的价格策略。转移定价具有如下特点:一是秘密性,转移定价是由公司的高层管理者制定的,只有少数的管理者知道,只是反映账面的销售价格,政府部门很难知道价格形成的实际情况。二是计划性,由于转移定价是国际企业根据该公司的总目标制定的,所以国际企业的转移定价是有一定的依据的,具有高度的计划性。三是广泛性,国际企业的转移定价运用范围广泛,不仅涉及有形产品,比如原材料、产成品等,还包括无形产品,如技术使用费等。

（二）转移定价的目的

由于跨国公司内部管理日益分散化,转移定价成为公司实行全球利益最大化的重要调节机制。其希望达到的目的有如下几种:

1. 减少税负

通过转移定价,跨国公司可以设法降低在高税率国家的纳税基数,增加在低税率国家的纳税基数,从而达到减少跨国公司的整体税负的目的。国际营销中所涉及的税收主要包括所得税和关税。

从所得税的角度分析,各国税率相差很悬殊。如果某国征收的所得税很高,跨国公司就会通过转移定价人为抬高该国子公司的账面成本和费用,降低其利润,从而将该国子公司的一部分利润转移至所得税低的国家。如在投资方面,可以通过抬高作为投资的进口机器设备、零部件等的价格;抬高作为投资或转让的公司无形资产的价格;抬高租赁公司有形财产的租金等方法,人为增加该国子公司当期资产折旧或摊销费用。在产销方面或者以高价向该子公司提供进口原材料,以低价收购其出口产品,以降低公司账面利润。通过以上方法,将子公司的一部分利润转移至境外,从而达到少缴所得税的目的。世界上有一些以低税率闻名的"避税天堂",如巴拿马、巴哈马群岛、列支敦士登。很多大型跨国公司会在这些"避税天堂"设置子公司,当国外子公司之间进行贸易时,跨国公司先将货物以低价售给"避税地"的子公司,只是通过转移定价的形式在公司之间进行转账,这样便可以达到减轻税负的目的。

从关税的角度分析,跨国公司同样可以利用转移定价减少税负。关税多为从价计征的,企业制定较低的转移价格可以减少应纳的关税。如跨国公司的母子公司只要以较低的转移价格向高关税的国家出售货物,就可以降低从价进口关税。另一途径是利用区域性关税同盟或有关协定的规定。例如,欧洲自由贸易区规定,如果商品是在自由贸易区以外生产的,由一贸易成员组织运往另一成员组织时,要缴纳关税。但是如果该商品的价格一半以上是在自由贸易区内增值的,那么产品在区内各成员组织运销时可以免缴关税。不过,只有在征收从价税和混合税条件下转移定价才具备这样的功能。当国外子公司出售产品给关联企业时,可以采用偏低的价格发货,从而减少公司的纳税基数和纳税额。

值得注意的是,减少关税和所得税有时是互相矛盾的。例如,如果进口国所得税率比出口国高,企业需要提高价格以减少所得税。但这样做的结果会增加关税税额。这时公司就要从全局的角度出发,根据各种税率进行计算、比较和分析,最后制定出使公司整体利益最大化的转移价格。

2. 获取利润

跨国公司为了整体目标和某些特殊目标,会利用转移定价对内部各成员企业的利润进行统一调整和分配。如跨国公司为了维持自己的子公司,使其在竞争中具有较高的信誉或争取贷款,往往利用转移定价使这家子公司在进行内部交易时高价出货、低价进货,从而显示出较高的利润率。

跨国公司的子公司大多是和目标市场国目的企业共同投资兴办的。如果子公司显示出很高的利润率,目标国的合资者就会要求增加分红,所以跨国公司通过转移定价将合资子公司的利润转移出去,从而减少分红和纳税,将更多的利润留在跨国公司内部。但是这样做损害了合作伙伴的利益,因而日益受到各国政府的关注与限制。

3. 规避风险

跨国公司在国外从事生产经营,面临各种各样的风险。如政治风险、经济风险、外汇风险及通货膨胀风险等。为了逃避这些风险,跨国公司可以利用转移定价将资金转移出去,使其将可能遭受的损失降到最低的限度。

(1) 政治风险。当子公司遇到政治风险时,跨国公司可将易被充公、没收的物资以低价转移到国外,或以高价购买其他子公司货物,将资金以货款形式转移出去,减少被征用或没收的损失。

(2) 汇率风险。跨国公司的子公司设在各个国家,而汇率又是在不断地浮动,无疑给跨国公司带来了不稳定性和风险。当子公司所在国货币贬值时,母公司可以通过高价向该子公司出售产品和劳务,或者低价买进该子公司的产品和劳务;还可以要求子公司提前支付各种费用和贷款来减少货币贬值带来的损失。但是在实际操作中难度比较大,因为它是建立在准确的货币汇率波动方向和幅度预测基础上的。若预测不准,会带来负面影响。

(3) 通货膨胀风险。若目标国出现通货膨胀,则跨国公司可以高价向在该目标国的子公司出售产品和劳务,或低价买进该子公司的产品和劳务,将子公司的资金和利润转移出去,减少通货膨胀带来的损失。

(4) 外汇管制风险。一些国家对外汇进行管制,限制外商将利润汇出或对汇出的利润征税。跨国公司可以提高向子公司出售的产品或劳务价格。

4. 对付价格控制

当东道国认为跨国公司的产品或劳务是以低于其成本的价格进行"倾销"时,公司可以尽量降低原材料、零部件的供应价,减少其成本,使其较低的价格成为"合理"的价格,从而逃避东道国的限制和监督。当东道国认为跨国公司的产品或劳务价格太高,利润过多时,公司对海外子公司尽可能提高原材料、零部件的供应价格,增加其成本,使较高的价格成为"合理"的价格,这样也有效地避免了东道国的限制和监督。

5. 提高子公司的竞争力

跨国公司从全局利益出发,可能会认为某个子公司所在的市场潜力很大或很有前途,扩大公司产品在该市场的占有率,对整个公司的长远利益大有裨益。因此,母公司或其他市场的子公司就会以低价向子公司提供所需的原材料及服务,使该子公司能够保持较低的成本,以低价击败竞争对手,并使该公司显示出较好的经营状况,从而有利于子公司扩大市场份额,树立较好的财务形象,在市场竞争中处于有利的地位。

6. 减轻配额限制的影响

在国际市场上,配额是常见的非关税壁垒。如果配额是针对产品数量,而不是产品金额,跨国公司可利用转移定价在一定程度上减轻限制。出口国子公司降低转移价格,而进口国配额一定,其结果等于不增加配额就扩大了进口国子公司实物的进口量,达到了扩大销售的目的。

(三) 转移定价的表现形式

转移定价采取的手段是多种多样的。其中既有有形货物的转移,也有无形资产的转让;支付方式上既包括贸易性支付,也包括非贸易性支付。具体方法有如下几种:

1. 货物价格

包括生产过程中的原材料、零部件、中间产品、制成品和机器设备。公司通过使用货物转移价格高于或低于正常市场价格,实现利润的转移,资金的流动。

2. 劳务费用

在跨国公司体系中,各公司之间可以通过提供服务,收取高额或低额服务费来实现转移价格。劳务费用有技术性和管理性劳务费两种。由于劳务费用具有不可比性,很难掌握其真实价格,所以跨国公司可以在这方面大做文章,灵活性较大。

3. 贷款利息

在母公司对子公司进行投资的过程中,贷款较之参股具有更大灵活性。因为子公司用股息形式偿还母公司的投资,在纳税时不能作为费用扣除,但支付的利息则可以作为费用扣除,而且母公司还可以根据整个公司情况制定利息率的大小。例如,为增强子公司产品的竞争能力,可以不收或少收利息,使子公司减少费用。反之,为了造成子公司亏损的局面,达到在东道国少缴税的目的,则按较高利率收取利息。当然,母公司对子公司的放款不是无限制的,要受到各国规定的公司债务产权比的制约。

4. 租赁费

随着租赁活动的发展,某些长期需要工业、商业或科学设备的企业发现利用租赁而不是购置这些设备具有许多好处,因为这样免去了筹资的负担,风险小,而且租赁费可以作为转移定价的一种形式,如利用很低的租赁费在跨国公司内部将一个公司的资产堂而皇之地转移给另一个公司,实现其经营的目的。

(四)转移价格的防范

跨国公司大量使用转移价格,给母国和东道国带来不少损失。对母国来说,这种损失主要是税收的减少,而对东道国来说损失更大,还涉及国际收支、外汇流出等诸多方面。较为突出的例子是哥伦比亚政府1972年对外国子公司调查结果显示:子公司从母公司进口的产品价格普遍高于国际市场价格,其中药物高150%,化工品高25%,电器高51%。被调查的所有外国企业从转移价格中所获的额外收入相当于它们公布利润的24倍,单药品一项造成的经济损失就相当于哥伦比亚所有工业技术部门付出的专利使用费的总和。类似情况同样发生于其他发达国家与发展中国家。针对上述情况,各国纷纷加强研究,采取对策,一般对策分为两方面,一是母国采取的,一是东道国采取的。我国目前主要作为跨国公司的东道国,应着重探讨东道国防范转移价格的对策,以期对我国有所启示。

1. 直接管制

直接管制是为了寻找一种市场价格或与之相近的价格代替转让定价,从而对其内部转移价进行监督和管理。

(1) 运用"比较定价"措施。定价是将同一行业中某项产品一系列的交易价格和利润率进行比较,如果发现某一跨国公司子公司的进口价格过高或出口价格过低,不能达到该行业的平均利润率时,税收部门可按"正常价格"(亦称"公平价格",即以正常交易价格或卖给无关顾客同样商品的价格)进行营业补税。

(2) 加强海关监督。任何货物进出口都需要通过海关,海关是设在国境上的国家行政管理机构,是贯彻执行东道国有关进出口政策、法令和规章的重要工具,可以有效地防止跨国公司操纵转让价格。如发现进出口价格明显异常时,可以要求重新估价或补交税收。

(3) 以"国家出口牌价法"为标准。即东道国以其大宗出口的初级产品制定出口牌价,作为公开市场上出售该产品为原料和制成品价格一部分。因其取决于跨国公司与东道国政府的谈判,适用范围有限。目前只有赞比亚、坦桑尼亚等对某种产品谈判能力较强的几个非洲发展中国家使用。

(4) 建立审计制度,加强对三资企业的财务管理与监督。任何企业的经营状况最终都会在企业的财务账目中反映出来,转让定价的操纵也离不开会计账目,因此,建立健全严密的财务审计制度,是控制转让价格的关键因素。有时跨国公司转移价格的制定就视东道国审计制度与审计工作的情况而定。

2. 间接管制

跨国公司操纵转移价格的两个最主要目的就是逃避税收和转移利润,为此,东道国有必要通过对税收体系等调整来进行间接管制。

(1)用"公式分配法"计算跨国公司子公司所得税。首先按一定的公式估算出子公司应税利润,然后按子公司利润与其他国家正常利润的一定比例缴纳所得税,从而使跨国公司利用转移价格逃避税收的可能性减小。但这种方法有两个困难:一是公式中的变量即跨国公司可增减的比例没有统一标准,二是选择变量要有大量有关成本利润、资金周转等方面的信息资料,这对于发展中国家较难。

(2)"税收待遇一体化"。东道国对跨国公司子公司征税大致分为三类:投入税、产出间接税和所得税。跨国公司运用转移价格时往往通过东道国不同税种、税率的差异,人为调高或调低某些生产要素的价格,对此东道国采用"税收待遇一体化"政策,在一定时期内,统一各种税率,在保证总税收收入不变的情况下,减小了跨国公司利用转移价格的可能性。

(3)对出口额进行差别处理。跨国公司常常利用低额开列出口发票的方式减少在东道国的纳税额。为防止这种损失,东道国可在计算应税利润时,先把出口额从总销售额中扣除,按正常价格计算其利润,核算出口应税利润额。这样,尽管低额开列出口发票可以减少所申报的利润,却不使总税收减少。

(4)跨国公司只有当高税国对于某些汇回项目不征税或课以低税,同时又有能力把利润转换为这种汇回项目时,才能从国际税制差异中得到好处。对此,对某些内部转移支付征税,可以在一定程度上遏制跨国公司对转移价格的滥用。也有些国家采取降低涉外税率的办法,使之略低于跨国公司的转移税率水平,有一举两得之效:一是避免跨国公司利用转移价格;二是还可在一定程度上增加对外资的吸引力。

此外,作为东道国必须注意国际市场行情变化。制定政策时,要对各种要素综合分析考虑,实行"一揽子"计划,对跨国公司的转移价格实行多方控制。越来越多的国家对转移价格给予重视并采取多方措施,使之越来越困难与危险,机会不断减少。但转移价格对跨国公司的财务与会计人员仍具有高度的重要性,这场没有硝烟的"战争"还在进行中。

资料链接 8-1

罗兹公司的转移价格行为将受制裁

1973年5月,英国政府要求瑞士的罗兹公司将其生产的Librium和Valium这两种药品的价格削减50%,因该公司在英国高价出售这类普通的镇静药物以牟取暴利。罗兹公司为此卷入了一场官司。

1971年,英国卫生和社会保障局要求反垄断委员会对这两种药品进行反垄断调查。据调查结果估计,1966~1972年,罗兹的英国分公司在英国赚取了2400万英镑的利润,其中有1900万英镑的利润是以转移价格的方式转到母公司的。该委员会还发现,分公司以370英镑/千克和922英镑/千克的价格从母公司购进这两种药品的配料,而它们在意大利的每千克价格仅分别为9英镑和20英镑。因此,反垄断委员会要求将这两种药品的价格削减一半以上。英国贸工部门于1973年4月12日专门发文规定这两种药品的最高限价,并获议会下院通过生效。

第四节 国际营销的定价挑战

一、倾销

（一）倾销的内涵与类型

1. 倾销的内涵

一国的产品以低于正常价值的价格进入另一国市场而使得另一国国内有竞争能力的产业受到损害的行为即为倾销。其构成要件包括：

（1）产品以低于正常价值或公平价值的价格销售；

（2）这种低价销售的行为给进口国产业造成损害,包括实质性损害、实质性威胁和实质性阻碍；

（3）损害是由低价销售造成的,两者之间存在因果关系。

对倾销的解释多种多样,没有统一的法律定义。一种比较公认的说法是,倾销是指出口到东道国市场上的产品价格按低于当地市场价格销售,致使当地市场上生产和销售同类产品的企业受到实质性的损害和威胁。

2. 倾销的类型

倾销可分为四种类型：

（1）零星倾销。零星倾销即制造商抛售库存,处理过剩产品。这类制造商既要保护其在国内的竞争地位,又要避免发起可能伤害国内市场的价格战,因此,必然选择不论定价多低,只要能减少损失就大量销售的办法,向海外市场倾销。

（2）掠夺倾销。企业实施亏本销售,旨在进入某个外国市场,而且主要为了排斥国外竞争者。这种倾销持续时间较长。一旦企业在市场上的地位确立,该企业便依据其垄断地位而提价。

（3）持久倾销。企业在某一国际市场持续地以比在其他市场低的价格销售,是持续时间最长的一类倾销。其适用前提是各个市场的营销成本和需求特点各有不同。

（4）逆向倾销。这是指母公司从海外子公司输入廉价产品,以低于国内市场价格销售海外产品而被控告在国内市场倾销。这种情况在国际营销实践中时有发生。

（二）倾销的主要特征

第一,倾销是一种人为的低价销售措施。它是由出口商根据不同的市场,以低于有关商品在出口国的市场价格对同一商品进行差价销售。

第二,倾销的动机和目的是多种多样的,有的是为了销售过剩产品,有的是为了争夺国外市场,扩大出口,但只要对进口国某一工业的建立和发展造成实质性损害、实质性威胁或实质性阻碍,就会招致反倾销措施的惩罚。

第三,倾销是一种不公平竞争行为。在政府奖励出口的政策下,生产者为获得政府出口补贴,往往以低廉价格销售产品;同时,生产者将产品以倾销的价格在国外市场销售,从而获得在另一国市场的竞争优势进而消灭竞争对手,再提高价格以获取垄断高额利润。

第四,倾销的结果往往给进口方的经济或生产者的利益造成损害,特别是掠夺性倾销扰乱了进口方的市场经济秩序,给进口方经济带来毁灭性打击。为了制止倾销而采取反倾销措施应该说是合理的,但如果反倾销措施的实施超过了其合理范围或合理程度,反倾销措施也会成为一种贸易保护主义措施,从而对国际贸易的扩展造成阻碍性影响。例如,武断地认定原本不存在倾销的商品为倾销商品,或无根据地夸大倾销幅度,从而无理地实施反倾销措施或不适当地提高反倾销税征收金额,这些都会阻碍正常进口贸易的进行。如美国与加拿大关于进口马铃薯征收特别倾销税的纠纷。1962年,由于气候原因,美国农产品收获季节早于加拿大,在美国马铃薯大量上市时,加拿大的马铃薯还未收获,这时美国出口到加拿大的马铃薯非常便宜,加拿大决定根据"正常价格"与出口价格的差额征收特别倾销税。美国政府认为,加拿大的征税行为是一种非关税壁垒,并向GATT申诉,要求解决加拿大对进口马铃薯征收反倾销税的问题。1963年1月2日,加拿大取消了该项税收。

资料链接8-3

反倾销税(anti-dumping duties),就是对倾销商品所征收的进口附加税。当进口国因外国倾销某种产品,国内产业受到损害时,征收相当于出口国国内市场价格与倾销价格之间差额的进口税。

征收所销税的目的在于抵制倾销,保护国内产业。通常由受损害产业有关当事人提出出口国进行倾销的事实,请求本国政府机构再征。政府机构对该项产品价格状况及产业受损害的事实与程度进行调查,确认出口国低价倾销时,即征收反倾销税。政府机构认为必要时,在调查期间,还可先对该项商品进口暂时收取相当于税额的保证金。如果调查结果倾销属实,即作为反倾销税予以征收;倾销不成立时,反倾销税即予以退还。有的国家规定基准价格,凡进口价格在此价格以下者,即自动进行调查,不需要当事人申请。

为防止最终确定实际交税的时间拖得过长,《反倾销协议》规定,在提出要作出反倾销税最终估算的数额之后,通常在12个月内最长不超过18个月作出决定,而且如果追溯征税的税额超过了最终决定的倾销幅度,则自做出对反倾销税的最终决定之日起的90天内返还其进口超征的部分。根据《对外贸易法》,1997年3月25日国务院颁布了《中华人民共和国反倾销和反补贴条例》,2001年11月26日,中国又修改并颁布了《反倾销条例》,并于2002年1月1日起实施。

资料来源:根据百度百科词条整理。

二、外销产品的报价

外销产品的报价具体反映在国际销售合同的价格条款上,合同的价格条款必须明确划分商品运输中各方的责任、由谁支付运费和从什么地方开始支付;明确商品的数量、质量单价的计量单位、贸易术语、单位价格、计价货币,如有佣金和折扣应说明其百分比率。所有这些,在国际贸易实务等相关学科中都有详尽的介绍,在此重点讨论的是出厂价的确定和报价的技巧问题。

外销产品的报价可采用工厂交货价、装运港船边交货价、装运港船上交货价、完税后交货价等多种方式,这些报价的基础是工厂交货价即出厂价。出厂价也是目标市场最终价格的基础,控制最终价格必须首先控制出厂价。出厂价的确定可采用常见的成本导向定价、需求导向定价和竞争导向定价三种类型的定价方法。

许多不熟悉国际营销业务的企业包括我国的外销产品企业,往往喜欢采用简便易行的成本导向定价方法,但事实上其效果不一定理想。在存在国际市场价格的情况下,产品的价格是由国际市场价值决定的,某一国家的产品成本偏高或偏低都难以避免,价格偏低会失去盈利的机会,偏高又会减弱价格竞争的能力。以成本导向定价法制定的固定价格难以适应各个国家竞争性的价格水平、需求水平、价格的波动、通货膨胀和汇率波动,还可能受到各国相关法律的限制。从我国企业以前的外销产品来看,由于基本上采用成本导向定价法,因此我国产品在国际市场上的价格普遍偏低。如曾经在法国市场上最好的中国米酒只卖40法郎一瓶,还不及法国一瓶普通酒的价格;中国制造的胶鞋和绣花拖鞋,每双售价是10法郎,比看一场电影的票价还少20法郎。如此低廉价格的商品,在发达国家市场里不但可能被视为"低劣商品",影响产品销路和获利水平,还可能被指控为倾销行为。

综上所述,国际营销企业的产品出厂价的确定不能仅简单地采用成本导向定价法,而要根据各个目标国家市场的具体情况,更多地采用需求导向、竞争导向的定价方法,使出厂价在国内外市场有所区别。随着我外销产品的迅速增长,我国企业在国际市场上的地位的提高,做出这种改变是必要的。

当然,需求导向定价、竞争导向定价比成本导向定价要复杂困难得多,它必须通过深入的国际市场调查研究,来掌握各个目标国家市场的需求、竞争、价格及法律等信息,但只要企业不是为了一次性地外销产品,而是为了实施国际市场营销战略,长期稳定地占领某一外国市场,多花一些精力在制定具有竞争力的价格上是值得的。

外销产品的报价不但影响目标国家市场的最终价格,而且反映了国际营销企业与外国中间商的关系,因此报价这一定价行为应有一定的原则性与灵活性,可把它看成一种技巧。国际营销企业运用报价技巧要着重考虑以下几个因素:

① 与客户的关系。作为本企业的国际销售渠道系统成员的老客户,在正常情况下可按原价格条款报价,以便巩固与老客户的良好关系,维护国际营销企业的商誉,对新客户可参照与老客户交易的当时价格报价,使渠道系统的价格政策保持一致性。

② 产品的竞争力。可通过与同一市场的相同、类似或替代商品的比较表现出来,这就要求国际营销企业在报价时适当调整价格条款(包括单价、支付条件、交货期等),使本企业产品能在这种比较中显示出较强的竞争力。目标市场已有处于垄断地位的同类商品,则应参照其价格来报价,如本企业的产品在目标市场适销对路且处于垄断地位,则应按垄断产品定价办法对外报价。

③ 市场环境变化。当目标国家市场的供求变化有利于买方时,可参照竞争对手的价格报价,或采取适当削价的措施,或在原报价的基础上给予较优惠的交易条件,以便维护渠道系统和原有的市场;当市场供求出现有利于卖方的情况时,应及时提出提升价格要求,从中获取应得的利润。

④ 新产品。刚进入国际市场的新产品难以准确、合理报价。当发现报价偏高不能为买方所接受时,卖方可做出适当让步,如提供较优惠的价格条件甚至适当压低价格等,使新产品能顺利进入目标国家市场。当报价偏低,买方迫不及待地要求立即成交时,可通过降低交易优惠条件、控制交易数量等办法挽回损失,待将来使价格恢复到合理的程度。总之,新产

品报价偏高、偏低在所难免,其技巧在于谈判开始时使交易条件模糊,以便在谈判过程中掌握讨价还价的主动权。

⑤ 有效期限。由于通货膨胀、市场竞争、价格和汇率波动等因素的影响,合理的价格应随着这些因素的变化而变化。在国际营销中,应警惕买方为此大做文章。买方往往会在市场不明朗时推迟对报价的答复,利用时间因素衡量有利或不利时机做出接受或拒绝报价的决定,把各种因素变化的风险推给卖方。为此,报价一定要注明有效期限,把主动权留给自己。

三、价格扬升的控制

同一产品的价格在出口国与进口国的不适当的差异,在国际营销中通常把这一现象称为价格扬升。人们常常会惊讶地发现,本国市场相当便宜的商品到了其他国家却贵得惊人。不了解事实真相的人认为这是营销企业提价获取暴利的结果,某些生产企业见此诱人的价差也想到国外市场上一展拳脚。事实上,在这一价差中,生产企业所获取的利润只是一小部分,绝大部分是将商品从一国出口至另一国所产生的附加成本。商品的装运、保险、包装、关税以及较长的销售渠道、中间商毛利、特殊税金、管理成本、汇率波动等所产生的附加成本,足以把目标市场的最终价格扬升到某一可观的水平上。

价格扬升的现象是国际营销企业所面临的主要的定价障碍之一,高昂的价格只适合于价格反应灵敏程度低的富裕消费者群这一狭小的细分市场,产品从生产成本高的国家出口到购买力低的国家就很难找到顾客。另外,高价的产品销量少,中间商为维护自身利益提高毛利水平,结果使价格再次扬升。国际营销企业为在国际市场上成功地赢得竞争,采取适当的对策控制国外市场的最终价格,尽量降低价格扬升的幅度。

(一)降低商品生产成本

1. 降低出厂价

如果能通过降低商品生产成本来降低出厂价,就能有效地抑制价格上扬的幅度,这是解决价格扬升问题的根本途径。国际营销企业可采取在外国生产产品的办法来降低生产成本,这也是跨国公司迅速发展的必然趋势。

2. 减少成本高昂的功能特性或降低整体产品品质

这是降低产品生产成本的另一办法。在发达国家市场中所需的某些品质与额外的功能,当产品外销到发展中国家时就可能是多余的。如洗衣机的自动漂白剂、肥皂分配器、变温装置、适当时间响铃装置等,在美国市场是有必要的,但在其他许多国家就可能毫无这一需求。降低产品生产成本不但可降低出厂价,同时还可能降低关税,因为报价低所征收的从价税也随之减少,可见它具有双重利益。

3. 在生产成本低的第三国进行生产

还有一个降低生产成本的方法,就是在生产成本低的第三国进行生产。比如说,很多国外的大企业的一部分产品就是在我国进行加工生产的。别看一些品牌都是国外的,但都是"Made in China"。国外的企业就是利用我国廉价的劳动力资源来降低生产成本的。

(二)降低关税

关税是产生价格扬升的主要原因之一,如能降低关税,自然可降低价格扬升的幅度。在国际营销中,可采用许多办法来人为地降低关税。

1. 产品重新分类

不同类别产品的税率不同,某一具体产品属何种类别有时模棱两可,这就有利于国际营销企业争取把自己的产品归入低税率的类别上。

资料链接 8-2

我是小车而不是货车

1989年,美国海关把多用途汽车,即用来运送货物或其他东西的汽车列为货车。货车要支付25%的关税,而载人汽车只要付2.5%的关税。日产"探路者"被视为货车而不是载人汽车,制造商对这一划分提出了挑战并打赢了官司。

美国司法部认为尽管在生产增加了可供选择的辅助设施,但其基本结构与日产货车一样,故从关税角度看,应视为货车。法院则认为,结构无关紧要,关键要看其用途。法官声称,面对消费者"探路者"在说"我是小车而不是货车"这一案例,对解决由来已久的微型货车和体育用车是小车还是货车的争论有很大影响。法官的裁定意味消费者在购买"探路者"上每花费1000美元,可节省225美元。

2. 修改产品

即按较低税率的标准来适当修改产品。在鞋类工业里,运动鞋上"鞋面皮"与"似鞋面皮"在征收关税时就有实质的差异。为保护国内鞋类工业免受外国便宜的胶底帆布鞋的进攻,美国的关税表上列明:任何帆布鞋或塑胶鞋若鞋面1/4以上使用鞋面皮,征收48%关税;鞋面1/4以下使用鞋面皮,则以"似鞋面皮"征收6%的关税。这样,许多出口生产企业在设计鞋面时都以少于1/4鞋面皮为标准,争取低关税出口到美国市场。

3. 改变商品形式

一般而言,零部件与半成品的关税税率都比较低。为此,可外销零部件和半成品,然后在进口国组装和深加工,以达到降低关税的目的。有时甚至重新包装也有助于降低关税。龙舌兰酒进入美国时,以1加仑左右的容器盛装的关税是每加仑2.27美元;而用较大的容器盛装时,则关税仅为1.25美元。如果再装瓶的成本每加仑少于1.02美元,也就等于降低了关税。

(三) 降低渠道成本

设计一条中间商较少的渠道,一方面可减少中间商的加价,另一方面又可减少整体税金。许多国家对进入分销渠道的商品需要征收增值税,增值税可以是累积的,也可以是非累积的。累积增值税按总销售价格计征,商品每换手一次都要征收一次;非累积增值税则是按中间商进货成本和销售价格之间的差额来计征。因此,在征收累积税的国家里,为了少纳税,人们都乐于缩短分销渠道。但缩短分销渠道并不是在任何情况下都能节省成本,也不是分销渠道越短越好,因为某些中间商在某些市场里可能发挥着某些特殊的功能作用,这时就要对取消这些中间商后自己所要付出的代价进行具体的分析,或对取消这些中间商前后的成本进行比较,然后才能做出正确的决策。

(四) 利用国外贸易区降低成本

某些国家为促进国际贸易,纷纷建立了一些所谓的国外贸易区或自由贸易区或自由港,在我国则称为保税区。这样的贸易区或自由港全世界有 300 多个,在那里进口货物可以贮存或加工。货物进入自由贸易区时不必缴纳关税,只有当离开自由贸易区,由自由贸易区所在国正式进口时才征关税。由税收、关税和运费等引起的价格陡升可以通过自由贸易区得到一定控制。因此,自由贸易区可以抑制价格陡升。

降低成本的原因主要包括:零部件与半成品的税率通常较低,因此关税可以降低;当进口国的生产成本比较低时,最终产品成本则可随之降低;未装配的商品的运费可能比较低;可减少因先纳税而造成的资金占用和利息支出,从而降低产品出口成本;如以进口国的包装物或部分组件用于最终装配,关税可能会进一步降低。

四、平行输入的管制

平行输入,是指同一生产企业的同一产品通过两条通道输入某一国家市场:一条是正规的分销渠道系统,一条是非正规的分销渠道系统。导致平行输入的根本原因是同一产品在不同国家市场存在价格差异,当价格差异大于两个市场之间的运费、关税等成本时,就可能产生这一贸易行为。

(一)各国间币值的变动

德国奔驰汽车的供给在美国受到限制时,美国市场上每辆奔驰汽车售价高达 2.4 万美元,而当时美国人在德国市场只用 1.2 万美元便能买到一辆奔驰汽车,这一巨大价差产生的部分原因是配销限制与美元币值上升而马克币值下降。为此,许多美国人从德国市场购买奔驰汽车,然后按在德国价格的近两倍的售价在美国销售,这种情况持续了相当一段时间,直至美元对应马克的币值衰弱时才终止。

(二)国际营销企业实行差别价格策略

日本企业所采用的差别价格策略使同一产品的价格国内高于国外,如国际牌移动电话的售价在纽约为 59.95 美元,在日本东京的售价却高达 152 美元;索尼(Sony)牌"随身听"在美国纽约的售价为 89 美元,在东京的售价却高达 165.23 美元。因此,这些商品倒流回日本后售价低于正常国内售价还有利可图。日本企业的这一价格策略促使外国企业在日本市场也以高价出售产品,这又导致外国产品平行输入日本市场。例如,柯达胶卷在日本的售价高于在亚洲其他地区的售价,一些商人从韩国购买能享受折扣优惠的柯达胶卷,然后再卖到日本市场,其售价比取得授权的日本经销商的售价还低 25%;从美国洛杉矶购买可口可乐液浆运销日本,也比通过日本正规通道购买的可口可乐液浆还要便宜。

(三)各国税率与中间商毛利的差异

如前所述,各国可征增值税,也可不征增值税;增值税的税率可高可低;可能征收累积增值税,也可能征收非累积增值税;各国中间商毛利水平参差不齐,因此同一生产企业的同一产品在各国的最终价格会相去甚远,这种价格差异,就可能导致平行输入。如在美国,名牌香水的批发价往往比其他国家的批发价高出 25%,这样,就吸引了其他国家中未经授权的经销商以低于美国批发商甚多的价格转售给美国未经授权的零售商,从中渔利。

平行输入会导致目标国家市场产生恶性的价格竞争,损害了正规分销渠道成员的利益,也损害了顾客的利益。顾客无意中买了未经授权的进口商品,就不能取得该产品的品质保

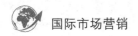

证以及售后服务、更换零件的保证。当产品维护得不到保证时,顾客责怪的是出口生产企业,产品的形象也会受到损害。为此,国际营销企业必须加强对平行输入的管制,建立强有力的监视控制系统,以维护正规分销渠道成员的利益。其中,最有效的措施是授权经营,明确规定各国持证人的经营范围,一旦发现持证人超出经营范围或非持证人有侵权行为,便能借助法律解决问题;此外,要堵塞商品流通的漏洞,一方面不要把外销产品交给信誉欠佳的中间商经营,另一方面尽量加强对持证人的管理与监督,减低平行输入的影响范围和程度。

五、特殊定价工具——租赁与相对贸易

在国际贸易中,通常把租赁与相对贸易看作一种贸易方式;而在国际营销中,还可以把它们视为特殊的定价工具。这是因为,一般情况下商品价格以现金形式表现出来,而租赁是以租金的形式、相对贸易则主要以一定量的其他商品的形式来表现价格。在此仅就这两种形式的价格控制问题进行分析。

(一)租赁的价格控制

在国际营销中,租赁的价格控制应注意下列几个问题:

1. 确定租金

租金即租赁价格,它以租赁交易所需的各项成本为基础,其中一般包括租赁设备的原价和利润;出租人向金融机构筹借资金所需支付的利息;租赁过程所需的各种手续费;根据租赁合同出租人所需负责的各种税款、保险、运费、保养、维修、人员培训、专利、专有技术等方面的费用。

2. 确定租金支付办法与期限

租金一般是分期支付的,关键在于收回全部租金的期限。一般会设限于租赁设备使用寿命的某一时期,这样也可能存在风险,因为设备的使用频率与使用条件会影响其使用寿命,为此期限不宜太长。

3. 意料可能产生的风险

设备租赁比设备销售更具风险性。承租设备的多为经济比较落后的国家,这些国家较容易发生通货膨胀、汇率下降,加上租赁期不可能是一段很短的时间,因此这些风险有时是很难避免的,在做出租赁决策时必须考虑这些风险因素,以便尽量减少损失。

4. 注意租赁合同条款

租赁合同条款要明确出租人与承租人各自的责权利,以便借助有关法律解决纠纷。例如,美国TAW公司曾与赞比亚政府签订租赁合同,并按照用户要求设计制造了适用于低级道路的330台拖拉机和400台拖车,但赞比亚政府却突然中止了这一合同,如果合同中明确了中止合同责任条款,则可避免或减少这一损失。

(二)相对贸易的价格控制

站在卖方的立场上,不管采用何种相对贸易的具体方式,它所关心的是从对方取得的商品的价格实现与价格控制等一系列问题,为此必须解决以下几个主要的问题:

1. 交换所取得的商品是否有市场

交换取得的商品无所不包,从火腿、冻鸡、矿泉水到家具等,这些商品并不是卖方的经营

范围内的商品,因此接受这些商品之前就要考虑商品的价格实现问题,即这些商品到底有没有潜在的市场,包括在本国市场自行销售和通过第三国的中间商转手销售。

2. 交换取得商品的销售额能否涵盖自己的商品成本与期望收益

相对贸易是建立在等价互利基础上的交易活动,但交换所取得的商品的定价较困难,这些商品的品质又可能缺乏一致性,因此只有在解决了这些问题后才能实现相对贸易的目标。

3. 购回的产品是否与自己生产的产品发生竞争

采用产品互购协议的方式时,卖方的原意是推销设备,但必须购回利用这种设备所生产的部分产品,这就可能与自己利用相同设备所生产的产品发生竞争。这时应寻求解决矛盾的办法,如开拓新的国家市场为产品打开销路等。

◆**本章小结**

在国际营销中,产品定价是企业营销组合策略的一个重要内容,从近几年一浪高过一浪的价格战和反倾销中就可以看出我国企业、消费者对它的重视和关注。在市场经济条件下,绝大部分产品的价格已经放开,但是国际定价并不是随意的,它必须考虑竞争环境、产品成本、供求关系和企业定价目标、政府控制等因素的影响。实际上,定价是这些因素共同作用的结果,而且制定国际价格比制定国内价格时考虑的因素复杂一些。定价有三种基本方法:成本导向定价、需求导向定价和竞争导向定价,不同企业应视具体情况确定产品的基础价格。定价是一门科学,也是一门艺术。国际企业定价需要一定的策略和技巧,即从定价目标出发,根据市场的具体情况,运用价格手段,实现企业的营销目标。

◆**关键词**

国际市场价格　出口定价　国际转移定价　倾销　价格扬升

◆**复习思考题**

1. 简述国际市场定价的构成。
2. 简述决定和影响国际市场价格的因素。
3. 简述成本导向定价法、需求导向定价法、竞争导向定价法的具体形式。
4. 简述国际转移定价的防范。
5. 简述倾销的主要特征。
6. 简述价格扬升的控制。

◆**思考案例**

亚马逊公司的差别定价

1994年,当时在华尔街管理着一家对冲基金的杰夫·贝佐斯(Jeff Bezos)在西雅图创建了亚马逊公司,该公司从1995年7月开始正式营业,1997年5月股票公开发行上市。从1996年夏天开始,亚马逊极其成功地实施了联属网络营销战略,在数十万家联属网站的支持下,亚马逊迅速崛起成为网上销售的第一品牌,到1999年10月,亚马逊的市值达到了270亿美元,超过了西尔斯和卡玛特两大零售巨人的市值之和。亚马逊的成功可以用以下数字来说明:根据Media Metrix的统计资料,亚马逊在2000年2月在访问量最大的网站中排名第7位,共吸引了1450万名独立的访问者,亚马逊还是排名进入前10名的唯一一个纯粹的电子商务网站;根据PC Data Online的数据,亚马逊是2000年3月最热门的网上零售目的地,共有1470万名独立访问者,独立的消费者也达到了120万人。亚马逊当月完成的销售额相当于排名第二位的cDNow和排名第三位的TicketIIIaster完成的销售额的总和。在2000年，亚马逊已经成为互联网上最大的图书、唱片和影视碟片的零售商，亚马逊经营的其他商品类别还包括玩具、电器、家居用品、软件、游戏等，品种达1700万种之多，此外，亚马逊还提供在线拍卖业务和免费的电子贺卡服务。

但是，亚马逊的经营也暴露出不小的问题。虽然亚马逊的业务在快速扩张，亏损额却也在不断增加，在2000年第一个季度中，亚马逊完成的销售额为5.74亿美元，较前一年同期增长了95%，第二季度的销售额为5.77亿美元，较前一年同期增长了74%。但是，亚马逊第一季度的总亏损达到了1.22亿美元，相当于每股亏损0.35美元，而前一年同期的总亏损仅为3600万美元，相当于每股亏损0.12美元，亚马逊2000年第二季度的主营业务亏损仍达7900万美元。

亚马逊公司的经营危机也反映在它股票的市场表现上。亚马逊的股票价格自1999年12月10日创下历史高点106.6775美元后开始持续下跌，到2000年7月10日，亚马逊的股票价格已经跌至30.437美元。在业务扩张方面，亚马逊也开始遭遇到了一些老牌门户网站——如美国在线、雅虎等的有力竞争。在这一背景下，亚马逊迫切需要实现盈利，而最可靠的盈利项目是它经营最久的图书、音乐唱片和影视碟片。实际上，在2000年第二季度亚马逊就已经从这3种商品上获得了1000万美元的营业利润。

亚马逊公司的差别定价试验如下：

作为一个缺少行业背景的新兴的网络零售商，亚马逊不具有巴诺（Barnes&Noble）公司那样卓越的物流能力，也不具备像雅虎等门户网站那样大的访问流量，亚马逊最有价值的资产就是它拥有的2300万注册用户，亚马逊必须设法从这些注册用户身上实现尽可能多的利润。因为网上销售并不能增加市场对产品的总的需求量，为提高在主营产品上的盈利，亚马逊在2000年9月中旬开始了著名的差别定价试验。亚马逊选择了67种DVD碟片进行动态定价试验，试验当中，亚马逊根据潜在客户的人口统计资料、在亚马逊的购物历史、上网行为以及上网使用的软件系统确定对这67种碟片的报价水平。例如，名为《泰特斯》(Titus)的碟片对新顾客的报价为22.74美元，而对那些对该碟片表现出兴趣的老顾客的报价则为26.24美元。通过这一定价策略，部分顾客付出了比其他顾客更高的价格，亚马逊因此提高了旧售的毛利率，但是好景不长，这一差别定价策略实施不到一个月，就有细心的消费者发现了这一秘密，通过在名为DVDTalk(www.dvdtalk.com)的音乐爱好者社区的交流，成百上千的DVD消费者知道了此事，那些付出高价的顾客当然怨声载道，纷纷在网上以激烈的言辞对亚马逊的做法进行口诛笔伐，有人甚至公开表示以后绝不会在亚马逊购买任何东西。更不巧的是，由于亚马逊前不久才公布了它对消费者在网站上的购物习惯和行为进行了跟踪和记录，因此，这次事件曝光后，消费者和媒体开始怀疑亚马逊是否利用其搜集的消费者资料作为其价格调整的依据，这样的猜测让亚马逊的价格事件与敏感的网络隐私问题联系在了一起。

为挽回日益凸显的不利影响，亚马逊的首席执行官贝佐斯只好亲自出马做危机公关，他指出亚马逊的价格调整是随机进行的，与消费者是谁没有关系，价格试验的目的仅仅是为测试消费者对不同折扣的反应，亚马逊"无论是过去、现在或未来，都不会利用消费者的人口资料进行动态定价"。贝佐斯为这次的事件给消费者造成的困扰向消费者公开表示了道歉。不仅如此，亚马逊还试图用实际行动挽回人心，亚马逊答应给所有在价格测试期间购买这67部DVD的消费者以最大的折扣，据不完全统计，至少有6796名没有以最低折扣价购得

DVD 的顾客,已经获得了亚马逊退还的差价。

至此,亚马逊价格试验以完全失败而告终,亚马逊不仅在经济上蒙受了损失,而且它的声誉也受到了严重的损害。

问题:阅读该案例,分析亚马逊公司实施差别定价失败的原因是什么?该案例给你什么启示?

◆应用训练

主题:模拟下述情境,对某品牌手机进行价格的制定。

(1) 在新型手机刚推广到国际市场时,要尽量吸引消费者的眼球和注意力。

(2) 当遇到竞争对手的价格挑战时,需及时应对。

地点:教室。

内容:各策划小组根据已选定的内容进行产品价格的制定。

要求:所选择的分析要点至少涉及这些内容:价格制定的方法、定价策略以及影响价格变动的因素等。各策划小组派代表上台讲述本小组的产品价格制订方案,最好用 PPT 形式展示。其他小组成员和任课老师对各小组的产品价格制订方案进行提问,并提出相应的修改意见。

第九章 国际市场分销渠道策略

本章结构图

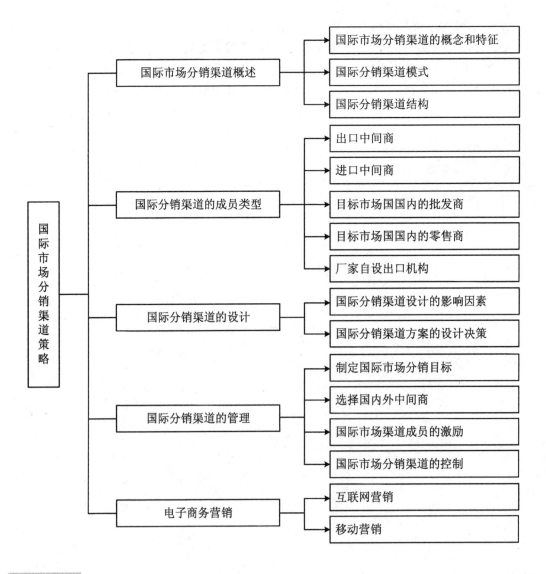

学习目标

通过本章的学习,了解国际市场分销渠道概念、模式和结构;理解国际市场分销渠道成员类型;掌握选择国际市场分销渠道的原则与方法;掌握国际市场分销渠道管理;理解电子商务对国际分销的影响。

> **导入案例**

红牛的国际分销渠道策略

红牛的一个关键增长战略就是不断增加的国际分销。红牛一直致力于增长国际销售，最初在1992年开始进入国际市场。目前，红牛在全球超过100多个国家和地区进行销售，在关键市场上建立了完善的本地子公司网络，以监督在任何特定地区的分销。这些子公司负责从位于奥地利的红牛有限公司进口红牛，红牛澳大利亚公司使用吉百利的分销网络，然后将其卖给其网络中的供应商。

针对新兴市场，典型的红牛国家分销战略与其他公司一致，是非典型的。红牛公司不是瞄准最大的分销商，而是针对极有可能成为红牛的独家经销商的小分销商。他们甚至去雇用青少年/大学生，给它们分配货车，让他们去分销产品。

小型独立场馆是首要目标。红牛会找到小酒吧、餐馆和商店，并给它们一个小型冷藏箱来销售饮料。这是它们的首选方法，而不是去大型商店，乞求它们销售自己的产品。

第一节 国际市场分销渠道概述

一、国际市场分销渠道的概念和特征

在现代市场经济中，产品一般不是由生产者直接销售给消费者或用户，而是经由一个分销过程，即通过不同的中间商参与分销从而到达最终消费者或用户的手中。产品由生产者流向消费者或用户过程中的一切营销组织或机构连接起来形成的通道叫作分销渠道，简称渠道。企业运用这些渠道高效率地将产品送到消费者或用户手中，所采用的手段就是渠道策略。

根据分销渠道的含义我们可以将国际分销渠道定义为：将产品及其所有权从一国生产者转移到国外最终消费者或用户手中所经过各种环节和各种途径。它实质上是执行把产品及其所有权从生产者转移到国外最终消费者或用户的所有活动及功能的一套营销组织或机构。国际分销渠道的建立和管理相对国内分销渠道更加复杂和困难。因为国际分销渠道比国内分销渠道长且复杂。商品流通的起点和终点、最终所有权的转移都发生在不同的国家。不同国家间由于不同的政治、经济和社会文化背景，造成沟通上的障碍，国外中间商的介入也加大了对渠道控制、管理的难度。另一方面，不同的海外市场可供选择的分销渠道具有不同的特征。它们的结构独特，而且在短期内固定不变。有些市场的分销结构具有多层次、复杂、效率低下甚至奇怪的特点，常使新来的企业很难渗透进去；有些市场，除了在主要的城市区域，几乎没有专业的中间商；而在另一些市场，充满活力且兼具新旧分销体系特点的分销机构正在形成。面对国际分销渠道的复杂性和挑战性，国际营销企业需要加以认真研究，制定适当的国际分销渠道策略，从而使产品在适当的时间以适当的方式转移到适当的地点，以利于顾客购买。

二、国际分销渠道模式

在国际市场上,出口产品从出口国生产者流转到国外最终消费者手里,要经过出口国和进口国两个方面的分销渠道。在现实的国际营销活动中,出口生产企业可以直接的方式或间接的方式,经过各种性质不同的渠道成员把产品送达进口国的工业用户或最终消费者手中;可利用少量或数量众多的渠道成员完成商品流通过程。同时,产品进入进口国后,各国的商业习惯、产品分销方式也有很大的差异,这样,就会形成许许多多非常复杂的国际分销渠道结构。虽然各国的营销环境差异较大,使国际市场上分销渠道呈现出不同的特点,但在长期的国际市场营销活动中,仍然有基本的分销渠道模式和分销渠道选择惯例。常见的国际分销渠道模式如图9.1所示。

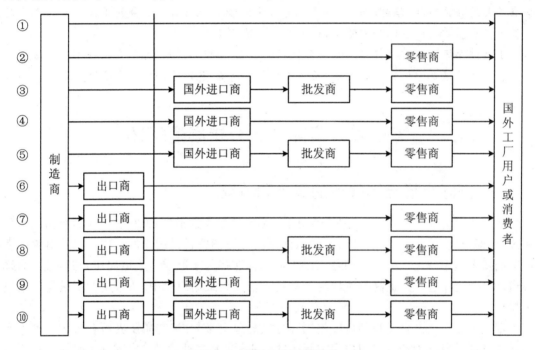

图9.1 国际分销渠道模式

第①种渠道结构是最短的国际分销结构,未经任何中间层次就完成了商品销售过程;第⑩种渠道结构是最长的国际分销结构,产品必须通过出口中间商、进口中间商、批发商、零售商等多个层次的中间商才能完成商品所有权的转移。

第①、⑥种渠道结构是指出口生产企业、出口中间商通过国际邮购或在进口国设立销售机构等方式把产品卖给最终消费者,或通过外国工业用户直接向出口者订购商品的一种渠道形式。

第②、⑦、⑧种渠道结构说明,进口国的一部分批发商、零售商也可直接进口产品,兼营进口业务。

出口生产企业的产品不通过出口中间商直接进入进口国的渠道形式可称为直接出口形式;而通过出口中间商进入进口国的渠道形式则可称为间接出口形式。在图9.1中,①~⑤为直接出口形式;⑥~⑩为间接出口形式。

图9.1中所示产品分销渠道模式也适用跨国公司的产品分销。跨国公司可以进行生产

外包或将生产基地设在国外,这时出口国即生产产品的东道国,进口国则是第三国或跨国公司的母国。

三、国际分销渠道结构

不同的海外市场,由于不同的商业环境特征,产品或服务的分销渠道就会包含不同层次、性质、分销能力和效率的营销中介机构,从而形成不同类型的国际分销渠道结构。

(一)发展中国家的分销渠道

许多发展中国家的传统分销渠道是具有卖方市场背景的进口导向的分销结构。在进口导向的或传统的分销结构中,进口商一般控制着固定的货源,其营销系统的发展思路是向少数富有顾客高价销售数量有限的商品。在这样形成的卖方市场中,由于供不应求,而且在大多数情况下,顾客向为数不多的中间商寻求货源,市场渗透和大众分销就没有必要。

这种结构影响中间商及其作用的发展。在范围上,分销系统仅限于当地而不是遍及全国。在进口导向市场,进口商同时是批发商,它履行了大多数的营销职能,那些在发展成熟的营销基础设施中提供广告、市场调研、仓储、运输、筹措资金和其他服务的独立代理商要么根本不存在,要么发育不良。所以,几乎没有形成支持完全一体化的分销体系所需要的独立代理商。

(二)欧美国家或地区的分销渠道

美国是市场经济高度发达的国家,基本上形成了有秩序的市场。进入美国的产品,一般要经过本国进口商,再转卖给批发商,有的还要经过代理商,由批发商或代理商转卖给零售商,零售商再将产品卖给最终使用者。与发展中国家分销渠道结构不同的是,由于在买方市场背景下制造商竭力向市场渗透,把产品推向消费者,结果形成了包括各种各样中间商(其中的许多中间商是发展中市场闻所未闻的)、高度发达的渠道结构。单个供应商无法控制市场的供应,但是在一定范围内可以增加或减少供应,在生产能力用足或接近用足时可以获得最大利润。西欧国家进口商的业务通常限定一定的产品类别,代理商规模通常也比较小,但西欧国家的零售商主体,如百货公司、连锁商店、超级市场的规模都很大,而且经常从国外直接进口。大型零售商的销售网络遍布全国,我国企业若把产品销往西欧各国,可直接将产品出售给这些大型零售商,节省许多中间商费用,并利用它们的销售网络扩大市场占有率。

(三)日本的分销渠道

日本也是市场经济高度发达的国家,但它的渠道结构却不同于欧美各国。日本的销售渠道被称为是世界上最长、最复杂的销售渠道。其基本模式是"生产者 + 总批发商 + 行业批发商 + 专业批发商 + 区域性批发商 + 地方批发商 + 零售商 + 最终使用者"。日本的分销系统一直被看作阻止外国商品进入日本市场的最有效的非关税壁垒。任何想要进入日本市场的企业都必须仔细研究其市场分销渠道。日本的分销体系有以下几个显著特点:

(1)中间商的密度很高。日本国内市场的中间商密度远远高于其他西方发达国家。由于日本消费者习惯于到附近的小商店去购买东西,量少且购买频率高,因此,日本小商店密度高,且存货量小,其结果就是需要同样密度的批发商来支持高密度且存活不多的小商店。

(2)生产商对分销渠道进行控制。生产商控制分销渠道的措施主要有:①为中间商解决存活资金;②提供折扣,生产者每年为中间商提供折扣的名目繁多,如大宗购买、迅速付款、提供服务、参与促销、维持规定的库存水平、坚持生产者的价格政策等都会获得生产者的折扣;③退货,中间商所有没销售完的商品都可以退还给生产者;④促销支持,生产者为中间商提供一系列的商品展览、销售广告设计等支持,以加强生产者与中间商的联系。

(3) 独特的经营哲学。贸易习惯和日本较长的分销渠道产生了生产者与中间商之间紧密的经济联系和相互依赖性,从而形成了日本独特的经营哲学,即强调忠诚、和谐和友谊。这种价值体系维系着销售商和供应商之间长期的关系,只要双方觉得有利可图,这种关系就难以改变。

(4) 大规模零售商店对小零售商进行保护。为了保护小零售商不受大商场竞争的侵害,日本制定了《大规模零售商店法》。该法规定营业面积超过 5382 平方英尺(约 500 平方米)的大型商店,只有经过市一级政府批准,才可建造、扩大、延长开门时间或改变歇业日期。所有建立"大"商场的计划必须首先经过国际贸易工业省的审批和零售商的一致同意,如果得不到市一级的批准及当地小零售商的全体同意,计划就会被发回重新修改,几年甚至 10 年以后再报批。该法限制了国内公司与外国公司在日本的发展。除了《大规模零售商店法》以外,还有许多许可证条例也对零售商店的开设进行限制,日本和美国的商人都把日本的分销体系看作非关税壁垒。

(5) 日本分销体系的改变。20 世纪 60 年代以来,由于在美日结构性障碍倡议谈判中,日美两国达成的协议对日本的分销系统产生了深远的影响,最终导致日本撤销对零售业的管制,强化有关垄断商业惯例的法规。零售法对零售店的设立条件有所放宽,如允许不经事先批准建立 1000 平方米的新零售店,对开业时间和日期的限制也被取消。日本的分销系统发生了明显的变化,传统的零售业正在失去地盘,让位给专门商店、超级市场和廉价商店。日本分销体系的改变也有利于外国产品进入日本市场。

第二节 国际分销渠道的成员类型

一旦公司明确了自己的目标和政策,下一步就是选择发展分销渠道所需的特定的中间商。中间商按照其是否拥有商品所有权可分为代理商和独立中间商。区分代理商和独立中间商很重要,因为制造商对分销过程的控制受渠道中谁拥有商品的影响。代理商不拥有制造商商品所有权,在国外市场组织销售。通过使用代理商,制造商承担买卖风险,但却保留制定政策、确定价格的权利,并有权要求代理商提供销售记录和客户信息。独立中间商实际拥有制造商的商品所有权,承担买卖风险,所以他们不像代理商那样容易控制。独立中间商起着一系列的进出口批发作用,包括在其他国家自主买卖。因为独立中间商主要关心他们的商品的买卖和利润,除非他们得到授权或者拥有强有力的有利可图的品牌,否则独立中间商购货时不限于某一货源,对品牌的忠实程度往往较低。

在实际中一般很难找到某一家公司,能够不折不扣地代表这里定义的中间商类别。事实上,某个进口商可能是个代理商,而另一个则是独立中间商。很多国际中间商有好几个头衔,只有根据他们和某一家公司的具体关系才能确定到底是哪一个。

一、出口中间商

(一) 出口商

在国际市场上,凡经营出口业务的企业,无论是生产企业,还是贸易企业,只要它以自己的名义在本国市场上购买产品,再出口到国外的贸易商,都称为出口商,有的国家叫国际贸易公司,在日本则叫综合商社,在我国一般叫外贸公司或进出口公司。

出口商都以自己名义在本国市场上购买产品,拥有商品的所有权,自己选择货物的种类并决定买卖的价格。大的出口商自己备有运输工具、自办转运业务。有些出口商在国际市场上为自己经营的商品进行各种促销宣传,以广招客户。比较大的百货商品出口商,经营品种齐全,在国际市场上有巨大的销售网络,众多的国际商业关系和庞大的信息机构,有的还向国际市场派驻自己国家的或雇佣本地的推销人员。有时也给国外买主资金上的通融。同时,他们一般还兼营进口业务。

出口商开展出口业务,一般有两种形式:一种是先买后卖,即先在国内采购商品,再卖给国外买者。这种形式要求出口商经常备有存货,一手交钱,一手交货,成交快,信誉好,但风险大且占压资金。另一种方式是先卖后买,即先接受国外订单,再依订单在国内购买相应商品。该方式风险小,占压资金少,但由于没有存货,会因为买不到适合货物或不能按时交货而失去商机和信誉。

出口商最典型的形式是日本的综合商社。日本的综合商社是日本经营进出口业务的主要企业,又兼营国内贸易,承担外汇风险和各种信贷风险,从事管理咨询并参与生产制造。经营范围广,资金雄厚,市场覆盖面大。它们在国内控制各种销售渠道,既代表制造商出口货物,也作为商人买进卖出,同时还为买主代理进口。它们的经销额占日本商品生产总量的25%,占日本年出口额的50%和国际市场贸易额的9%。综合商社在国际上也有强大的推销网,商情灵通,有丰富的谈判经验和业务知识,并能给国内外买主和卖主以资金上的融通和其他方面的支持。外商若绕过这些综合商社,是很难深入到日本市场的。

从我国情况看,出口商可分为专业进出口公司和国际贸易公司。专业进出口公司是指专门从事进出口业务的外贸企业。我国企业出口产品到某国市场,长期以来都是使用这种方法。这些公司在人才、资金、销售渠道、海外客户等方面的优势,是生产企业所不能比拟的。国际贸易公司是高度多样化的大型贸易企业。改革开放以来,在我国已出现了相当一批处于发展壮大之中的国际贸易公司,其功能和经营范围类似于综合商社,因而成为我国专业外贸公司的发展方向。

(二) 出口代理商

出口代理商与出口商不同,它不以自己名义向本国卖主购进货物,而只是接受卖方的委托,在规定的条件下代委托人向国外市场销售,交易成功后,收取一定佣金。它可以是一个机构也可以是个人。在国际市场上,出口代理商主要有三种形式:

1. 销售代理人

销售代理人是独立的中间商,它代理出口企业的产品销售,并为生产企业提供较其他出口商更多的服务,如负责全部促销活动,设置商品陈列处,召开订货会,参加国际展览会,开展市场调研,并提供咨询和产品售后服务等。

销售代理人与生产企业是委托代理关系,它没有商品所有权。在法律上,所有业务活动都是由生产企业作最后决定,但它在实际上又可以完全控制产品的定价、销售和促销,等于生产企业的销售经理。生产企业按销售额一定比例付给销售代理人佣金,这笔佣金一般在汇付货款时予以扣除。

2. 厂商出口代理人

厂商出口代理人接受厂商的委托,从事商品销售,相当于执行厂商出口部的职能。但它在价格或营销策略上无决定权。它们在收到外商的订单后转给有关企业,或由外商直接把订单交给厂商。代理人须征得厂商同意后才能正式成交。生产企业可将产品直接发运给买主,也可交给代理人,由代理人办理出口运输和保险手续。

和销售代理人相比,两者有明显差别:①厂商可同时使用几个厂商出口代理人,各限其于一定地区销售产品;而厂商只能使用一个销售代理人,且在地区上不加限制。②出口代理人可以同时代理几个厂商互不竞争的产品;销售代理人则可以代理互相竞争产品。③出口代理人没有营销控制权,而销售代理人则有。④出口代理人通常只代理厂商产品类别中的一部分,或限定市场的全部产品;销售代理人则可代理全部产品。

厂商出口代理人的报酬,除由厂商按销售额付给一定比例的佣金外,还可付给一定的津贴,佣金和津贴多少依具体情况而定。在美国,代理新产品出口一般收10%～15%的佣金,较畅销的产品只收2%佣金。在国际市场上,中小型企业较多使用厂商出口代理,因为出口代理人可代理多家厂商产品,货源广,每种产品分担推销费用较少。

3. 国际经纪人

国际经纪人是指经营进出口业务的经纪人。它只负责联系买卖双方达成交易,没有商品所有权,也不持有商品,也不代办货物运输保险等具体业务。因此,它只起牵线搭桥的作用,与买卖双方一般没有长期固定关系。

在下列情况下可选用经纪人:本小利微的小企业或缺乏国际市场营销经验的企业;季节性较强的产品;产品需求面广且分散的情况;想开拓市场但缺乏相应销售机构的企业;不值得花费大力气促销的产品等。

和其他代理商比较,国际经纪人工作简单,又不承担风险,所以它收取的费用也较低。在美国一般不超过2%,西欧、日本则低于5%。

(三)出口佣金商

出口佣金商是一种接受委托代办出口业务的外贸中间商。它的报酬是委托人付给的佣金。其业务主要是代国外买主采购佣金商所在国的商品出口,有时也代理国内厂商在国外销售产品。

出口佣金商代国外买主办理委托业务时,是根据买主的订单或委托购物书进行的,委托购物书是买主寄给出口佣金商的购货单,受委托人接收后,买主就不能再变更它的委托,而受委托的佣金商也必须按照购货书内规定的条件进行采购,运交指定地点,由买方交付佣金,一切风险与费用都由买主负担。

出口佣金商在代国内厂商办理委托出口业务时,一般采用两种方法:一种是寄售,厂商先将商品交佣金商,委托其寄售,由佣金商在国外寻找买主;另一种是佣金商先接受国外买主订货,然后由生产企业供应货物。

佣金商所收佣金,因商品性质、交易额大小、国际市场供求状况、国际惯例等情况而定,一般约占交易额的2%～6%。第二次世界大战后,佣金商的地位下降。目前,单纯从事出口代办业务的佣金商越来越少,一般都兼营其他业务。

除了以上三种中间商外,国际上较大的工业和贸易组织的分支机构、厂商自设的出口机构也是非常重要的分销机构。

二、进口中间商

(一)进口商

凡自国外进口商品向国内市场出售的贸易企业,都可称为进口商。它们从事买进卖出业务,承担一切贸易风险,并赚取商业利润。进口商通常是先买后卖,即先从国外买进商品,然后卖给国内中间商或用户;有时也可以先卖后买。进口商经营的业务范围,一般分为三种:第一种是从不同国家或地区购入某种或某类商品的专业性进口商;第二种是集中从一个或几个国家购入商品的地区性进口商;第三是广泛从多国购进各种商品的进口商。

(二)进口佣金商

它是一种代办进口、收取佣金的贸易企业,又称进口代办行。其业务主要有三种:一是代国内买主办理进口,在国际市场上选购商品,并按买主授权范围进行代理性质的进口业务,其性质类似于进口代理商;二是代国外出口商销售寄售商品;三是以代理人的身份代国外出口商销售商品。从事后两种业务,佣金商的职能是销售商品,得到佣金。

进口佣金商的业务,很多是由进口商兼营的,因为许多进口商与国内买主联系密切,熟悉市场状况。但随着经营品种增多,风险增大,从事一部分代理业务反而非常有利,有的进口商甚至从自营转向专门代办业务。

(三)经销商

生产企业可指定国外一家或多家商号销售其商品,并在价格上给予一定优惠,货源上给予一定的保证,双方通过经销合同,建立经常性的买卖关系。这种经销产品的商号,称为经销商。

经销商独立从事商品经销业务,拥有商品所有权,以自己的名义购销货物,对用户提供服务,赚取买卖差价。不过,在购货数量、价格、服务、分销机构、广告宣传等方面,生产企业可以通过经销合同加以控制。经销商只能在一定限度内自行定价。对于市场地位重要、用户分散、需看样订货和大量广告宣传、售后服务的商品,如耐用消费品、汽车、高技术产品等,一般适合采用经销的形式。

三、目标市场国国内的批发商

批发商是从事批发活动的中间商,是在目标市场国国内销售进口商品的重要渠道。批发商经营的商品主要由本国进口商或经销商供应,但也有一些批发商(如日本的综合商品、欧美的大型贸易集团)直接从国外进货。其销售对象是零售商、工业用户或政府购买者。批发商按其经营范围可分为综合批发商和专业批发商。综合批发商一般备有花色品种齐全的

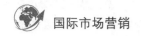

存货,雇有推销员,主要销售对象是零售商;专业批发商则以生产厂家为推销对象,主要经营生产设备、零配件和保养维修用品,经营品种相对较单一。

批发商的功能主要有以下几个:① 购买:即大量买进各种商品作为存货;② 销售:直接配售给零售商,赚取差价;③ 分割:分成小单位出售;④ 运输:提供中间运输服务;⑤ 储存:中间存货功能;⑥ 资金辅助:可以给用户或厂商以资金上帮助;⑦ 风险负担:批发商拥有商品所有权,自承风险,在信用、赊欠方面也有风险;⑧ 管理服务:可给零售商提供管理及咨询方面的服务。

对于从事国际营销的企业来说,各国的批发商的批发活动都是重要的分销模式,有些批发商对企业在国外市场上的经营成败起着决定性作用。如日本的批发商对零售商的控制力极强,国际企业在日本销售时,必须利用其提供的服务,若绕过它,就必须在财力上给当地零售商以大力支持,这就要提高成本。美国可口可乐公司和瑞士雀巢公司都是在日本搞直接销售,因此付出了极高的代价。

四、目标市场国国内的零售商

零售商是向最终消费者出售商品的中间商,通常是商品分销渠道中的最后一环。由于它能较迅速、灵敏地反映消费者的需求变化,受到各地出口企业的普遍重视。近年来,出口企业为了减少出口中间商从中赚取差价,趋向于把货物直接卖给零售商。另一方面,零售业也趋向集中,也愿意直接从国外进货,以获取更多的商业利润。

(一) 零售商的服务范围

零售业是一个十分繁杂的行业,服务范围非常广,相对于生产者而言,可提供的服务一般包括产品储存、产品陈列、产品促销、售后服务及提供市场信息等。由于零售商的规模各不相同,提供服务的质量和能力也各不相同。发达国家的零售商经营范围广,规模大,资金雄厚,提供的服务全、质量优,而发展中国家的零售商或规模小,或资金欠缺,或经验不足,难以很好地提供全面的服务。

(二) 几种典型的零售商

1. 百货公司

百货公司通常是指组织水平高、规模大、经营品种齐全的零售商。1830 年始创于法国巴黎,很快传遍世界各地。它有两个特点:一是商品种类多。各种消费品一应俱全;美、日、英、法的百货公司商品品种都在万种以上,多的达 50 万种。二是分部管理,各商品部自负盈亏。有的百货公司还设有辅助性的加工部门,形成一套完整的经营体系。

百货公司由于实力雄厚,经营规模大,故大多设有进口采购部,直接从国外进口商品。

2. 超级市场

它是一种自助服务式的大型零售商场。在国际市场上有以下特点:① 商品陈列在货架上,自动售货;② 实行薄利多销;③ 商品品种繁多,从食品到日用百货,无所不包。④ 四周有较大停车场,满足顾客停车需要。

超级市场在各国发展迅速。近年来,一些国家的超级市场正在向巨型超级市场过渡,它把仓库和售货市场连在一起,面积更大,货品更多,服务更周到。

3. 邮购商店

邮购商店是一种主要通过邮政销售产品的零售商店。其特点是不设门市部,但配有丰富的存货与宽敞的配货场地,采用邮寄方式推销商品。其零售方式有:① 样本邮售:寄送商品图片或样本给顾客,让其据此订货;② 广告邮售:通过电台、电视台做广告,说明产品特点,以供消费者来函或电话订货;③ 电话推销:接受电话订货。

在国外,邮售商店发展迅速,已成为一种大规模的零售活动。

4. 连锁商店

连锁商店通常是指在同一资本经营下,拥有多家店铺,分散于各地销售同类商品的一种大型零售商。它有两种形式:一是由大工厂或大商店在各地设分支机构,各店门面装潢、陈列布置大致相同,经营管理权由总店掌握;另一种是许多独立的零售商店联合起来,在采购中心统一管理下,统一配送,各自销售。

其特点是大量进货,低价销售;分支机构多,强调规模经营;进货渠道广泛。由于其进货量大,店面多,营销费用低,成为许多出口企业选择的分销商。

5. 折扣商店

折扣商店是一种在实行明码标价的基础上,出售时给予一定折扣的零售商。这种商店从设施投资、进货规模、人员成本等方面减少商店的开支,降低商品的售价。以大众需求和廉价吸引顾客、扩大销售。它一般设备简陋,选址不在闹市区而在租金低廉的近郊地段,自助售货,服务较少,一般削减10%~25%的价格出售商品。折扣商店在西方发达国家比较盛行。在美国其销售额占全美零售额的30%。

6. 购物中心

这是一种规模很大,多店铺聚在一起吸引顾客选购商品和游览的场所。在购物中心有各行各业的店铺、门市,配备齐全,同时还有服务业。在西方发达国家,购物中心颇为流行。除了上述零售组织之外,在国际市场上还有合作社、专业商店、特价商店、方便店、拍卖行等零售商。

(三)零售商的变化趋势

国际市场上的零售商和各国的政治、经济和文化相适应,也在不断变化。国际营销人员不但要了解其现状,还应把握其发展趋势。只有这样,才能正确制定国外市场上的分销渠道策略。零售商发展趋势主要表现为以下四个方面:

1. 国际化

一个国家的零售商跨出国门到其他国家经销商品,甚至采取国际连锁的方式进行跨国经营。如美国的西尔斯公司、派尼公司都在很多国家设立了分店。西欧的零售业大举进入美国,已占有美国杂货零售业务的10%。日本的大荣、西友等已进入美国市场。美国的沃尔玛、法国的家乐福在中国也设立了分支机构。

2. 规模越来越大

近几十年来,西方发达国家零售商的规模越来越大,数量不断减少。在一些发展较快的新兴国家和地区也表现出同样趋势,如韩国等。发生这些变化的原因是收入增加、汽车增加、工作妇女数量的增加等。这一趋势对生产者来说意味着零售商对产品分销的控制权增

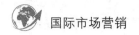

大,以及在价格谈判中的实力增加,意味着中间商牌号增加。

3. 直销方式更加需要

直接营销是指通过电话推销、上门推销和邮售等手段将产品直接卖给顾客。近几十年来,这一销售方式表现十分突出。它主要适合于书籍、保险、大宗商品、家庭用品及化妆品等。如美国雅芳、安利在亚洲直销业务非常发达。很多运动器材厂商通过电视直销传递信息。

4. 折扣商店迅速发展

折扣商店近年来规模越来越大,数量越来越多。在有些国家,折扣连锁店已取代百货商店,成为最大的零售组织,如日本。这一趋势必然会给生产者的定价、分销等决策带来很大影响。

五、厂家自设出口机构

许多大的企业、公司为了更有效地争夺和控制市场,不愿意把一部分利润割让给出口中间商,于是自己建立出口机构,直接把产品卖给国外进口商、批发商,以至零售商,这种做法就是直接出口。目前,生产产品多样化、技术复杂、有特殊专利权或名牌产品需要特殊人员进行推销的企业越来越多地使用直接出口方式。厂家自设机构出口销售的优点是:销售较为迅速、售价低、竞争力强;可以控制价格,扩大利润;同消费者接触更密切,可以提供更好的服务。缺点是:需要增加存货和工厂设备的投资,增加销售人员的费用,还要承担出口商担负的其他功能。

商品出口量较大的企业,往往设有自营出口的机构。厂商自营的出口机构主要有以下几种类型:

1. 销售部门内附设出口部

这种出口部仍隶属于企业的销售部,通常设有一名出口经理,专门负责对国外的销售业务。而国内的销售业务仍由销售部中的其他单位及人员负责。国内与国外的销售工作在一起,两者由销售部经理统一协调和控制。

2. 独立的出口部或分公司

独立的出口部或分公司专门负责整个企业的外销业务,虽然不具有法人资格,但与附设出口部不同。它不再隶属于销售部,而是直接受总经理或分管该业务的副总经理的领导。

3. 出口子公司

这是具有进出口经营权的大型企业为进一步扩大出口,更多地占领国际市场而设立的具有独立法人地位的子公司。这类子公司由于专门承担母公司产品的出口业务,因此熟悉产品,了解客户,便于积累经验。同时,由于在法律上具有法人地位,所以也具有较大的自主权和灵活性以及较强的国际市场适应能力。

4. 海外销售分支机构

有些企业除在国内设立出口机构外,还在海外设有分支机构,直接向海外客户展示、销售其产品,拓展海外市场。海外销售分支机构除了承担产品的海外分销职能外,还可以承担市场调研、仓储、促销、产品展示及顾客服务等职能。

第三节　国际分销渠道的设计

企业要想使自己的产品打入国际市场,必须正确地进行分销渠道的设计,而分销渠道的设计是一项复杂的工程,涉及多方面的因素,需在熟悉国际分销渠道结构的基础上进行科学的决策。国际分销渠道设计的中心问题是确定达到国际目标市场的最佳途径。最佳渠道是一个相对的概念,它受到市场、产品、企业、中间商、竞争环境等因素的影响。根据一定的影响因素,选择不同的中间商就构成不同的分销渠道方案。

一、国际分销渠道设计的影响因素

影响国际市场分销渠道的因素很多,制造商在决定选择分销渠道时,要综合考虑企业所要达到的市场目标和各种影响因素。

(一)市场因素

市场因素主要有以下几个:

1. 潜在市场的规模

如果潜在市场的规模较小,企业可以考虑使用推销员或邮寄方式直接向消费者或顾客推销;反之,如果潜在市场规模较大,则应采取间接分销方式。

2. 潜在市场的地理分布情况

如果某产品的潜在顾客分散较广,就应采用较长的分销渠道;反之,宜采用较短的分销渠道。

3. 消费者的购买习惯

首先,顾客购买数量大,单位分销成本低的产品,尽可能将批量性产品直接出售给顾客。其次,顾客购买频率高,每次购买数量很少,而且产品价值较低的产品,则需要利用中间商进行分销,即采用长渠道与宽渠道;反之,则采用短渠道和窄渠道。最后,对于消费者购买行为投入程度较高的产品,即购买之前需要充分比较研究,购买过程中需要投入较多精力与时间的产品,选用短渠道与窄渠道效果会更好;反之,则可以采用长渠道。

4. 市场上竞争者的情况

一般来说,制造商要尽量避免和竞争者使用相同的分销渠道。如果竞争者使用和控制着传统的分销渠道,本企业就应当使用其他不同的分销渠道来推销其产品。有时同类产品也采取与竞争者相同的分销渠道,以便让顾客进行产品价格、质量等方面的比较。

(二)产品因素

产品因素主要包括以下内容:

1. 产品单价

如果产品单价较高,则宜采用短渠道或直接渠道;反之,则应采用间接分销渠道。

2. 产品的易毁性或易腐性

如果产品易毁或易腐,则宜采用直接或较短的分销渠道。

3. 产品的体积与重量

体积大而重的产品应选择直接渠道;体积小而轻的产品可采用间接分销渠道。

4. 产品的技术性

技术复杂,需要安装及维修的产品宜采用直接渠道销售;反之则宜选择间接渠道销售。

5. 款式

换得很快的时尚产品,一般选择短渠道,避免款式过时。

资料链接 9-1

品牌服装的销售渠道

丹麦知名国际时装公司 Bestseller 集团旗下拥有 Only、Vero Moda 和 Jack&Jones 3 个品牌。长期以来这 3 个品牌在中国主要是采用开设实体专卖店的模式经营,线下销售是其利润最重要的来源。但在竞争激烈的中低端品牌服装市场上,网络销售正在成为品牌服装经营的重要方式。由于服装是时尚产品,更新换代快,为了丰富并拓展多样化的营销渠道,为更多的消费者提供高质量的正品服饰,Bestseller 于 2009 年 10 月与淘宝网建立战略合作伙伴关系,进驻淘宝商城开设了 Jack&Jones 品牌在中国的唯一一家网上旗舰店,并创下了单日交易 47 万元的销售神话。目前 Only 和 Vero Moda 也都拥有各自的网上旗舰店,屡创销售佳绩。

(三)企业因素

企业因素主要体现在以下 4 个方面:

1. 企业实力

如果生产企业本身规模大、财力雄厚、声誉较好,则可以建立自己的销售网点,或选择短渠道策略。

2. 管理水平

企业渠道管理水平也会影响企业渠道的长度与宽度。一般来说,假如制造商在销售管理、储存安排、零售运作等方面缺乏经验,人员素质不适合自己从事广告、推销、运输和储存等方面的工作,最好选择较长渠道与窄渠道。如果制造商熟悉分销运作,具有一定的产品分销经验,并具有较强的销售力量、储存能力,则不必依赖中间商,可以选择短渠道与宽渠道。

3. 控制渠道的愿望

如果生产者想有效控制分销渠道,则可以花较高的费用自设分销机构或选择少数分销商作为自己的合作伙伴。

4. 服务能力

如果生产企业有能力为最终消费者提供很多服务项目,如维修、安装调试、广告宣传等,则可以取消一些中间环节。

（四）中间商因素

中间商因素主要有以下几个：

1. 合作的可能性

中间商普遍愿意合作，企业可利用的中间商较多，渠道可长可短、可宽可窄，否则利用较短、较窄的渠道。

2. 费用

利用中间商分销，要支付一定的费用。若费用较高，企业只能够选择较短、较窄的渠道。

3. 服务

中间商可以提供较多的高质量服务，企业可选择较长、较短的渠道。倘若中间商无法提供所需要的服务，企业只能够使用较短、较窄的渠道。

（五）环境因素

这是指影响选择分销渠道的外部因素。宏观经济形势对渠道选择有较大的制约作用。如在经济不景气的情况下，生产者要求以最快、最经济的方法把产品推向市场，这就意味着要利用较短的渠道，减少流通环节，以降低商品价格，提高竞争力。另外，政府有关商品流通的政策和法规也会影响分销渠道的选择。如由国家主管部门实行严格控制的专营性的产品，其分销渠道的选择必然受到制约。

总的来说，尽管国际企业逐渐认识到渠道具有应付竞争的价值，但在实施过程中发现，即便拥有了一位出色的渠道成员，要想真正控制它，也非易事。因为渠道的成功，除了依赖于企业本身的努力外，还需依靠渠道成员的合作。这要靠双方的努力，不像产品的开发、价格的制定、促销手段的运用是生产企业单方面可以控制的。

正是因为企业发现渠道成员很难控制，所以许多厂商宁愿将精力集中在产品、定价和促销这三方面去构筑竞争优势，也不愿花时间、金钱去培养渠道成员。所以致力于培养或开发渠道的企业，往往可以在竞争中胜人一筹。美国通用汽车公司在对汽车工业市场进行调研的过程中发现，渠道是该行业中最不受重视的领域之一，主要表现为在每一个市场上代理商使用数量过多。这些代理商相互竞争，经营积极性较低，责任心较差，结果一方面顾客不满意，另一方面汽车成本不断增加。有的汽车公司或许已发现了这个问题，但由于种种原因而不愿改变这种现状，这无疑给通用汽车公司提供了一次极佳的市场机会。通用汽车公司首先精选代理商，然后不惜花费时间、人力、物力对这些代理商进行培养，定期考察，对经营业绩好的代理商进行奖励……这些举措大大调动了代理商的积极性。这些代理商积极为顾客提供满意的服务，促进了汽车销售。另外，代理商数量减少，也为公司节省了成本。

二、国际分销渠道方案的设计决策

（一）分销渠道方案的选择

确定国际市场分销渠道方案包括直接和间接分销渠道选择、渠道的长度选择、宽度选择以及渠道标准化差异化选择等内容。

1. 直接和间接分销渠道选择

国际市场直接分销渠道是指产品在从生产者流向国外最终消费者或用户的过程中，不经过任何中间商,而由生产者将其产品直接销售给国内出口商、国外消费者或用户。直接分销渠道是最短的分销渠道。国际市场间接分销是指产品经由国外中间商销售给国际市场最终用户或消费者的一种分销形式。例如,以出口方式进入国际市场时,较典型的间接分销渠道是"制造商—出口中间商—进口中间商—经销商—最终消费者"。

直接渠道和间接渠道各有利弊,各有其适用条件和范围。企业在选择时,必须对产品、市场、企业营销能力、控制渠道的要求、财务状况等方面进行综合分析。一般来讲,大多数生产资料产品技术复杂,价格高,需要安装和经常维修服务,用户对产品规格、配套、技术性能有严格要求,交易谈判需较长的时间,宜采用直接渠道销售;有的原材料用户购买量很大,购买次数少,用户数量有限,也宜采用直接渠道销售。生活用品中一些容易变质的产品和时尚产品,以及价格昂贵的高档消费品,也可采用直接渠道销售。除此之外,大多数生活资料以及一部分应用面广、购买量小的生产资料,宜采用间接渠道销售。另外,在进行此类选择时,营销能力、财务、控制渠道的要求也必须考虑在内。通过对商品数量、价格、营销费用等方面的分析,测算各个销售方案实施后给企业带来的经济效益。当企业采用直接分销渠道的获利大于采用间接分销渠道时,则选择直接分销渠道为宜;反之,则选择间接分销渠道为宜。

另外,同一行业中的不同企业也可能采用完全不同的营销渠道策略。如美国的露华浓公司和雅芳公司都是制造和销售化妆品的著名厂家,露华浓公司选择了传统的间接渠道,通过较多的批发商和零售商,并做大量广告宣传推销其产品,而雅芳公司则使用自己的推销队伍直接上门向最终消费者边宣传边推销,只选用相对少得多的广告宣传,它们都取得了成功。

2. 长渠道和短渠道选择

渠道长度是指中间商层次的多少。短渠道是指产品直接到达消费者或只经过一道中间环节的渠道,长渠道是经过两道以上中间环节后到达消费者手中的渠道。对于国际营销企业来说,究竟选择什么样长度的分销方式,取决于多种因素,主要有:

(1)产品特点。一般来说,技术性强、价格高的商品,需要较多的售前售后服务的商品,如机械设备、汽车和家电等,采用较短的渠道,以避免层层转手,维修、服务等无人负责。保鲜要求高的产品,应尽快送达顾客手中,也应采用较短渠道。而单价低、标准化的产品如日用品等,一般适宜较长渠道。

(2)市场状况。顾客数量少而购买力集中,购买量大时,宜用短渠道;反之,则宜用长渠道。此外,目标市场国的渠道结构也应考虑到。多数发达国家渠道较发展中国家要短。当然,有些发达国家中的渠道也较长,如前面提到的日本的分销渠道,日本人的消费习惯和商业传统都要求采用更长的渠道策略去响应。

(3)企业条件。企业规模大,拥有较强的推销力量,可以少使用或不使用中间商,渠道较短;企业规模小,推销力量有限,有必要使用较多中间商,渠道较长。

此外,渠道的长短还取决于企业的经营目标、业务人员素质、国家法规的限制等因素。

不能简单地说长渠道好还是短渠道好。分销渠道长度决策的关键在于,企业选择的渠道类型应具有较高的分销效率和经营效益。一般情况是,在长渠道中商品分销的职能分散在多个市场营销机构的身上,在短渠道中商品分销的职能相对集中地由少数市场营销机构来承担。

例如,一家服装加工厂决定改由自己的推销机构直接向消费者出售商品,这样一来这家服装加工企业就要把原来由批发商、零售商替自己承担的储存、运输、包装、拼配、资金周转、风险承担等多项职能统揽起来。因此,企业在选择分销渠道时,关键是要针对自身条件和环境要求,权衡利弊得失,选择出适合本企业和产品的渠道。

3. 宽渠道和窄渠道选择

渠道的宽度是指分销系统中每个层次上使用的中间商的数目的多少。分销渠道宽度的选择主要取决于企业希望产品在目标市场上扩散范围的大小。对此,有三种可供选择的策略。

(1) 密集型分销的策略。密集型分销又称为广泛型或普通型。它是一种分销制造商在同一地区内对各类中间商的数目不加限制,越多越好,尽量开拓分销渠道的宽度,密集分销的策略。它一般适用于日用消费品和工业品中标准化、通用化程度较高的产品。因为消费者对日用消费品、标准品、通用品需求量大,适用广泛,购买要求及时、方便,而对厂商、品牌和中间商不大计较。决心采用密集型分销策略的企业必须充分预计到,其所面临的每个中间商可能同时经销几个厂家多种品牌的产品,使得它们不可能为每一产品的促销提供如广告宣传、人员促销等过程中需要的费用,这就要求企业在经济上向其提供一定的支持,使企业的渠道费用增加。从经济角度看密集型分销所产生的费用较大。同时,由于中间商数目众多,企业无法控制渠道行为。这些都是采用密集型分销策略会给企业带来的不利之处。

(2) 有选择的分销策略。在某一目标市场上,生产者仅选择一家批发商或零售商销售自己的产品。通常,制造商与受委托的中间商之间订有书面契约,互相为对方承担义务。在特定的区域内,制造商不得再找其他中间商销售自己的产品,受委托的中间商也不许再经营其他企业生产的竞争产品。这种策略适用于本身技术性强,使用复杂而独特,需要一系列的售后服务和特殊的推销措施相配套的产品。如生产汽车、家用电器、计算机和办公设备、照相器材等产品的许多企业都采用这种策略在世界许多国家或地区建立分销网络。选择这种策略的优点是生产者和销售者利害相关,因此,从双方关心本身利益出发,能增强为对方负责的责任感。

(3) 独家分销策略。独家分销策略指制造商在一定的市场区域内仅选用一家经验丰富、信誉卓著的中间商销售本企业的产品。在这种情况下,双方一般都签订合同,规定双方的销售权限、利润分配比例、销售费用和广告宣传费用的分担比例等;规定在特定的区域内不准许制造商再找其他中间商经销其产品,也不准许所选定的中间商再经销其他企业生产的同类竞争性产品。独家分销策略的优点是:易于控制市场的营销价格;只有一家专营中间商与生产者签订协议,所以可以提高中间商的积极性和销售效率,更好地服务于市场;有利于产销双方较好地互相支持和合作。其缺点是:在该地区生产者过于依赖该中间商,容易受其支配;在一个地区选择一个理想的中间商是十分困难的,如果选择不当或客观条件发生变化,可能会完全失去市场;一个特定地区只有一家中间商,可能因为推销力量不足而失去许多潜在顾客。这种策略主要适用于顾客挑选水平很高、十分重视品牌商标的特殊品,以及需要现场操作表演和介绍使用方法的机械产品。

4. 标准化与多样化的选择

(1) 标准化分销模式。标准化分销模式是指企业在国外市场上采取同样的产品销售方式。采用这一做法的主要优点是可以实现规模经济效益,营销人员能较容易利用自己的经验来提高营销效率。但其缺点是忽视了各个目标市场的差异,从而丧失了市场机会。

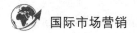

(2) 多样化分销模式。多样化分销模式指企业根据所要进入的目标市场的国别不同，采用不同的分销模式，以增强企业产品在各目标市场的竞争能力。

采用该模式原因是多方面的。第一，各国的分销结构不同，如批发商、零售商的数量、特点不一样，要求企业在不同的国家采用不同的分销模式。例如，企业在甲国所采用的渠道，乙国根本不存在；在许多发展中国家，中间商数量较少，或已成为竞争对手的独家经销商。这时，企业就需要根据各市场国的不同情况，重新设计分销模式。第二，各国消费者的特点也有所不同，促使企业采用不同的分模式。第三，竞争对手的渠道策略也可能要求企业采取不同的分销模式。如竞争对手长期在某国采用一种渠道模式，使得该国只接受这一模式，当企业进入该国时，也只能仿效竞争对手的做法。最后，企业自己的因素也会影响对分销模式的设计，如企业规模大小、产品组合、渠道经验以及整体营销战略等。

总之，标准化与多样化各有利弊。但在实际中，采取多样化分销模式更能适合各目标市场的不同特点。

资料链接 9-2

戴尔易安信渠道战略

2018 新年伊始，戴尔易安信（简称"戴尔"）在中国正式亮相。戴尔一直有这样的雄心，要在 T1～T6 级城市市场上拉起一张无比巨大的网，而其中的关键就是不断提高对四六级城市的覆盖率。大约从 2003 年开始，戴尔已经在谈论要走向四六级城市，2014 年，戴尔的渠道实实在在拓展到四六级城市，与同时具备行业能力和技术实力的渠道商建立直接联系，形成扎实的销售网络。倾听市场与客户的需求，这是戴尔科技集团的立足之本。考虑到不同地区业务的复杂性、需求点和成熟度，戴尔易安信将进一步深化区域覆盖，通过提升总代区域覆盖能力，加强区域分销商的建设，支持并完善 RD（区域的核心分销商）模式，继续发展区域型行业代理商和解决方案提供商，鼓励渠道订单报备，推动更多四六级市场的商机转化。

"中国的 IT 需求总量，T4～T6 级市场远远大于 T1～T3 级市场。戴尔最早采用的是直销模式，渠道业务是从 2007 年才开始的，而中国市场的特点是不仅广阔而且有纵深，仅靠直销体系不能很好覆盖。"戴尔易安信副总裁兼大中华区商用渠道总经理王忠表示，撬动 T4～T6 市场的发展将是一场持久战。

第四节　国际分销渠道的管理

国际营销企业选择了渠道方案后，必须对每个中间商（即渠道成员）加以选择、激励和评估，并随着时间的推移，调整其渠道方案以适应环境的变化。这就是渠道成员的管理过程。渠道成员管理好坏，直接关系渠道的分销效率。

一、制定国际市场分销目标

国际市场分销渠道管理的首要任务就是制定国际市场分销目标。国际市场分销目标具有多样性、层次性和动态性等特点。一般来说，企业进行国际市场分销管理的总体目标是取得较高的利润率，或一定的市场占有率等。为达到这些总体目标，又可分为达到预期的顾客服务水平、中介机构应该发挥的功能、在一定的渠道内取得大量的分销、以尽可能少的投资在新的国际市场上实现产品分销数量的增长、提高市场渗透率等。各个层次的目标应该是统一和协调的,但有时它们之间也存在着冲突。

企业国际市场分销的目标也可能随着营销过程和企业规模的扩大而予以适时调整。如制造商在进入国际市场的初期,由于缺乏国际市场营销的经验,并不要求对分销渠道取得大的控制权,只是逐步积累经验。随着出口规模的不断扩大,制造商要树立自己的品牌和企业形象,这时,对分销渠道的控制就会变得越来越重要。

在制定分销目标时,还要考虑目标市场顾客对分销服务的要求。顾客的分销服务可分为批量规模、市场分散程度、等候时间、产品多样性和服务支持等不同类别。批量规模反映了顾客一次购买数量方面的要求。市场分散程度涉及购物地点的方便性。等候时间是指产品的交付速度。产品多样性是指竞争产品的数量和顾客选择范围的大小。服务支持是指分销渠道成员能够提供给用户或消费者的售后服务。

二、选择国内外中间商

(一)渠道成员的发展

对于初次从事国际营销的企业来说,与国外中间商建立联系,并从中发现、发展中间商是企业首先进行的工作。广泛、稳定的国外客户联系,是国际企业的宝贵财富。与国外中间商建立联系的方式即渠道成员的发展途径如下:

(1) 主动建立联系。一是通过查阅国内外报刊广告、行业名录等,主动发函联系;二是通过专业报刊、杂志登载广告,自我介绍,招徕客户。

(2) 通过国外商会介绍。请国外企业主联合会、商会、同业公会等介绍客户,请原有的国外客户介绍其他行业的客户等。

(3) 通过银行介绍。请我国经营外汇的银行和驻我国的外国银行介绍。银行信息灵通,对各国工商企业界非常熟悉,由其介绍客户较为稳妥。

(4) 通过国内外的展览会、交易会建立联系。

(5) 函请我国驻外商务机构和各国驻华商务机构介绍;函请联合国有关机构介绍。

(6) 与国外企业直接挂钩。直接与国外大型的贸易公司、百货公司、跨国公司等联系,沟通业务关系。

(7) 通过私人关系介绍。

(二)渠道成员的选择

制造商为了选定的渠道招募合适的中间商,其吸引力有所不同。某些企业毫不费力,像丰田公司就很容易找到不计其数的经销商。但另一种情况是企业历尽艰辛才能找到合适的中间商。不管中间商发展是难是易,必须确定选择中间商的标准,因为这直接关系到产品在国际市场上的销路、信誉、经济效益和发展潜力。选择的一般标准如下:

(1) 经济实力。中间商的经济实力在很大程度上决定了它的经营能力。没有足够的财力作保证,中间商很难履约、守信,特别是那些自负盈亏的经销商,一旦发生资金短缺,往往会弃信毁约。因此,选择中间商应考虑审查它的经济实力、财务状况。这可以通过审查其资产负债表、注册资本情况、公司性质等情况得到。当然,对中间商的经济实力不能一概而论。

比如，对于经销商，应重视其经济实力，成交额一般不宜超过其资产额，以免发生不测。对于一般国外经纪人，因他只起一个桥梁作用，并不涉及商品所有权，可不必关心其经济实力。

（2）中间商的经营能力。由于国外中间商的社会地位、经历、经营风格、人员素质和渠道分布等各不相同，其经营能力也各有差异。而经营能力的高低关系到产品销售量的大小，可以通过考察中间商历年的经营实绩来了解其经营能力。

（3）中间商的专业知识。中间商对自己经营范围内的产品、市场、分销渠道等有关情况的了解和专业知识，有助于产品的销售。在科技日新月异、新产品层出不穷的今天，考察中间商的专业知识更为重要。特别是在高科技产品、机电产品、耐用消费品等方面，由于对服务要求高，缺乏专业知识的中间商很难搞好营销。

（4）中间商的商业信誉。信誉是产品营销的灵魂。对中间商信誉的了解，可以通过国内外银行、咨询机构、驻外商务机构等进行。对于那些资信状况不清楚的客户，应慎重对待，切不可急于求成。

（5）中间商的合作态度。买卖双方之间的友好合作，是巩固业务关系和扩大市场销售的基础。双方合作是一个双向选择的结果。俗话说强扭的瓜不甜。所以厂商应考虑中间商的合作态度，选择那些乐意合作，能积极配合，努力经营的中间商。

（6）人员、装备和设施。中间商所雇佣的人员、装备和设施也应当予以考察。从事分销活动的人员的数量和质量如何，是否具有良好的公共关系，以及分销商的设施和装备是否被适当安置，都直接影响到中间商的经营能力。

（7）未来销售增长潜力。通过观察中间商目前的经营状况和销售增长情况，分析其未来的发展潜力，发展潜力大的中间商，可以作为备选渠道成员。

（8）提供信息的能力。中间商比企业更直接接触用户，更了解市场，能为企业提供更多的市场供求信息和有关竞争的信息。一般来讲，规模大、实力强、人员素质高的中间商在这方面的能力也强一些。

以上各项只是选择分销渠道的一般标准。企业在选择时，应考虑自身的经营目标、产品、市场和竞争等具体情况，拟定更为详细的考察标准，选择真正合格的中间商作为渠道成员。

资料链接 9-3

顶级跑车品牌法拉利对分销商的选择

法拉利几乎所有的销售都是通过遍布全球的法拉利经销商网络进行的。法拉利通过经过授权的专门的经销商网络来销售汽车（除了直接一次性销售给最终客户的汽车之外）。在较大的市场上，它们拥有全资子公司，或者像在中国，与本地进口商建立合资企业，汽车被卖到经销商，再由经销商转售给最终用户。

在较小的市场上，法拉利通常将汽车卖给单一的进口商。2015 年 3 月 31 日，法拉利的销售网络包含了 182 个经销商，运营了 204 个销售点。

法拉利对经销商进行了仔细且严格的挑选。选择标准基于信誉、财务稳健以及业绩记录。它们选择能够提供店内体验的经销商，以保持法拉利品牌完整性的方式营销和推广汽车，并且确保最高水准的客户满意度。

（三）中间商的筛选

企业按照其制定的标准和寻找到初步符合标准的中间商名单后，应对其进行逐一论证和筛选。企业可以给每位中间商候选人去函，概述产品情况并提出对经销人的条件要求。对答复满意者再提出更为具体的询问，如商品种类、商场区域、销售人员数量及其他背景材料等。筛选的最好方法是与之面对面会谈。

（四）双方签订协议

当国际营销者找到合适的中间商后，双方应签订销售协议书。协议书因具体情况不同没有统一的模式，一般应包括的条款有双方的权利与义务、合同期限、合作方式、终止关系和仲裁争议等。

三、国际市场渠道成员的激励

企业不仅要选择中间商，而且要经常激励中间商使之尽职。给中间商以适当的激励，目的是促使双方友好合作，互惠互利，融洽感情，更进一步加强中间商的责任心，提高其积极性。激励措施主要有：

（1）了解中间商的经营目标和需要。一方面，有利于帮助中间商实现目标，另一方面也有利于将企业的目标与中间商的利益结合起来，实现双赢。

（2）提供市场需要的优质产品。这是对中间商最好的鼓励，因为只有满足市场需要的好产品，才有销路，才能使双方实现营销目标。

（3）给予中间商适当的回报。企业应合理制定产品价格，适当降低价格水平，使中间商有利可图，这是最关键的激励。

（4）为分销商提供全面的服务。企业应在市场调研、产品促销宣传、人员培训等方面为中间商提供服务，以提高中间商的分销能力和分销效果。

（5）加强与中间商的联系与沟通。企业应与中间商之间建立长期、稳定的联合关系，并随时与分销商进行沟通，了解其需要，提供相应的帮助。

（6）向中间商提供信贷帮助，或允许其延期付款。

（7）给成绩突出的中间商一定的奖励。如给予奖金或奖品，实行特别折扣，利润分成，开展经销竞赛，增加津贴等。

上述各种形式都能不同程度地激发国外中间商的经营积极性。企业在采用之前，要进行调查研究，比较其成本与收益，考察其可行性；同时，不同的中间商、同一中间商在不同时期，其需求是不同的，企业应具体分析，选择最能满足其需求的方式来激发其积极性。

四、国际市场分销渠道的控制

将产品委托给中间商后，出口企业应当进行适当的控制。中间商作为独立的商业机构，往往同时销售很多家企业的商品，他们关心的是高利润、快周转。他们完全可能不重视某个企业产品的销售，从而可能使该企业丧失市场机会。所以加强对中间商的控制，对企业来说是很重要的。另外，企业还应从渠道成本、覆盖率以及持续性三个方面对国际分销渠道进行控制。

（一）成本

国际分销渠道的成本包括渠道开发成本和维持成本。前者是一种一次性支出，后者是连续的产品营销成本。近年来，分销成本普遍具有增长趋势，这对企业开辟新市场极为不利，如何降低营销成本成为众多企业关注的中心。一般认为企业可以通过缩短分销渠道来降低分销成本，而实际情况并非全都如此。有些企业确实通过缩短分销渠道降低了成本，但也有企业是通过较长的渠道才使分销成本得以控制的。另外，不同的渠道方式成本不同。当企业的产品要开拓一个新市场时，使用代理商或经销商来推销产品，比使用企业自己的推销人员成本低。但随着销量的增长，使用代理商的成本增长加快，比企业自己推销的成本增长要快，使得企业利用自己的推销人员销售产品更合适。

（二）渠道覆盖率

分销渠道覆盖程度决定了出口企业产品的竞争力、市场份额和销售量。较高的渠道覆盖率并不意味着单纯地理上的高覆盖率，因为这往往伴随着很高的营销成本。在进口国人口稠密地区，在细分市场上提高渠道覆盖率，是控制渠道覆盖率的有效措施。

（三）持续性

企业建立产品的国际分销渠道，支付了各种成本，总是希望各个渠道成员能够长期、高效地为企业服务。企业不断地激励渠道成员，与之加强各方面的合作，也是希望能够比较长期地与中间商保持良好关系，控制分销体系的持续性。影响分销体系持续性的因素有中间商本身的原因和市场竞争的因素。经营不具备长期性、经营品种经常变化、规模较小的中间商因市场变化或经营不善而倒闭也是常有的。这使得分销渠道的连续性得不到保证。另外，激烈的市场竞争常能够使中间商转向竞争对手一边。竞争对手利用优惠的条件，甚至使用其他压迫手段使中间商中止与原企业的合作关系，使原企业遭受损失。所以，企业一定要选择合适的国外中间商，并与之加强合作，同时要为他们提供较好的条件，使之能长期为企业服务，从而保持企业国外分销渠道的持续性。

五、国际市场分销渠道的评估

生产企业并非被动地为中间商服务，为保证自身利益，企业在维护合作关系的同时，还应进行积极的引导和督促，以保证中间商正常开展推销业务。一般说来，企业要确立一定的评估标准，经常性地对中间商的销售业绩进行检查和评估，以便及时发现问题，采取调整措施。这些标准应包括一定时期内的销售额、平均的库存水平、为顾客提供的服务水平、与企业的协作情况等。这其中，销售指标最为重要，因为国际市场营销中某一地区中间商的销售规模很大程度上就是企业在该市场销售目标实现的规模。根据销售业绩，企业可对各个中间商进行评价，鼓励先进，并对发现的问题及时采取相应的措施。

六、国际市场分销渠道的调整与改进

国际营销企业不只是制定良好的国际分销渠道系统并使之投入运行，还需要定期调整渠道系统，使之适应市场不断出现的新情况。当消费者的购买方式发生变化、市场扩大或缩小、产品进入生命周期的下一阶段以及竞争状况发生变化时，都需要对现有的渠道结构进行调整与改进。调整和改进渠道可能发生在三个方面：增加或去掉某些渠道成员；增加或去掉某些市场渠道；或者在所有市场制定全新的渠道策略。对于第一层次的渠道修改，一方面是由于某些中间商不能很好地完成销售任务，违背了企业的经营意图；另一方面原因是企业变换进入市场方式，使得企业需要增减渠道成员。

在国外的市场上更换或者增减中间商，往往要花费较高的代价，这是由于许多国家都对经销商或代理商进行法律保护，双方在解除代理或经销协议时，企业通常要付给中间商各种补偿费用，甚至今后几年的利润。如在洪都拉斯，企业如终止一个代理协议，必须向该代理商支付相当于5年的毛利，并补偿该代理商所进行的一切投资和各种附加开支。在比利时，则必须在实际终止前3个月通知将被终止的经销商或代理商，并赔偿其名誉损失费、开展业务费、辞退雇员费等。在奥地利，没有正当理由终止可导致多达1~15年平均佣金的损失。另一方面，企业作出增加或除掉某些市场渠道的决策，往往会影响整个系统。除掉某些市场渠道会减少销售量，使单位成本上升；一些人员和设备被闲置起来；竞争者会抢占这些市场的份额等。企业必须考虑所有这些影响因素。最困难的决策是对整个分销渠道的修改，如企业决定用自有的经销商代替独立的经销商等，这些决策可能在更大程度上改变企业的营销组合，因此需要渠道管理者更仔细地分析，以做出正确的决策。

第五节　电子商务营销

随着互联网以及移动终端多元化发展，传统意义上的销售模式受到很大的冲击。顾客从以前的到现场购买形式，逐步发展到网上购买；从单一选择模式发展到现在的多元选择模式。企业为了实现其目标，需要在全渠道范围内实施渠道选择的决策，然后根据不同目标顾客对渠道类型的不同偏好，实行针对性的营销定位，并匹配产品、价格等营销要素组合策略。

一、互联网营销

互联网营销主要有以下几种：

1. B2B 模式营销

B2B 本质上是一个贸易信息发布与管理的电子商务平台，我们常说的电子商务是其具体表现形式。电子商务通过电子数据交换（EDI），实现从产品的介绍、选择、合同的签订、订单的下达，到货物出运及报关等几乎所有的贸易过程都通过电子方式在网络上进行，被誉为无纸贸易。电子商务一般是借助网店或网站形式得以实现的。

2. 搜索引擎广告营销

搜索引擎广告（关键词竞价广告）营销就是企业利用网络搜索引擎服务商提供的广告平台，实行国家及区域定向投放，并按点击率付费，而且价格相对低廉，能广泛触及海外潜在客户，同时可自主管理、随时监控广告效果。

3. E-mail 营销

E-mail 营销是通过向潜在客户发送促销信息邮件或在邮件中投放广告的方式来进行营销的，是一种主动的营销方式。开展 E-mail 营销的基础是拥有批量的、经用户许可的潜在客户邮件地址资源。邮件资源的获得一般通过购买第三方专业 E-mail 营销服务商提供的定向许可性的外部邮件列表资源，以及用户主动在企业的网站订阅邮件等方式获得的内部 E-mail 地址邮件列表资源。另外，出口企业可以采取推广自身网站上的产品订阅功能、询单客户和求购客户的邮件地址、专业展会获得的 E-mail 地址等积累邮件列表资源。

4. 博客营销

博客营销是基于 Web 网站或网络工具开展的网络营销，包括企业内部搭建博客平台进行营销宣传和利用第三方博客托管平台(BSP)做推广两大方式，目前以后者应用较为普及。其本质上也是创建了一个营销资源，要发挥最大的价值，同样离不开内容建设、频繁更新、链接推广等基础工作。和博客营销类似的还有基于 Web 的，如 RSS、网摘、维基百科、社会性搜索、播客、SNS 圈子等一些值得关注的新型网络营销方式。

二、移动营销

随着移动互联网的发展，用户对于智能手机、电脑的需求越来越大。手机逐渐从简单的通话、发短信的通信工具进化成为集多种功能于一身的移动终端。智能手机的普及，使得移动营销越来越成为品牌国际广告和促销活动的重要工具。

1. APP 营销

一开始 APP 只是作为一种第三方应用的合作形式参与互联网商业活动，随着互联网越来越开放化，APP 营销作为一种新型营销模式，显示出其独特而巨大的营销价值，给社会各行各业带来了更多的发展机会，开启了营销领域的新时代。越来越多的企业逐步建立了自己的 APP"自媒体平台"，以应对新经济时代的企业营销变化。

用户可以通过下载到手机的成为客户端的移动应用上持续性搜索、查看了解产品信息，并及时在移动应用上下单或者是链接移动网站进行下单。利用手机和网络，也易于开展由制造商与个别顾客之间的交流。顾客的喜爱与厌恶的样式、格调和品味，也容易被品牌一一掌握。基于此，商家便可以在强大的云端服务支持下，利用移动终端获取云端营销内容，借助先进的数据库技术，实现把个性化即时信息精确有效地传递给消费者个人，达到"一对一"的互动营销目的。

2. 移动广告和促销

理解消费者想如何使用他们的智能手机是理解广告扮演的角色的关键所在。由于手机屏幕小，使用者的注意力转瞬即逝，因此要实现广告传递信息和劝说购买的功能对移动商务营销者来说更具挑战。有利的一点是，比起用电脑上网，消费者使用手机时更投入，注意力也更集中。尽管如此，许多移动商务公司正淘汰广告，让顾客通过尽可能少的点击次数完成购买。

促销则另当别论。消费者经常用智能手机发现优惠商品或是利用这些优惠：移动优惠券的兑换率(10%)远高于纸质优惠券(1%)。对于零售商来说，有调查表明，移动促销可以让顾客在店内的活动范围更广，从而购买更多计划之外的商品。

3. 基于定位的营销

基于定位的营销指当顾客在某个特定的地理范围内，尤其是靠近或就在某家商店里时，用移动促销的方法吸引目标顾客。这种基于特定地点服务只需要一个应用软件和 GPS 坐标,不过顾客必须选择参与。例如,高端奢侈品百货公司 Neiman Marcus 在其商店内使用了基于定位的营销,如此一来,当更有价值的顾客出现在该区域内时销售人员就能马上知道,而且可以通过查看顾客的购买历史为他们提供更具个性化的服务。户外用品供应商 North Face 在公园、滑雪场和门店周围使用基于定位的营销。化妆品品牌科颜氏(Kiehl's)在其独立商店和其他商场中的柜台周围使用基于定位的营销。它在收银台社交媒体主页以及电子邮件列表打广告,注册加入的消费者可以免费得到一支唇膏。已经有数千名消费者选择加入。不过公司将每月发送的广告短信控制在 3 条以内,以避免打扰顾客。

◆ **本章小结**

国际营销渠道决策很不容易把握,因为渠道结构因国家而异。尽管如此,一些与市场发展相关的变化模式为精明的国际营销人员提供了新的渠道方式和为获取竞争优势创造了机遇。顾客、产品、中间商和环境特征都影响着渠道设计和策略。消费品渠道可能由于使用直接邮购、上门推销和制造商自营店而变得比较直接。制造商的销售队伍、代理商/经纪人和批发商这些渠道也可混合使用。工业品渠道的类型较少,人们经常使用制造商的销售队伍、批发商、经销商或代理商。

分销渠道由营销活动和中间商组成,它们使产品和服务的移动更方便和容易。国际市场营销者必须做出建立国际分销渠道的决策,这些决策要聚集于渠道设计和中间商的选择。基本的渠道决策完成后,国际市场营销者接下来要决定使用不同类型的中间商的数量以及每种类型包括多少个中间商或者是否使用中间商。由于国际销售的绝大部分都要有分销商参与,并且渠道决策是所有营销决策中最具长期性特点的决策活动,这一过程显得十分重要。渠道管理类似于团队凝聚而不是独立业务的简单集合。有了渠道管理,整个市场营销活动也将越有效。最后,随着互联网以及移动终端多元化发展,传统意义上的销售模式受到深远的影响,企业要实现其目标,需要对全渠道营销进行分析、规划和实施。

◆ **关键词**

国际市场分销渠道　中间商　分销商　国际渠道管理　电子商务营销

◆ **复习思考题**

1. 国际分销渠道有哪些模式?
2. 国际市场上常见的中间商有哪些?
3. 国际中间商的类型有哪些?企业如何选择理想的国际中间商?
4. 如何对国际市场分销渠道成员进行有效的激励?
5. 如何对国际市场分销渠道成员进行有效的控制?
6. 试论电子商务对国际分销的影响。

◆ **思考案例**

好孩子与卡斯科的"联姻"

好孩子(GOOD BABY),是中国最大的专业从事儿童用品设计、制造和销售的企业。在产品进入美国市场之前,好孩子集团在美国找到了一家理想的合作伙伴——卡斯科公司。卡斯科公司位于美国中南部城市达拉斯市,是一家有上百年历史的老牌儿童用品企业。"好孩子"登陆美国时,正值卡斯科公司在激烈的市场竞争中刚刚丢失了童车市场之际。当一家大公司傲慢地一口气回绝了"好孩子"的合作意向后,卡斯科公司却表示它很愿意与来自中国的童车新秀结盟,希冀收复失地,重铸辉煌;而好孩子集团则看中了卡斯科公司悠久的历史、良好的商誉和庞大的营销网络。双方几经磋商,结成了战略联盟关系,共同开拓美国市场。根据协议,好孩子集团把自己设计生产的童车运往美国,由卡斯科公司总代理,并以双方联名的"Cosco-Geoby"品牌在美国市场销售。"好孩子"新颖的款式、优异的质量与卡斯科公司的良好商誉实现了"天作地合"式的"联姻",使"Cosco-Geoby"童车迅速打开了美国市场。

资料来源:2011年10月全国高等教育自学考试国际市场营销学试题。

问题:根据所学原理说说好孩子集团选择卡斯科公司作为代理商的理由。

◆应用训练

我国玩具出口在金融危机后的情况

中国是世界上最大的玩具出口国,约占全球玩具贸易额的70%,其中欧美市场的消费量占到整体出口量的60%左右,但是经过金融危机的洗礼,国外市场需求已经发生明显变化。同时,由于我国劳动力价格不断上涨、人民币潜在的升值压力、原材料价格的不断上调给玩具出口企业带来影响;另外,玩具主要出口市场近年来不断出台环保、安全标准提高了玩具准入门槛,基于贸易保护而实施的技术壁垒,导致企业生产成本不断增加。种种压力,挫伤了我国玩具企业在玩具出口中的优势。中国的玩具业原来主要出口到欧美,但由于金融危机的影响,作为非生活必需品的玩具,外部市场需求比较低迷。欧美玩具销售商为降低经营风险,缩减了对外采购量。另一方面,由于受金融危机影响较小,俄罗斯、巴西、中东、东盟等新兴市场对中国玩具的进口量呈现较快增长,其国内市场需求强劲,成为中国出口的主攻对象。

资料来源:陈谊.国际市场营销实务[M].北京:对外经济贸易大学出版社,2011.

实训任务:选择案例中新兴市场的某一国家,了解其市场环境和分销体系,提出在该国建立和维护玩具营销渠道的方案。

第十章 国际市场促销策略

本章结构图

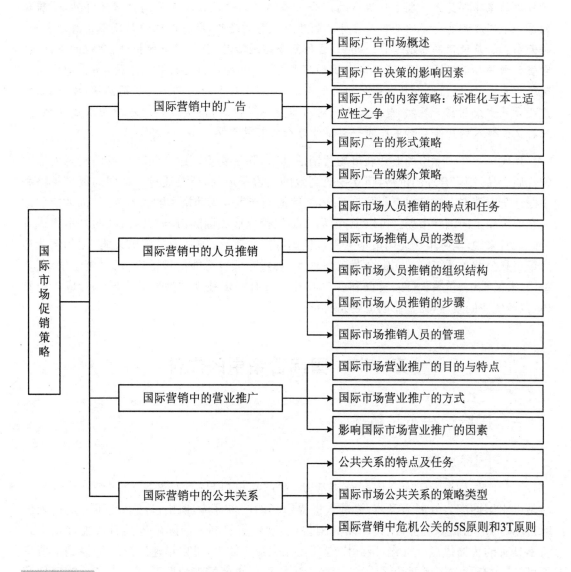

学习目标

通过本章的学习,了解国际广告决策的影响因素;理解和掌握全球广告的标准化与本土适应性策略;熟悉国际广告的形式策略和媒体策略;了解国际市场人员推销的特点和任务;

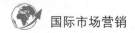

理解国际市场人员推销的组织结构;理解营业推广不同于其他国际促销方式的特点;理解和掌握国际市场中的主要营业推广方式;了解公共关系的策略类型;理解和掌握危机公关处理的5S和3T原则。

导入案例

高露洁(Colgate)公司成立于1806年,是一家在美国纽约注册的公司,以生产牙膏起步。1890年,其走出美国本土拓展全球业务。1953年,在与棕榄公司合并后,正式使用高露洁棕榄(Colgate—Palmolive)公司名称。在2018世界品牌500强排行榜中,高露洁排名第140位。高露洁公司在进军日本本土市场时采用了一种从侧面出击的策略。他们先在离日本本土最近的琉球群岛上开展了一连串的广告公关活动。通过在琉球群岛上赠送样品,使琉球的每一个家庭都有免费的高露洁牙膏。因为是免费赠送的,所以琉球的居民不论喜欢与否,每天早上总是使用高露洁牙膏。并且,这种免费赠送活动,引起了当地报纸、电视的关注,把它当作新闻加以报道,甚至连日本本土的报纸、月刊也加入报道行列。于是,高露洁公司以琉球作为突破口,借助全日本媒体的自发报道,使得全日本的人都知道了高露洁,以点到面,广告效果十分明显。显然,当一家企业对新市场不甚熟悉,消费人群的基础尚未建立之时,此种侧面介入的广告策略不失为一条稳健可行的营销策略。

现代企业在国际市场上开展市场营销活动时,除了要生产适合国际市场消费者所需要的优质产品,制定合理的价格,建立畅通高效的销售渠道外,还要通过一系列的促销策略和手段让全球消费者知晓本企业及其产品,促使他们产生购买动机和购买行为,从而才能引领本企业产品走向国际市场。可以说,国际市场促销已成为国际市场营销活动的基本组成部分。通常来说,国际市场促销策略主要包括国际广告策略、国际人员推销策略、国际营业推广策略和公共关系策略。在整合营销理念下,现代企业更可能把包括广告、直接营销、营业推广、人员推销、包装、事件、赞助和客户服务等具有一定独立性地营销手段综合成一个整体,以产生协同效应,为企业创造更大利润。

第一节 国际营销中的广告

一、国际广告市场概述

(一)国际广告的优点

国际广告是指为了配合国际营销活动,在产品出口目标国(地区)所做的商品广告。它是以本国的广告发展为母体,再进入世界市场的广告宣传,使出口产品能迅速地进入国际市场,为产品赢得声誉,扩大产品的销售,实现销售目标。国际广告具有其他促销方式所不具有的传播优点。首先,国际广告刊登在大众媒体上,可以迅速广泛地传播到消费者那里,扩大产品的知名度和接受度。其次,国际广告也能增加消费者对广告产品的信任和依赖,有利于产品顺利进入目标市场。最后,国际广告作为一种艺术表现形式可以用美和情感的表现力和感染力,提升企业和产品在消费者心中的价值。在现代通信和媒介工具相当普及的条件下,国际广告已然成为一种普遍的信息传播方式。通过各种各样的传播工具和媒体形式,国际广告使产品和服务进入目标市场的千家万户,成为参与消费者购买决策的重要力量。尽管现代社会的人们具有较强的自我意识,往往认为购买决策是自己独立自主做出的,但在这一过程的背后,却经常是广告传递了信息,诱导和说服了消费者,强化了他们的购买倾向。

(二)国际广告市场现状

2018年,全球广告市场表现平稳。根据Zenith发布的《2018年全球广告行业报告》(《Zenith Global Intelligence 2018》)显示,2018年全球广告支出将达5780亿美元,增幅约4.6%,实现自2011年以来的持续增长态势。预计2018~2021年间广告支出增长较快的区域会在东欧和中亚区域(年均增长7.4%),以及中国和东南亚区域(年均增长6.2%)。然而,表10.1和图10.1显示,广告增长大部分来自世界大国和大城市,并流向大型网络平台。Zenith估计2017~2020年,中国和美国为新增广告支出贡献47%,前五大国家(美国、中国、日本、英国和德国)将贡献57%。预计2016~2019年间,全球广告支出十大城市将增长75亿美元,占全球同期总体增长的11%。这10个城市有5个在美国,2个在中国,1个在日本,1个在印度尼西亚,如图10.1所示。此外,报告还显示,电视仍然是广告市场的最大媒介,移动端互联网使用量增长快速,占媒体时间的31%,预计到2020年将贡献700亿美元的新增广告支出,中国本土54%的互联网广告支出增长份额来自百度、阿里、腾讯三家公司;而在世界其他国家和地区,96%的互联网广告支出增长份额是谷歌和脸书,这些快速的变化正在给顶级营销人员带来压力。

表10.1 2018年与2021年(预计)世界Top 10国家广告支出费用

(单位:百万美元)

2018年		广告支出费用	2021年		广告支出费用
1	美国	203847	1	美国	225128
2	中国	86574	2	中国	101035
3	日本	42512	3	日本	45187
4	英国	25642	4	英国	28595
5	德国	23189	5	德国	24547
6	巴西	15711	6	巴西	18273
7	韩国	12550	7	韩国	14295
8	法国	12398	8	印度	14234
9	澳大利亚	12342	9	法国	13774
10	印度尼西亚	9757	10	澳大利亚	13505

资料来源:Zenith:Global Intelligence/IMF.

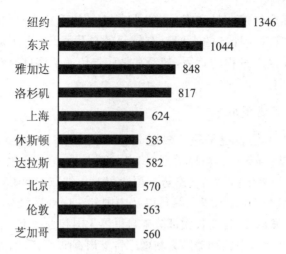

图10.1　2016～2019年全球Top 10城市广告支出增长额(单位:百万美元)

资料来源:Zenith/IMF.

(三) 全球广告公司品牌及其选择

对于那些致力于国际市场的公司,在其为自身产品做广告时,可以自己制作广告,也可以请外部广告公司代理制作,或兼而有之。实际上,广告业是一个极度市场化的快节奏行业,如今西方广告客户为产品指定全球广告公司的趋势正在加强,因此,全球广告公司通过跨国投资、资产剥离、合资并购和强强联合,以求扩大其地理范围,提高在全球广告市场为客户服务的能力。表10.2列出了当前全球顶级的广告营销集团,这些广告集团分别都是伞状或控股公司,每一个广告集团均包括一家或几家核心广告公司,以及专事直接营销、营销服务、公共关系或调研等业务的子公司。表10.3列出了2018年全球前十的广告公司品牌,我们发现,这些最优秀的全球广告公司品牌基本都出自以上顶级广告集团。

表10.2　全球顶级广告营销集团

集团名称及总部所在地	主要旗下广告公司
阳狮—宏盟集团(Publicis Omnicom Group),宏盟集团总部设在纽约,阳狮集团总部设在巴黎	宏盟旗下所属广告公司包括BBDO、TBWA、DDB等;阳狮旗下所属公司包括李奥贝纳(Leo Burnett)、阳狮(Publicis)、盛世长城(Saatchi & Saatchi)
WPP集团(Wire & Plastic Products Group),总部设在伦敦	奥美、智威汤逊、扬雅广告(Young & Rubicam)、精信环球广告等
埃培智集团(Interpublic),总部设在纽约	麦肯环球广告(McCann-Erikson)、灵狮广告(Lowe & Partners)、博达大桥广告(FCB)
电通集团(Dentsu Group),总部设在东京	电通广告、电扬广告、电通安吉斯(上海)投资有限公司
哈瓦斯集团(Havas),总部设在巴黎	灵智精实(灵智大洋)(Euro RSCG Worldwide,总部位于纽约)、Arnold Worldwide(总部位于波士顿)、传媒企划集团(Media Planning Group,总部位于巴塞罗纳)等

资料来源:根据相关报道信息整理。

表 10.3 2018 年全球前 10 广告公司品牌

公司(品牌)名称	总部所在地
电通公司(dentsu)	日本东京
恒美广告公司(DDB;Doyle Dane Bernbach)	美国纽约,隶属于 Omnicom 集团
BBDO 环球网络公司(Batten,Barton,Durstine & Osborn)	美国纽约,隶属于 Omnicom 集团
博报堂广告公司(Hakuhodo)	日本东京
李岱艾广告(Tragos,Bonnange,Wiesendanger & Ajroldi)	美国纽约,隶属于 Omnicom 集团
麦肯环球广告(McCann-Erikson)	美国纽约,隶属于 Interpublic(IPG)集团
奥美广告公司(Ogilvy Group)	美国纽约,隶属于 WPP 集团
智威汤逊广告公司(JWT;Wunderman Thompson)	美国,隶属于 WPP 集团
阳狮国际(Publicis Worldwide)	法国巴黎,隶属于阳狮集团(Publicis Groupe)
精信广告集团(Grey Global Group)	美国纽约,隶属于 WPP 集团

资料来源:根据 https://www.adbrands.net/top-advertising-agencies-index.htm 中的信息整理。

在选择广告公司时,还应考虑如下问题:① 广告公司组织结构。实行分权的广告公司会让当地子公司自主决策。② 对东道国市场的反应能力。全球广告公司是否熟悉特定国家的当地文化和购买习惯?如果不熟悉,是否应该选择一家当地广告公司?③ 地区覆盖面。候选广告公司是否能够覆盖所有的相关市场?④ 购买者的认知。客户公司想要达到什么样的品牌认知度?如果产品需要很强的当地认同,那么最好选择一家当地广告公司。尽管使用全球广告公司来支持全球营销的趋势已无可置疑,但地域中心导向的公司为适应全球市场的要求,仍会相应地选用一个或多个最佳的广告公司。一般说来,西方广告公司觉得像中国和日本这类市场比较复杂。同样,亚洲的广告公司认为在西方国家市场开办广告公司也很困难。

二、国际广告决策的影响因素

国际广告是国际营销活动发展的产物。在国际市场上做广告,其基本活动规律与国内市场是相同的,有些做法也是通用的。但由于国际市场的环境比较复杂,各个国家的经济发展水平和民族文化习惯各不同,所以在制定国际广告策略时,不仅要清楚广告自身的目标和定位,还要明白不同国家的政治法律、文化地理等对国际广告决策的影响。

(一)广告目标与定位因素

广告目标是广告活动所要达到的预期目的,其决定着广告活动的行动和发展方向,旨在扩大产品的影响,拓展新的市场,提高企业的总销售额,树立企业的良好形象。科学合理的广告目标是广告传播成功的关键;而缺乏对广告目标的研究认识,仅凭感觉或经验做决策,往往事与愿违,出现损失。如美国七喜汽水公司,面对可口可乐公司、百事可乐公司的强劲竞争,从 1980 年以来将广告费增加了一倍多,营业部门人员也倍增,但仍然亏损。后来,该公司利用人们对咖啡因的畏惧心理,开展了"七喜从来不含咖啡因,也永远不含咖啡因"的宣传攻势,由于这项"反咖啡因"广告策略的成功,使该公司的营业额稳步增加,并逐步扭亏为盈。

广告定位是现代广告理论和实践中极为重要的观念,是根据消费者的心理与购买动机寻求消费者不同的购买差异。广告定位的实质是广告业主与广告公司根据社会既定群体对某种产品属性的重视程度,把自己的广告产品确定于某一市场位置,使其在特定的时间、地点,对某一阶层的目标消费者出售,以利于与其他厂家产品竞争。它的目的就是以定位主题来强化顾客对产品的印象,为企业和产品创造、培养一定的特色,树立独特的市场形象,从而满足目标消费者的某种需要和偏爱,以促进企业产品销售。由于现代市场上产品同质化严重,品牌差异性也在缩小,加之媒介的信息量暴增,使广告建立独特清晰的品牌形象日益困难,消费者往往更优先选择那些定位明确的品牌。定位理论(Jack Trout,1981 & 1996)认为,消费者存在着"心智阶梯"的心智模式,消费者在购买某类别或某特性商品时,总是有一个优先选择的品牌序列,而且一般情况下总是优先选购阶梯上层的品牌。为此,企业产品在进行广告宣传前,应考虑以下因素来确定自己的广告定位:① 消费者的价值心理,即通过产品或服务能够满足其名誉、地位等心理需求;② 消费者的规范心理,即顾客接受的营销方式要符合其道德行为准则;③ 消费者的习惯心理,即能够迎合顾客的日常行为、消费习惯;④ 消费者的身份心理,即彰显身份或定位的心理;⑤ 消费者的情感心理,即影响顾客情感取向的心理动机。

(二)政治与法律因素

广告作为一种产品营销手段,是企业经营活动的一部分,必然受到各个国家的政治制度、法律法规和贸易政策的影响。这些影响主要包括对广告商品种类的限制、广告内容的限制、广告媒体时间的限制、广告费支出及税率的限制等几个方面。

(1) 对广告商品种类的限制。如在很多国家,禁止播放香烟广告;在泰国、英国、爱尔兰、葡萄牙等国,则禁止处方药品广告;在荷兰,糖果广告不准以儿童为对象;在德国和西班牙,不准针对战争玩具做广告;等等。

(2) 对广告内容的限制。如在德国、比利时、卢森堡、沙特阿拉伯等国家,与竞争者产品比较的广告是被禁止的;比利时、丹麦、挪威、瑞典完全禁止针对儿童的商业广告;广告内容不能损害当地的民族尊严和违反当地的民族习惯等。

(3) 对广告媒介及时长的限制。如在丹麦和挪威等国,没有商业性广播和电视;在荷兰,每周只允许有127分钟的广告节目;在法国,每天只允许有几分钟的广告时间;在美国,儿童节目中广告数量周末每小时最多9.5分钟,每日每小时最多12分钟;加拿大规定儿童广告只能出现在周一到周六的上午;德国、荷兰、新西兰等国禁止在星期日和节假日对儿童做广告。户外广告的设置、张贴,霓虹灯广告的大小和设置地点,要遵守当地的有关规限制定。

(4) 对广告费支出的限制和课税。例如,印度政府规定企业的广告费用不得超过销售额的4%。意大利政府规定对报纸广告征4%的税,对广播和电视广告则要征15%的税;在奥地利,对电视和印刷广告征10%的税,对广播及影院广告则征10%~30%不等的税。

(三)社会文化与地理因素

不同的国家(地区)有不同的社会风俗、宗教信仰、价值观、审美观、生活习惯、文化符号、消费心理和商业惯例,因而对广告表现形式有不同的价值和道德要求。如法国人喜欢素洁的白色,中国人喜爱红色,埃及人比较喜爱绿色,非洲有些国家忌讳黄色,而东南亚国家喜爱明快的浅色。因而,广告在运用色彩时,要特别注意当地人的好恶。不同的国家和地区,消费者有不同的消费观念,而且随着时代潮流的变化,消费观念也呈现代际差异。有的消费者希望购买价格低廉的商品,讲究实惠;有的却以购买高价商品显示其地位与身份。有的国家和民族,喜欢新奇。如日本追求新奇商品已形成社会风气;而德国和法国的消费者比较保守,接受新产品比较慢。对有些国家,广告图案和商标设计要特别注意其宗教信仰和习俗。如在罗马尼亚,三角形和环形的图案更能吸引消费者;在柏林,方形比圆形效果更佳。凡绘有猪或猪形状的图案在伊斯兰教国家是严格禁止的。非洲一些国家对狗和猫头鹰的形象很不欢迎。在阿拉伯国家登广告,如果画面是一个男人和一个女人在一起吃东西,不仅被禁止,还要被罚款。

文化教育程度不同,对广告的欣赏与理解水平也不同。如果不按照广告地区的实际情况设计广告,广告制作得再好,也不能引起共鸣。例如,在文化教育程度高的国家可以多用报刊、杂志做广告,而文化水平低的国家则可以选择电视、广播等载体做广告。文化教育程度较高的国家,他们对广告的创意要求也高,而对不够水准的广告是不会重视的,当然也会影响购买行为。广告语言的翻译也要得当,要了解双方的习惯语言和方言。否则,不但不能有效地表达原意,甚至还可能会闹出笑话。在某个国家是赞扬的语言,在另一个国家则可能是一种讽刺。尤其是习惯语、成语、暗示语、俚语、笑话、双关语,在翻译时更应特别注意,尽可能符合当地的民情风俗。在中国,CocaCola 音译成"可口可乐"、Safegard 音译成"舒肤佳"算是比较典型的成功案例,几乎起到了看到品牌便是广告的作用。而白象汽车配件出口美国时则直接意译成 White Elephant,全然没有考虑到 White Elephant 在英文中有表示"昂贵又无用之物"的含义。又如"芳芳"化妆品商标名,其中文拼音"Fang"在英文中的意思是"毒蛇的牙齿""狼牙""狗牙"等。同样,出口目标国家(地区)的经济地理、自然资源分布以及气候和季节变化情况等也对国际广告产生影响。比如向北极地带推销冷气机,向非洲推销毛皮是不适宜的。

三、国际广告的内容策略:标准化与本土适应性之争

如前所述,国际广告的基本活动规律与国内市场并无二致,大体皆是:广告业者是信息的源头,经过编码的信息通过适当渠道发布传播,最终由目标受众对其解码,取得广告效果。然而,由于国际与国内环境的不同,广告信息和广告策略是否应该随国家(地区)不同而异,便成为全球广告营销业者面临的关键问题。

在全球化背景下,跨国公司拥有一个恰当定位和广泛认知的全球品牌极为重要,全球品牌被消费者视为质量的象征,也表明企业具有的全球理想和社会责任。因此,在信息快速发展及消费者偏好急剧变化的时代,如何塑造一致的全球品牌形象、提升品牌的绩效,已成为学者和企业界人士关注的焦点。Levitt(1983)认为,世界各地的消费者面对相同产品和品牌,培育了相似的品位和生活方式,形成了全球消费文化,标准化的产品和营销方案可以通过规模经济实现低成本的竞争优势。高度标准化的广告信息、文案、图像和媒体的使用,可以在全球范围内塑造统一品牌形象的机会,实现不同市场上的广告战略;广告标准化战略的相似性在现实操作中能体现更多的便利和节约。总之,标准化广告有助于维持公司统一的全球战略和形象,最大化公司的成本优势和满足全球顾客的一致性需求。

与标准化广告的观点相反的是,持有"本土适应性"观点的人认为为了使广告能够适合

各个不同的国家,应该向不同的市场投放不同的广告。他们主张做广告时应该考虑各国之间的差异,不同国家的文化、语言、历史、宗教和社会经济等方面的差别会影响不同消费者对广告信息的理解,进而会阻碍全球标准化广告在其他国家的有效传播,因此适应性战略更为有效。

伴随着"标准化与本土适应性"的争论日趋激烈,另一种观点认为完全的标准化或完全的本土化都没有必要,将一个广告活动中特定方面标准化,同时使这个广告的另外一些方面针对不同的市场有所调整是合意的。近年来,跨国公司热衷于一种称之为模板广告(pattern advertising)的技巧,该策略介于全盘全球标准化和完全本土适应性两者之间,属于中间策略,它要求创建一种基本的全球性或泛地区的沟通概念,其中的方案、美工和其他要素可以根据各个国家市场的实际情况进行修改。例如,先锋良种国际公司的营销经理经常是全球广告与本土广告并用,使其最适应特定国家(地区)农民和市场的习惯和风格。

综合来说,影响全球广告标准化的因素主要有三个方面,分别是:东道国(即广告受众所在的国家或地区)的环境因素、公司的因素和一些广告本身固有的因素。其中东道国的环境因素又包括文化环境、经济条件、法律条件、竞争状况、广告基础设施、顾客的偏好和原产地形象;公司的因素包括公司的管理与财务方面的特征以及产品的属性;固有的因素有国际广告目标、跨国公司和广告代理商的关系、广告创作战略、媒体使用战略以及促销组合中的其他因素。具体指导原则如表10.4所示,也即是说,当出现以下情形时,采用标准化广告是合意的。与之对照的是,当这些条件以相反的方式出现时,采用本土适应性的策略会更好。

表10.4 国际广告的标准化选择指导原则

	广告标准化合意情形
东道国的环境因素	不同国家的文化、经济与法律等有很大的相似性
	来自当地的和国际的竞争不是很激烈
	广告基础设施很发达
	不同国家的消费者特征没有很大的独特性
	公司的产品与原产地形象吻合得很好
公司的因素	公司广告决策权的集中程度高
	公司国际广告战略采用的不是"东道国导向"而是"母国导向"
	公司没有足够的广告预算在不同区域采用不同的广告策略
	公司生产的是工业产品或技术性消费品,公司使用的是B2B广告
	公司生产的是耐用消费品,或者是消费者高涉入度的产品
	在不同国家中,公司产品都处于相同的生命周期
广告本身固有的因素	广告的目标集中在信息和回忆上,而不是劝说上
	广告客户和广告代理商处理国际广告标准化壁垒问题经验丰富
	在广告创作战略上,公司采取更多的理性诉求
	不同国家的媒体使用有很高的相似性
	不同国家有标准的促销组合导向

资料来源:根据有关文献信息综合整理。

四、国际广告的形式策略

广告信息的效果不仅取决于"说什么",而且取决于"怎么说",即信息的表达方式能在很大程度上决定广告效果。特别是对那些差异不大的产品,广告信息的表达方式更为重要。感性诉求和理性诉求是广告信息的两种基本表达方式。如广告中展现生活方式和生活片段的属于感性诉求的方式,而展现产品的技术特征、科学原理、专家证言的则属于理性诉求的方式。例如,同样是纯净水,怡宝的"分享信任,你我的怡宝"走的是感性路线,康师傅天然水宣称含有对人体健康有益的多种矿物元素(如钾、镁等)走的是理性路线。实际上,所有广告信息的表达都包含风格、文字、语调、措辞、版面或画风等方面。

国际广告信息的风格一般有如下几种:

(1) 生活片断,即再现一个人或一群人在日常生活中使用该产品的情景。例如,"汰渍"洗衣粉的广告表现一家人在日常生活中尽享自然的场景,不用担心亲近自然带来的污渍烦恼。

(2) 生活方式,用以强调使用该产品即是享受某一特定生活方式。例如,享誉世界的芝华士威士忌使用广告词"这就是芝华士生活(This is the Chivas life)"体现了追求丰富生活,把握美好时光并乐于与朋友分享的标志符号;标签为"国民豆奶"的"豆本豆"饮品体现了健康饮品、品质生活的消费需求观念。

(3) 音乐,以契合本产品的背景音乐,或与本产品有关的歌曲来帮助消费者联想该产品特性。例如,蒙牛酸酸乳的广告配乐是张含韵的《酸酸甜甜就是我》。

(4) 幻想,指的是针对该产品及其用途制造一种幻想。例如,"百年润发"广告,设计出一种基于幻想的多画面场景,呼应主题。

(5) 气氛和形象,主要是借助广告产品唤起某种值得回味或称道的气氛或形象,凸显两者间的联系。例如,沃尔沃安全别针的广告创意采用了比喻的手法,用别针构造车的整体轮廓,充分体现了沃尔沃汽车追求的"安全"理念。

(6) 人格化,指使产品人格化的人物广告。人物可以采用动画形式,也可用真人、真物,如海尔电器的海尔兄弟、"万宝路"的牛仔等。

(7) 专门技术,指展示企业在制造产品方面的专门知识和经验的广告。例如,美国希尔斯兄弟公司(Hills Brothers)展示一位顾客在认真地挑选咖啡豆的广告;意大利—瑞士哥伦尔公司(Italian—Swiss Colony)强调在酿酒方面有多年经验的广告。

(8) 科学证明,提出或说明某产品之所以受人喜爱或优胜于其他品牌产品的科学证据或调查结果。例如,两面针牙膏广告多年来强调科学证据,以"两面针"具有优越的防治蛀牙的特性说服消费者。

(9) 名人或用户代言,通过令人可信的、人们喜欢的社会名人来推荐该产品,或以普通用户的"现身说法"表明他们如何喜欢这种产品。例如,"燕之屋碗燕"广告,请刘嘉玲旁证自己的保养秘籍是"每天一碗燕窝,吃燕窝,我只选碗燕"。

此外,在表达广告信息时,应注意运用适当的文字、语言和声调,广告标题尤其要醒目易记,新颖独特,引人入胜,以尽量少的语言表达尽量多的信息。此间,汉语的成语、俗语或名言可谓是恰如其分的广告语言。例如,丰田汽车的广告:"车到山前必有路,有路必有丰田车";夏普打字机广告:"不打不相识";东芝公司用"此时无霜胜有霜"来宣传自己的优质无霜冰箱。广告语言通常是肯定的语气,语调尽可能避免幽默感,以免转移人们对广告信息的注意力,但有时也不尽然。如大众汽车的甲壳虫汽车广告就使用了幽默且自嘲的语调,"丑陋的甲壳虫"。在具体呈现上,还应注意版面画面的大小和色彩、插图的运用,并将效果与成本加以权衡,然后作出适当的选择。

当然,任何国际广告的形式策略都要遵循所在国(地区)的广告法律法规,广告企业和广告代理商通常会保证他们制作的广告不超越社会和法律准则范围。现在,各国(地区)都制定了一系列的法律和法规来管理广告信息,推出国际广告的企业必须对社会负责,保证对消费者的公开性和诚实性,不能制造有欺骗行为的广告,也不能制作误导性广告,在此前提下制作出兼具趣味性、独特性和可信性的广告信息来吸引全球消费者。

五、国际广告的媒介策略

广告媒介是广告信息传播的物质载体和中介,现代广告媒介呈现出多样化、碎片化趋势,受众分流明显,除了传统的四大传媒和网络之外,更多的户外媒介和流动媒介被开发出来。近年来,随着智能手机的广泛普及以及 5G 时代的到来,移动广告已经成为新兴的一种广告媒介。在媒介单一的年代,广告主的选择余地较小,媒介决策也相对简单。随着媒介的多样化和受众的分流化,一方面给广告主带来更多的选择,同时也使广告的媒介决策难度加大。根据 Zenith Global ntelligence 2018 报告显示,电视、互联网、付费搜索已经成为全球排名前三的广告媒介,如果对依托网络的广告不做细分,实际上,与网络有关的广告份额已经超过传统上的第一大媒介电视媒体,如图 10.2 所示。从图 10.3 全球消费者平均花在各类媒体的时间上看,2017 年移动互联网上花费的时间远超桌面互联网,预计随着智能手机在发展中国家的进一步普及和人均受教育年限的增长,全球消费者花在互联网上的总时间很快将超过花在电视的时间。

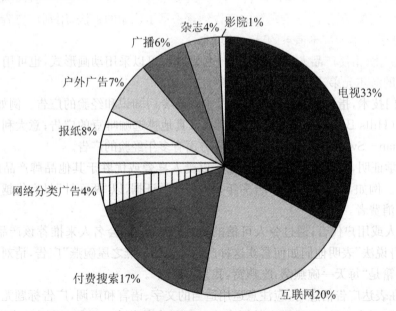

图 10.2　2018 年全球广告费用各类媒体份额

资料来源:Zenith:Global Intelligence 08,Q4 2018.

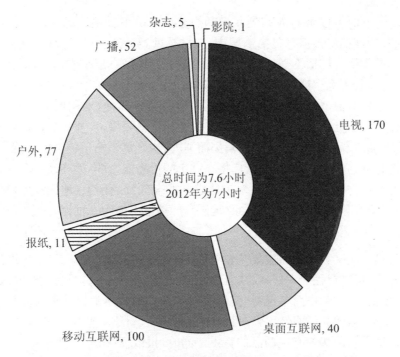

图10.3　2017年全球消费者平均花在各类媒体的时间(单位:分钟)
资料来源:Zenith:Global Intelligence 05,Q1 2018.

世界范围内的媒介数量众多,在国际营销中,不同国家(地区)的国情特点决定了媒介选择倾向上的差异,认清这一点对于有效进行媒介营销非常重要。为此,下文将比较一下主要媒介的特征差异及其选择策略。

（一）国际广告的可选择媒介类型

1. 电视

电视是典型的视听合一传播方式。单凭视觉或单靠听觉,都不会使受众产生更真实信服的感受。电视广告的这一种直观性,超越了读写障碍,成为最大众化的一种广告媒介。电视通过形状、色彩、文字、语言、音效、动作等丰富的形式对人们的视觉、听觉和运动觉同时进行刺激,具有很强的现场感,能大大缩短与受众的心理距离,因此电视广告对受众的冲击力和感染力最强,是其他任何媒体的广告所难以达到的。当然,电视广告易受收视环境的影响,不易把握传播效果。因为电视机不可能像印刷品一样随身携带,它需要一个适当的收视环境,离开了这个环境,也就根本阻断了电视广告的传播。尽管电视广告比其他媒体更易实现艺术审美和功利实用的结合,但由于电视广告播放时间有限,其信息含量自然有限,不太适合说服偏理性的消费者群体。当电视节目经常被电视广告打断,容易引起受众的不满,从而会削弱受众对广告的认同。更为要紧的是,电视广告片本身的制作成本高、周期长,播放费用高。此外,电视广告只能在短短的几秒时间内完成信息传达的任务,而且受众又是在完全被动的状态下接受电视广告的,这也是电视区别于其他广告媒介的特点。

2. 广播

广播媒介是利用电波传播声音的纯听觉媒体。它通过语言和音响效果,诉诸人的听觉,凭借声音的抑扬顿挫、轻重快慢以及节奏感和感情色彩等方面的特点,使听众不仅能够听得懂,而且喜欢听,同时可以唤起人们的联想和想象。广播不受地区、路程、气候条件等的限制,能以最快的速度把广告信息传播到城市、农村及世界各地。可以说,在五大媒体中它是传播速度最快的媒体。广播不受时间和空间的限制,不论城市还是农村,只要在广播发射功率范围内,都可以收听到广播的内容。广播媒体的受众也非常广泛,只要有一定的听力,就是广播广告诉求的对象。广播广告以声音陈述为主,制作简便,费用低廉。但是,广播广告的播出时间短暂,很难给人留下深刻的印象和长久的记忆效果,广播广告的内容只能通过声音来表现,广告随声音传出,也随声音的消失而消失,这严重影响了创意的表现手法,使广告效果受到一定程度的影响。通常来说,广播在城市的传播能力弱,而在乡村和偏远地区的传播能力强。对于广告预算有限且识字率较低或电视未普及的国家(地区),广播仍是很重要的广告媒体;对于汽车普及率很高的国家(地区),广播也不失为一种即时有效的广告媒体。

3. 报纸

报纸广告是以文字和图画为主要视觉刺激,并刊登在报纸上的广告。报纸广告的优点是读者比较稳定,传播覆盖面大,时效性强,特别是日报,发行量大,可将广告及时登出,并马上送抵读者,可信度高,制作简单灵活,是印刷成本最低的媒体。报纸作为综合性内容的媒介,由于以文字为主,因此说明性很强,可以详尽地描述,对于一些关心度较高的产品来说,利用报纸可详细告知消费者有关产品的特点。同时,报纸便于携带,便于保存,读者还可以反复阅读,选择性阅读。然而,由于报纸出报频率,每张报纸发挥的时效性都很短,人们阅读报纸时往往是一次性的,很多读者在翻阅一遍之后即将其弃置一边,报纸广告的实效也因此而大打折扣。鉴于报纸纸质及印制工艺上的原因,报纸广告中的商品外观形象和款式、色彩不能理想地反映出来。随着时代的发展,报纸的品种越来越多,内容越来越丰富,版式更灵活,印刷更精美,报纸广告的内容与形式也将越来越多样化。

4. 杂志

杂志的阅读有效时间较长,可重复阅读,它在相当一段时间内具有保留价值,因而在某种程度上扩大和深化了广告的传播效果。每种杂志都有自己的特定读者群,传播者可以针对明确的目标公众制定传播策略,做到"对症下药"。杂志一般印刷精美,表现力强,选择性好,可信度高,并有一定的权威性。但是,杂志的出版周期大都在一个月以上,发行量有限,尤其是专业性杂志,读者面狭窄,所以其时效性和影响面没有电视广播报纸好。像报纸一样,杂志不如广播电视那么形象、生动、直观和口语化,特别是在文化水平低的读者群中,传播的效果受到制约。为此,不少有影响力的杂志采取增加海外版的发行策略,如法国时尚杂志《ELLE》在包括中国在内的全球 36 个国家(地区)发行,美国《VOGUE》已在全球共计 21 个国家(地区)出版发行。

5. 互联网

互联网是当前增长最快的新兴广告媒介,具有极大的增长潜力。据中国互联网协会发布的《中国互联网发展报告 2018》显示,2017 年中国网络广告市场规模达 3828.7 亿元,在中国广告市场中占比超过 50%。随着互联网广告规模的不断扩大,预计到 2019 年中国网络广告市场规模将突破 6000 亿元。2017 年中国各形式网络广告中,电商广告占比为 29.8%,与 2016 年基本持平;信息流广告占比超过 14%,继续保持高速增长;搜索广告占比持续下降,预计在 2020 年仅保持在 20%左右的份额。相比较其他广告媒体,互联网广告能够跨越地域和时间的限制,覆盖全球任何使用互联网的用户。从这个意义上说,互联网将会是最具有全球影响力的高科技广告媒介。由于节省了报刊的印刷和电台电视台昂贵的制作费用,互联网广告成本大大降低,使绝大多数单位个人都可以承受。并且,互联网广告可以应商家要求做成集声、像、动画于一体的多媒体广告。这是其他报刊、杂志和电台广告所无法比拟的。与电视媒介广告相比,其价格之差显而易见。当然,互联网广告也有局限性,比如一些旗帜广告和图标广告,其广告信息量有限,可信度没有其他媒介高。有些还需要用户主动点击广告,广告主的广告信息才会展现在受众面前。互联网媒介的这种被动性,也影响到广告的收视率、达标率,从而限制了广告主对互联网媒介的选择。

6. 户外广告

户外广告与我们的经济与社会生活密切相关,它从一个侧面代表着一个国家经济发展与社会文明的水平。常见的户外广告大致有如下几种形式:① 路牌广告;② 电动或电子户外广告;③ 灯箱广告;④ 交通广告;⑤ 海报与招贴;⑥ 运动场地广告;⑦ 节日广告;⑧ 民墙广告。另外,由于科学技术的飞速发展以及现代人思维方式的解放,户外广告在其表现形式上也有许多重大的突破。如空中广告、真人表演广告、实物模型广告、充气模型广告、自动翻转(多面)广告、激光投射广告等。这些全新的户外广告形式,在视觉外观上富有强烈的表现力与冲击力,因而在传达效果上比其他传统形式的户外广告更胜一筹。总体来看,户外广告地理选择性好,灵活且持续时间较长,成本低,竞争者少;缺点是信息内容少,表现形式有局限性,影响的观众面随地理位置而异。

7. 邮寄广告

邮寄广告是通过邮寄、赠送等形式,将商品目录、产品说明书、价目表、小册子、样品及带广告的明信片、年历等送到消费者手中、家里或公司所在地。邮寄广告在国外已有五六十年的历史,在我国,20世纪80年代中期开始使用邮寄广告,到20世纪90年代才作为正式的广告业务项目而被普遍采用。这种广告一般要求广告人员根据广告产品的性质,决定产品的目标客户,进行邮寄。广告业主可以从回收的广告赠券的数量上得知广告的效果。邮寄广告的不足主要是费时费力,范围有限,影响力小。

(二)国际广告的媒介运用

以上介绍各类广告媒介各自的优缺点,在叙述如何运用这些广告媒介之前,有必要将以上媒介做出一些简单分类。

(1) 按表现形式可分为印刷媒介和电子媒介。印刷媒介包括报纸、杂志、说明书、挂历等。电子媒介包括电视、广播、电动广告牌、电话等。

(2) 按功能可分为视觉媒介、听觉媒介和视听两用媒介。视觉媒介包括报纸、杂志、邮递、海报、传单、招贴、日历、户外广告、橱窗布置、实物和交通工具等。听觉媒介包括无线电广播、有线广播、宣传车、录音和电话等。视听两用媒介主要包括电视、电影、戏剧、小品及其他表演形式。

(3) 按广告媒介所接触的视听读者的不同,分为大众化媒介和专业性媒介。大众媒介包括报纸、杂志、广播、电视,专业性媒介包括专业报刊、杂志、专业性说明书等。

(4) 按照与广告主的关系来分,可分为租用媒介与自用媒介。租用媒介是指广告主通过租赁、购买等方式间接利用的媒介,如报纸、杂志、广播、电视、公共设施等。自用媒介是指广告主所有并能为广告主直接使用的媒介,如产品包装、邮寄、传单、橱窗、霓虹灯、挂历、展销会、宣传车等。

1. 基于营销目标的媒介策略

如果把企业的营销目标简单地加以归结，不难发现，所有企业营销目标都可以分为扩大销售额、增加市场占有率、树立企业及产品形象三种。在媒介选择时，必须针对特定的营销目标来选择合适的媒介或媒介组合。

（1）扩大销售额时的媒介选择。企业扩大销售额的目标要求广告能够促使消费者缩短购买决策过程，尽快地做出购买决策。为了达到这一目标，在媒介上较为理想的选择顺序应该是电视、广播、售点（Point of Purchase，POP）、直邮（Direct Mail，DM）、报纸、杂志等。

（2）增加市场占有率时的媒介选择。增加市场占有率就是争取新的消费者，甚至把竞争对手的消费者也吸引过来，以加强企业自身的竞争地位。在增加市场占有率时，选择的媒介以报纸、杂志的效果为最佳，其次是电视与广播，再次是售点、直邮及户外等媒介。

（3）树立企业及产品形象时的媒介选择。树立企业或产品形象是使消费者对企业及其产品产生好感，提高企业及其产品的知名度与美誉度。为了实现这些目标，在媒介选择上，报纸、户外交通和赛场等媒介较为适宜，同时，在电视、杂志上进行形象广告宣传，也会产生良好的效果。

2. 基于媒介组合的广告策略

从上文可知，任何一种媒体都有其他媒体不能比拟的优点或长处，同时也有自身的缺点或短处。因此，媒介组合能够弥补单一媒介在接触范围上的不足，以及在暴露频率上的不足。在广告媒介领域，几乎没有哪一种媒介能够百分百达到每一个广告业主所预定的目标。在媒介选择上，有的媒介能够以比较大的接触范围到达目标市场，但是由于广告费用太高，往往限制了广告业主多次使用。在一定时期，一个企业的广告费用是受到限制的。在企业无法以大的广告费用投入到广告媒介上进行宣传时，将广告费用合理分配在低费用的报纸、杂志、直邮、户外等媒介，再辅助以其他促销活动，常常会达到理想的目标。具体的广告媒介搭配组合分析如下：

（1）报纸与广播搭配，可以使不同文化程度的消费者都能够接受到广告信息。

（2）电视与广播搭配，可以使城市和乡村的消费者都接受到广告信息。

（3）报纸或电视与售点广告搭配，常常有利于提醒消费者购买已经有了感知信息的商品。

（4）报纸与电视的搭配运用，可以在报纸广告对商品进行了详细解释之后再以电视开展广告攻势，产生强力推销的效果。

（5）报纸与杂志的搭配，可以用报纸广告做强力推销，而用杂志广告来稳定市场，或以报纸广告固定市场，以杂志广告拓宽市场。

（6）报纸或电视与直邮广告搭配，以直邮广告为先导，做试探性宣传，然后以报纸或电视开展强力推销广告，也可能取得比较显著的成效。

（7）直邮广告和售点广告或招贴广告的配合，在对某一特定地区进行广告宣传时，能够起到巩固和发展市场的作用。

3. 基于媒介时机的广告策略

当确定选择哪几种媒介进行组合之后，接下来的问题就是如何把握广告的时机，即何时发布广告的效果最为明显。在电台和电视台确定后，要选择好一定的广告时段，尤其是广告黄金时段。许多商品存在着明显的季节性,在广告发布上必须随着季节投放。比如,在秋末大做电扇广告或空调广告,充其量只能增加产品的知名度。同样,产品营销使用广告媒介的频率(少量、适中、大量)以及广告量在较长时期内的分布(持续式、间隔式)也需要加以综合考虑。当产品在市场上已经有了较高的知名度,可以选择间隔式广告,广告此时所起的作用是"提醒"。在开拓市场时,就必须采用高频率的方式,才能使产品品牌形象迅速建立起来。从产品生命周期来看,市场导入期,广告应适当集中;成长期的广告可适当减少,以充分利用已有的知名度;激烈竞争的成熟期,广告量又应适当回升。

选择媒介时机还应考虑购买者流量、购买频率和遗忘率三个因素。购买者流量是新的购买者进入市场的速度,速度越快则广告的连续性效应越好。购买频率是现有购买者购买产品的次数,购买频率越高,则广告的连续性效应越好。遗忘率反映购买者对某一产品的遗忘程度,遗忘程度越高,广告发布越应该具有连续性。由此可见,何时发布广告,效果是不同的。对于企业来讲,先进入市场的广告无疑能够占先声夺人、先入为主之利,但如果能把握时机,后来者也可以后发制人、后来居上。企业可以根据自己具体情况,去选择不同的广告时机。

第二节　国际营销中的人员推销

在现实国际市场促销活动中,作为面对面推销产品的人员推销方式,是一种更为直接的国际促销方式,其在工业产品、技术产品和专门软件产品等方面的国际促销中发挥的作用无可替代。

一、国际市场人员推销的特点和任务

人员推销是指企业推销代表直接向国际市场上的潜在购买者介绍产品和服务的一种促销活动。在人员推销活动中,推销代表、推销对象和推销产品构成人员推销的三大要素。推销代表是推销主体,推销对象是接受服务主体,推销产品是推销活动的客体。通过推销代表向推销对象提供产品信息并劝说其购买产品,达到销售产品、满足推销对象需要、实现推销主体和推销对象双重价值的目的。

(一)人员推销的特点

人员推销是企业重要的促销手段之一。与非人员推销相比,其特点主要表现在以下几个方面。

(1)信息传递的双向性。成功的沟通应该是一个信息双向传递的过程。与其他促销方式不同的是,人员推销是信息在同一时间进行双向传递的沟通过程。一方面,销售人员通过向潜在购买者介绍产品的相关信息,如产品质量、功能、特点、价格、服务等情况,来实现促进产品销售的目的。另一方面,销售人员通过与潜在购买者的直接接触,能及时掌握潜在购买者对企业和产品的评价以及一手的市场行情信息,为企业制定合理的市场营销策略提供依据。

(2)推销目的的双重性。推销员的目的不仅是推销自己的产品,而且是要在推销产品

的基础上增进客户利益,为推销产品而推销产品是卖不掉产品的,应该是为了满足客户需要去推销产品。人员推销过程应该是一个"双赢"的过程。

(3) 推销过程的灵活性。销售代表与潜在客户直接联系,可以掌握潜在客户的态度变化、行为特点,并依据不同潜在客户的特点,有针对性地选择可行销售策略和方法,以匹配企业生产产品,诱导其达成交易。

(4) 商业合作的长期性。销售代表与潜在客户直接接触,双方可以建立长期友好的商业伙伴关系,这有助于开展产品销售工作以及培养忠实客户。可以说人员推销应该是"先交朋友,后做生意"。

尽管人员推销是一种有效的促销方式,但也有其缺点:① 成本费用高。选择和培养优秀的销售代表对企业来说费用较大,人员推销的费用通常高于其他的促销手段。广告、公共关系、营业推广只要花费较低单位成本,就可以接触到一个潜在购买者,但销售人员接触到一个潜在购买者往往要花费高出几十倍、几百倍的费用。② 流动性高。销售人员的流动率普遍较高,在美国,平均每年的销售人员流动率为27%。企业培养销售人员需要花费大量的时间和成本,一旦销售人员流失,特别是转向竞争对手的企业,往往会给企业带来巨大损失。

资料链接 10-1

世界上最伟大的推销员

乔·吉拉德(Joe Girard),1928 年 11 月 1 日出生于美国底特律市的一个贫民家庭。9 岁时,乔·吉拉德开始给人擦鞋、送报,赚钱补贴家用。乔·吉拉德 16 岁就离开了学校,成为了一名锅炉工,并在那里感染了严重的气喘病。35 岁那年,乔·吉拉德破产了,负债高达 6 万美元。为了生存下去,他走进了一家汽车经销店。3 年之后,乔·吉拉德以年销售 1425 辆汽车的成绩,打破了汽车销售的吉尼斯世界纪录。从此,乔·吉拉德就被人们称为"世界上最伟大的推销员"。在乔·吉拉德 15 年的汽车销售生涯中,他以零售的方式销售了 13001 辆汽车,其中 6 年年平均售出汽车 1300 辆,他所创造的汽车销售最高纪录至今无人打破。1978 年,乔·吉拉德离开了汽车推销的工作,随后他游走在世界各地进行演讲,将自己成功的销售经验带给全球的营销人员。

(二) 人员推销的任务

人员推销的核心任务是推销企业产品,并维护好与客户的售后关系。具体有以下几个方面的任务:

(1) 发现市场机会,挖掘潜在客户。推销人员要具有一定的市场开拓能力,熟悉目标市场国潜在购买者的社会文化背景与消费偏好,及时了解本行业国际市场行情与环境的变化,通过良好的沟通能力和吃苦耐劳的进取精神,适时挖掘潜在的客户。

(2) 传递产品信息,反馈客户需求。在人员推销的过程中,建立并培育客户沟通管道,积极传递企业产品相关信息,方便客户及时了解企业产品和服务,树立良好的个人形象和企业声誉。推销人员在传递产品信息的同时,开展市场调查并搜集客户的需求信息,及时反馈给企业的决策者,避免企业做出错误决策。

(3) 搞好售后服务,培育顾客忠诚度。对那些已经成为企业客户的购买者,能够提供专业可信的售后服务。包括但不限于:物流配送;安装服务;使用咨询;技术协助;产品升级;产品维修等。

二、国际市场推销人员的类型

在不同的国际市场上,由于各国市场行情和交易习惯有很大差异,因此,企业在派出推销人员开拓国际市场时应该对所派人员类型进行取舍。

(一)经常性驻外的销售人员

他们在国外市场上专门从事推销和贸易谈判业务,或定期到国际市场调研、考察和访问,这是国际市场人员推销的一般形式。但由于目标市场存在着巨大的社会文化等方面的差异,现在企业越来越倾向于雇佣当地人员从事销售工作。

(二)临时驻外的推销人员和销售服务人员

这种情形一般有三种情况:当国际目标市场出现特殊困难和问题时,其他办法不能解决,必须由专业推销人员前往解决;企业突然发现巨大的市场需求,有必要派遣专业推销小组前往推销;企业建立一个后备推销小组和维修服务小组,有业务时,出国执行推销业务兼做维修工作,或在国际市场维修时,开展推销工作。发达国家的部分大公司还专门组织一个专家小组,在国际市场巡回考察、调研、推销,解决与本企业有关的经济、贸易和技术问题。

(三)驻国外分支机构(或附属机构)的推销人员

许多跨国公司在国外设有分支机构(或附属机构)。这些机构一般常驻有自己的推销人员,专门负责本公司产品在有关地区的推销工作。这些推销人员不仅有本国人,往往还大量雇用当地人或熟悉当地市场的第三国人员。日本和美国的跨国公司,有时甚至委托当地人员管理、领导和指挥推销工作,因为他们更熟悉当地市场的情况,易于接近目标市场的潜在客户。

(四)利用国际市场的代理商和经销商进行推销

在许多情况下,企业不必自己派员推销,而是请国外中间商代为推销。这些情况包括:企业不熟悉国际市场情况;新产品刚进入国际市场;企业也难以找到合适的推销人员;产品出口总量太少或批量太小,不值得派人员到国际市场推销;企业在经济上难以承受国际市场人员推销所需的高费用等。当以上情况出现时,仍然坚持派出销售人员驻外推销风险较大,请国外中间商代为推销,则风险小,简便易行。但是,请国外代理推销商,必须有适当的监督和控制,不能单听代理推销商的意见和策略,或者完全交给代理推销商去做。在必要的时候,企业应该直接了解目标市场客户的有关情况,在主要市场派出常驻贸易代表协助代理推销商开展推销工作,或最终仍由企业派出自己的推销人员,对此企业应结合实际慎重选择。

三、国际市场人员推销的组织结构

国际市场人员推销组织结构是指推销人员在国际市场的分布与内部构成。一般来说,它包括以下四种类型:

(一)地区结构型

企业把整个产品市场按地区划分为若干个子市场,每个推销人员负责指定地区内各种产品的推销业务。这种结构比较简单,也较常用。因为国际市场销售区域已经划定,目标明

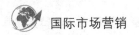

确,推销人员的业绩容易考核,可以发挥推销人员的综合能力,这也有利于节约推销费用。但是,如果产品线较多,推销人员需要了解全线产品的性能特点,难度较大;或者是不同地区市场需求差异较大的话,不同市场业绩差异过大会造成激励不公平之虞。

(二)产品结构型

它是指企业按照产品类型派驻推销人员,每个推销人员负责一种或几种产品的推销工作,不受国家(地区)的限制。如果企业的产品种类繁多,分布范围较为广泛,产品之间差异大,技术性能复杂,采用这种类型效果较好,因为对产品的技术特征较熟悉的推销人员,有利于集中推销指定产品,专门服务于该产品的客户。但它也有缺点,当不同产品的推销人员同时到达一个地区推销时,这就不利于节约推销费用,也不利于统一国际市场促销策略。

(三)客户结构型

它是指按照客户类型来组织分派推销人员。由于国际市场客户类型众多,因而国际市场客户结构形式也有多种。比如,按服务的行业区分,可以对机械机电行业、纺织服装行业、信息产业等派出不同的推销员;按服务的企业区分,可以让甲推销员负责对 A、B、C 企业推销的任务,而让乙推销员负责对 D、E、F 企业销售产品;按销售渠道区分,批发商、零售商、代理商等,由不同的推销人员包干;按客户的经营规模及其与企业关系区分,可以对大客户和小客户、主要客户和次要客户等,分配不同比例的推销员。采用这种形式的突出优点是,企业与客户之间的关系密切而又牢固,因而有着良好的公共关系,但若客户分布地区较分散或销售路线过长时,往往使推销费用过大。

(四)复合结构型

将上述三种结构综合运用来组织国际市场推销人员。当企业规模大、产品多、市场范围广和客户分散时,上述三种单一的形式都无法有效地提高推销效率,可以采取复合结构型。比如,美国一些大公司根据产品和市场特点,对东亚、东南亚、西亚、非洲等地区,多采用地区结构型推销方式,而对西欧、日本、澳大利亚和拉美地区,则更多地采用产品结构型、客户结构型和地区结构型相结合的形式组织人员推销。

四、国际市场人员推销的步骤

(一)寻找顾客

销售活动的第一步就是寻找、确定潜在购买者。寻找潜在购买者,主要有以下途径:个人观察法、个人访问法、会议寻找法、查阅资料、广告搜寻法、同行或朋友介绍等。推销人员对搜集到的客户资料要及时分类、整理,只有这样,自己积累的客户才会越来越多。

(二)接近前准备

找到潜在的目标客户后,不要急着去接触客户,应该在接近客户前进一步了解客户情况,然后有针对性地接触客户。俗话说:不打无准备之仗。准备内容一般包括客户的姓名、性别、职业、学历、收入、爱好、家庭状况、风俗习惯、宗教信仰、经历、级别等,同时还要做好精神准备,推销时要有信心、毅力,要不卑不亢,还要注意个人仪容仪表。物质准备方面主要包括推销的产品和装备、产品鉴定证明、产品说明书、光盘等。总之,准备越充分,推销成功的

（三）接近客户

接近客户是推销洽谈活动的前奏，是推销人员与客户正式就交易事项接触见面的过程。推销人员接近客户的方法多种多样，如产品接近法、介绍接近法、社交接近法、馈赠接近法、赞美接近法、反复接近法、服务接近法、利益接近法、好奇接近法、求教接近法等。推销人员要注意掌握各种方法并综合运用。

（四）面谈讲解

这是推销工作的一个重要环节。面谈的主要方法有语言说服和非语言说服两种。语言说服是指通过直接或间接、积极或消极的语言提示，将客户的购买欲望与产品特点联系起来，由此促使客户做出购买决策。非语言说服是指通过产品、文字、图片、影视、证明等样品或资料去演示并劝导客户购买产品。

（五）异议处理

客户的异议如果处理不好，就会成为交易的障碍，因此在说服过程中要注意处理好客户异议。客户异议指客户针对销售人员提示或演示的产品或服务提出的反面意见和看法。推销人员必须首先认真分析客户异议的类型及其原因，然后有针对性地采取处理策略。一般而言，处理客户异议的方法有以下几种：

（1）肯定否定法。推销人员首先附和对方的意见，承认其见解，然后抓住时机表明自己的看法，否定客户的异议，说服客户购买。

（2）询问处理法。推销人员通过直接追问客户，找出异议根源，并做出相应的答复与处理意见。

（3）预防处理法。推销人员为了防止客户提出异议而主动抢先提出客户可能的异议并解释异议，从而预先解除客户疑虑，促成交易。

（4）补偿处理法。推销人员利用客户不持异议的其他产品来补偿或抵消有关异议，从而否定无效异议。

（5）延期处理法。推销人员不直接回答客户异议，而是先通过示范表演，然后加以解答，从而消除客户异议。

（六）达成交易

在处理完客户异议后，推销员要在保持沉着、冷静的基础上尽可能快地达成交易。达成交易的方法主要有以下几种：

（1）直接请求成交法。如果客户没有什么问题，就可以直接请求成交。

（2）假定成交法。假定客户已准备购买，然后问其所关心的问题，或谈及其使用某产品的计划，以此促进成交。

（3）优点汇集成交法。把客户最感兴趣的产品优点或从中可得到的利益汇集起来，在推销结束前，将其集中再现，促进购买。

（4）先行少量成交法。让客户先小量购买使用，如果产品质量没有问题，再次推销，客户就会大量购买。

（5）优惠成交法。通过提供成交保证，如包修包换、定期检查等，克服客户使用的心理

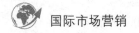

障碍,促成购买。

(6) 保证成交法。就是推销员向客户提出购买后的承诺,解除顾客的后顾之忧,使其放心大胆地购买。

(七) 售后服务

交易完成并不等于销售过程的完成,销售人员需要提供后期的服务,履行销售诺言,维护良好的客户关系,为今后的商业往来打下基础。著名推销员乔·吉拉德就说过这么一句名言:"我相信销售真正始于售后。"售后服务项目主要有:产品免费检查、产品定期保养、产品维修、产品使用指导说明、提供产品新资讯、其他售后服务等。售后服务的形式主要有:亲自拜访、信函询问、电话回访等。在处理客户投诉时,首先真诚感谢客户意见反馈,仔细倾听,绝不争辩,找出问题并迅速采取补偿行动,最终让客户满意。

五、国际市场推销人员的管理

推销人员的管理是一项复杂的工作,如果管理不好,将会影响到其销售业绩。一般来说,国际市场推销人员的管理主要有选聘、培训、激励、考核与评估等环节。

(一) 国际市场推销人员的选聘

国际市场推销人员关系到企业推销工作的成败,优秀的国际市场推销人员除了具备一般推销人员所具有的勤奋努力、机智灵活、有使命感、有沟通技巧、了解产品等基本素质外,还要有果断的决策能力、跨文化适应能力、良好的语言能力等素质。国际市场推销人员一般在目标市场国招聘,因为本土的推销人员对当地的社会文化、消费偏好和商业惯例更为熟知,并在当地有着较好的社会关系。但是在国外招聘推销人员有时会受到人才结构和推销人员社会地位的限制,导致在部分国家招聘推销人员比较困难。这样企业也可以从国内选派人员到国外从事推销工作。当然,企业选派的推销人员要能够适应当地的文化背景、行为准则和价值观念。有时企业也会从第三国选聘推销人员。第三国人员由于具有较丰富的多国工作经验,精通多种语言,熟悉该行业在各个国家的发展状况,所以有很多企业愿意选聘第三国人员作为推销人员。

(二) 国际市场推销人员的培训

为了提高推销人员的综合素质和业务能力,更好地完成推销任务,企业在招聘之后都要对推销人员进行一系列的培训。培训地点既可以在目标市场国进行,也可以安排在企业所在地或企业培训中心进行。培训内容主要包括产品知识、企业概况、市场知识及推销技巧等方面,同时还要对本企业外派人员进行东道国的社会文化、消费偏好、营销环境方面的培训。对于高科技产品,可以把推销人员集中起来,在企业培训中心或地区培训中心进行培训,因为高科技产品在各国具有较高的相似性,推销的方法与技巧也较为相似。随着高科技的发展,产品更新的步伐加快,为此,就需要对推销人员进行临时性的短期培训。企业在国际市场营销活动中,经常利用海外经销商推销产品,为他们培训推销人员也是企业要常常承担的任务,且这些培训都是免费的,因为经销商推销人员素质与技能的提高往往会为生产企业带来丰厚的回报。

(三) 国际市场推销人员的激励

要调动国际市场推销人员的积极性，就必须对其进行必要的激励。这种激励可以分为物质激励和精神激励两个方面。物质激励通常是指薪金、佣金或者奖金等直接报酬形式；精神激励有进修培训、晋升提拔或特别授权等方式。企业对推销人员的激励，应综合运用物质激励和精神激励两种手段，以最大限度地提升他们的积极性，提高他们的推销业绩。对于那些有突出贡献的推销人员，要给予重奖。对国际市场推销人员进行奖励时，要考虑到不同的文化因素的影响，因为他们来自不同的国家（地区），有着不同的社会文化背景、行为准则与价值观念，可能会对同样的激励措施做出不同的反应。比如，对于发展中国家的推销人员，可以提供免费的国外度假，因为他们很少有机会到国外度假，这样的机会对他们来讲是一种难得的奖励；对于美国的推销人员，可以直接提供物质激励和晋升机会；日本的推销员更关心集体荣誉。

情感激励也是一种较好的激励方式。情感需要是人的基本需要，人们任何认知和行为，都是在一定的情感推动下完成的。推销人员也需要一定的情感激励，有些时候，情感激励的作用可能会超越物质激励和精神激励。当驻外推销人员遇到困难时，应及时表达关心和帮助，给予足够的信任，推销人员的家属也是做好情感激励的重要内容。

(四) 国际市场推销人员的考核与评估

对国际市场推销人员的考核与评估是对其激励的前提和基础。但是，企业对国际市场推销人员的考核与评估，不只是为了奖励先进，而且还要找出推销业绩不佳的市场与人员，分析其原因，找出症结所在，加以改进。

国际市场人员推销绩效的考评指标可分为两种：一是直接的推销效果，比如所推销的产品数量与价值、推销的成本费用、新客户销量比率；二是间接的推销效果，如访问的客户人数与频率、产品与企业知名度的提升程度、客户服务与市场调研任务的完成情况等。企业在对国际市场推销人员的考核与评估时，还应考虑当地市场的特点以及不同社会文化因素的影响。比如，产品在某些地区可能难以销售，则要相应降低推销额度或者提高奖金。若企业同时在多个国外市场进行推销，可按市场特征进行分组，规定小组考核指标，从而更好地分析对比不同市场条件下推销人员的销售业绩。

第三节 国际营销中的营业推广

营业推广（sales promotion）是指在有限的时段内针对消费者或商家的沟通方案，用以提升产品或品牌的有形价值。在许多公司，营业推广活动的支出超过了媒体广告费用。然而，无论支出水平如何，营业推广也只是诸多促销手段之一。营业推广计划和方案应与广告、公共关系和人员推销的计划和方案整合和协调起来。

一、国际市场营业推广的目的与特点

(一) 国际市场营业推广的目的

除人员推销、广告、公共关系以外，所有刺激消费者购买、提高中间商销售积极性的促销

手段,都属于营业推广。营业推广是邀请并劝导消费者立刻购买,并给快速响应者奖赏。如果说广告上说着"买我们的产品",那么营业推广就是说"现在就买"。在国际促销活动中,营业推广的主要目的有:① 诱导消费者试用或直接购买新产品,或刺激现有产品的销售,减少库存;② 吸引消费者走进商店并刺激其购买行为;③ 鼓励零售商在橱窗内陈列本企业产品以扩大影响;④ 诱使中间商,尤其是零售商增加订货;⑤ 配合广告和人员推销以增强整体促销能力;⑥ 与竞争对手的营业推广相抗衡以稳住本企业产品的市场占有率。

(二)国际市场营业推广的特点

(1) 短期促销效果显著。在开展营业推广活动中,可选用的方式多种多样,但主要是利用一些临时的、短暂的营销机会,如展销会、交易会、博览会开展促销。一般说来,只要能选择合理的营业推广方式,就会明显地增加销售量,而不像广告和公共关系那样需要一个较长的时期才能见效。因此,营业推广适合于在一定时期内、承担一定任务的短期性促销活动中使用。

(2) 非常规性促销方式。人员推销、广告和公关都是常规性的促销方式,而多数营业推广方式则是非正规性和非经常性的。使用营业推广方式开展促销活动,虽能在短期内取得明显的效果,但它一般不能单独使用,常常配合其他促销方式使用。营业推广方式的运用能使与其配合的其他促销方式更好地发挥作用。

(3) 促销形式灵活多样。此指营业推广有多种形式可供选择,如优惠券、抽奖活动、加量不加价、积分优惠、现场打折、免费样品和会展等。这些形式各有其优缺点,企业应根据不同的产品特点、不同的市场营销环境、不同的顾客心理等,灵活地加以选择和运用。

所以,突击式的、需要短期见效的目标销售,比较适应于营业推广。但是,过度使用营业推广手段,可能会使消费者产生"产品掉价"的心理,影响产品在国际市场上的声誉,使消费者感到卖主急于出售,甚至会使消费者担心产品的质量不好,或者价格定得过高。因此,不能过分依赖用营业推广招揽生意。如果一个产品本身处于衰退期,即使是采用营业推广也很难改变产品销量下降的趋势,起到延缓下降幅度的作用也很有限。

二、国际市场营业推广的方式

国际市场上的营业推广类型和方式多种多样,有价格营业推广和非价格营业推广,也有面对消费者和面向中间商的营业推广。在价格营业推广中,有形价值可由降价、赠券和折扣等形式来体现。而在非价格营业推广中,则可能采取派送样品、赠品、"买一送一"优惠、抽奖和竞赛等形式。以下具体叙述面对消费者和面向中间商的营业推广。

(一)面向消费者的营业推广

消费者营业推广(consumer sales promotion)目的是使消费者知晓新产品、刺激非用户试用某一产品,或是增加消费者的整体需求。具体方式有:

(1) 赠送促销。向消费者赠送样品或试用品,赠送样品是介绍新产品最有效的方法,缺点是费用高。样品可以选择在商店或闹市区散发,或在其他产品中附送,也可以公开广告赠送,或入户派送。

(2) 折价券。在购买某种商品时,折价券可以免付一定金额的钱。折价券可以通过广告或直邮的方式发送。

(3) 包装促销。以较优惠的价格提供组合包装和搭配包装的产品。

(4) 抽奖促销。顾客购买一定的产品之后可获得抽奖券,凭券进行抽奖获得奖品或奖金,抽奖可以有各种形式。

(5) 现场演示。企业派促销员在销售现场演示本企业的产品,向消费者介绍产品的特点、用途和使用方法等。

(6) 联合推广。企业与零售商联合促销,将一些能显示企业优势和特征的产品在商场集中陈列,边展示边销售。

(7) 参与促销。消费者通过参与各种促销活动,如技能竞赛、知识比赛等活动,能获取企业的奖励。

(8) 会议促销。各类展销会、博览会、业务洽谈会期间的各种现场产品介绍、推广和销售活动。

表10.5列举了若干全球公司的营业推广实例,里面就包含了以上面向消费者的营业推广方式。

表10.5 全球公司的营业推广实例

公司/促销市场地区	营业推广做法
迪士尼/中国	针对假冒商品,公司推出"迪士尼神奇游"促销活动,激励参与者将迪士尼真品上的全息贴纸寄回公司,参与者可赢得迪士尼的DVD光盘、电视机,甚至中国香港迪士尼免费游的奖励
玛氏/全球	全球择色投票:邀请200个国家的消费者投标决定M&M糖果新品应是紫色、海蓝还是粉红。最后紫色胜出
箭牌公司/美国	推出欧洲的奥比特(Orbit)牌口香糖,结合奥比特学会派送倡议作广告宣传,活动内容包括由按照广告中的角色着装的"现场研究小组"派送700万份口香糖
吉尼斯/马来西亚、新加坡、中国香港	促销内容是从4种设计(如牛角形、吉他形等)中挑选新吉尼斯酒瓶的形状。比赛广告刊登在杂志、路牌和桌上立体纸板盒上

资料来源:沃伦·J.基根,马克·C.格林.全球营销[M].6版.傅慧芬,等,译.北京:中国人民大学出版社,2015.

(二) 面向中间商的营业推广

中间商营业推广(intertrade sales promotion)常被用来提升产品在分销渠道中的可获得性。具体方式有:

(1) 经销回扣。企业为争取批发商或零售商多购进自己的产品,在某一时期内给经销本企业产品的批发商或零售商加大回扣比例。

(2) 推广津贴。企业为促使中间商购买企业产品并帮助企业推销产品,可以支付给中间商一定的推广津贴。

(3) 销售竞赛。根据各个中间商销售本企业产品的业绩,分别给优胜者以不同的奖励,如现金奖、实物奖、免费旅游、度假奖等,以起到激励的作用。

(4) 扶持零售商。生产商对零售商专柜的装潢予以资助,提供POP广告,以强化零售网络,促使销售额增加,还可派遣厂方信息员或代培销售人员。生产商这样做的目的是提高中间商推销本企业产品的积极性和能力。

三、影响国际市场营业推广的因素

(一) 当地政府的限制

许多国家对营业推广方式在法律上有所限制。有的国家规定,企业在当地市场上进行营业推广活动要事先征得政府有关部门的同意。有的国家则限制企业营业推广活动的规模,限定免费赠送的物品不得超过消费者所购买商品的一定百分比,如法国限制在5%以内。有的国家对营业推广的形式进行限制,规定赠送的物品必须与推销的商品相关,如杯子可作为咖啡购买者的赠品,但不能作为推销洗衣机的赠品。

资料链接 10-2

国际市场营业推广的法律限制

许多在一个国家可以广泛使用的营业推广手段,在另一些国家却是被严格禁止的或有一定的使用条件。法国法律规定禁止抽奖,免费提供给购买者的礼品其价值不得超过总购买金额的5%。德国法律则禁止使用折价券和抽奖式销售行为。日本法律规定经营者提供附赠的奖品或奖金的最高额是:交易额在1000日元以下的,奖品和奖金的价值不得超过100日元;交易额在1000日元到50万日元之间的,奖品和奖金的价值不超过交易额的10%;交易额在50万日元以上的,奖品和奖金的价值不得超过5万日元。西班牙法律规定,经营者向购买者提供好处的实际价值,不得超过主商品价值的15%,奖品必须与销售的商品有关。

(二) 中间商的合作态度

国际营业推广活动的成功需要得到当地中间商的支持与协助,如由经销商代为分发赠品或优惠券,由零售商负责进行现场示范或者商店陈列等。对于那些零售商数量多、规模小的国家或地区,企业要想得到零售商的有效支持与合作就比较困难,因为零售商数量多、分布广、不容易联系,商场规模小,无法提供必要的营业面积或示范表演场地,加上缺乏推广经验,难以收到满意的促销效果。

(三) 目标市场的竞争程度

目标市场的竞争程度以及竞争对手在促销方面的动向或措施,会直接影响企业的营业推广活动。竞争对手推出新的促销举措来吸引消费者争夺市场,企业若不采取相应对策,就会失去消费者,丧失市场。同样,企业在海外目标市场的营业推广活动也可能遭到当地竞争者的反对或阻挠,甚至通过当地商会或政府部门以法律或法规的形式加以阻止。

第四节 国际营销中的公共关系

一、国际市场公共关系的特点及任务

(一) 国际市场公共关系的特点

公共关系是企业在国际市场促销活动中正确处理企业与社会公众的关系,树立企业的良好形象,从而促进产品销售的一种活动。国际公共关系是一种间接的促销手段,既不局限于企业与客户的关系,也不局限于单纯的正面新闻报道,它本身包含多种活动,具有多种特征。

1. 国际市场公共关系具有公众性

国际营销中的公共关系是企业组织与社会公众之间的关系,不是一般私人往来的私人关系。其主体是各种各样的企业组织,客体是社会公众。社会公众既有个人,也有社会组织。联系公关活动主客体的媒介是各种信息沟通工具和大众传播媒介。

2. 国际市场公共关系具有互利性

国际营销中的公共关系的主体与客体之间存在着互利性,公共关系不是以血缘、地缘、学缘等纽带为基础建立起来的,而是以一定的利益关系、利害关系为基础建立和发展起来的。企业组织在发展过程中必须得到社会公众的支持,它开展公关活动是为了改善本企业的形象和业绩目标;但是,公众也有利益,公众要不能获得利益,不能获得某种满足,不能获得某种服务,他们不可能与该企业组织建立友善联系,维护其形象,购买其产品。

3. 国际市场公共关系具有开放性

人与人的关系,局限于个体之间的往来,有相当部分属于"隐私";而公共关系一般是公开的、开放的。作为国际营销中的公共关系的主体,企业组织开展公共关系活动完全要合理合法,即使用合理的手段、合法的途径推介自己,协调与社会公众之间的关系。而且,公关的目的就是让更多的公众了解自己,扩大本企业的知名度,提高本企业的美誉度,塑造良好的企业形象,以谋求本企业的生存和发展,实现企业经营目标。

4. 国际市场公共关系具有流动性

企业组织形象不仅具有主观与客观的两重性,而且具有多维性和相对性,它在公众心目中的"定势"——"好、坏、美、丑"等印象,是会发生变化的。同样,社会公众具有层次性,其要求是千差万别的。社会公众的主观意识、价值趋向、消费理念、可使用资源等不断地发展变化,公众的行为态度也就必然会发生变化。实际上,企业组织与公众建立良好的关系,获得美好的声誉,是必须经过长期的努力才能做到的。一旦企业及其管理者形象出现恶化,经过加倍地努力,它才可能向良性方面转化。

(二) 国际市场公共关系的任务

国际市场公共关系的主要任务是使企业与社会公众建立良好关系,帮助企业把正向信息传递给社会公众。只有在公共关系状态良好、形象优秀的情况下,企业的产品才能畅销

不衰。

（1）加强与传播媒体的关系。大众传播媒体承担着传播信息、引导舆论等社会职能，传播媒体对企业的报道对公众具有极强的引导作用，因而也在很大程度上影响着企业的公众形象。企业必须加强与传播媒体的关系，与媒体建立良好的合作关系，及时提供信息，使媒体了解企业。同时积极创造具有新闻价值的事件，引导舆论，争取媒体的主动报道，利用媒体为其宣传。

（2）改善与消费者的关系。通过公共关系活动与消费者进行沟通，可以向消费者传达企业的经营理念、价值观念和社会地位，使消费者对企业形象和产品服务产生好感。同时，企业还需要开展市场宣传活动，以各种方式向顾客介绍产品的用途和性能，并帮助顾客迅速掌握产品的使用办法；对来访、来电、来函的顾客热情接待，及时答复。此外，企业应积极收集和听取目标市场国公众对本公司政策、产品方面的意见和态度，及时处理意见，消除公众的误解和偏见。

（3）调整与政府的关系。与在国内经营不同，国际企业面临着来自各个国家和政府的不同要求和规定。一方面，国际企业必须及时调整自己的行为以符合当地政府政策法规的变化，这就要求企业通过公共关系加强与东道国政府的关系，了解这个国家政策和法律，以保证企业经营活动的长期发展。另一方面，企业要协调可能发生的目标冲突和利益矛盾。企业要经常向目标市场的政府和社会组织介绍本企业对社会和公众做出的贡献，包括参加公益活动、为公用事业捐款、扶助残疾人事业、赞助文教体卫及环保事业等，树立为目标市场社会经济发展做出贡献的形象。

二、国际市场公共关系的策略类型

公共关系策略是指以一定的公关目标和任务为核心，将若干种公关媒介与方法手段有机地结合起来，形成一套具有特定公关职能的工作方法系统。国际市场上公共关系的基本手段包括新闻发布、通讯简报、现场参观、接受电视台电台访谈、活动赞助、特别事件（活动）、社交媒体和公司网页等。在国际市场促销中，企业应根据不同目标市场国的市场特点，采取相应的公共关系策略。

（一）宣传性公关

宣传性公关是指企业在目标市场国运用报纸、杂志、广播、电视等大众传播媒介，采用撰写新闻稿、演讲稿、报告等形式，开展宣传活动，向社会各界传播企业有关信息，营造有利于企业发展的社会舆论。宣传性公共关系策略的优点是主导性强、时效性强、传播面广、推广企业和产品形象效果好。因此，这种策略类型较适用于帮助企业在刚进入国际市场时迅速树立良好形象。

（二）交际性公关

交际性公关是指企业营销人员在目标市场国通过人际交往与目标市场国公众进行情感沟通，为企业建立广泛的社会关系网，从而形成有利于国际营销的人际环境，并以此为沟通平台传播企业和产品形象，使目标市场国公众在不知不觉中接受企业和产品的公关策略。可采用宴会、座谈会、招待会、谈判、专访、慰问、电话、信函等形式。交际性公关具有直接、灵活、亲密、富有人情味等特点，能深化交往层次，巩固良好关系。

(三) 服务性公关

服务性公关是一种以提供优质服务为主要手段的公关策略。企业通过为目标市场国公众提供优质的服务,获取公众的了解、信任和好评,不仅有利于促销,还有利于树立和维护企业形象与声誉。企业可以向公众提供如购前指导、使用培训、免费维修等实惠的服务,建立与公众的密切关系。

(四) 社会性公关

社会性公关是指企业通过在目标市场国开展社会性、公益性、赞助性活动,扩大企业的社会影响力,提高其社会声誉的公关策略。企业通常以赞助文教体卫事业、保护野生动物、减少环境污染、支持慈善事业等形式来塑造企业的社会形象,提高企业的社会知名度和美誉度。社会性公关的特点是公益性强,影响范围广,影响力度大,但成本较高,而且效益很难在短时期内体现出来。

(五) 征询性公关

征询性公关是企业通过民意测验、访问重要客户、征询调查等方式形成效果良好的信息网络,建立企业与目标市场国公众的联系,在其心目中树立起脚踏实地、以客户为中心的良好形象。

(六) 危机性公关

危机性公关是指当企业遇到突发不利事件或产品质量问题导致信任危机时,通过一系列的公关活动来获得社会公众的谅解,进而挽回不利影响的公关活动。出现负面信息,企业首先做出真诚的表态,一句"对不起,这是我们的失误,我们将承担责任"就远远胜过千言万语。同时展开调查,查找真实原因,然后及时公布。在调查原因过程中,企业可以适时发布企业其他正面信息,一定程度上冲淡网络上负面信息的传播广度与深度。

分析案例 10-1

京东公关看人下菜碟惹众怒

2015 年 7 月 11 日,作家六六在自己的微博当中抱怨自己在京东天天果园购买的 200 多元的山竹是坏的,随后,六六便要求京东退货,但结果却被告知不予退款。她选择将该事件公布在自己的微博上,然后京东和卖家天天果园第一时间联系到作家六六并提出全额退款,遭到其本人拒绝后,京东和天天果园持续联系六六并且将其聘为"质量监督员"。随后六六又在微博发表《我要的是公平》,随后天天果园在官微上发文《世界上没有 100%的完美,但要有追求完美的心》,正式对此事公开道歉,京东也表示愿意加强自身服务。但是隔了几天王思聪将此条微博转发,并且说自己也有同样的经历,第二天京东的官方微博转发这条微博并且向王思聪道歉,看似这个过程没有什么问题。但是网友提出了质疑,质疑京东看人下菜,明白人一眼也看出来了,这个过程当中,由于客户的体量、话语权、影响力等完全不同所遇到回应也是完全不同的,京东所表现出来的就是前倨后恭。京东公关人把一件普通的维权事件活生生表演成了一个危机公关,道了歉做了赔还挨了骂。

资料来源:http://www.sohu.com/a/309609116_120128998.

分析:京东在这个事件当中最大的错误就在于针对不同的客户没有采取相同的处理态

度,当对方是普通消费者时是一种能拖则拖、能躲就躲的态度,对方是网络"大V"时表现出迅速响应的态度。没有做到5S原则和3T原则当中的sincerity和tell your own tale原则,进而引发了一系列的公众指责,让京东的形象受到了损失。因此,一个企业在危机公关中最应该重视的是用户,一定要将自己摆放在用户的角度来回应,坦诚相待、弥补损失、解决问题,一定不要因为用户的身份不同而区别对待,毕竟公众当中的大多数是普通用户。

三、国际营销中危机公关的 5S 原则和 3T 原则

(一)危机公关的 5S 原则

危机公关 5S 原则是指危机发生后为解决危机所采用的五大原则,包括承担责任原则、真诚沟通原则、速度第一原则、系统运行原则、权威证实原则。

1. 承担责任(shouldering the matter)

危机发生后,公众会关心两方面的问题:一方面是利益的问题,利益是公众关注的焦点,因此无论谁是谁非,企业应该承担责任。另一方面是情感问题,公众很在意企业是否在意自己的感受,因此企业应该站在受害者的立场上表示同情和安抚,并通过新闻媒介向公众致歉,解决深层次的心理、情感关系问题,从而赢得公众的理解和信任。

2. 真诚沟通(sincerity)

企业处于危机漩涡中时,是公众和媒介的焦点,一举一动都将接受质疑,因此千万不要有侥幸心理,企图蒙混过关。而应该主动与新闻媒体联系,尽快与公众沟通,说明事实真相,促使双方互相理解,消除疑虑与不安。

3. 速度第一(speed)

所谓"好事不出门,坏事传千里",在媒介如此发达的今天更是如此,所以企业控制危机一定要争取在最短的时间内,用最快的速度控制事态发展,并第一时间向公众公开信息。否则会扩大突发危机的范围,甚至可能失去对全局的控制。危机发生后,能否首先控制住事态,使其不扩大、不升级、不蔓延,是处理危机的关键。

4. 系统运行(system)

在进行危机管理时必须系统运作,绝不可顾此失彼。只有这样才能透过现象看本质,创造性地解决问题,化害为利。危机的系统运作主要是做好以下几点:以冷对热、以静制动;统一观点,稳住阵脚;组建班子,专项负责;合纵连横,借助外力等。

5. 权威证实(standard)

在危机发生后,企业不要自己拿着高音喇叭喊冤,而要曲线救国,请第三者在前台说话,使消费者解除对自己的警戒心理,重获他们的信任。

(二)危机公关的 3T 原则

3T原则是危机处理的另一个法则,有三个关键点,每个点以"T"开头,所以称之为 3T 原则。3T原则是由英国危机公关专家里杰斯特(M. Regester Michael)在《Crisis Management》一书提出,强调危机处理时把握信息发布的重要性,具体包括:① 以我为主提供情况(Tell You Own Tale),强调牢牢掌握信息发布主动权;② 尽快提供情况(Tell It Fast),强调

危机处理时应该尽快发布信息;③ 提供全部情况(Tell It All),强调信息发布全面、真实,而且必须实言相告。

总之,一个企业是否能在危机发生后拟定危机应对计划、快速反应、协调沟通、消除影响,是验证一个企业危机处理能力的重要体现。我们知道,任何企业都可能要经历来自企业内部或外部的危机,所以更重要的是,危机管理重在预防和建立危机预警机制上。

◆ **本章小结**

国际市场促销策略包括国际广告、人员推销、营业推广和公共关系等。

国际广告是指为了配合国际营销活动,在产品出口目标国(地区)所做的商品广告。标准化广告有助于维持公司统一的全球战略和形象,最大化公司的成本优势和满足全球顾客的一致性需求,"本土适应性"广告考虑了各国之间的差异如何影响不同消费者对广告信息的理解状况。广告信息的表达方式能在很大程度上决定广告效果,感性诉求和理性诉求是其中两种基本表达方式。在媒介选择时,必须针对特定的营销目标来选择合适的媒介或媒介组合。

人员推销是指企业推销代表直接向国际市场上的潜在购买者介绍产品和服务的一种促销活动,其在工业产品、技术产品和专门软件产品等方面的国际促销中发挥的作用无可替代。人员推销的核心任务是推销企业产品,并维护好与客户的售后关系。

营业推广是指在有限的时段内针对消费者或商家的沟通方案,用以提升产品或品牌的有形价值。国际市场上的营业推广有价格营业推广和非价格营业推广,也有面对消费者和面向中间商的营业推广。

公共关系是企业在国际市场促销活动中正确处理企业与社会公众的关系,树立企业的良好形象,从而促进产品销售的一种活动。国际市场公共关系的任务是加强与传播媒体的关系、改善与消费者的关系和调整与政府的关系。危机公关5S原则是承担责任原则、真诚沟通原则、速度第一原则、系统运行原则和权威证实原则;3T原则是以我为主提供情况、尽快提供情况和提供全部情况。

◆ **关键词**

国际广告　广告标准化　营业推广　人员推销　公共关系　5S原则

◆ **复习思考题**

1. 如何看待国际广告的标准化与本土适应性之争?
2. 如何选择国际广告媒介?
3. 简述国际市场人员推销的四种组织结构。
4. 简述国际市场中营业推广的主要方式。
5. 简述国际市场公共关系的特点。
6. 举例说明如何利用5S原则来处理公共关系危机。

◆ **思考案例**

星巴克是如何玩转社交媒体营销的?

社交媒体营销已经是海外营销的必要手段,超过97%的营销人员都在使用它。但社交营销方法千百种,该怎么做才最受消费者青睐?不妨看看以下星巴克的几项有趣又成功的社交营销策略。

1. 季节限定＋任务促销

南瓜拿铁是星巴克秋季限定的产品。季节性的供应令消费者感到物以稀为贵，使得南瓜拿铁更具吸引力，尤其是就爱这口味的星迷们。星巴克深知这个道理，于是在Facebook上推出"为自己城市喝彩"的活动。粉丝只要在Facebook上投票给自己的城市或完成其他任务，胜出的城市就能优先享受到星巴克的季节性产品——南瓜拿铁。

2. 推特送礼券帮消费者传情，并取得使用者资料

2013年10月，星巴克推出赠送5美元咖啡礼券的促销活动。消费者只要登录星巴克账号，输入信用卡号码，再于推特上发布@tweetacoffee给受礼者，星巴克就会传送5美元的电子折价券给你的朋友。对方可以把礼券打印出来或在手机上出示给柜台人员看，就能换取咖啡。这项活动大为成功。研究机构Keyhole调查发现，短短两个月内，就有27000人用推特换咖非，而且超过三成的人买了不止一张折价券，换算下来，星巴克进帐18万美元。更重要的是，星巴克因此取得了54000名顾客的推特账号、手机ID与顾客ID等信息。

3. 呼应时事的广告与主题标签

星巴克对于主题标签的使用也相当热衷。除了Facebook上用♯TreatReceipt主题标签来宣传"上午买咖啡，下午享优惠"的活动，星巴克还善用其他标签，将触角深入到消费者讨论串中。例如，2013年年初，大风雪Nemo袭击美国，没多久，Facebook和推特就出现在寒冬中握着热咖啡的星巴克广告。星巴克更利用♯Nemo与♯blizzard等标签，让品牌与产品跟消费者生活紧密相扣。

4. 与社交媒体携手做慈善

星巴克也善用社交媒体强化企业的社会责任形象。2012年，星巴克与Foursquare合作推动抗艾滋的慈善活动。从6月1日到10日，消费者只要到美国、加拿大任一家星巴克，并在Foursquare上打卡，星巴克就会捐1美元，直到捐出25万美元为止。

资料来源：https://www.sohu.com/a/220151945_298446.

问题：

1. 星巴克在整合营销中使用了哪些促销策略？
2. 这些促销策略与社交媒体是怎样结合的？

◆**应用训练**

选择附近的某一较大超市或商场，利用周末或者节假日进行实地考察，了解其正在进行的促销活动，完成调研报告。报告中应包括以下问题：

1. 此次促销活动的名称是什么？
2. 此次促销的产品或服务是什么？
3. 此产品或服务的目标市场是什么？
4. 什么使促销引人注目并且独一无二？

第十一章 国际市场营销管理

本章结构图

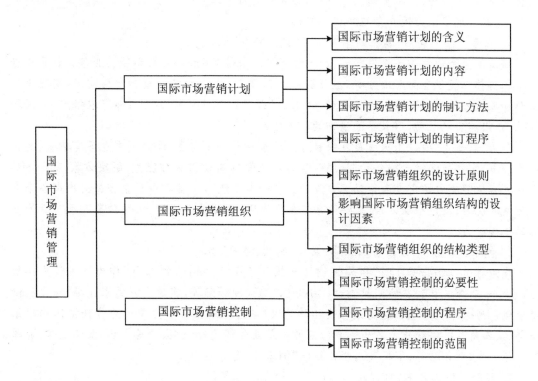

学习目标

通过本章的学习,理解国际市场营销计划的含义和类别;掌握国际市场营销计划制订的内容、方法和程序;熟悉国际市场营销组织设计的原则和影响因素;掌握国际市场营销组织的结构类型;了解国际市场营销控制的必要性和程序;掌握国际市场营销控制的范围。

导入案例

华为"铁三角"营销组织模式运作之"道"

为顺应"互联网"行业信息化转型和有效满足ICT项目客户需求,华为坚持"让听得见炮声的人来决策",将单兵作战转变为小团队作战:由客户经理、解决方案专家和交付专家组成项目"铁三角",作为聚焦客户需求的一线共同作战单元,共同承担从商机和合同履行的端到端职责,提升客户全生命周期体验和满意度,实现LTC(从线索到回款)流程的高效率和项目的高盈利性。

缘起:"功能型"组织向"项目型"组织转型,打破楚河汉界。

导火索:华为业务快速增长的苏丹代表处在投标一个移动通信网络项目没有中标,在分析会上总结出失利的几点原因:

- 部门各自为政,沟通不畅,信息不共享,对客户承诺不一致;
- 客户接口涉及多个部门人员,关系复杂。每个人只关心自己负责领域的一亩三分地,导致客户需求的遗漏、解决方案不能满足客户要求、交付能力也不能使人满意;
- 被动响应客户需求,难以主动把握客户深层次的需求。

为此,苏丹代表处决定打破楚河汉界,以客户为中心,协同客户关系、产品与解决方案、交付与服务、商务合同、融资回款等部门,组建针对特定客户(群)项目团队,实现客户接口归一化,由此出现了华为铁三角组织模式雏形。

1. 权责:"三人同心,其利断金",项目"铁三角"张弛有序

随着华为全球电信市场份额扩张,大型项目越来越多,客户关系和销售业务运作要求专业分工协作以提供全面解决方案,亟须打破部门壁垒,快速响应一线和市场需求,实现决策前移和风险可控。以项目制为核心的"铁三角"弹性组织方式在华为内部得以推广、应用和成熟,强化前后端联动,形成界面清晰的职责体系。

华为"铁三角"项目团队成员在项目各阶段承担差异化职责,能力要求也各有侧重:客户经理(AR)需要强化提升综合管理、经营能力以及带领高效团队的能力;解决方案经理(SR)需要具有从解决方案角度来帮助客户成功,要"一专多能",具有集成和整合公司内部各个专业领域的能力;交付经理(FR)需要具有与客户沟通、项目进度监控、问题预警以及对后方资源的把握能力。

2. 体系:"小分队 大平台",立体、互动、高效、协同运作

华为打造"职能-项目型"矩阵组织提升业务竞争力:项目"铁三角"作为一线客户接触点,基于专业分工和利益协同机制,以"小分队"形式冲锋陷阵,实现客户需求挖掘、转化和价值变现。为保障"小分队"能高效呼唤组织炮火,华为以地区部和办事处为责任主体构建系统部"铁三角",提供铁三角各角色资源来源以及业务能力建设"大平台"(IT系统支撑、资源整合与调度、财务结算、审批等),强化组织"倒三角"支撑能力。

3. 实践:"他山之石,可以攻玉",四大关键点不容忽视

华为"铁三角"营销组织模式和优秀的运作方法被电信运营商、银行金融机构等不少企业效仿,总体而言,在借鉴相关经验的过程中应避免思维定势和照搬照抄,灵活把握四大关键点:

(1)"二八原则":对客户进行分级分类管理,对公司产生80%贡献的20%重点客户实施"铁三角"运作,基于客户业务价值贡献和潜力配置组织资源,提升投入产出效益。

(2)"资源整合":"铁三角"的实质是客户导向的资源整合与饱和攻击,其三类角色并非固定而应视组织业务需求设计,三类角色为核心力量但非全部,如招商银行组建覆盖市场端、产品端和风险端的"对公大中客户新业务铁三角团队",共同发掘客户新兴融资需求,审批部门走向一线,风险防控前移,提升银行综合议价能力和客户体验。

(3)"利益捆绑":为保障"铁三角"作为最小作战单元的积极性和运营持续性,企业应注重责权利机制设计,打造利益共同体,如某电信分公司实施"铁三角"团队关联考核,客户经理承担业务拓展指标考核责任,解决方案经理和项目经理承担连带考核责任,分别按80%、

40%和"铁三角"团队绩效挂钩。

（4）"IT支撑"：项目"铁三角"小分队离不开"大平台"支持，而"大平台"服务于顺畅信息通道建设和支撑资源高效调度，相关功能实现依托于强大的IT系统支持，业务全流程支撑需求梳理、功能实现规划、系统间接口打通等尤为重要。

资料来源：择善固执TDM.华为"铁三角"营销组织模式运作之"道"[EB/OL].http://www.360doc.com/content/17/0616/04/11306290_663520043.shtml,2017-06-16.

国际市场营销管理是企业依据国际市场调研信息，行使计划、组织和控制职能，对产品开发、定价、渠道、促销等国际市场营销活动进行最佳组合以满足国际市场需要的行动过程。国际市场开拓和销售工作需要专门的组织进行管理，同时，需要制订营销计划和进行有效的控制。组织是计划和控制的基础，计划确定了控制的方向，控制保证了计划的执行和实现。企业通过这些手段，使国际市场营销的各个要素得到整体化和实效化的组合，并使营销工作正常运行。企业在进行国际市场经营时，必须进行相应的国际市场营销管理，制订国际市场营销计划，确定国际市场营销组织结构，并对国际市场营销过程进行控制。

第一节　国际市场营销计划

国际市场营销计划是企业开拓国际市场、实行跨国经营的重要手段，是各级营销人员工作的准绳和企业目标的最终体现。制订国际市场营销计划规定了预期的经营要求，可以使企业明确方向，减少在市场活动中的盲目性；预先测定了成本和费用开支，有利于充分利用企业的资源；明确了各部门的目标和工作方法，协调和沟通企业内部各部门的联系，使其能正常运转；可以使相关工作人员明晰自己的责任和目标，充分调动其工作的主动性和积极性，保证国际营销目标的实现。一份完整的国际市场营销计划牵涉的内容很多，应该预测了全球经济以及主要市场的发展趋势，能准确把握企业现状及优劣势，确认了长远目标以及实现策略，并评估了竞争者的反应，以及纠正意外行动的控制程序。

一、国际市场营销计划的含义

（一）国际市场营销计划的概念

国际市场营销计划是国际企业对未来一定时期内所要达到的营销目标和实现这些营销目标所要采用的方法与手段的设计和决策。企业通过国际营销计划确定预期的营销目标，并在搜集、分析资料及预测成本费用的前提下，规定实现其目标的步骤、措施和具体要求。国际市场营销计划在不同企业的地位不同，这是由于不同企业在经营观念、营销战略、组织体制等方面存在着差异。有些企业的国际市场营销计划仅是企业整体计划的一部分，而有些企业，尤其是高度贯彻市场导向观念的企业，营销计划本身就是企业的整体计划。

（二）国际市场营销计划的类别

根据不同的划分标准，可以将国际市场营销计划划分为不同类型。

1. 根据规划期限的长短划分

根据规划期限的长短，可分为短期计划和长期计划。短期计划又称为经营计划、年度计划,包括年度营销目标、地区营销目标、产品营销目标,以及实现这些目标所采用的方法和手段。短期计划的执行期一般为1年。但随着国际竞争的日益激烈,企业若想在竞争中保持长久竞争力,就需要制订长远的营销计划,即长期计划(又称战略计划)。相比短期计划,长期计划的执行期限一般较长,可分为5年计划、10年计划和20年计划等。同样,长期计划也包括长期营销目标、企业成长计划、竞争计划等,以及实现这些计划所采用的方法与手段。

2. 根据制订和执行主体划分

根据制订和执行主体,可分为母(总)公司计划和子(分)公司计划。一般来说,母公司偏重于战略计划,子公司偏重于经营计划。两者的区别主要在于,前者的目的是确定营销目标和基本战略,而后者的目的则在于将前者的目标和战略付诸实施,后者是从属于前者的具体计划。如果公司在国际上推行的是标准化的战略,那就需要制定出一套统一的营销策略和步骤,然后用以指导各个目标市场的营销活动;如果实行的是差异化的战略,则要针对某个具体国家的目标市场制订市场营销的计划和方案。

3. 根据影响范围和程度划分

根据影响范围和程度,可分为战略计划和经营计划。战略计划是一种寻找机会、对付风险的系统方法,一般由公司的高层及主要部门制定,着重解决的问题是公司的基本方向、全球性目标以及达到目标的重大行动和方案,计划期大多为5年左右。它是在最高管理层次上进行的一种战略选择的长期计划,力求将外部不可控因素对公司实力、任务和目标的影响纳入管理的轨道,主要涉及公司的长远目标和近期目标。一个企业的战略规划涉及四个组成部分,即环境体系,企业的能力与资源,管理者的利益和愿望,对社会的责任。

国际市场营销经营计划由各部门主管编制,计划期经常为半年至一年,它侧重于具体的工作目标、财务预算和各自的资源利用情况。它是战略规划的具体措施和资源分配,借以在特定市场上实现战略规划的目标,主要涉及具体的营销策略和方案。国际市场营销经营计划一般都要明确规定企业应干什么、谁来干、如何干和何时干等问题,具体包括产品管理计划、品牌管理计划、细分市场计划、分销渠道计划、国际定价策略和国际促销计划。

二、国际市场营销计划的内容

国际市场营销计划的内容通常包括战略计划、计划概要、现状分析、预期目标、营销策略、行动方案、费用预算和控制方法等部分。

(1)战略计划是企业的长期计划,有3~5年和5~20年不等,前者一般编制公司的目标和应采取的重大行动,后者则拟订公司的发展战略和远景规划。

(2)计划概要主要是对营销计划的内容做简要介绍与说明,以便于企业管理人员了解计划的要点。

(3)现状分析主要是分析目标市场的营销环境、企业的资源条件以及企业在目标市场上的竞争态势。

(4)预期目标包括企业在计划期内所要达到的总体目标以及各项具体指标,比如产品销量、市场占有率、品牌知名度、销售利润以及预期收益率等。

(5)营销策略指企业为达到预期目标可能采取的营销策略,比如市场定位、竞争策略以及产品、定价、渠道、促销等营销组合策略等。

(6)行动方案是指依据预期目标和营销策略,制订具体行动方案,包括营销活动的具体分工、营销人员的组成、行动的时间与地点以及行动的路线等。

（7）费用预算指在营销行动方案的基础上，进行营销费用的预算，确定达到预期目标所需的费用。

（8）控制方法是指规定计划执行的监督与控制手段、奖惩方法以及应变措施等。

此外，一个完整的国际市场营销计划还应当包括：① 公司总体营销计划。这一计划侧重于说明公司的战略目标、成长策略、投资决策和近期目标等。② 产品线计划。这一计划规定公司某一特定产品线的生产和内外销售计划。③ 品牌计划。说明一个产品类别中某个品牌的销售目标、销售计划和手段等。④ 国别市场计划。为某一地区或细分市场制订的营销计划，说明这一市场上，公司应采取的营销战略、战术、目标和行动方案等。例如，公司可以制订市场扩展计划、欧盟市场发展计划或者是中东市场开拓计划等。

三、国际市场营销计划的制订方法

国际市场营销计划来源于国际市场营销战略，它的制订有着特定的方法。根据高层管理者和各部门子公司在制订计划中的分工，可分为以下方法：

1."自上而下"计划法

在计划制订中，企业高层管理者为企业的各级部门和子公司制订计划并确立目标的方法，称为"自上而下"计划法。在这种方法中，总部人员在制订计划中起到了重要的作用。总部负责提出计划、协调和整合各项活动。但由于各方面信息不对称和不完全，该计划法可能会缺乏长远性，并与其他方面的工作产生冲突。若是总部人员能够比较充分地了解整个企业的所有经营状况，这种计划法就能够合理地利用分布在各个子公司的资源，从而能够避免经营中"各自为战"。

2."自下而上"计划法

在计划制订中，企业的各大部门和子公司根据自己的预测定出目标和计划，并提交高层管理者以获准实施。相比"自上而下"计划法，这种方法突出了子公司在制订国际市场营销计划中的重要作用。这种方法借助的是公司管理者所掌握的当地知识和管理技能，它可以保证公司在制订总体计划时对当地情况给予适当的考虑。在制订计划过程中，基层管理者也能够借此机会提高其制订计划与独立运营的能力，同时也提高子公司参与计划实施的积极性。但该方法的负面效果在于，子公司均根据自身利益而不是总体利益来制订相应计划。建立协调各区域工作的计划部，有助于克服该方法的缺点。该方法被广泛应用于实行分散管理的企业，它们享有确定营销方案、选择分销商和管理人员等活动的权力。

3."目标"计划法

该计划法兼顾总公司和子公司的作用，高层管理者下达总体目标，实现这些目标的具体计划则由各个具体部门来制订，是对前两种方法进行取长补短。

四、国际市场营销计划的制订程序

（一）确定企业国际营销目标

国际市场营销战略计划规定的目标包括两层含义：一是选择特定的国家并确定特定的

市场,即选择目标市场网;二是建立特定的经营销售目标,即数量、效益指标。选择目标市场就是对要进入的国家进行分析和筛选,包括对有的国家的市场特性、营销结构(分销系统、沟通媒介、市场研究服务)、法律、产业结构、政府的政策和法令、资源禀赋(包括人力资源、资本禀赋等)以及融资环境进行分析,要特别注意国别市场的强制性因素,各国的"关税""配额""禁运""外汇管制"及"非关税壁垒"等限制因素。在确定了目标市场之后,便确定企业经营销售目标。这是量化了的多项指标体系,如市场占有率、销售额增长率、企业利润率等。目标只有量化,才能变成明确的计划,各种活动的组织和评价就是通过目标差这个量化标准进行的。

(二)确定具体的营销策略

策略是企业用来击败竞争者、吸引顾客以及有效利用资源的原则。国际市场营销策略常由一系列协调决策构成,主要包括目标市场策略、营销组合策略和营销费用策略三个部分。

1. 目标市场策略

由于不同的国际细分市场在顾客需求、市场对公司的营销反应、获利能力以及公司能够提供的市场满足的程度等方面各有特点,公司应从最佳竞争视角出发,在精心选择的目标市场中慎重地分配它的营销力量和精力,实行于每一个目标市场的营销策略应具有独自的特性。

2. 营销组合策略

公司针对其选择的国际目标市场,制定产品、价格、分销渠道和促销等营销组合策略。通常公司针对某一目标市场确定一种营销组合策略时,有多种不同水准的方案可供选择,对此,经营人员要辨明主次,选出最优方案,以达到预定的目标。营销组合策略包括:

(1)产品策略,根据各个市场的需要,在设计、性能、包装和商标上适应国际市场需求的特点。该策略一般由产品经理制定。

(2)渠道策略,根据东道国的消费者习惯和要求、中间商的分销网络和组织结构的特点来制定国际市场分销渠道的方案,包括渠道长度、宽度、代理、设立销售公司以及对中间商的选择和训练。

(3)定价策略,根据公司的竞争战略、市场战略、成本及市场需求的特性,制定每个国际目标市场价格策略,并根据市场变化不断调整和变化该方案。

(4)促销策略,根据企业的产品、销售技术、国外市场特点来制定促销预算和促销活动的方案,包括广告预算、广告计划、营业推广计划和人员推销计划等。

3. 营销费用策略

营销费用策略制定的目的在于编制能够带来最佳利润前景的销售费用预算。虽然较高的营销费用可以带来较高的销售额,但是销售额的提高往往需要提高相应营销费用,当营销费用提高额超过利润提高额时,企业销售额的提高将变得毫无意义。另外,当企业资金紧缺时,也需要控制营销费用。所以,企业有必要仔细研究公司执行各种营销策略所需的最适量的营销预算。

(三)国际市场营销计划的编制过程

国际市场营销计划的编制过程,实质上是将外部不可控因素对企业资源、实力任务和目标的影响纳入管理轨道的过程(见图 11.1)。它是输入因素(包括市场营销目标,管理者的价值观与信念,企业优缺点及内外部环境与机会等),通过计划的编制(确定企业目标,制定战略或策略),然后在组织因素(人力、物力和财力)的控制下,产生计划的输出(报告计划,产品组合计划,执行计划的原则、程序、结果衡量)。

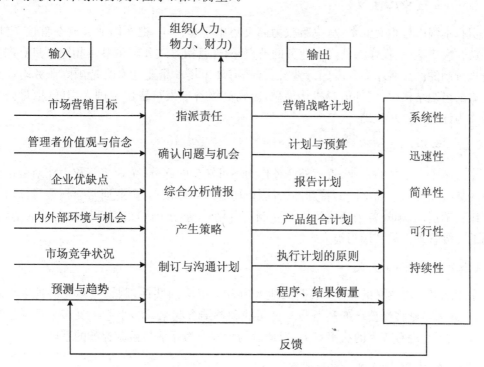

图 11.1　国际市场营销计划的编制过程

资料来源:朱金生,张梅霞. 国际市场营销学[M]. 武汉:华中科技大学出版社,2008.

第二节　国际市场营销组织

设立国际市场营销组织的目的是使企业能迅速适应国际市场环境的变化,同时将企业在国内经营活动中获得的知识、经验及诀窍扩散到整个国际企业的经营体系之中。也就是说,企业的国际营销组织形式必须与其企业使命、技术能力以及外部市场的相关条件相适应。

为了有效地推进国际营销活动,企业必须选择最恰当的国际市场营销组织形式或结构。这种选择往往是多重复合因素综合的结果。

一、国际市场营销组织的设计原则

任何企业进行国际市场营销,都会面临应当建立何种组织结构模式的问题。只有建立适应国际市场营销环境的组织机构,才能有效地实施国际市场营销战略,执行营销计划,进行营销控制,从而提高营销效率。国际市场营销管理组织结构设计的首要原则是要与企业的国际化战略相适应。美国学者钱德勒提出的"结构跟紧战略",说明了组织结构与战略之

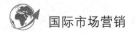

间的密切关系。当企业国际化及其战略发展和变化时,企业组织结构应随之调整。这种组织结构的调整应贯穿于企业国际化的整个过程。美国管理协会曾于1995年对30家美国国际企业组织情况进行调查,发现其中超过半数企业的组织结构都正在改变之中。

(一)本国中心主义

奉行本国中心主义的企业,决策权力高度集中于总公司,把本国业务放在首位,把国外业务放在次要地位,仅作为其国内业务的补充,国外营销方式和国内基本相同。只有国内市场出现过剩的产品时才会开展国际业务,开拓海外市场。企业通常会把国际业务附设在企业现有的组织结构中,国外组织机构简单,公司高级管理人员皆由本国人担任,以母公司的标准作为评价和控制基础。

(二)多中心主义

实行多中心主义的企业,将海外业务作为不可缺少的部分,企业决策权力相对分散。国际市场具有与国内市场不同的特殊性,各国市场的差异性很大,企业通常会根据目标市场国来组织营销活动,国外各子公司可以独立制订营销计划,按国别组织不同的营销活动,各子公司的高级管理人员聘用当地人。

(三)地区中心主义

采用地区中心主义的企业,根据某地区内各个市场的共性,制订一体化的地区市场计划,以地区为基础将母公司的利益与子公司的利益结合起来。多中心主义多采用地区型组织结构,地区经理有较大的决策权力,以地区的绩效作为评估与控制标准的基础。

(四)全球中心主义

实行全球中心主义的企业,根据全球战略目标,从全球角度优化配置组织资源。实施全球战略的企业,在国外经营活动的规模程度很高,企业的组织结构复杂,母公司与国外子公司通力合作,各部门分工水平很高,依赖性也很强。全球战略是跨国公司发展到高级阶段的产物,目前多见于发达国家的大型跨国公司。

二、影响国际市场营销组织结构的设计因素

(一)外部环境

企业组织是一个开放系统,在国际市场营销中从宏观方面要受到不同国家和地区社会、经济、文化、政治、法律和技术等环境因素的影响,从微观方面要受到供应商、中间商、消费者、竞争者和公众等因素的影响。外部环境的差异性、动态性和不稳定性愈大,组织内部的差异性和复杂性也就愈大。例如,来自竞争者不断创新的压力,必然迫使企业内部增设新产品开发部门。对于许多国际企业来说,东道国政府为了本国利益往往要对其施加压力,这就迫使这些企业相应设立游说部门。

(二)企业规模和产品类型

企业规模的大小,决定着营销组织的复杂程度。大型企业往往具有规模较大的营销组织,需要更多的营销专家,设置更多的职能部门,并且营销组织从基层到高层具有较多的层

次。而小型企业的营销组织就相对简单,甚至可能只有一个人承担所有的营销职能。企业经营的产品类型也关系到营销组织的形式,如面对产业市场的企业,其促销活动的重点是人员推销,因而销售部门倾向于大而复杂;而经营价格较低、技术性弱、买主多而分散的消费品企业,广告部门通常也大而复杂,这是因为广告是推销这类产品的主要手段。此外,企业在决定其组织结构模式时,还应考虑是否拥有相应的能适应这一机构运转及胜任其岗位工作的经营管理者。

(三) 国际市场的发展战略

企业所采取的适应国际市场的发展战略的调整决定着组织结构的变化。间接出口、直接销售、与国外市场相结合、全球经营等战略需要相应的组织结构才能实现其经营目标。同时,需要考虑在国际市场上,企业所采取的发展战略在整个企业的总战略中的作用,这直接影响着企业的国际市场营销组织形式。

(四) 市场同质性

企业是在同质市场还是在异质市场上的经营影响企业国际营销组织结构的设计。如果在同质市场上经营,所需要的产品同质化倾向很高,企业的国际营销组织机构的复杂性较低。例如,可口可乐公司的产品集中在全球市场上,市场需求具有趋同性,一般按地理区域来建立组织结构。而当公司未来满足很多差异性细分市场的需求时,其提供的业务就复杂多样,需要内部各个部门相互协调,相互配合,一些产品和地区多样化的跨国公司的组织结构采用矩阵形式。

(五) 子公司的位置及其特征

企业设在国外子公司的地理位置,影响企业国际营销组织结构。强调地区差异的公司倾向于采用地区式结构,因为具体的地区差异必须具体对待。另外,如果子公司与母公司设在文化、经济等差异不大的地区(如一个美国母公司和加拿大子公司),企业很可能不愿采用地区式结构,因为在促销产品时,可以在相当大的程度上采用标准模式。

(六) 区域经济联盟

在一个地区经济联盟中运营的公司通常会整合该联盟地区内的子公司,以便更好地对付贸易壁垒,并通过建立特殊的地区性组织部门,监管这些经营活动。通过这种方式,可以应对联盟内独有的经济特征。公司最终选择何种国际组织结构需要根据公司运营环境的具体特征而定。因此即使在同一行业中,也不会有两家公司采用同样的结构。例如,在计算机行业中,IBM、苹果和康柏就采用了不同的组织结构。康柏采用产品式结构;IBM 由于规模庞大,采用地区式组织结构;苹果的产品和国际业务没有扩展到必须有更多分层决策的程度,因此可以有效地采用职能式结构。

总之,企业组织机构的设置可有多种模式,每种模式也有不同的适用条件和范围。企业在选择国际营销组织结构时,要充分考虑到各种影响因素,构建合适高效的组织结构。同时,同一企业也应根据其发展中所处的不同阶段和环境的变化,而调整其组织结构的设置。

三、国际市场营销组织的结构类型

国际企业在不同的阶段应建立不同的组织,随着企业国际业务的扩大,企业的组织结构

也应不断调整。国际企业设计营销组织结构可供选择的类型主要有以下几种:

(一)出口处

出口处通常出现在企业国际化的早期阶段。随着企业国际销售业务的不断扩展,企业需要建立出口处来统一处理其国际业务。出口处与国内销售部同级,主要负责与所有海外市场和海外顾客的联系,解决出口中遇到的问题,履行管理和财务职责,聘任并监督代理商。如我国不少大中型企业,在20世纪90年代以来获得外贸自主权后,纷纷建立自己的出口处。

最初的出口处只有少量的业务,由于对国际市场缺乏了解,企业主要是利用其他企业或营销中介的服务与国际市场联系,人员设置简单,他们多隶属于国内营销部门。

出口处的结构便于经理人员积累营销经验,减少管理障碍,抓住有利时机,扩展业务。但在实践中随着销售业务的开展,出口处往往缺乏公司总部和其他职能部门的支持,从而影响海外业务的发展。如果企业在更深程度上参与国际营销,如在海外进行技术转让、建立合资企业或独资企业等,出口处的形式就不能适应要求了。为了解决这个问题,企业在出口业务发展到一定程度时会把出口处从原来的国内营销部独立出来,变成一个专门的职能部门。

(二)海外子公司

随着企业海外业务的扩展,由单纯的产品出口发展到在国外生产和销售,企业进入国际市场的方式日益多样化。

海外子公司是公司在海外建立的分支机构,有公司总部直接在海外设立,接收垂直领导。海外子公司作为一个独立的法人有着相应的组织结构,其生产和经营活动是独立的,它适合在母公司规模不大、海外子公司数目少且分布在邻近国家时采用。

海外子公司可以发挥其窗口作用为企业积累海外经营经验;海外子公司的反应迅速,能充分发挥其独立机构的作用,能有效地开展国际市场的经营活动;海外子公司没有中间层,由母公司总经理直接负责,便于企业总经理在总公司与子公司之间进行必要的协调。但海外子公司也存在着以下不足:子公司自主权较大,若只从自身利益出发,往往会忽视母公司的整体利益;关系松散,易受母公司的忽视而得不到必要的支持;公司总部有时会对子公司做出不恰当的估计,发出不适宜的指令。美国伊诺食品公司成功打进欧洲干酪市场,由于公司总部距离欧洲太远,伊诺决定在巴黎建立一个市场营销子公司,其责任是保证维持零售的库存,控制欧洲的销售渠道,同时还指定一家法国公司担任销售商,调整从美国装运来的货物,向欧洲200多家超级市场和大的零售商店发售产品。

(三)国际业务部

随着企业国际业务的不断增加,企业对海外子公司的协调和指挥越来越复杂,而海外业务对企业的意义却越来越重要。于是,企业就会考虑设置一个统一负责管理和控制海外业务、独立于其他管理部门的管理机构,这一机构通常被称为"国际业务部"或"国际部"。国际业务部专心于海外市场信息的收集和海外市场的开拓。它最主要的职能就是通过协调海外子公司的活动来提高企业的经营效率,对海外业务活动实行集约化管理,协调分散在不同国家、地区的海外经营活动,进行资源的综合配置,以获得协同效应。

国际业务部接受公司参谋部门从企业总体角度对海外经营活动提出的建议,同时得到其他国内业务部门的支持,在许多企业中往往都由副总经理兼任国际业务部的负责人。国际业务部组织结构一般适合于企业产品品种较少、产品标准化程度较高、技术稳定、地区分布不是很广泛的企业。

(四) 全球型组织结构

全球型组织结构是在传统的国际营销组织机构的基础上发展起来的,是一种基于全球眼光的组织机构方式。全球型组织结构是由企业最高领导层制定企业总的经营目标和战略,在各业务部门之间合理分配资源,并建立一套有效的联络、协调和控制系统,在全球范围内组织和管理业务。

全球型组织结构的显著特点是:全球范围内的经营决策权都集中在总部,总部的任何一个部门都是从全球范围的角度设置的,这为企业实施全球战略提供了组织条件。全球型组织结构适合于大公司,特别是跨国公司。一般包括以下五种具体形式:

1. 全球地区型组织结构

鉴于国际业务部结构存在的缺陷,当企业的国际业务进一步发展时,国际营销组织形式将由国际业务部演变为地区型组织。地区型组织是指企业按照其从事营销活动的地区来设计营销组织结构,如西欧部、东南亚部、拉美部等。企业按照地理区域来设置业务分部,分别管理区域范围内的全部经营活动,主要经营责任由地区经理承担,而地区经理常由企业副总经理担任,并直接向总经理汇报。

全球地区型组织结构的优点是:有利于提高企业的管理效率;有利于实现职权和职责的明确和委派;有利于产品生产和销售的协调发展;有利于发挥集权和分权的各自优势,使企业组织结构既具有较高的灵活反应能力,又拥有统筹规划的整体优势。但是,这一组织结构也存在明显的缺点:需要大量的管理人才;地区间缺乏横向联系,不利于企业产品、技术和资金等生产要素在区域间的流动;各地区分布往往从本地区的利益出发而独立开展业务,易产生"诸侯经济",不利于企业整体经营战略的实施;由于人员和机构的重叠,从而大幅增加企业的管理成本。这种组织结构较适用于各地区市场之间的差异较大,而各地区内部的差异较小;企业产品系列少,或产品间的差异较小,或产品的技术性不强;产品市场销售条件、技术基础、制造方法比较接近,而地区分布比较广泛的企业,从行业看,食品、制药及石油等国际性行业多采用这种结构。当产品线结构复杂,按地区组织结构不易处理好产品开发与资源分配,以及各子公司之间存在技术分享等问题时,国际企业便转向按产品划分组织形式。

2. 全球产品型组织结构

全球产品型组织结构是指企业根据其所经营的产品类型设立企业组织结构。采用这种组织结构的企业通常是有多少个产品大类,就设立多少个产品部。由各产品部负责本部产品的全球营销活动,它不但负责经营该类产品的国外各子公司,而且还要负责国内子公司。企业是总部一级还应设有地区专职人员,负责协调该地区内各种产品的业务活动。

全球产品型组织结构的优点主要是:有利于产品营销活动在全球范围内的统一规划;在国际市场上具有较高的灵活性。同样,全球产品型组织结构也存在以下缺点:由于机构和人员重叠而造成浪费;缺乏整体观念,各部门间难以协调,容易造成资源浪费。全球产品型组织结构适用于具有以下特点的企业:产品多样化且规模很大;最终用户多样化且差异较大;实行国外销售当地化生产;需要具备较高的技术能力。

3. 全球职能型组织结构

全球职能型组织结构是指企业根据主管职能设立有关全球性职能部门,各部门由一名经理负责该方面的全球业务。典型的职能分布结构是按照生产、财务、人事、研发、营销等职能部门来管理企业的全球业务。

全球职能型组织结构的优点主要表现为：符合专业化原则，职责分明，有利于提高职能部门工作的专业化水平；专业化经理对整个企业实行集中管理，有利于减少管理层次，避免机构和人员重置；成本核算和利润的考核主要集中在企业上层，可以有效避免各子公司间利润冲突。全球职能型组织结构的缺点主要表现为：各职能部门间缺乏横向联系和协调，容易形成多头领导的现象；职能部门经理不可能具备所有产品的专业知识，因而难以开展多种经营，难以拓展业务范围；权力过于集中，从而限制了基层单位的灵活性和对东道国环境的应变能力。全球职能型组织结构作为欧洲国际企业广为采用的组织形式，主要适用于产品线单一、产品范围狭小或产品较为标准化、市场环境变化不大、没有强竞争对手的企业。由于采用全球职能型组织结构的企业对其所属的子公司进行多头控制，因而，有些国际企业转而采用按地区划分的组织形式。

4. 全球混合型组织结构

当企业规模庞大，产品线众多，或从事不同行业时，有必要根据不同业务的需要而采用不同的组织结构。全球混合型组织结构是按产品、地区或职能中的两个或三个因素混合设立国际营销部门，分别主持协调一部分全球范围的经营活动，是一种综合型组织结构。全球混合型组织结构既弥补了按单一变量设计组织结构的不足，又照顾了不同经营活动的特点。例如，美国罗伊公司的大部分产品的生产和经营由国际部控制，但化学塑料制品则另外设立全球性生产部。全球混合型组织结构的不足主要表现为：组织结构不够规范，容易造成管理上的混乱；各部门间差异较大，不利于合作与协调；不利于企业树立完整形象。因此，全球混合型组织结构适用于处于过渡、调整阶段的国际企业。

5. 全球矩阵型组织结构

全球矩阵型组织结构是采用职能、地区、产品三大变量设计的组织结构形式。各子公司受两个或多个矩阵部门的控制，并分别向它们汇报。全球矩阵型组织结构和全球混合型组织结构虽然都是按多项因素划分的，但它们的组合方式存在明显的不同，混合结构的部门分别各自控制一部分全球范围的子公司，仍属单一结构，其信息传递是单渠道进行的。矩阵型结构的各部门是交叉管理，共同控制国内外子公司，属于多重指挥系统，其信息传递是通过多渠道进行的。

全球矩阵型组织结构的主要优点是：具有较强的应变能力，便于提高决策质量，能够有效地应付复杂的国际业务环境；能够促进各层次各部门管理的协调与合作，有助于理顺错综复杂的组织关系，有利于提高效率。全球矩阵型组织结构的主要缺点是：多头领导会降低工作效率；各层次、各部门间容易产生矛盾和分歧，不利于协调，影响企业战略目标的实现；组织机构庞大复杂，不仅运行成本较高，也会降低反应速度。全球矩阵型组织结构适用于产品多样化、地区分散化的大型国际企业，特别是那些受到产品竞争压力、又要适应东道国强大压力的跨国企业。

资料链接 11-1

国外子公司与分公司的简介

国外子公司与分公司的区别是子公司与母公司相对应的法律概念。母公司是指拥有另一公司一定比例以上的股份,或通过协议方式能够对另一公司实行实际控制的公司。子公司是指一定比例以上的股份被另一公司所拥有,或通过协议方式受到另一公司实际控制的公司。子公司具有法人资格,可以独立承担民事责任,这是子公司与分公司的重要区别。

(1) 子公司受母公司的实际控制。所谓实际控制是指母公司对子公司的一切重大事项拥有实际上的决定权,其中尤为重要的是能够决定子公司董事会的组成。在未经他人同意的情况下,母公司自己就可以通过行使权力,任命董事会的多名董事。某些信托机构虽然拥有公司的大量股份,但并不参与对公司事务的实际控制,因而不属于母公司。

(2) 母公司与子公司之间的控制关系是基于股权的占有或控制协议。根据股东会多数表决原则,拥有股份越多,越能够取得对公司事务的决定权。因此,一个公司如果拥有了另一公司50%以上的股份,就必然能够对该公司实行控制。但实际上由于股份的分散,只要拥有一定比例以上的股份,就能够获股东会表决权的多数,即可取得控制的地位。除股份控制方式之外,通过订立某些特殊契约或协议,而使某一公司处于另一公司的支配之下,也可以形成母公司与子公司的关系。

(3) 母公司、子公司各为独立的法人。虽然子公司处于受母公司实际控制的地位,许多方面都要受到母公司的管理,有的甚至类似母公司的分支机构,但在法律上,子公司仍是具有法人地位的独立公司,它有自己的公司名称和公司章程,并以自己的名义进行经营活动,其财产与母公司的财产彼此独立,各有自己的资产负债表。在财产责任上,子公司和母公司也各以自己所有财产为限,承担各自的财产责任,互不连带。

分公司是与总公司或本公司相对应的一个概念。分公司是总公司下属的,直接从事业务经营活动的分支机构或附属机构。

分公司与总公司的关系虽然同子公司与母公司的关系有些类似。但分公司的法律地位与子公司完全不同,它不是真正意义上的公司。它不具有企业法人资格,不具有独立的法律地位,不独立承担民事责任。

分公司的特征具体表现为:① 分公司没有自己的独立财产,其实际占有、使用的财产是总公司财产的一部分,列入总公司的资产负债表中。② 分公司不独立承担民事责任。③ 分公司不是公司,它的设立不需要依照公司设立程序,只要在履行简单的登记和营业手续后即可成立。④ 分公司没有自己的章程,没有董事会等形式的公司经营决策和业务执行机关。⑤ 分公司名称,只要在总公司名称后加上分公司字样即可。

资料来源:详见《中华人民共和国公司法》。

第三节 国际市场营销控制

企业的跨国营销是一项复杂的工程。为了成功地开展营销业务,需要进行不间断的协调和有效的管理控制。通过审视的、有计划的协调和周密设计的控制体系,既可以使营销工作适合于具体市场的特殊情况,又可以使规划、战略及营销方案在不同程度上实现标准化,使之适应于全球市场的需要。

一、国际市场营销控制的必要性

企业通过制订国际市场营销计划,确定了企业在海外营销活动的目标及达到目标的策略;通过组织结构的设计和选择,确定了权利和责任的划分。为了监督和指导营销策略的实施,保证营销目标的实现,企业还应对海外营销活动进行有效的控制。只有计划和组织而没有必要的控制,就难免会在计划执行中出现偏差,甚至导致营销目标的落空。可见,营销控制就是指对营销计划执行过程的监督和评估,纠正计划执行过程的偏差,旨在保证既定营销目标的实现。营销控制是营销管理的一个重要组成部分。

综合各国国际企业的管理经验,一个良好的国际营销控制体系应具备下列基本条件:

(1) 控制程序和技术的制定应听取分支机构经理的意见,控制过程中应有被评估控制的分公司、子公司经理的积极参与。

(2) 控制体系应规定各分支机构的现实目标。控制时必须查实各分支机构的实际完成指标与计划指标的偏差,并采用财务和非财务指标全面地评估其绩效。

(3) 控制体系的控制范围应包括各分支机构所直接控制范围内的各项营销活动及分支机构与总部之间商品、资金、物质等的调拨情况。

(4) 控制体系的制度要考虑各分公司、子公司的内外环境,当分公司、子公司所处环境改变时,控制体系也要相应地加以修订和改进。

(5) 绩效应与奖励直接挂钩,奖励方式应以物质(包括金钱)奖励为主。

在国际营销中,控制的必要性取决于企业分权管理的程度。如果企业采用了高度民主分权的管理方法,那么公司总部对各国子公司进行严格控制的必要性就不大,但各子公司本身对其下属的控制就变得比较重要了。反之,如果企业采取的是高度集权化的管理方法,则公司总部就有必要而且可能对各国子公司的营销活动进行严密的控制。当然这并不意味着子公司本身应放松对下属营销活动的控制。

资料链接 11-2

影响营销执行力的因素

执行力问题讨论的就是执行的力度和效果。企业在实际工作中往往会出现这样或那样的问题,导致执行出现偏差,甚至错误,给实际运作效果乃至最后的结果产生极大的影响,甚至导致项目的失败、方案的流产。企业的营销目标就是制定各种营销政策、营销方案,通过实施这些政策、方案,以求消费者认可产品,而最终产生购买行为。在这个过程中,执行力问题就显得尤为关键。企业国际营销产生执行偏差的原因主要有以下几个方面:

1. 营销政策问题

营销政策可以指营销过程中出台的各种相关营销政策,如销售政策、返利政策、奖励政策、防窜贷政策等;也可指各种营销方案,比如宣传推广、促销、产品上市、产品铺市等,不一而足。制定政策的主要目的就是要适应市场、指导销售、促进销售,它是全面性、权威性、指导性、前瞻性、效益性的集合体,就这个意义上来说政策的合理、清楚、易行就显得比较关键了。但是由于种种原因,企业国际营销政策往往存在不合理、缺乏整体的规划和前瞻性、政策含糊或模棱两可等问题。

2. 管理制度问题

这里所说的制度主要是指一个公司运作必需的、成文的、具有"法律"作用的用以约束公司行为、公司成员行为的各种章程、规章管理制度，如考勤制度、薪酬制度、福利制度、日常管理制度、销售制度、升降级制度、考核制度、财务管理制度等。制度化的管理对于一个正规化、规模化的公司运营非常重要。各种相关的管理制度把公司所有人员从低层到高层的所有行为都规范在公司既定的管理章程里；把所有的公司行为都规范在公司既定目标的允许范围内，然后加以衔接、协调，使各方面的力量形成合力，为实现公司目标而努力。企业常见的制度问题有：① 制度不合理；② 制度不健全，不成体系；③ 制度不完善，存在漏洞；④ 制度的贯彻实施存在尺度、宽紧不一的现象，严重影响员工积极性。

公司如果没有规定或并没有详细具体地说明各级营销人员的工作职责、工作权限，那么就可能会出现营销人员在实际执行各种政策的时候，要么无所适从，要么胆大妄为，这对执行的最后效果的影响是显而易见的。

3. 实施流程问题

任何政策的制定都是需要执行的，而执行实际就是一个过程，而整个执行的过程就像生产车间的流水线一样，是一环套一环的，非常讲求顺畅，如果流程不合理，或不畅通，就会直接影响执行的效果。营销流程存在的问题常见的有：① 职责分配不合理，职责不明晰；② 流程设计不合理，存在不够全面、环节太多、太烦琐、不够细化、效率太低、权限过大、能动性太小、缺乏有效控制、流程成本太高等问题；③ 缺乏合理、高效的反馈机制，导致部门间配合不顺畅。

4. 监控机制问题

监控机制实际上是一种前馈控制与事中控制相结合的控制方式，它的最大的好处是监督的时效性和即时性，可以把很多问题解决在萌芽之中，在很大程度上杜绝了时间的拖延、资源的浪费。

企业在实际的营销执行中，常见的监控问题有以下几点：① 缺乏系统、完善、规范的监控机制；② 缺乏合适、有效、到位的监控手段；③ 缺乏实实在在的、细节化的监控行为。

5. 执行者的问题

人的问题是最复杂的。不论我们的政策制定得再完善、再符合市场发展，规章制度再健全，监控体系再有效，如果解决不好执行人的问题，也毫无意义。

执行者的问题主要在几个方面：

(1) 能力素质问题。在营销执行中，执行人的个人能力、个人综合素质问题决定了他是否能准确理解把握政策，正确及时执行政策，合理处理具体问题。

(2) 忠诚度问题。营销人员的忠诚度问题是许多公司非常头痛的问题。

由于营销行业工作性质相对的不稳定性，使得相当的营销人员产生个人效益至上的观念，从而对公司的长远发展和个人的长远规划并不是特别感兴趣。这种观念决定了营销人员的忠诚度普遍来说不高，这对营销政策执行的伤害是非常可怕的。

解决这个问题的根本办法不是想方设法提高营销人员待遇，而是在于：

① 创造一种积极向上的公司文化，宣扬个人发展规划与公司发展规划的结合，使员工产生一种真正的归属感。

② 加大绩效考核力度，多产多得，少产少得，不产不得，公正、公平的绩效考核工作对于培养员工忠诚度，稳定销售队伍的作用是比较大的。

③ 在公司内部创造良好的工作氛围。

只有员工的忠诚度普遍提高了,整个营销队伍才是团结的,才是高效的,政策的执行效果才能得到保证。

（3）品质问题。员工的品质问题是个人问题,虽然这方面对政策执行会产生较大的影响,但作为公司来讲,只有加强思想教育,加大监控机制,加强奖惩制度的执行力度,别无他法。

总的来说,影响营销执行的内部因素主要为以上方面。至于影响执行的外部因素,由于往往是不可控的,在这里我们就不研究了。

资料来源:根据搜狐文章《影响营销执行力的六大因素》(http://www.sohu.com/a/167517300_99921754,2017-08-26.)整理所得。

二、国际市场营销控制的程序

国际市场营销控制程序,即国际市场营销控制的实际操作过程,由以下七个步骤组成:

（一）确定控制目标

目标是控制的核心和起始点,即有了目标才能开始进行控制。控制目标具有两个特征:其一,控制目标必须是量化的、具体的、可操作的;其二,控制目标是比较详细的,不仅企业各个层次、各个部门(单位)的目标明确无误,而且应指明各项目标的种种细节。

（二）选择控制方法

国际市场营销的控制方法基本有两种:一是直接控制,二是间接控制。直接控制就是企业总部有关管理人员直接参与下属机构的经营管理。例如,可以通过签订正式销售或许可证合同的办法控制;或者,总公司的领导以股东身份直接指定子公司的经营计划,以至直接参与选择中间商和指定某项产品的销售价格,等等。间接控制则是指企业总部有关管理人员通过各种杠杆机制干预调节下属机构的经营活动。间接控制包括下达各种指令性或指导性计划指标,制定和实施一整套完善的规章制度,投入或撤回部分资金,制定并下达各项政策,组织企业竞赛,等等。间接控制具有明显的灵活性,因此,比较适合国际企业的管理,但是它的实施难度比较大。一般而言,国际企业应该根据不同情况,在不同的时候采取不同的控制方法。

（三）确定标准

控制的衡量标准与目标的指标是一致的,只有在依据企业目标制定出用以衡量业务绩效的标准之后,控制机制才能发挥作用。确定国际市场营销的控制衡量标准时应注意三点:一是要数量化,比如金额、数量要明确,并要确定相应的等级范围;二是要充分考虑国外企业当地的经营环境,如不同的币种及其汇率,当地政府的税收、价格、金融等方面政策;三是要顾及某些比较抽象的目标,如进入某一国家或地区市场对企业全球战略的意义、改进产品和公司形象,等等。

（四）制定责任人

制定责任人最关键的一点是必须遵循责、权、利三者结合的原则,即无论是控制者或是被控制者都必须有明确的责任、权力和利益。由于国际企业内、外部环境的特殊性和复杂性,还由于许多跨国公司对国内外子公司的组织领导属于非单维结构的领导,因此,总是尽可能地将基本职责、权力和利益落实到具体人,如果违反这一原则,那么跨国公司控制机制就得不到充分有效的发挥。

(五)建立双向信息沟通系统

报告和控制系统是公司的中枢神经系统,是收集信息并发布行动指令所必需的。互联网技术建立的内部网会极大地提高跨国公司内部的沟通效率和质量,与国内业务相比,国际市场营销业务的信息系统更应正规、更成体系。这一系统基本上由三部分组成:其一,定时的业务报告,如季节业务报告、年度业务报告;其二,定时的财务会计报表及其分析报告;其三,不定时某项业务发展情况报告。上述三项是控制系统以及掌握的基本咨询材料,应加以充分重视;总公司也可适当地派员到国外营销机构所在地检查工作,可以增强对国外业务机构与总部的了解;控制者视野要开阔,目光不能局限于本企业内部,应该建立必要的情报机构,收集竞争者的有关资料,了解科技发展与市场的动态,征询客户的意见,以提高自己的控制水平。

(六)评估结果

评估就是在占有详尽资料的基础上,依据制定的标准,将被控制单位的经营业绩与公司的有关目标进行比较,再对被控制单位的工作做出评估。评估应该严格依据既定标准,确定被控制单位的业绩是否达到了预期的水平,同时应充分考虑当地的经营环境,如发生在东南亚的区域性的金融危机、汇率变化、通货膨胀、经济不景气、政府政策变动等都会对企业的经营业绩产生重大影响,评估遵循实事求是的原则是十分重要的。评估过程同时又是分析过程,尤其是被控制单位工作未能达到既定目标时,必须分析其原因,并提出相应的改进措施。

(七)纠正偏差

纠正偏差或失误是控制的直接目的,因而它是控制的最关键环节。由于国际业务单位相距遥远,文化背景不同,组织复杂,纠正的实际操作难度较大,纠正的措施必须及时,这就要求控制部门必须建立完善的纠正机制和充分利用当今先进的国际互联网技术。

营销计划履行过程中产生偏差的原因是多方面的:一是营销市场时常发生了变化,例如,消费者对产品的需求偏好有所改变,从而导致企业销量下降。二是企业决策或人员决策的失误,例如促销广告宣传效果不佳使企业销售量下降,市场份额减少。三是营销计划本身的问题,如营销目标定得过高,控制标准选择不当,都可能使实际情况与计划目标产生偏差。

在分析并寻找出产生偏差的原因后,就必须着手对其加以纠正。但在纠正过程中,常常会遇到技术上和人员上的难题。技术上的困难主要体现在认识偏差同实施修正措施之间往往存在着时滞,修正措施的改变速度远远低于偏差的变换速度。修正措施的这种滞后,常常形成"马后炮",不仅没能纠正偏差,反而对实际营销活动产生误导,从而形成新的偏差。另一方面,纠正偏差需要现时成本和投入的增加,而纠正偏差带来的收益却是预期发生的。如果纠正偏差带来的收益同其花费的成本大体相当,则这一偏差的纠正是毫无意义的,控制者必须在成本收益上做大量的分析以利于做出最终决策。人员上的困难则是指计划改变常常会受到公司职员的抵制,这是因为计划的改变意味着前一段工作努力的丧失,在心理上公司营销职员难以接受,因而形成一种抗拒心理。因此偏差纠正的首要工作是转变员工的这种心理状态,使他们积极、主动地参与到偏差纠正的过程中。

控制是一个动态的运行过程。上述七个步骤按照顺序不断重复,当然每次重复都在一个更高层次上进行,使企业战略和策略的实施绩效不断得以提升。

三、国际市场营销控制的范围

根据控制的目的、重点和运用范围的不同,国际市场营销控制的范围主要有销售额控制、市场占有率控制、营销费用对销售额控制、盈利水平控制和效率控制五种类型。各种控制类型采用的方法也各异。

(一)销售额控制

国际市场营销首先要对销售额进行控制。销售额控制相对比较方便,因而可以深入细致一些。各下属机构应该每季、每月甚至每周、每日上报销售额,并须按商品大类分列。管理部门定期汇总上报的数字,并与预期指标比较,就可以大致把握企业经营发展状况。经营计算机化与网络的发展为此提供了巨大的便利。

(二)市场占有率控制

市场占有率是指企业销售额在行业总销售额中所占的比例。企业市场占有率的提高,说明企业从竞争者手中夺得了部分市场;反之,则表示被竞争者夺走了部分市场。可见,市场竞争是影响市场占有率增减的一个重要因素。当然,在分析市场占有率时,也不能仅凭这一点,就断定企业经营的优劣。如有些企业为了更好地利用优势力量,将企业一些获利不多的产品有意识地放弃,这时也有可能出现市场占有率的降低,但不能就此说明企业经营不好。因此,对企业市场占有率的分析必须结合主客观条件,做出全面的考察与评估。市场占有率有三种具体度量指标:① 总体市场占有率,即最普遍意义上的市场占有率,是以企业的销售额占全行业销售额的百分比来表示的。② 可达市场占有率,也称目标市场占有率,以企业的销售额在其目标市场上所占的百分比来表示。③ 相对市场占有率,反映企业与主要竞争者之间的力量对比关系,是指企业销售额对最大三家竞争者(或市场领先者)销售额的百分比。一般地说,相对市场占有率高于33%,该企业市场竞争力属于强势。

市场占有率的升降反映了企业在市场供应竞争中地位的变化。市场占有率与销售额相联系,但销售额本身的变化无法反映市场占有率的变化,即在同一时期内两者的变化可以是同向的,也可以是反向的。下属机构在上报销售额的同时不需上报市场占有率变化情况,当然后者上报的间隔时间可长一些,如每季上报一次。

销售分析不能反映出企业在市场竞争中的地位,只有市场占有率分析才能显示出企业同期竞争者在市场竞争中的相互关系。例如,某公司销售额的增长,可能是由于公司营销绩效较其竞争者有所提高,也可能是由于整个宏观经济的改善使市场上所有的公司都受益,而某公司和竞争对手之间的相对关系并无变化。营销管理者要密切注视公司市场占有率的变化情况,如果公司的市场占有率上升,表示公司营销绩效的提高,在市场竞争中处于优势;反之,则说明公司在竞争中失利。但是,这种分析还应考虑下列情况:外界环境因素对于所有参与竞争的企业的影响方式和程度是否始终一样;是否有新的企业加入本行业的竞争;企业是否为提高利润而采取的某项措施不当,导致市场占有率下降,等等。

(三)营销费用控制

年度计划控制要确保企业在达到计划指标时,市场营销费用没有超支。例如,某企业营销费用占销售额的比率为35%,其中所包含的五项费用占销售额的比率分别为人员推销费用15%、广告费用10%、营业推广费用5%、营销行政费用3%、营销调研费2%。管理者应对各项费用率加以分析,并将其控制在一定限度内。

如果某项费用率变化不大,处于安全范围内,则不必采用措施。如果变化幅度过大,或上升速度过快,以至超出允许浮动范围,例如广告费用率已超出控制上限,应该立即采取措施。有时即使费用率仍在安全范围之内也应加以注意,例如从一发现某期广告费用率逐步上升起,就及时采取有效措施,则广告费用率不会上升到超出控制上限的地步。

通过上述分析,发现市场营销实绩与年度计划指标差距太大,就要采取相应措施;或是调整市场营销计划指标,使之更切实际;或是调整市场营销战略和战术,以利于计划指标的实现。如果指标和战略、战术都没有问题,就要在计划实施过程中查找原因。

（四）盈利水平控制

企业需要衡量不同产品、地区、顾客群、分销渠道和订单规模等方面的实际获利情况,从而决定应扩大、缩减或放弃哪些营销活动,以提高企业的盈利水平。

1. 市场营销成本

市场营销成本直接影响企业的利润。因此,要对企业的盈利水平进行控制,首先需了解市场营销成本的构成。这主要包括如下项目：① 直接推销费用,包括营销人员的工资、奖金、交际费、差旅费、培训费等。② 促销费用,包括促销人员工资、产品说明书印刷费用、广告宣传费用、赠奖费用、展览会费用等。③ 仓储费用,包括租金、维护费、折旧费、包装费、存货成本、保险费等。④ 运输费用,包括托运费用等。如果是自有运输工具,则要计算折旧费、维护费、燃料费、牌照税费、保险费、司机工资等。⑤ 其他营销费用,包括管理人员工资、办公费用等。上述成本连同企业的生产成本构成了企业的总成本,直接影响到企业的经济效益。其中,有些与销售额直接相关,称为直接费用;有些与销售额并无直接关系,称为间接费用。有时二者也很难明确划分。

资料链接 11-3

ZARA 的成本经

ZARA能够取得今天的成功得益于它与众不同的经营模式和品牌策略。然而,ZARA对于成本控制的独特思路却更加值得关注。

1. 仓储、物流成本低

"在时装界,库存就像是食品,会很快变质,ZARA所做的一切是为了减少反应时间。"ZARA集团首席执行官Castellano曾公开表示。记者在调查中发现,中国服装业的平均仓储时间一般为6~9个月,国际知名大牌的周期通常为3~4个月,ZARA最快只需要短短一周,通常为12~15天。这也就意味着,ZARA仅仓储成本这一个环节就比其他服装企业低近70%。而ZARA的资金只需压7~12天就能回流,资金周转速度快,从而可以继续采购原料来设计加工,以确保ZARA少量多款的品牌策略。

"在物流方面,ZARA推崇的是'掌控到最后一千米'。我们自己建立配送中心向世界各地的专卖店运输,物流中心保证每小时配送能力为8万件服装,在24小时内运到欧洲各分店,在48~72小时之内运到亚洲,不仅运送成本低,更关键的是速度快。这一切都基于我们打造了一套从设计、制作、物流到销售的高度垂直整合的供应链管理体系。"ZARA 中国的一位市场经理表示。

仓储时间短、物流速度快、衣服款式新，这让 ZARA 快速占领市场。

2. 广告、设计成本低

"零广告"是 ZARA 几十年来的营销策略，与众多国际品牌动辄千万的广告费相比，ZARA 的广告成本非常低。

奥美广告公司奢侈品公关经理李可认为，广告、公关等宣传推广费用通常会占企业销售额的 3‰～4‰，多数国际知名品牌会通过相关营销策划，增加自身企业的认可度和知名度，而 ZARA 并没有跟随主流的品牌宣传模式。

ZARA 更偏向于用盈利所得开设更多的店铺。每登陆一个新的市场，ZARA 都会先在大城市中心区域的最繁华路段开店，然后再把触角伸向较小的市镇，在不做任何广告的情况下让品牌影响力辐射全国。在 ZARA 集团里，这种策略被称为"油污模式"。

虽然看不到 ZARA 的广告，但是 ZARA 的服装款式却变化多端，很多款式都依稀看到众多国际大牌的影子。

ZARA 的衣服存在一定的模仿性。其他服装品牌为一名设计师支付高额薪酬的费用，ZARA 可以支付两到三名设计师，甚至更多，在设计成本上，同样节省了开销。

然而，这种密集的设计、快速的款式更新也为 ZARA 带来了危机，近期频发的 ZARA "质量门"让这个全球服装巨头在中国丢了颜面。

资料来源：周燕丹. ZARA 的成本经[N/OL]. 中国会计报，2011－08－26. http://news.efu.com.cn/newsview－169442－1.html.

2. 盈利水平控制方法

盈利水平控制方法主要有以下四个操作步骤：

(1) 核定各项业务的费用。假设在产品销售、广告、包装和运送等方面支出了费用，那么，先要核定每种业务活动中支出了多少费用，费用中包括工资、房租和辅助用品支出。此后分别核定它们在上述四种业务活动中的分配情况。

(2) 各种营销渠道费用分配。这是把费用与营销活动联系起来，还是先定各种销售渠道的费用开支，用每条渠道中成交的次数来表示销售活动的成就，再用成交次数除以销售产品的支出，就可以得到每次成交的费用。其次，核定广告费用，用作广告的次数除广告费用，就得到每次广告的费用。在包装和运送产品、收费等业务活动中采用同样的方法，可以得到每次活动的平均费用开支水平。

(3) 编制和分析营销渠道损益表。盈利水平控制的主要环节是进行盈利能力分析。盈利能力分析就是通过对有关财务报表和数据的处理，把所获利润分摊到产品、地区、渠道、顾客等方面，从而衡量出每一个因素对企业最终获利的贡献大小以及其获利能力高低。营销管理者可考虑利用财务部门提供的报表和数据，重新编制出各类营销损益表，并对各表进行分析。

(4) 采取必要的纠偏措施。通过上述三个步骤分析以后，企业应根据其盈利情况采取必要的纠偏措施。可以在营销主管部门负责下，设置营销主计员。营销主计员必须受过财务和营销两方面的训练，从而能够对过去的和计划的营销费用开支进行复杂的财务分析。

为了提高盈利能力控制的量化程度，有必要把盈利能力控制进行分解。由于不同产品和不同渠道的销售额是很容易分清的,所以,实行产品和渠道控制能够使企业管理人员轻而易举地辨明哪些产品或渠道的销售额低于或高于企业的平均水平,并对其相应盈利能力作出判断,有助于管理人员决定各种产品和营销渠道是扩展、减少还是取消。而按照营销活动的种类划分的广告宣传、运送产品、市场调查等业务控制,其中除了个人推销以外,很难与销售结果直接联系起来,无法互相进行比较而形成独立的利润中心。

（五）营销效率控制

盈利能力分析揭示了企业在若干产品、地区或市场所获的利润极差。造成这些利润极差的因素与有没有高效率的方式来管理销售队伍、广告、促销和分销有关,这涉及营销效率控制的问题。

1. 销售队伍的效率

销售队伍的效率包括每次推销访问平均所需时间、平均收入、平均成本、费用及订货单数量;每次推销发展的新客户数量,丧失的老客户数量;销售队伍成本占总成本百分比,等等。企业管理人员可以从以上统计分析中发现一些非常重要的问题。例如,销售代表每天的访问次数是否太少,每次访问的时间是否太多,是否在招待上花费太大,每百次访问中是否签订了足够的订单,是否增加了足够的新顾客并且保留住原有的顾客。

当企业注重调查分析销售队伍效率时,常常会发现一系列需要改进的地方。如发现销售代表访问顾客的次数过于频繁时,企业就可考虑缩小销售队伍,精简人员,但又不减少销售额;又如发现销售代表既搞推销,又搞服务,并影响到其销售效率时,可考虑将服务工作转交给工资较低的职工去做。企业通过职工的工作时间与职责范围的调查研究,可找到减少生产过程中空闲时间比例的有效途径。

2. 广告效率

广告效率可以通过以下几个方面来衡量:以每种媒体和工具触及一千人次为标准,广告成本是多少;各种工具引起人们注意、联想和欣赏的程度;受到影响的人在整个受众中所占比重;顾客对广告内容、方法的意见,广告前后对品牌、产品的态度;受广告刺激而引起顾客的询问次数;每次调查的成本。

企业管理者可以采取一系列措施或步骤来改进广告效率。包括:① 做好产品定位;② 明确广告目标;③ 预试广告信息;④ 利用电脑指导广告媒体的选择;⑤ 寻找和运用较佳的媒介;⑥ 进行广告后效果测定等。

3. 促销效率

为了提高促销的效率,企业管理者应该对每一种促销的成本和对销售的影响做记录,并注意做好下述统计资料:优惠销售占销售总额的百分比;每单位销售额中所包含的商品陈列成本;赠券促销收回的百分比;因演示而引起的询问次数。企业还应注意观察不同促销手段的效果,并使用最有效的促销手段。

效率控制的目的在于提高人员推销、广告、分销和促销等营销活动的效率。营销管理者必须注视若干关键比率。这些比率表明上述营销组合因素的功能执行的有效性以及应该如何引进某些措施以改进执行情况。

4. 分销效率

分销效率包括分销网点的市场覆盖面,销售渠道各级各类成员包括经销商、制造商代表、经纪人和代理商的作用和潜力,分销系统的结构、布局以及改进方案,存货控制、仓库位置和运输方式的效果,等等。例如,面包批发商遭遇了来自连锁面包店的激烈竞争,他们在面包的实体分配方面尤其处境不妙,面包批发商必须做多次停留,而每停留一次只送少量面包。不仅如此,开车司机一般还要将面包送到每家商店的货架上,而连锁面包商则将面包放在连锁店的卸货平台上,然后由商店工作人员将面包陈列到货架上,这种物流方式促使美国面包商协会提出:是否可以有"更有效的面包处理程序"并以此为题进行调查。该协会进行了一次系统工程研究,他们按一分钟为单位,具体计算面包装上卡车到陈列在货架上所需要的时间。通过跟随和观察送货过程,这些管理人员提出了若干变革措施,使经济效益的获得来自更科学的作业程序。不久,他们在卡车上设置特定面包陈列架,只需要司机按动电钮,面包陈列架就会在车子后部自动开卸。这种改进措施受到进货商店的欢迎,提高了工作效率。不过,人们通常要等到竞争压力增强到非改不可的时候才开始行动。

◆本章小结

国际市场营销管理是企业依据国际市场调研信息,行使计划、组织和控制职能,对产品开发、定价、渠道、促销等国际市场营销活动进行最佳组合以满足国际市场需要的行动过程。国际市场营销计划是国际企业对未来一定时期内所要达到的营销目标和实现这些营销目标所要采用的方法与手段的设计与决策。国际市场营销计划是企业开拓国际市场,实行跨国经营的重要手段,是各级营销人员工作的准绳和企业目标的最终体现。根据规划期限的长短,可将国际市场营销计划分为短期计划和长期计划;根据制订和执行主体,可将国际市场营销计划分为母(总)公司计划和子(分)公司计划;根据影响范围和程度,可将国际市场营销计划分为战略计划和经营计划。国际市场营销计划的内容通常包括战略计划、计划概要、现状分析、预期目标、营销策略、行动方案、费用预算和控制方法等部分。国际市场营销计划方法包括"自上而下"计划法、"自下而上"计划法和"目标"计划法。

国际市场营销组织结构设计表现为本国中心主义、多中心主义、地区中心主义和全球中心主义四种管理模式。外部环境、企业规模和产品类型、国际市场的发展战略、市场同质性、子公司的位置及其特征和区域经济联盟影响国际市场营销组织结构的设计。国际市场营销组织结构主要有出口处、海外子公司、国际业务部和全球型组织结构等类型。国际市场营销控制的程序为:确定控制目标、选择控制方法、确定标准、制定责任人、建立双向信息沟通系统、评估结果和纠正偏差。国际市场营销控制的范围包括销售额控制、市场占有率控制、营销费用控制、盈利水平控制和营销效率控制五种类型。

◆关键词

国际市场营销计划　国际市场营销组织　产品型组织结构　矩阵型组织结构　国际市场营销控制

◆复习思考题

1. 什么是国际市场营销计划?它包括哪些类型?
2. 国际市场营销计划制订的内容和方法有哪些?
3. 国际市场营销组织设计的原则有哪些?
4. 国际市场营销组织设计的影响因素有哪些?
5. 国际市场营销组织结构的类型有哪些?分别有什么特点?
6. 请简述国际市场营销控制的范围。

◆思考案例

耐克的营销组织变革

现在,慢跑作为一种都市健身方式越来越流行,老人、孩子、男士、女士都热衷于此。每当我看到大汗淋漓、兴致勃勃的健身者时,都会想到世界著名的耐克公司。当年耐克公司正是抓住美国人慢跑健身的热潮实现了大发展,似乎国内的企业还未能感觉到这个巨大的市场空间。

1. 创新的耐克

耐克(Nike)公司成立于1964年,由一位会计师菲尔·奈特和一位运动教练比尔·鲍尔曼共同创立,现已成为领导性的世界级品牌。当年奈特先生仅仅花了35美元请一位学生设计了耐克的标志,如今那个著名的弯钩标志价值已超过100亿美元。40年的发展,耐克已成为一个商业传奇,它的成功之道人所共知,就是虚拟生产的商业模式,耐克以优良的产品设计和卓越的营销手法控制市场,而将生产环节外包。

很多企业都在模仿耐克的虚拟生产,可是成功者寥寥无几。为什么?应该说,并不是虚拟生产有什么难解的奥秘,而是因为谁都知道生产环节处在"微笑曲线"的最低端,利润最薄,都想朝曲线的高端发展,而设计和营销本身就是一个非常讲究创意的领域,想一直保持竞争优势,企业就必须保持持续的、出类拔萃的创新能力。耐克的虚拟生产背后,正是两位创始人所推崇的创新精神。

家喻户晓的故事是:比尔·鲍尔曼先生从妻子的蛋奶烘饼烤模中获得灵感,并最终设计出一种新的运动鞋鞋底。今天,耐克公司的产品设计室仍被称作"创新厨房"(Innovation Kitchen)。创新厨房对绝大部分来访的客人、甚至是大多数耐克公司的员工来说都是禁区,公司用谐谑的口吻在大门的标示牌上写道:"厨房重地,闲人免进。"在这个以运动鞋为工作中心的智囊团里,设计师们从各个领域寻找创作灵感,从爱尔兰风格的建筑、到斯特拉迪瓦里家族制作的小提琴上的圆弧线,无所不包。办公室的一面墙壁上展示着耐克公司曾经制作的每一双乔丹篮球鞋(Air Jordan),而工作间里则堆满了新款运动鞋的设计草图。

更为深刻的创新来自被称为耐克之父的菲尔·奈特,一位公认的营销大师。美国一位运动产业的咨询专家感慨地说:"奈特先生可以说以一己之力,开创了一个新的产业,是他使体育运动员成为明星、富豪,是他使运动服装成为时尚商品,是他使一个小企业成为国际性的大公司。"

耐克是第一个采取名人代言方式打响知名度的厂商,早在1973年,它便聘请长跑健将史蒂夫·普瑞方汀代言其运动鞋。1985年聘请乔丹(Jor-dan)为其代言人,更使耐克名声大噪、业绩常红。而且耐克也是第一个把流行音乐和运动营销相结合的厂商,1987年它首先采取披头士(Beat-les)的音乐用在耐克运动鞋的广告中造成轰动。

2. 营销组织的变革

在过去的几年里,耐克大力扩张产品线,并增加了新的品牌。耐克的主力商品原来以篮球鞋为主,最近几年则推出高尔夫运动用品系列,并以"老虎"伍兹为代言人,同时加强足球鞋的推广,以迎合足球运动人口的增加。目前足球运动用品系列的营业额已高达10亿美元,占有全球25%的市场,在欧洲市场更高达35%的市占率。耐克先后并购了高级休闲鞋名牌COLEHAAN、曲棍球名牌BAUER、第一运动鞋名牌CON-VERSE和滑溜板名牌HURLY,并放手让各名牌独自经营,取得了不俗的成绩。

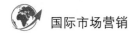

耐克在体育营销方面的成绩是不容置疑的,但是外界对耐克营销方面的质疑也从未停止过。有几点意见耐克也不得不认真考虑:一是随着品牌的扩张,耐克品牌已不再"酷"了;二是耐克在营销上动辄一掷千金的作风,暴露了营销管理上的漏洞;三是耐克在新兴市场上,营销本土化不够,营销效果不理想。

根据2017年6月份公布的公司财务年报,耐克公司的年营业收入达到163亿美元,增长9%,净收入达15亿美元,增长7%,每股净收益达到2.93美元,增长11%,这又是一个创纪录的结果。但是作为一个股票公开上市的公众公司,增长是永远的压力,华尔街只关注你今后的增长来自哪里。耐克的董事长和首席执行官迈克·帕克(Mark Parker)充满自信:耐克现在正面临着前所未有的发展机遇,我们具有将关于消费者的洞察力转化为优势产品的独特能力,这正是耐克成为全球行业领袖的重要原因。

帕克的自信源于耐克的营销组织变革。2016年8月,耐克品牌总裁查理·丹森(Charlie Denson)宣布耐克将进行营销组织和管理变革,以强化耐克品牌与新兴市场、核心产品以及消费者细分市场的联系。实施这一变革,使耐克从以品牌创新为支撑的产品驱动型商业模式,逐步转变为以消费者为中心的组织形式,通过对关键细分市场的全球品类管理,实现有效益的快速增长。查理·丹森认为,这是一个消费者掌握权力的时代,任何一个公司都必须转向以消费者为中心。这种消费者为中心的模式已经开始发挥作用,比如在耐克的专卖店现已经有耐克+iPod的销售组合,以满足追求时尚的青年消费者。

耐克为此强化了4个地区运营中心,新设立了5个核心产品运营中心,4个地区运营中心分别在美国、欧洲、亚太、中东及非洲,5个核心产品运营中心分别是跑步运动、足球、篮球、男士训练、女士健康。这是一个矩阵式的管理,目标是把企业的资源向关键区域、核心产品集中,去抓住企业最大的市场机会。与传统的矩阵管理不同,关键是要实现跨地区、跨部门的协同。实际上,耐克公司已经有成功的经验,正是采用这种协同矩阵的管理方式,耐克公司组建了一支专门的队伍,将公司足球用品市场的经营额从1994年的4000万美元扩大到今天的15亿美元。查理·丹森说:通过这种方式,我们可以更好地服务于运动员,更好地加深与消费者的联系,更好地扩大我们的市场份额,实现有效率的增长,增强我们的全球竞争力。比如中国的篮球运动市场,就由亚太区运营中心和全球篮球运营中心协同开拓。

张瑞敏先生曾说过,他最想请教韦尔奇先生的问题是:如何把大公司变小。现在由张瑞敏先生亲自主导,海尔正在进行大规模的组织变革,与耐克的变革颇有相似之处,核心正是协同矩阵。也许正印证了一句老话:英雄所见略同。

资料来源:倪海清.耐克的营销组织变革[EB/OL].(2007-09-18). http://www.chinavalue.net/Management/Article/2007-9-18/81191.html.

问题:耐克的组织结构进行了怎样的变革?耐克新的营销组织类型具有哪些优缺点?

◆ **应用训练**

1. 实训目的

(1) 培养学生动手编制市场营销计划的能力。

(2) 培养学生用理论分析问题、解决实际问题的能力,提高学生的学习兴趣。

2. 实训内容

国际市场营销计划的拟定。

3. 背景资料

小雨是位年轻漂亮的女孩子,她一直很喜欢从事和动物在一起的工作,她曾有过给动物梳理毛发,给动物喂食以及在家看护宠物的经历,小雨想用她的技术开设一家对宠物进行全面服务的公司。与传统的宠物公司和宠物医院相比,小雨认为她的市场定位应该是特别的,因为现在的那些公司的顾客都是自己把他们的宠物送到公司,然后再将宠物接走,而且现在的公司的工作时间,大多数是在周一到周五的9:00~18:00。小雨打算把她的宠物公司开在她所在的城市,小雨所居住的城市是距离机场很近的一个中等城市,很多高科技企业都位于该市中心,因此,那里有很多人做管理和科技工作,而且他们要经常出差。经过全面考虑,小雨认为尽管当前存在竞争,但是还需要有一个提供全面服务的公司。

假如你是小雨,你应该怎么定位你的宠物公司呢?

资料来源:陈文汉.国际市场营销[M].北京:清华大学出版社,2013.

4. 实训要求

结合所学知识,以小组为单位,帮小雨编写一份市场营销计划。

5. 实训指导

教师要求学生阅读背景材料,告知学生市场营销计划书应包括哪些内容。

第十二章　国际市场营销新思维

本章结构图

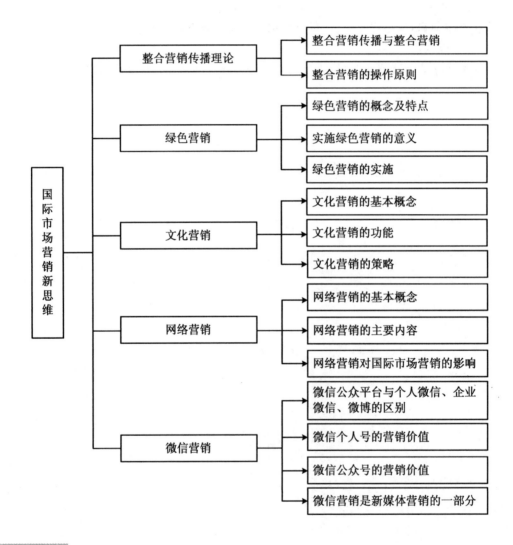

学习目标

通过本章的学习,了解整合营销传播的含义;熟悉整合营销的操作原则;掌握绿色营销的概念及内容;掌握文化营销的概念;了解文化营销的功能及策略;掌握网络营销的概念;熟悉网络营销的主要内容,能应用网络营销的技巧开展国际市场营销活动,了解微信营销的价值。

> **导入案例**
>
> **百事可乐整合营销**
>
> Pepsi Challenge 是百事可乐在 40 年多前发起的著名营销主题活动。2015 年,百事可乐再次在全球范围内开启 Pepsi Challenge,重塑品牌在年轻人心中"酷"的形象。结合"挑战"与"点赞",百事可乐将"百事挑赞"定为中国战役主题,跨界整合 90 后最关注的六大文化领域,鼓励 90 后尝试不同挑战,号召更多人为他们的挑战点赞。百事可乐推出了全新百事"挑赞罐",运用品牌自我挑战,打破"罐"性,全新主题包装上市。又推出创新的数字动态海报,为消费者解读"挑赞罐"背后的挑战精神,同时跨界邀请 90 后涂鸦大师,将挑赞图案进行涂鸦,画于上海莫干山路,还采取了跨屏互动(从看、玩、聊、买多角度,实现 IP 的立体传播),线上互动和线下活动相结合等营销方式。"百事挑赞"主题营销活动共获得 Impression 超过 50 亿次,社交媒体互动讨论超过 600 万。
>
> 资料来源:根据中国电子商务协会 PCEM 网络整合营销研究中心信息整理。

第一节 整合营销传播理论

高新技术的发展,经济、信息的全球化,加速了知识经济时代的到来。日新月异的社会变化,使现代营销在各个方面发生着翻天覆地的变化。整合营销传播作为一种新型的营销观念,已逐渐从理论走向实践,并深刻影响着现代营销的发展。

一、整合营销传播与整合营销

整合营销传播的理论起始于 19 世纪 80 年代中期。1993 年,美国西北大学教授唐·舒尔茨(Don E. Schultz)正式提出整合营销传播的概念。舒尔茨在他的《整合营销传播》一书中,详细地阐明了企业整合营销传播的策略、整合营销传播的方法以及整合营销传播的效果评估等。他认为,20 世纪 90 年代,在产品同质化的市场中,只有传播能创造出差异化的品牌竞争优势。这种传播以消费者的需求为"轴心",从产品概念的开发到产品包装设计,以及公共关系、广告、促销等营销推广工具的综合运用,始终围绕着这个"轴心"转。它不再仅仅是企业销售部门、广告公司的事,而是涉及产品研制开发人员、企业其他所有员工,乃至销售商、零售商的事。舒尔茨还认为,20 世纪 90 年代是策略至上的传播时代,营销就是传播。他对整合营销传播所下的定义是:一种长期对顾客及潜在顾客制定、执行不同形式的说服传播计划的过程,是将所有与产品或服务有关的信息来源加以管理的过程,使顾客及潜在顾客接触整合的信息,并且产生购买行为以维持消费忠诚度。

美国卡莱纳大学教授特伦希·希姆普(Terence A. Shimp)认为:整合营销传播是制定并执行针对顾客或未来顾客的各种说服性传播计划的过程。其目标在于影响或直接影响有选择的受播者的行为。希姆普指出:整合营销传播开始于顾客或未来顾客,然后反馈,以期明确规定说服性传播计划的形式与方法。

根据上述定义,我们可以看出整合营销传播是要影响受播者的行为,而且营销传播者不仅要影响受播者(顾客或潜在顾客)的态度,更要鼓励他们做出某种形式的行为反应,推动他

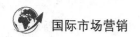

们采取购物行为。整合营销传播计划合理与否的尺度,在于它是否影响顾客的行为,其强调对传播受众的重视。

整合营销是一种对各种营销工具和手段的系统化结合,根据环境进行即时性的动态修正,以使交换双方在交互中实现价值增值的营销理念与方法。整合营销是为了建立、维护和传播品牌,以及加强客户关系,而对品牌进行计划、实施和监督的一系列营销工作。整合就是把各个独立的营销工作综合成一个整体,以产生协同效应。这些独立的营销工作包括广告、直接营销、销售促进、人员推销、包装、事件、赞助和客户服务等。

整合营销以消费者为核心重组企业行为和市场行为,综合协调地使用各种形式的传播方式,以统一的目标和统一的传播形象,传递一致的产品信息,实现与消费者的双向沟通,迅速树立产品品牌在消费者心目中的地位,建立产品品牌与消费者长期密切的关系,更有效地达到广告传播和产品营销的目的。

正如唐·舒尔茨所说:"我们对传播知识掌握得越多,对顾客、技术了解得越多以及对如何整合各种要素探索得越多,我们对怎样去开展传播活动就知道得越少。就未来而言,重要的不是去开展整合营销传播或整合传播甚至整合,而是要去学习理解别人、顾客和潜在顾客并知道如何经营。此外,我们也必须了解这些顾客正在发生的变化。因此,我们对整合规划的研究不能终止,最好的方法是不断地去尝试和探索。对我而言,这才是整合传播和整合营销传播的未来。"在整合营销传播中,消费者处于核心地位,企业通过建立顾客信息的数据库,对消费者进行深刻全面的了解。整合营销传播的核心工作是培养真正的"消费者价值"观,并与那些最有价值的消费者保持长期的紧密联系。同时,整合各种传播媒介,即凡是能将品牌、产品类别和任何与市场相关的信息传递给消费者或潜在消费者的过程与经验,均被视为可以利用的传播媒介。

二、整合营销的操作原则

(一)以整合为中心

整合营销着重以消费者为中心,并把企业所有的资源综合利用,实现企业的高度一体化营销。这里的整合既包括企业营销过程、营销方式以及营销管理等方面的整合,也包括对企业内外的商流、物流及信息流的整合。

(二)讲求系统化管理

在开展整合营销的过程中需要对企业的所有资源进行整体配置,企业中各层次、各部门和各岗位,以及总公司、子公司,产品供应商与经销商及相关合作伙伴协调行动,形成竞争优势。

(三)强调协调与统一

企业营销活动的协调性,不仅仅是企业内部各环节、各部门的协调一致,而且也强调企业与外部环境协调一致,共同努力以实现整合营销。

(四)注重规模化与现代化

整合营销十分注重企业的规模化与现代化经营。规模化不仅能使企业获得规模经济效益,还为企业有效地实施整合营销提供了客观基础。整合营销同样也依赖于现代科学技术、现代化的管理手段,现代化可为企业实施整合营销提供效益保障。

资料链接 12-1

三星整合营销传播

三星在一次营销战役中动用了所有的营销力量将它的品牌打入高端市场。三星电信网络总裁李泰基对《商业周刊》讲述这次活动时说:"我希望看到的是三星变为手机行业的宝马或奔驰。"

2001年,在品牌运作上打了漂亮的一仗之后,三星投入了2亿美元用于名为"全方位数字生活"(Digital All Experience)全球范围的广告宣传。在宣传已经覆盖到大部分媒体的同时,三星还设计了品牌的平面广告,其效果如同时尚杂志的页面,并在高级生活杂志和报纸上大力宣传全方位数字的概念。通过在电影《黑客帝国2》中展示其产品,三星也进入了娱乐营销领域。这部电影及相关平面广告大大提升了产品的知名度和高科技形象。同时三星还举办了大型促销活动——世界之旅活动,包括在纽约古根汉美术馆展示最新创新产品。另外,还有以提高三星新潮的全方位数字产品知名度为目标的公关活动,即通过积极地报道三星曾获得过的设计奖项和产品荣誉来实现其品牌营销的公关活动。

这种整合后的新大众市场营销几乎同步反映了新的大众市场更偏爱的信息和媒体,它使三星的品牌价值飞速上升。《商业周刊》和Inter-brand的品牌价值研究表示,三星公司的品牌价值在2002年内大约增长了30%,达到了83亿美元。到了2003年,它的品牌价值增长到了109亿美元,在短短的两年内总共增长了61%。像其他致力于开发高端消费市场的公司一样,它们都必须将分散的促销活动整合起来,这样才能在品牌和产品上呈现一张令人深信的、统一的面孔。这么做的结果将在知名度、关注度、价格实现以及最重要的销售额上获得巨大的进步。

资料来源:曲飞宇.三星电子在中国的整合营销传播策略及其启示[J].物流技术,2004(9).

第二节 绿色营销

企业作为社会系统中的一个组成部分,其生存和发展与所处的自然生态环境息息相关。保护生态环境、促进经济与生态的协调发展,既是企业自身生存和发展的需要,又是企业不可推卸的社会责任。20世纪90年代以来风靡全球的绿色营销,使企业营销步入了集企业责任与社会责任为一体的理性化的高级阶段。

一、绿色营销的概念及特点

绿色营销,一般认为是英文"Green Marketing"的汉译。在国外,也有部分学者用"Environmental Marketing"以此表达相同的含义。

事实上,如同市场营销的概念有一个演变过程一样,绿色营销的概念也有一个演变的过程,至今并无确切的定义。英国维尔斯大学Ken Peattie教授于1992年在其著作《绿色营销:化危机为商机的经营趋势》中给绿色营销的定义为:"以有利润且环境可承受的方式来认明、预期和满足顾客与社会要求的管理过程。"Walter Coddington 于 1993 年则使用"环境营销"的概念,并将其定义为:将环境管理认知并作为事业发展的义务和成长机会的营销活动即绿色营销。国内学者对绿色营销的概念认识也不尽一致。有学者认为,绿色营销是指以产品对环境的影响作为中心的市场营销手段,或以环境问题作为推进点而展开的营销实践。有学者认为绿色营销是指从本质上改革生产实践和消费品的处理方式,包括产品本身、包装、加工过程,并利用"绿色"概念来推销产品。也有学者认为,绿色营销是指实现自身利益、消费者需要和环境利益统一的,关于产品和服务的观念、定价、促销和分销的策划和实施过程。

纵观学者对绿色营销概念的界定,大都从环境保护的角度出发,认为绿色营销不仅要满足消费者的需求并由此而获得利润,而且要满足和符合环境保护的长远利益的需要,正确处理消费者需求、企业利润和环境保护之间的矛盾,把三方利益协调起来,统筹兼顾。他们认为,从本质上而言,绿色营销比传统营销增加了两个考虑因素,即消费者的长远需要和环境的长远利益。无疑,"绿色"概念的盛行是与环境保护密切相关的。早期的绿色营销概念,确实以环境保护问题作为其核心,即在现代营销中加上环境保护意识,把无废无污、无任何不良成分、无任何副作用贯穿于营销活动之中。但是,发展到今天,绿色营销是以可持续发展理论为指导的,以社会、经济、人口、资源、环境协调发展为基础的,以既能相对满足当代人需求,又不对后代人发展构成危害并为其发展创造优良条件为宗旨的市场营销活动。

可持续发展理论和循环经济理论要求人类改变生产和消费的方式,对企业来讲,就是要树立绿色营销观念,在生产经营过程中,将企业自身利益、消费者利益和环境保护利益三者统一起来,以此为中心,对产品和服务进行构思、设计、销售和制造。绿色营销具有以下几个特点:

(1) 倡导绿色消费意识。绿色营销的核心是倡导绿色消费意识,让消费者意识到使用绿色产品、遵循绿色生活方式,不仅能提高自身的生活质量和健康水平,而且能够改善生态环境,为子孙后代留下可持续发展的财富。在培养消费者绿色消费意识的同时,培养成熟的绿色市场。

(2) 实行绿色促销策略。由于绿色营销对企业提出了环保的要求,促使企业的促销策略发生了重大转变,企业营销活动的注意力从过去单纯追求利润增长,转变为在营销活动中注重生态环境保护,促进经济与生态协调发展上来。企业在进行促销时,注重宣扬绿色产品的使用价值、社会价值和环境价值。

(3) 采用绿色标志。在绿色市场发展期,使用绿色标志是绿色营销的重要特点。在企业的产品上贴上绿色标志,便于消费者识别绿色产品,消费绿色产品,保护生产绿色产品的企业利益,保护消费者的合法权益,同时,对于非绿色产品生产企业形成市场压力,有利于绿色市场尽快成熟起来。

(4) 培育绿色文化。绿色营销的发展推动了企业绿色文化建设,绿色文化成了企业文化的核心内容。在绿色文化的建设中,企业目标与环境目标相融合,企业营销理念与生态理念相融合。在企业内部,要培养员工的绿色理念,建立绿色管理制度,形成人人具有绿色理念、人人宣传绿色理念的绿色文化氛围。

二、实施绿色营销的意义

(一) 促进消费者与自然的和谐

从生产观念发展到绿色营销观念,消费者与自然的关系发生了很大的变化,消费者不再是为了低层次的生存需要而盲目地从自然界索取物质财富,相反消费者有了爱护、美化、优化自然的冲动与能力,反哺自然、回报自然、亲近自然、回归自然的情感。绿色营销也使得消费者"天人合一"的思想在现代经济活动中得到了很好的体现,绿色营销活动过程也是环境不断优化、消费者与自然的关系日益和谐的过程。

(二) 促进社会和谐

绿色营销是以可持续发展思想作为一种营销理念,是从事营销活动法人的基本准则。企业从事各类市场营销活动,自然要以盈利为目标。但是企业除了获取利润以保证自身的生存和发展外,也需要承担社会职责,即企业要经济效益和社会效益并重。绿色营销在处理经济效益和社会效益的关系时,保证在社会效益的前提下追求经济效益;在处理眼前利益和长远利益的关系时,以长远利益为重;在处理局部利益与全体利益的关系时,以全体利益为重。所以绿色营销所提倡的是以既要相对满足当前消费者的需求,又不对以后的消费者构成危害为宗旨的市场营销活动。

(三) 促进经济可持续发展

绿色营销一方面引导消费者的绿色需求,通过绿色营销沟通的方法和手段对顾客进行教育、宣传,将他们的需求引导到符合生态要求的产品、服务中去;另一方面开发出不破坏环境或能改善环境状况的绿色产品和服务。绿色营销还要求企业采用亲近环境的生产方式及原材料生产绿色产品,减少生产环节污染,促进资源的合理配置。绿色营销通过引导和满足消费者的绿色消费需求,实现了绿色营销、绿色产品生产与绿色消费的良性循环,从而能够促进经济可持续发展。

(四) 有利于绿色政治的发展

消费者绿色意识的觉醒与绿色浪潮的兴起,绿色组织与绿党的活动迫使各国的政治活动带有"绿色意味",对绿色营销起到了一定的促进作用。此外,企业的绿色营销也有利于政府政策和法令的顺利实施,绿色营销同时还进一步激发了消费者的绿色意识,从而反作用于"绿色政治"。此外,跨国公司的绿色营销活动也有利于国际间的合作。

三、绿色营销的实施

绿色营销实施的步骤,一般包括梳理绿色营销观念、收集绿色信息、分析绿色要求、制定绿色营销战略和绿色营销组合。

(一) 制定绿色营销战略

在全球绿色浪潮兴起的时代,企业应基于环境和社会利益的考虑,在搜集绿色信息、分析绿色需求的基础上,制订能够体现绿色营销内涵的战略计划,以有利于长期的发展。绿色营销战略应明确企业研制绿色产品的计划及必要的资源投入,具体说明环保的努力方向及措施。绿色营销战略应以满足绿色需求为出发点和归宿,既满足现有与潜在绿色需求,还要促进绿色消费意识和绿色消费需求的发展。绿色营销战略要导入企业形象识别系统CIS,争取获得绿色标志,制定绿色企业形象战略。绿色营销将带来更高的边际收益,实现合理的"绿色盈利",从长远看这是绿色营销战略的必然结果。

(二)制定绿色营销组合

绿色营销强调营销组合中的"绿色"因素:绿色产品要注重绿色消费需求的调查与引导,产品的开发与经营不仅对社会发展或环境改善有所贡献,而且能够有效地树立良好的企业形象,冲破人为设置的"绿色壁垒",适应"环保回归"热潮。绿色产品生命周期分析,主要考虑在产品生命周期各个阶段产品与包装对环境造成的干预与影响,力求在生产、消费及废弃物回收过程中降低公害,最大限度地减少资源消耗和环境污染。正确有效的绿色渠道是绿色营销的关键环节,不仅要慎选绿色信誉好的中间商,而且要选择和改善能避免污染、减少资源损耗和降低费用的储运条件。绿色价格应反映生态环境成本,包括从产品消耗及环境改善支出,确立环境与生态有价的基本观点,到贯彻"污染者付款"原则,促进生态化,低污低耗的绿色技术的开发和应用。绿色促销要利用传媒和社会活动,传播绿色企业及产品的信息,为企业绿色表现做宣传。通过赞助、捐赠等对有关环保组织的活动,给予经济上的支持。广告要突出绿色产品的特点,突出环保靠全社会的力量,靠每个人的贡献。广告投入和广告频率要适度,防止因广告而造成资源浪费和声、光等感官污染。绿色管理是融环境保护观念于营销活动过程中的管理方式,通过全员环保教育,提高环保意识,自觉实施绿色营销,切实做好环保工作。

资料链接12-2

橱柜企业快速决胜市场　执行绿色营销战略

随着橱柜企业由高能耗、高污染向低能耗、低污染的转型升级历程开启,部分橱柜企业更是当仁不让地在市场营销方面也开始贯穿起"绿色"的概念。在目前环境问题和压力日益严峻的形势下,橱柜企业确实需要执行有远见的"绿色"战略,通过开发有利于环境可持续发展的新技术和新产品,为消费者实现绿色和健康的生活消费方式做努力,有效树立企业的绿色形象,提高品牌美誉度。

1. 绿色营销势在必行

随着人们生活水平的不断提高,简单的吃、穿、住、用、行已经不能满足消费者的需求了,个性成为消费者追捧的热点,消费者的消费观念也由过去的片面追求商品价格开始向绿色、环保消费,追求商品的文化内涵过渡。橱柜企业也要顺应消费者消费观念的变化,积极推出环保并符合消费者个性需求的产品,采用绿色营销手段,将绿色产品推广深入人心并快速决胜市场。

绿色营销成为企业营销手段的新模式,是指以促进可持续发展为目标,为实现经济利益、消费者需求和环境利益的统一,企业根据科学性和规范性的原则,通过有目的、有计划地开发及同其他市场主体交换产品价值来满足市场需求的一种管理过程。同传统的营销相比,绿色营销以人类的可持续发展为导向,它更加注重社会效益和社会责任。橱柜企业实施绿色营销,往往从产品的设计到材料的选择、包装材料和方式的采用、运输仓储方式的选用,直至产品消费和废弃物的处理等整个过程中都时刻考虑到环境、社会及对消费者的影响,做到节约资源、安全、卫生、无公害,以维护全社会的整体利益和长远利益。

2. 橱柜企业加强消费引导

绿色概念早已深入人心,但是绿色消费对消费者来说还是空白区,企业在绿色产品宣传的过程中,橱柜企业要立足长远,让消费者明白绿色消费的重要意义,引导他们追求健康和人类生态平衡,认同绿色产品。

新年开春,橱柜市场随着装修旺季的到来,企业不遗余力地宣传促销产品,迎来新年的开门红。但是为了企业的长足发展,短暂的卖力促销不会给企业带来太大的利润,所以在加强产品宣传的同时,各企业要大力推行绿色产品的售前、售后服务,如售前个性设计、售后健康服务等,都要融入浓浓的"绿色"氛围,让消费者切实体会到绿色服务的与众不同。可以这么说,橱柜企业只有率先树立"绿色营销"的观念并付诸实践,才能在日后的市场竞争中脱颖而出,成为新一轮市场竞争的佼佼者。

总之,随着消费者越来越追求健康生活,以及消费者理性消费的意识觉醒,橱柜行业这股"绿色风暴"只会越来越旺。所以,橱柜企业现在要做的,就是更新自己的思维,从简单的产品绿色化,到售前、售后服务全面绿色化,引领消费者绿色消费。

资料来源:中华橱柜网. 橱柜企业快速决胜市场,执行绿色营销战略[EB/OL]. (2015-02-27). http://jiaju.sina.com.cn/news/20150227/404634.shtml.

第三节 文化营销

在21世纪的今天,全球企业面临独特的挑战,企业营销模式正在发生根本性变革。市场中已被广泛使用的传统营销模式,比如大规模的以消费者为导向的广告、优惠和折扣的方式,已经在以国际互联网和无线传输等互动信息传播为主导的环境中逐渐被淘汰,新的营销模式悄然兴起,文化营销正是营销变革的新产物。

一、文化营销的基本概念

对于文化营销的概念,目前存在着不同的表述形式,综合来看,文化营销是企业文化作用于企业的营销活动,用文化的方式和文化的力量来经营企业的产品,本质是企业在经营活动中以组织目标为核心,针对目标市场的文化环境,基于文化与营销的结合点,采取一系列文化适应和文化驱动策略,有意识地通过发现、辨别、培养或创造某种核心价值观念来形成企业经营目标的一种营销方式。

具体来说,它包含以下几个方面的内容:

一是文化适应,也就是企业在营销活动中需要充分考虑文化的特质性和差异性,要借助于或适应于特色文化来开展营销。二是文化驱动,企业在实施营销活动中,充分发挥文化自身的力量,增强营销活动的感染力和辐射力,促成消费者对企业理念、企业形象、企业产品的认同,引起消费者购买的心理需求。三是文化渗透。文化因素渗透到企业市场营销组合的各个环节中,制定具有文化特色的营销组合策略。四是文化设计。企业必须构造有特色的企业文化,根据市场的变化,设计企业的文化风格,提升企业的文化品位。五是文化创造。市场上已有了许多固定的消费文化模式,更有成型的社会文化。文化营销就是要突破这些既定文化的制约,制造一种新的文化氛围和文化时尚,创造一种文化优势,通过文化优势提高商品的文化价值、获得文化地位并进而获得利益。六是文化改造。一般情况下,企业的强势文化和目标市场的弱势文化之间有冲突和矛盾,企业试图将新思想、新技术、新产品导入目标市场时遭到社会文化的抵制,那么企业要借助其经济实力和宣传途径,示范、传播其价值观或行为方式的先进性,直接改造目标市场的价值观,促成其社会理念的变迁。

人类社会正步入文化消费时代,企业的营销活动除了满足人们物质上的需要外,更多的是给消费者带来精神上的满足。麦当劳卖的仅仅是面包加火腿吗？答案是否定的,它卖的是快捷、时尚、个性化的饮食文化。柯达公司卖的仅仅是照相机吗？不是,它卖的是让人们留住永恒的纪念。中秋节吃月饼吃的是什么,我们难道吃的只是它的味道吗？不是,我们吃的是中国民族的传统文化——团圆喜庆。同样的,我们喝百事可乐喝的是它所蕴涵的阳光、活力、青春与健康;喝康师傅冰红茶喝的是它的激情、酷劲与时尚。在所有这些产品的深处,包含着一种隐性的东西,那就是文化。物质资源是会枯竭的,唯有文化才能生生不息。文化是土壤,产品是种子,营销好比是在土壤里播种、耕耘,培育出品牌这棵幼苗。

二、文化营销的功能

(一) 产品差异化功能

差异化是取得竞争优势的必要条件。企业实施的差异化变量主要体现为:产品、服务、人员、渠道和形象5个方面,企业可以通过正在开展的价值活动使企业具有独特性,或者以再造、拓展、整合的方法重构企业价值链而实现差异化。文化营销正是通过这两种方式将文化因素渗透、融合到企业的经济活动中,使企业在行业中标新立异。当前,产品的同质化越来越明显,物质性差异越来越小,消费者对产品性能的区分不再重要,那么,文化因素的引入就为产品差异化战略提供了崭新的操作空间和途径,文化因素使得差异化策略很难模仿和超越,并且持续的时间非常长,保持了市场竞争的前提条件:产品的差异性。

(二) 增加核心能力功能

与其他营销方法相比,文化营销的核心概念在于借助于塑造一种全体企业人所认同的价值观来推动企业营销的成功。这种价值观影响对消费者需求的判断,进而决定企业生产什么样的产品,提供什么样的服务。同时,企业通过展示和灌输这些价值观念来使消费者接受企业和企业生产的产品或提供的服务、价值观。对外充分表达企业对顾客、对社会发展和公众的责任,达到与目标市场的有效沟通,从而树立良好的外部形象。对内优化资源配置,激发人的创造潜能,协调人与人之间的关系。由于文化营销注重的是价值观念的输出和产品价值的实现,追求顾客的认同感和满意度,强调通过顺应和创造某种价值观来达到与消费者的沟通与共鸣,因此容易取得最佳的满意度。

(三) 增加附加值功能

当前,消费者更追求心理的满足和精神的愉悦,消费者追求的境界已从物质转向精神,消费需求正从物质型消费转向文化型消费。追求理想化、艺术化的文化营销恰好满足了新的产品观念和消费趋势,使得产品超越了物质意义而成为某种精神的象征,成为心理的符号。从精神层面上丰富和提升产品的价值,这就是产品所增加的附加值。

（四）提升品牌价值功能

事实证明，一种独特的价值观指导下的企业行为将给该企业带来巨大的财富。这就是人们所说的文化因素的价值再生问题。文化营销中的价值再生能力，是指通过文化的凝练、传播与沟通，以达到价值共振。这里包含了消费者对经营者的产品及服务乃至整个企业的价值认同，能够而且愿意支付更高的价格来获得物质和精神享受。文化的价值再生既增加了企业的利润，又增强了企业的差别竞争优势，这也是文化营销广为推行的根本动力所在。

三、文化营销的策略

无论从哪个维度来探析，文化营销都与品牌建设有关联。因此，文化营销需要关注品牌的培育和成长。

品牌实质上就是文化附着于产品、企业、服务等之上的品质形象和象征。企业与顾客的共同价值观、顾客的忠诚度、企业的核心能力等，实质上都是为了企业品牌建设。文化营销的目的是企业经营目标的实现，其主要依据是消费心理、消费者购买模式、影响消费者购买行为的重要因素等，而从品牌角度设计文化营销策略就比较恰当地统一了企业发展的思路。

（一）产品文化策略

这一策略是文化营销的基础。产品是文化的载体，而产品本身也是文化的一种体现。在产品中注入民族的、现代的、健康的文化因素，使物质产品成为特定文化的传导体。这种特定文化的注入应当体现在产品的研发、设计、生产、包装等各环节，以文化点缀和装饰产品，增强产品的亲和力，使消费者在购买、享受企业产品的同时，购买并享受符合其心灵需要的某种文化，从而建立起"产品—文化需求"的纽带，形成消费者的情感偏好。产品不仅是物化的，同时也包含着服务。服务型产品的文化营销的意义既是物化产品价值的延伸与拓展，更是物化产品价值实现与转化的催化剂和舞台。我们的一些酒店，推出"新闻早茶"服务项目，在每日早茶时了解国内外的新闻、旅游、风土人情、投资咨询、股市行情等，使销售者淡化了消费付出的概念，在一种愉悦的情境中享受着文化的体验。产品文化营销抛却了单调、枯燥、死板、沉闷，演绎的是斑斓、鲜活、轻松、活泼的企业理念和经营思想。企业获得利润和顾客的赞誉，顾客获得了地位和身份的实现。

（二）品牌文化策略

品牌文化策略的实质就是针对消费者对品牌的心理认同和信任，在品牌的质量、价格、服务等传统竞争优势的基础上，充分融入文化的因素，通过文化的意境来提升品牌的物质价值，引起消费者的联想，甚至引起消费者对品牌的偏好和忠诚。名牌的创建过程，其实就是文化的积淀过程。今天的品牌不仅意味着品质和消费者获得的独特利益，它的主要含义正在转化为受众对品牌所代表、所传达的价值观、文化倾向的体验和认同，品牌的市场地位取决于它的总体上的性格——品牌个性，而不是其产品本身与竞争者之间微不足道的差异。目前，消费者短缺和追求的不再是具体的商品，而是象征他们品位和地位的现代生活方式和文化消费模式。企业在文化层面上所具有的张力正成为企业实力的基础与象征。

香港念慈庵川贝枇杷止咳膏是运用品牌文化营销策略的成功典型：首先，念慈庵对产品的包装、商标进行了精心的设计。设计采用以红、黄为主色调的中华民族传统风格，极力贴近目标消费者的审美心理,同时也增强了产品所具有的古方秘药的色彩。其次,念慈庵把川贝枇杷止咳膏这一古方的始创者怎样为医治病中的母亲而四处奔走,后终于得清代名医叶天士指点,求得秘方治愈母病的故事附在产品说明书的背面,通过对始创人优秀传统美德的宣传,折射出品牌背后深厚的真、善、美文化底蕴,从另一个角度表达了品牌"治病救人、扶弱救危"的经营理念,与某些药品企业急功近利、道德沦丧的经营行为形成鲜明的对比。念慈庵这种打造品牌文化的做法使品牌最大限度地深入了人心,消费者在选择购买的时候,首先便能感受到来自品牌的魅力和吸引力量。

(三) 文化互动策略

这有两个方面的含义:一是文化适应。营销活动中,要在某种程度上摆脱本土文化的约束,调整、适应他文化。否则,就会事与愿违,大相径庭。这在国际营销中尤其重要。比如麦当劳在穆斯林地区,就必须回避"火腿"字样,即使汉堡也改用素食,这是穆斯林文化的要求。二是文化传递。企业在营销活动中,不只是被动地适应他文化,而是积极主动地采用各种文化营销手段,在吸收当地文化的同时,向目标市场传递企业的经营思想和理念,传递企业的各种文化信息。三是文化整合。不同形态的文化或文化特质之间相互结合、相互吸收。既保持着本土文化特色,又找到本土文化与他文化的交汇点,兼容并蓄,建立适合跨文化营销的渠道。只有同时考虑到这三个方面,文化营销才不至于陷入被动,品牌的正常运营和国际化才能得到保障。

资料链接 12-3

今世缘的文化营销

20世纪90年代,在川酒东进、鲁酒南下、皖酒崛起、洋酒入关的四面楚歌中,以生产低档酒为主的高沟酒厂陷入了发展的困境。在对目标市场的调研中发现,白酒虽然是餐桌上的常客,但其主要功能不是满足人们的生理需求,而是人际交往的一种载体,人们在推杯换盏中实现感情的沟通和交流,满足的是心理需求。无酒不成席,无缘不饮酒,酒和缘就像一对孪生兄弟,共生共存。意识到这点后,高沟酒厂的决策者们在综合研究了中国哲学、文学、民俗学和佛学的基础上,大胆创新品牌文化,于是"今世缘"——一个以"缘文化"诉求为核心内容的文化白酒品牌诞生了。"讲善惜缘,和谐发展"的核心价值观,"共生、合作、包容、感恩、分享"的"缘文化"核心理念,"有缘有情有义,同心同德同赢"的合作关系,"缘文化"这一文化定位使今世缘品牌赢得了消费者的青睐及合作者的认同,使得今世缘公司在困境中迅速崛起。2001年"今世缘"被评为"中国十大文化名酒"之一,时至今日,今世缘已经成功实现突破,走出自己的文化品牌营销之路。十几年的时间,从当初一个濒临倒闭的白酒企业跻身到全国白酒前10强,今世缘所取得的成就有目共睹,其精准的"缘文化"营销,成为其能迅速打开市场的一个重要原因。

1. 今世缘产品的文化包装

"缘文化"是今世缘的特色文化,今世缘以独特的"缘文化"立身,"缘文化"成为今世缘美酒的灵魂。自品牌创立之日起,今世缘人以"缘"为品牌核心,致力于品牌深厚文化底蕴的传播,在传播传递中,今世缘品牌传播以事件、活动、节庆营销传播为主导,主要是通过系统的文化公关活动的展开来替代同质性很强的电视、户外、报刊等硬性广告。比如积极参与举办淮扬菜美食节,南京金秋恳谈会,无锡太湖博览会,"飞向太空,中国载人航天展",今世缘集体婚礼，"今世缘"文学征文，"中华缘文化论坛"等，这些文化公关活动都引起了社会的积极关注和新闻媒体的追捧，软文章的媒体跟踪发布使今世缘的品牌不仅富有极强的文化个性，同时，也不断积累着品牌知名度。事件营销的点，连成了品牌成长的线，塑造了中国白酒业极具个性化、差异化、人文化的品牌。"今世缘"品牌成为"中国驰名商标""中华婚宴首选品牌""中国十大文化名酒""中国白酒工业十大创新品牌"。今世缘谱写了跨世纪的品牌传奇，走出了一条洋溢着个性与生命活力的品牌文化建设之路，历史性地成为中国文化酒的倡导者和先行者，被誉为中国白酒"文化营销"的典范。

2. 今世缘文化营销的塑造

"今世缘"品牌的核心是"缘文化"，"缘文化"是中国传统文化的瑰宝，是炎黄子孙心中一个美丽的结。"缘"字内涵包括亲缘、友缘、商缘、机缘等许多方面。"缘"寄寓了中国人最美好、最真挚的情感。酒是民族文化的血液，是情感交流的纽带，如"金风玉露一相逢，便胜却人间无数"。"缘文化"和酒文化的联系是非常密切的，因为这两种文化都有一个共同特征：传统关系文化。"缘"，本身就是关系，血缘、地缘、情缘都是关系，而"缘文化"的群体，又往往涵盖了白酒的消费群体，体现的是白酒的消费力。"缘文化"这种与生俱来的与消费者便于沟通的优势，在人们的品牌消费中体现得尤为突出。今世缘人把独具传统特色的白酒与浪漫时尚的"缘文化"完美结合，浓缩为文化发酵的一杯美酒，传情达意，连接心灵，用文化这一杠杆撬动了市场。

资料来源：陆霞.从今世缘的成功谈白酒行业的文化营销[J].酿酒科技，2012(11).

第四节 网络营销

20世纪90年代以来，计算机信息产业在全球以前所未有的速度迅猛发展，互联网得到广泛应用，"网络""网络经济""新经济"等词语的使用频率越来越高，网络营销活动已成为社会经济发展中势头最强劲的潮流之一。在网络、科技和全球化迅猛发展的今天，企业要成功实现自己的目标，就必须重视开展网络营销，研究和掌握网络营销的原理、方法、工具和手段。

一、网络营销的基本概念

网络营销是企业营销实践与现代信息通信技术、计算机网络技术相结合的产物，即建立在电子信息技术基础之上、借助于互联网特性来实现一定营销目标的现代营销系统；也是企业整体营销战略的一个组成部分，是为实现企业总体经营目标所实施各种营销策略的活动。广义的网络营销指企业利用国际互联网、内部网和EDI系统专线网等营销活动，最大限度地满足客户需求，以达到开拓市场、实现企业盈利目标的经营过程。

二、网络营销的主要内容

在因特网上开展营销活动，其基本的营销目的和营销工具与传统的营销活动是大体一致的，但其实施和操作的过程与传统方式有着很大的区别。作为依托网络的新型营销方式，网络营销包含的内容较丰富，主要表现在以下几个方面：

（一）网上市场调查

网上市场调查是企业在数字化时代进行市场预测和决策的最重要依据，主要包括对消费者、竞争者以及整个市场情况的及时报道和准确分析。企业可以直接在网上通过发布问卷进行调查，也可以在网上搜集市场调查中需要的各种资料。由于网上市场调查成本低、信息量大，因此可以深入调查了解网上用户群体的需求特征、购买动机和购买行为模式，并且对传统细分目标市场做更加深入的重新细分。网上市场调查的开展一般要经过以下几个主要步骤：搜索引擎的选择、调查对象的确定、与调查对象的沟通、信息服务的提供、信息的加工应用。

（二）网络消费者行为分析

网络消费者是网络社会的一个特殊群体，与传统市场上消费群体的特性是截然不同的。因此要开展有效的网络营销活动必须深入了解网上用户群体的需求特征、购买动机和购买行为模式。互联网作为信息沟通的工具，已渐渐成为许多有相同兴趣和爱好的消费群体聚集、交流的地方，进而形成一个个特征鲜明的虚拟社区，网上消费者行为分析的关键就是了解这些虚拟社区里的消费群体的特征和喜好。

（三）网络营销策略的制定

企业在采取网络营销实现企业的营销目标时，必须制定与企业相适应的营销策略，因为不同的企业在市场中所处的地位是不同的。企业实施网络营销需要进行投入，并且也会有一定的风险，因此企业在制定自身的网络营销策略时，应该考虑各种因素的影响，如产品的生命周期对网络营销策略的影响。

（四）产品策略

网络作为有效的信息沟通渠道，改变了传统产品的营销策略，特别是营销渠道的选择。在网上进行产品和服务营销时，必须考虑网络特点，重新研究产品的设计、开发、包装和品牌的产品策略，因为有不少传统的优势品牌在网络市场上并不一定是优势品牌。

（五）定价策略

作为一种新的信息交流和传播工具，互联网从诞生开始就实行自由、平等和信息基本免费的策略，在网络市场上推出的产品和服务大多也采取免费或者低价的策略。因此，企业在制定网络产品和服务的价格时，必须考虑到互联网的这一特性，选择恰当的定价方法。

（六）渠道策略

网络营销策略可分为直接分销渠道和间接分销渠道，网络的直接分销渠道即零级分销渠道；网络的间接分销渠道只有一级，即只有一个信息中介商来实现双方之间的信息沟通，而不需要借助多个批发商和零售商。网络将企业和消费者连在一起，这不仅简化了传统营销中的多种渠道的构成，而且集售前、售中、售后服务以及商品与顾客资料查询为一体，因此具有极大的优势。利用网络设立虚拟商店橱窗、设立虚拟经销商和公司，不占空间，24小时营业，其低成本、便捷等优势，远非传统营销渠道所能抗衡。

（七）促销策略

互联网具有双向信息沟通的特点，使交易的双方突破时空限制进行直接交流，操作简单、高效，并且费用低廉。互联网的这一特点使得在网上开展促销活动十分有效。同时，在网上开展的这些促销活动必须遵循一定的网络礼仪，如恰当运用网络的技术性和开放性特点，在保障消费者利益的前提下，发布正确的促销信息，同时自觉遵守网络文明公约的各项规定。

网络广告作为在第四类媒体上发布的广告，其交互性和直接性的特点使它具有报纸、杂志、广播、电视等传统媒体发布广告无法比拟的优势。网络广告是进行网络营销最重要的促销工具，是网络营销的最主要内容。

（八）管理与控制策略

开展网络营销活动，将面临许多传统营销活动无法碰到的新问题，如网络产品的质量保证问题、信息安全问题以及消费者的隐私保护问题等，这些都是网络营销必须重视和进行有效控制的问题，否则企业开展网络营销就会适得其反。

三、网络营销对国际市场营销的影响

建立在网络之上的国际市场营销将产生以下发展趋势，对于促进国际市场的开发，更好地满足市场需要有着深远的影响。

（一）国际市场营销能真正突破时空的限制

互联网的全球性和即时互动性，为企业、供应商和客户提供了一条相互沟通的新渠道，企业可充分利用互联网所形成的全球信息网络空间，面对全球的客户开展全球范围内的营销活动。网络营销独具的时空优势为从事国际市场营销活动的企业提供了良好的发展机遇，但企业所面临的也是突破国界、无差异的激烈无比的竞争。

（二）国际市场营销的成本得以降低

网络营销具有信息发布、树立网络品牌、开展促销宣传、进行网上市场调查、提供顾客服务等功能，这些在传统国际市场营销活动中都是困难大、成本高的营销活动内容，现在通过国际市场营销就可以大大降低成本。另外，网络营销本身具有信息传递成本、产品的库存成本、场地成本、人员成本等成本节省的功能，从而使企业的国际市场营销成本大大降低。

（三）国际营销更理性化

网络营销的上述功能还使企业的国际营销活动更趋理性化。原因如下：

（1）网络能使国际企业更及时、有效地掌握国际市场宏观环境的现状及发展变化等信息，使国际营销决策更加科学合理。

（2）网络能使国际企业更直接地与来自世界各国的消费者进行沟通，了解和把握消费者的信息，使企业的产品和服务更符合各国消费者的需要。

（3）网络能利用其技术方面的优势全方位地展示企业的整体形象。通过现代技术手段，网络能将世界各地的生产商与分销商、消费者拉得更近。

资料链接 12-4

日本 Life Net 保险公司网络营销

近几年，在日本人身险行业的渠道转型和创新中，一些专门从事网络营销的保险企业不断兴起。虽然这类保险企业在日本人身险行业的市场份额还不高,但发展速度较快,已引起业界普遍关注。Life Net 保险公司于 2008 年在日本成立,开业以来有效保单的月平均增长率高于 10%;截至 2010 年 3 月,偿付能力为 6731.5%,是日本保险行业平均水平的 8 倍。

1. Life Net 的发展策略

(1) 构造简单和便宜的产品。一是 Life Net 客户的年龄主要集中在 20~40 岁,这类中青年人群的保障需求较高。针对这类人群,Life Net 仅提供人寿、医疗、失能三类保障类保险,份额占比分别为 61%、30% 和 9%;二是 Life Net 只开发保险责任单一的简单产品,没有附加险和分红这些让保险"复杂"的因素;三是 Life Net 的产品仅在官网上直销,省去了佣金和手续费等附加费用,产品保额也较低。

(2) 不主张"攻势型"营销。有别于保险从业人员向客户推销产品,Life Net 不主张推销"攻势型"营销,希望客户能在充分理解保险的基础上,购买到真正符合自身需求的产品。一是 Life Net 官网不仅是一个销售人身险产品的平台,还是一个为"理解保险"而设立的学习平台。客户可以在 Life Net 官网上学习到一般性的人身险知识,也可以享受到 Life Net 提供的免费电话和电邮咨询服务,让客户在充分了解和认可之后,主动购买人身险产品。二是 Life Net 的保险条款力求易于客户理解,并辅以动画和声音等手段来生动地展示产品,使初次接触保险的客户就能够比较容易地理解产品。三是 Life Net 的保险理赔一般在 5 个工作日就可以完成,使客户充分感受到公司的人性化和专业化管理,为客户多次购买 Life Net 保险提供可能性。

(3) 彻底公开信息以减少信息不对称。Life Net 将企业运营状况、产品信息、工作场所等信息都在官网公开,减少企业对客户的信息不对称性。一是公开企业的月绩报告,让客户随时了解企业业务和运营情况;二是公开产品信息,包括产品形态和附加费用,让客户可以自行比较产品的种类和价格。

2. Life Net 的成功因素

(1) 深刻认识日本经济现状。Life Net 深刻认识到日本经济低迷的现状,日本民众在人均收入持续下降的情况下,用于保险保障的支出必将大幅下降,费率和保额较低的低保费产品更受欢迎。

(2) 准确把握客户需求。Life Net 准确把握 20~40 岁主要客户群体的保险需求,主要销售保障类保险产品;辅以网络、电话、电子邮件等多种营销手段引导客户主动购买,客户体验良好。

(3) 充分了解客户心理。Life Net 认识到客户对人身险产品的理解能力有限,希望保险公司和产品信息尽量透明化,所以只销售易于客户理解、保险责任单一的人身险产品;同时将企业运营状况和产品附加费用完全公开,让客户放心购买。

资料来源:张琼之.国外保险网络营销案例分析和经验借鉴[J].现代商业,2013(5).

第五节 微信营销

自从2014年年底微信用户量突破5亿以来,微信以每个季度新增5000万用户的速度稳步增长,至今已经超过10亿用户。

微信非常重视用户体验,也刻意培养用户的使用习惯。每个版本的发布都充分考虑用户对功能的熟悉度,每次只增加一点点改进,这种不断优化改进的策略与QQ邮箱的升级有相似之处。微信已不仅仅是一款应用,它已经开始渗入人们生活的各个方面。

在碎片化的移动互联网时代,微信用各种连接方式使用户形成全新的习惯,以人为中心,以场景为单位的连接体验催生了新的商业入口和营销模式,微信基本上沿着"积累用户数量—增强用户黏性—培养用户习惯—探索商业模式"的路线发展。

一、微信公众平台与个人微信、企业微信、微博的区别

(一)微信公众平台与个人微信

对个人和企业而言,微信的用途并不相同,个人开通微信叫微信个人号。个人微信可以和手机通讯录绑定,邀请朋友用微信进行交流与联系,也可以通过朋友圈状态互动。

微信公众平台是腾讯公司在微信基础平台上增加的功能模块。通过这一平台,个人和企业可以打造自己的微信公众号,并在微信公众平台上实现和特定群体以文字、图片、语音等进行全方位沟通、互动。

个人也可以开通微信公众号写一些文章,但对企业而言,运营微信很多意味着运营微信公众账户、微信群,包括培养业务人员到朋友圈发推广信息等。

从连接关系来说,个人微信号基于的是点对点的关系,微信公众平台基于的是一对多的关系。

从运营的角度来看,个人微信号与微信公众号平台之间的区别如表12-1所示。

表12-1 个人微信号与微信公众平台的对比

对比项	个人微信号	微信公众平台
使用方式	以手机端为主	以PC端为主
功能	加好友、发信息、朋友圈状态和一些个人相关的城市服务	提供智能回复和图文回复等其他功能,图文编辑后能让传送的信息更丰富
用户导入	个人微信注册成功后,可以自动导入手机通讯录,系统会推荐给通讯录当中谁开通了微信,这就建立初步的通讯录和朋友圈	公众微信注册建立后就如同空白纸,你拥有的是一个微信号和一个二维码,必须通过推广才能吸引到一定数量的用户

续表

对比项	个人微信号	微信公众平台
圈子定位	熟人圈子	用户或者粉丝圈子
推广方式	大部分是通过朋友介绍,或者面对面交流关注的	需要利用手里的资源进行推广,包括线上和线下

(二)微信公众平台与企业微信

微信的标语为"微信,是一个生活方式",但是社交领域中既有生活领域的社交联系,也有工作领域的社交协作,于是这也一直被人诟病"生活与工作搅在一起分不开"。即便如此,微信对于工作协作与团队沟通的功能做得并不够好。因此腾讯选择单独做了一个APP,将办公领域的社交协作单独拿出来,这个APP就是企业微信。

企业微信是一款用于基础办公沟通的即时通信(IM)产品,适用于各种类型的企业和机构用户,拥有贴近办公场景的特色功能和办公自动化(OA)工具,如请假、报销、考勤等,让员工可以在手机上处理办公事宜,管理员端后台可以添加自定义应用。

企业微信适用于政府、企业等各类组织。企业微信的特色功能如下:

(1) 统一的企业通讯录:企业通讯录可快捷导入,统一管理,同事信息准确完善,方便查找。

(2) 贴合办公场景的沟通方式:集成电话与邮件,多样沟通,提高效率,提供回执与提醒信息。

(3) 可靠的安全保障:协议全程加密,防止网络窃听,多重数据安全保护机制,抵御网络攻击和入侵。

(三)微信公众平台与微博

在微信以前,最热的社交媒体是微博。一般来说新浪微博具备代表性。

微信是一个封闭社区,所有的传播基本都局限在微信朋友圈,并且还有种种限制,不像微博是一个公共空间,制造话题后扩散速度比微信快很多。微博话题找准了,很快就能靠内容进行话题传播。

微信更看重用户的质量和活跃度,更提倡和目标人群做持续的精准服务,在服务基础上做有节制的口碑传播,这样能够找到精准的客户并通过服务牢牢抓住他们。

微博和微信本身是两个不同属性的产品,微博运营和微信运营一起做对比,并不是要二选一,而是通过了解两者不同的属性找到不同的运营策略,将优势最大化,效果最佳化。营销不仅仅只有微博、微信,当今是多元化营销时代,要学会一系列营销方式打组合拳才能使效果最佳。

二、微信个人号的营销价值

微信个人号的营销价值主要有以下三个方面:

(一)输出个人品牌

21世纪的工作生存法则就是建立个人品牌。不只是企业、产品需要建立品牌,个人也需要在职场、生活中建立个人品牌。个人品牌的树立是一个长期的过程，人们希望塑造的个人形象可以被周围大众广泛接受并长期认同。而以微信为代表的社交软件的出现，让个人可以成为传播载体，人们能够在社交软件上展示自己鲜明的个性和情感特征，在符合大众的消费心理或审美需求下，成为可转化为商业价值的一种注意力资源。

（二）刺激产品销售

不论是基于熟人经济的微商，还是基于个人品牌效应的微店，"人"都成为了新的商业入口。通过个人微信的朋友圈发布产品信息，用微信聊天为买家提供咨询沟通服务，用微信支付功能完成付款……就这样实现了"社交电商"。

（三）维护客户关系

微信是人与人之间便捷沟通的一种手段。如果由于业务关系添加了很多客户的微信好友，通过聊天里联系或朋友圈互动，就有了与客户加深情感连接、让客户有进一步了解你的机会。

不论哪个方面，社交网络的营销最需要解决的只有信任。有了信任才会有商业转化，客户信任你才会选择购买。客户购买的不是产品，而是那份信任。

三、微信公众号的营销价值

企业只有深深理解了微信公众号背后的每种价值，才能结合消费者的需求来确定通过微信提供怎样的服务。

微信公众号有以下营销价值：

1. 信息入口

PC时代，企业需要官网提供信息查询；移动互联网时代，企业依然需要这样的官网入口。基于移动互联网的特点，用户不需要点开百度再搜索关键词或输入网址来访问，只需搜索微信公众号昵称就可以获得企业介绍、产品服务、联系方式等信息，也可以单击公众号中的菜单直接跳转到官网。

2. 客户服务

客户关系管理的核心是通过自动分析来实现市场营销、销售管理和客户服务，从而吸引新客户、保留老客户以及将已有客户转为忠实客户，增加市场份额。微信作为用户的天然的沟通工具，极大地方便了用户与企业沟通。将微信与企业原有的客户关系管理系统结合，可实现多人人工接入，提高客户服务的满意度。通过设定好相关的关键词，就可以实现自动回复，这可以大大节约人工客服的人力成本。

3. 电子商务

零售的趋势是全渠道，企业需要尽可能让消费者随时随地方便购买到产品，而微信公众号就可以实现销售引导，及时把产品或服务信息传送达用户，促成交易，缩短营销周期。若在看微信图文时想买某件商品，可以不用跳出微信而直接在微信上下单购买，实现选择下单和支付交易，甚至物流查询、客户服务都能通过微信实现，而不需要下载APP或跳转到天猫等电商渠道购买。

4. 用户调研

产品调研是每个企业制定经营策略非常重要的环节，大型公司甚至由专门的产品研发

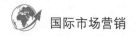

部门来负责,或者通过付费找第三方发放问卷或者电话调研。这些方式不仅成本高且数据不够精确,而通过微信可以直接接触与自己相关的精准用户群体,进而省去大笔经费。

5. 品牌宣传

微信公众平台可以承载文字、图片、音频、视频等多元化形式,能及时有效地把企业在最新的促销活动告知粉丝,具有互动性较好、信息传递快捷和信息投放精准的特点。用户不仅可以接受品牌信息,还可以更方便地参与品牌互动活动,从而深化品牌传播,降低企业营销成本。

6. 线上线下

线上与线下营销的互通是必然趋势,而微信为两者的结合提供了更便利的通道。

四、微信营销是新媒体营销的一部分

其实在没有微信之前,销售员通过QQ、手机短信等方式,一个月也可以有稳定的流水;在微信出来之后,仅仅是将信息传播渠道转移到了微信上而已。

所以,懂得一些微信营销的手法,可能会提升效率、降低成本,但绝不是说采用了微信做营销就可以一本万利。说到底,买卖的本质无非是买方用货币换取卖方的货物,如果你有优质的货物,就去找买方;如果你有优质的买方,就去找货物,微信的本质就是一个工具而已。

要正确看待工具在营销中所占的比重与位置:① 不要期待一个工具可以给你的营销带来多大的改变,工具就是工具,关键在于使用者;② 不要寄希望于只用一种工具就可以做好营销,每个工具都有自己的特点,应该要把所有的工具整合起来。

资料链接 12-5

海底捞火锅微信营销

海底捞是大众熟知的餐饮店,其较高的服务质量是受到人们欢迎的主要原因,这样一间餐饮店通过做微信营销获得了更多人的认可,接下来从它开展微信营销的过程和特点来看看对于其他商家做微信营销有什么启示。

(1) 特色化的服务获得粉丝:海底捞因为受欢迎因此前去的人很多,常常需要排队并且时间较长,等待的时间里顾客会感觉无聊或厌烦,为了减轻顾客这类感觉,海底捞推出了微信照片打印服务的微信营销活动,让等待的顾客扫码关注海底捞微信公众号然后自行打印想要打印的照片,让顾客有一种新的体验,这种服务也是一种获得粉丝的方法。

(2) 开通微信支付:海底捞开通了微信支付,提高了结账速度,减少了排队时间,同时还降低了现金管理风险,这是现在大多数做微信营销的商家都知道并应用的手段,这种方便的交易不仅使交易更快更方便,还能够通过微信活动或优惠让顾客成为海底捞微信公众号的粉丝。

(3) 在微信上"看、吃、玩":海底捞的微信公众号提供了有关"看、吃、玩"三大功能,"看"集成了可以对各门店详细了解和在线订座的"Hi门店",可了解当季在售菜品的"美味菜单",拥有最新活动和海底捞近况报道的"新闻中心",面向求职者和供应商的"诚聘英才"与"产品招标"等各种信息;"吃"则集成"订餐-预订座位""外卖-送餐上门"以及"商城-选购底料"功能;"玩"集成了社区式交流分享的"Hi说说"、与海底捞产品息息相关的"Hi游戏"等。这三大功能基本上能够满足消费者在微信上的各种需求,这种微信营销功能较为有趣、全面而实用。

(4) 扩展平台:海底捞除了推出品牌微信公众号外,还推出了提供外卖服务的公众号,在这个提供外卖服务的公众号上,页面更加简洁、专一,进一步简化了用户的外卖订餐时间,降低了时间成本,还能进一步进行海底捞的微信营销推广,增加品牌微信公众号的知名度。

从以上四个方面来说,可以知道海底捞微信营销成功的启示在于它抓住了微信的本质——服务,将服务完善、提高用户体验度作为核心,不局限于微信营销公众号提供的原有功能,在此基础上进一步开发实用好用的功能。

资料来源:http://www.zaosin.com/info/1838.html.

◆本章小结

随着营销学的不断发展,新经济时代国际市场营销的新领域和新概念层出不穷。本章选择了整合营销、绿色营销、文化营销和网络营销四个方面,对其内容做了简要的介绍。整合营销是一种对各种营销工具和手段的系统化结合,根据环境进行即时性的动态修正,以使交换双方在交互中实现价值增值的营销理念与方法。绿色营销比传统营销增加了两个考虑因素,即消费者的长远需要和环境的长远利益。文化营销的本质是企业在经营活动中以组织目标为核心,针对目标市场的文化环境,基于文化与营销的结合点,采取一系列文化适应和文化驱动策略,有意识地通过发现、辨别、培养或创造某种核心价值观念来形成企业经营目标的一种营销方式。网络营销是企业营销实践与现代信息通信技术、计算机网络技术相结合的产物。微信营销比较流行,懂得一些微信营销的手法,可能会提升效率、降低成本,但绝不是说采用了微信做营销就可以一本万利。总之,把这些营销新概念看成完整的国际市场营销学体系的一部分比较适宜。

◆关键词

整合营销　绿色营销　文化营销　网络营销　微信营销

◆复习思考题

1. 什么是整合营销传播?整合营销的操作原则是什么?
2. 如何认识绿色营销实施的意义?
3. 如何认识文化营销的功能?
4. 网络营销对国际市场营销的影响有哪些?
5. 微信公众号的营销价值是什么?

◆思考案例

天猫整合营销传播

天猫,作为淘宝网的组成部分成立于2008年4月,2011年6月从淘宝网分拆独立,2012年1月1日宣布更名为"天猫",完成了破茧成蝶的品牌蜕变。2012年"11·11购物狂欢节",支付宝交易额为191亿元,天猫占132亿元,交易额翻了3倍,宣布天猫在这个所有商家都全力以赴的销售黄金日中打了个漂亮的胜仗,奠定了天猫在中国电子商务B2C领域第一把交椅的地位。

1. 公共关系

纵观天猫的营销过程,其在公共关系方面下足了功夫并取得了不俗的效果。

(1)更名"天猫",重塑品牌。2012年1月11日,淘宝商城正式更名为天猫,以60万元奖励其"品牌Logo和形象"设计方案。一时,"天猫"成了媒体和网友讨论的热词,吸引了众多的目光。"天猫"两字来自Tmall的中文谐音。再加上猫生性挑剔,挑剔品质、挑剔品牌、挑剔环境,代表的就是时尚、性感、潮流和品质。这恰恰是天猫要全力打造的品质之城。

(2) 天猫年度盛典。2012年3月29日举行年度盛典,天猫正式公布其全新品牌标识和形象。在盛典现场,天猫联手奔驰、宝洁、三星等数百个知名品牌,采用全新的AR互动技术,打造真实和虚拟世界相结合的未来购物城。从眼镜、衣服到手表、数码产品都可以进行试戴、试穿、试用。这让在场的嘉宾过了一把未来网购的瘾,无需出门就可以享受到逛街时对商品的真实感受。天猫年度盛典的举办标志着天猫独立品牌的问世。天猫自此可以根据自身的个性定位大展手脚,同时借助于这样一个活动鲜明的品牌形象,提高了品牌影响力。

(3) 调整与商家的关系。2011年10月,淘宝商城公布了2012年的招商新规,将保证金从1万元提高到5万元、10万元、15万元三档,每年技术服务费从6000元提高到了3万元和6万元两档,引起了商家的抗议,但凸显了天猫打造品质之城的决心。高保证金的背后,提高了企业入驻的门槛,更有质量保障,保护了消费者的利益,同时天猫承诺给商家最好的平台和服务,也规定商家要合法经营,不能损害消费者的利益,否则就会受到惩罚,一系列从消费者角度出发的行为将换来消费者的信赖和忠诚,而天猫自身与商家实行了共赢。

2. 广告

广告使营销传播能够很大程度上提高产品知名度、推广品牌发展。天猫当然在广告方面下了一番功夫。

(1) 电视广告。在天猫的电视广告中,利用明星效应、促销的方式对受众进行狂轰滥炸,形成节假日强大的舆论浪潮,促进销售狂潮的实现。以下是"11·11光棍节"的两则广告。一则广告请来高晓松、小柯、杨幂、李晨、高圆圆等明星助阵,分别有层次地念天猫的广告词:"'11·11'购物狂欢节,上天猫,就购了"。另一则的广告词是"这一天,不去纽约,也能买空第五大道,不到香港,也能疯抢铜锣湾,天猫11月11日购物狂欢节,5折狂购,仅此一天,上天猫,就购了"。

(2) 网络广告。天猫是电子商务网站,商品的选择、交易均在网上实现,所以网络广告是天猫整体广告策略中非常重要的一部分。

天猫根据网络特点制作了一些适合网络传播的广告:① 视频缓冲时插入的广告。② 视频暂停时出现在播放框中的商品展示广告。③ 出现在PPS这一类播放器右侧的特价商品广告。④ 通过QQ等聊天工具跳出的弹窗广告。在网络上,天猫采用的是"密集出击"的方式,遍布几乎所有的网络活动中,不放过任何一个可能的机会。这样的做法有利有弊,像缓冲时这种强制性的广告容易引起网友的反感,而其他方式的广告,因为不会带给网民上网明显的影响,一般不会引起负面情绪,在刺激消费方面有一定的作用。

(3) 赞助。天猫赞助了湖南卫视金鹰独播剧场,目前已赞助了《隋唐英雄传》等电视剧。天猫选择湖南卫视这样的赞助对象,一来是看重它的品牌效应,与之联合对于天猫的品牌传播无疑具有很大的推动作用;二来是看重它的高收视率,有利于扩大其传播范围。另外,这个时段的核心受众是家庭主妇以及追逐偶像剧的青少年,也包括一些白领。这些人是网购的主力军,对他们进行定向传播,是有针对性、机智的选择。

3. 销售促进

销售促进是商家使用激励措施吸引消费者购买产品的有效营销手段。这一营销方式为天猫立下了汗马功劳,主要有以下方式:

(1) 节假日折扣。如"11·11"天猫筹划的购物狂欢节,全场5折优惠的口号,吸引大量"粉丝"涌入天猫。其实并非所有商品都是5折优惠,但仍是刺激了交易额的猛增。

(2) 会员制。天猫可以直接免费注册成为会员,从而建立商家与消费者的紧密联系。会员可以享受诸如累积积分(积分买特定的产品可以抵部分现金)、退货保障、生日礼包等优惠。这是商家稳定客源的常用办法,天猫也不例外地使用。节假日折扣,能够吸引大量的顾客,不仅有利于交易额的提高,更为其带来了潜在消费者,接下来会员制提供诸多优惠进一步为维护和加强顾客的忠诚度增添砝码,所有这些都为天猫的发展、壮大起到关键的基础性作用。

4. 微博营销

随着网络技术的不断改进,微博因其良好的信息交互性和传播及时性获得广大受众的青睐,成为更富创意的网络营销传播模式。通过微博推广商品,是B2C营销的趋势。天猫作为B2C营销的领头羊,也很好地应用了这一营销方式。

以天猫身份开通的微博用户包含天猫商家微博、公司成员个人微博、营销社区微博三种层次,形成了一种自上而下的总体营销格局。从天猫的微博内容看,一方面,提供商城相关的新闻资讯、产品和服务信息、品牌文化,从而构建商城的品牌价值,提升受众的品牌意识。另一方面,即时跟进促销活动状况,方便粉丝获取有关商品打折、优惠活动、抽奖活动等信息。另外,不时发布一些生活常识、名人名言、幽默笑话等,并且,在发布信息时,十分讲究语言,竭力以用户容易接受的方式,拉近与粉丝之间的距离,达到良好的传播效果。

采用微博营销方式对于采用B2C模式的天猫是极具优势的。借助微博可以将商城活动信息主动传达给粉丝。免费的推广为商城的网络营销节约成本。强大的转发功能能够产生滚雪球式的扩大影响。对微博粉丝展开针对性传播,收到的效果也更好。新浪微博的主要用户群体集中在影视明星、企业高管、大学生群体等,与天猫的品牌定位相契合。微博营销作为商城线上和线下营销的耦合剂,与其他营销策略相互促进、相辅相成,形成强势的营销力量。

资料来源:谭芳爱.天猫整合营销传播[J].新闻世界,2013(5).

问题:分析整合营销传播实践的启示。

◆应用训练

1. 在生活中你遇到过以下这些情况吗?它们分别体现了个人微信号的什么价值?

(1) 你的微信是不是有一些人,你们生活中并无交集,但是通过他的朋友圈状态你觉得他是一个很厉害的人?为什么你会觉得他很厉害?

(2) 你有没有向微信好友购买过一些东西?你是从哪里知道他的产品?又是基于什么原因而购买的?

(3) 你是不是收到过一些节日祝福?什么样的问候让你印象深刻?什么样的祝福你从来不回复?

2. 请问以下关于微信公众号的使用场景,分别体现了哪些价值?

(1) 在公交车上听别人聊天时谈到的一个品牌很有意思,于是顺手在微信中搜索到其公众号进一步了解。

(2) 买了一件电器,有些地方不太明白,于是搜索该品牌的公众号咨询,通过关键词回复查询到了答案,个性化的问题在留言后很快得到了客服的解答。

(3) 看一个自己喜欢的公众号在推送中推荐了一款香水,直接单击图文中的链接跳转到博主的微店或微信小店购买。

(4) 参与过公众号发起的投票或公众号中连接第三方的调查问卷。

(5) 在学校图书馆中看到一本书很喜欢,想给朋友送一本,拿出手机扫描条形码后直接在网店下单。

参 考 文 献

[1] 菲利普·科特勒,凯文·莱恩·凯勒. 营销管理[M]. 14版. 王永贵,陈荣,何佳讯,译. 上海:格致出版社,2012.

[2] 菲利普·R. 凯特奥拉,约翰·L. 格雷厄姆. 国际市场营销学[M]. 12版. 周祖城,译. 北京:机械工业出版社,2005.

[3] 沃伦·基根. 全球营销管理[M]. 7版. 段志蓉,译. 北京:清华大学出版社,2004.

[4] 甘碧群. 国际市场营销学[M]. 2版. 北京:高等教育出版社,2008.

[5] 吴健安. 市场营销学[M]. 3版. 北京:高等教育出版社,2007.

[6] 金润. 国际市场营销[M]. 北京:高等教育出版社,2012.

[7] 逯宇铎,叶娇. 国际市场营销学[M]. 上海:格致出版社,2012.

[8] 董飞. 国际市场营销学[M]. 北京:北京大学出版社,2013.

[9] 罗友花. 国际市场营销[M]. 北京:中国财政经济出版社,2014.

[10] 方虹. 国际市场营销学[M]. 北京:机械工业出版社,2009.

[11] 徐剑明. 国际营销实务与案例[M]. 北京:机械工业出版社,2004.

[12] 刘宝成. 国际市场营销[M]. 北京:机械工业出版社,2013.

[13] 菲利普·R. 凯特奥拉,等. 国际市场营销学[M]. 北京:机械工业出版社,2012.

[14] 菲利普·科特勒,等. 市场营销原理:亚洲版[M]. 北京:机械工业出版社,2013.

[15] 闫国庆. 国际市场营销学[M]. 北京:清华大学出版社,2013.

[16] 喻红阳,刘升幅. 国际市场营销[M]. 北京:清华大学出版社,2012.

[17] 袁晓莉,雷银生. 国际市场营销学[M]. 北京:清华大学出版社,2013.

[18] 陈文汉. 国际市场营销[M]. 北京:清华大学出版社,2013.

[19] 罗绍明,卢汉生,杜清萍. 市场营销实训教程[M]. 北京:对外经济贸易大学出版社,2006.

[20] 吕璐. 国际市场营销[M]. 北京:对外经济贸易大学出版社,2013.

[21] 王晓东. 国际市场营销[M]. 4版. 北京:中国人民大学出版社,2015.

[22] 安静. 国际营销学[M]. 北京:中国人民大学出版社,2014.

[23] 苏比哈什·C. 贾殷. 国际市场营销[M]. 6版. 北京:中国人民大学出版社,2007.

[24] 田盈,徐亮. 国际市场营销(双语版)[M]. 北京:人民邮电出版社,2013.

[25] 顾春梅,李颖灏. 国际市场营销学[M]. 北京:人民邮电出版社,2013.

[26] 张卫东. 国际营销理论与实务[M]. 北京:北京交通大学出版社,2010.

[27] 谢琼. 国际市场营销学[M]. 北京:北京理工大学出版社,2011.

[28] 吴侨玲,张新生. 国际市场营销[M]. 北京:中国发展出版社,2012.

[29] 朱成钢. 市场营销学[M]. 4版. 上海:立信会计出版社,2006.

[30] 姚小远,杭爱明. 市场调查原理与方法[M]. 上海:立信会计出版社,2006.

[31] 马丁·科林翰姆. 市场调查宝典:公司抉择[M]. 汪开虎,译. 上海:上海交通大学出版社,2005.

[32] 周叶林,赵培华. 国际市场营销理论与实务[M]. 西安:西安交通大学出版社,2014.

[33] 朱金生,张梅霞. 国际市场营销学[M]. 武汉:华中科技大学出版社,2008.

[34] 风笑天. 现代社会调查方法[M]. 武汉:华中科技大学出版社,2005.

[35] 王朝辉. 国际市场营销学原理与案例[M]. 大连:东北财经大学出版社,2011.

[36] 魏玉芝. 市场调查与分析[M]. 大连:东北财经大学出版社,2007.

[37] 肖祥鸿,卢长利. 国际市场营销学[M]. 广州:中山大学出版社,2009.

[38] 钟大辉,黄桂梅. 国际市场营销学[M]. 成都:西南财经大学出版社,2011.

[39] 吴杨. 市场调查与预测[M]. 合肥:中国科学技术大学出版社,2009.

[40] 胡静. 浅谈肯德基的跨文化营销[J]. 科技经济市场,2008(11):117-118.

[41] 徐子健,朱明侠. 国际营销学[M]. 北京:对外经济贸易大学出版社,2007.

[42] 刘苍劲,罗国民. 国际市场营销[M]. 大连:东北财经大学出版社,2007.

[43] 庄德林. 国际市场营销学[M]. 大连:大连理工大学出版社,2007.

[44] 司岩. 中国企业跨国经营实证与战略[M]. 北京:企业管理出版社,2003.

[45] 崔日明,徐春祥. 跨国公司经营与管理[M]. 北京:机械工业出版社,2009.

[46] 谢琼,吴明杰. 国际市场营销[M]. 北京:北京理工大学出版社,2015.

[47] 周洲. 国际市场营销[M]. 重庆:重庆大学出版社,2012.

[48] 王晓东. 国际市场营销[M]. 4版. 北京:中国人民大学出版社,2015.

[49] 沃伦·J. 基根,马克·C. 格林. 全球营销[M]. 6版. 傅慧芬,等译. 北京:中国人民大学出版社,2015.

[50] 艾·里斯,杰克·特劳特. 定位[M]. 北京:机械工业出版社,2017.

[51] 杰克·特劳特,史蒂夫·里夫金. 新定位[M]. 邓德隆,等译. 北京:机械工业出版社,2019.

[52] 吴晓云,路复国,王峰. 全球广告标准化与全球品牌一致性的关系模型[J]. 财经论丛,2011(6):99-104.

[53] 王朝辉. 国际市场营销学原理与案例[M]. 2版. 大连:东北财经大学出版社,2017.

[54] Levitt T. The Globalization of markets[J]. Harvard Business Review,1983,61(3):92-102.

[55] Kotler P. Global Standardization:Courting Danger[J]. Journal of Consumer Marketing,1986(3):13-15.

[56] Light L. The Changing Advertising World[J]. Journal of Advertising Research,1990,30(2):30-5.